Sizilien

Eva Gründel und Heinz Tomek

DUMONT RICHTIG REISEN

Inhalt

Schnittpunkt der Kontinente und Kulturen

Reisen auf Sizilien

Inhalt

Die Nordküste entlang

Inhalt

Im Inselzentrum

Serviceteil

Verzeichnis der Karten und Pläne

Für Peppe

Schnittpunkt der Kontinente und Kulturen

Die größte Insel des Mittelmeeres

Seit Menschengedenken hat Sizilien auf die unterschiedlichsten Völker eine geradezu schicksalhafte Anziehungskraft ausgeübt. Alle kamen sie, denen für eine Weile die Welt gehörte: Griechen, Römer, Vandalen, Byzantiner, Araber, Normannen und Staufer, Franzosen, Spanier und Österreicher. Sie fielen auf der größten Insel des Mittelmeeres als Eroberer oder Befreier ein, je nachdem, wie man die Geschichte betrachtet. Wer Trinacria – so der uralte Name Siziliens – besaß, der hielt die Fäden der Macht in der Hand. Heute gehört das von drei Meeren umspülte dreieckige Eiland zu Italien. Die Sizilianer nehmen diese Tatsache seit 1860 zur Kenntnis, als Italiener ohne Wenn und Aber fühlen sie sich deswegen noch lange nicht. Zu tief ist das Misstrauen gegenüber Rom verwurzelt, das für die Insel seit der Antike mehr Negatives als Positives gebracht hat: Steuern, Kriegsdienst, Verordnungen.

Daran konnten auch die Bemühungen des italienischen Staates, den Mezzogiorno – so das landläufige Synonym für Süditalien – dem allgemeinen europäischen Wirtschaftsniveau anzupassen, wenig ändern. Die über den gesamten Süden ausgeschütteten Milliardenbeträge waren zwar auf Sizilien höchst willkommen und bescherten der Insel mit etwas Zeitverzögerung gegenüber dem Norden ebenfalls ein kleines »Wirtschaftswunder«, doch huldigt man nach wie vor dem klassischen Motto: Misstraue jenen, die Geschenke bringen! Auch wenn Sizilien als autonome Region mit eigenem Parlament in Palermo Rom nicht länger zu fürchten braucht.

Angst hat man heute – völlig zu Unrecht – eher im Norden. Die Vorstellung, im Kernland der Mafia unter die Räuber zu fallen oder gar um Leib und Leben bangen zu müssen, hält manchen von einer Reise auf die Insel ab. Mehr als jedes andere europäische Urlaubsziel muss Sizilien gegen ein ganzes Bündel von Vorurteilen kämpfen, die auch innerhalb Italiens nur allzu gern geschürt werden. Die Forderung, sich des ungeliebten Südens zu entledigen, über den die Medien bloß von Mord, Totschlag, Drogenproblemen, Erdbeben und Vulkanausbrüchen zu berichten wissen, trifft in Venedig, Mailand, Florenz oder Turin auf immer größere Zustimmung. Positive Meldungen über die Insel dringen hingegen selten bis zum italienischen Festland, geschweige denn bis Mitteleuropa. Nicht zuletzt deswegen hält sich hartnäckig das Klischeebild vom armen, aber gefährlichen Sizilien, wo die Mafia tagtäglich schuldlose Opfer niedermetzelt, die Blutrache regiert und nach der Hochzeitsnacht noch immer die Bettlaken zur Schau gestellt werden.

Es soll nichts beschönigt werden, natürlich gibt es die Mafia, doch für den Touristen bleibt sie unsichtbar. Keine Frage, der Ätna spuckt als größter aktiver Vulkan Europas in schöner Regelmäßigkeit Feuer, aber gerade dann sollte man herbeieilen, um dieses grandiose und aus sicherer Entfernung garantiert ungefährliche Naturschauspiel zu erleben. Und von wegen arm! Der Wohlstand hat unübersehbar bei weiten Bevölkerungsschichten Einzug gehalten, man beachte beispielsweise die große Anzahl gepflegter Mittelklassewagen, blicke in die von Einheimischen frequen-

Richtig Reisen *Tipp*

Die wichtigsten Sehenswürdigkeiten

- Taormina – Goethes schönstes Theater der Welt (s. S. 99ff.)
- Ätna – Europas höchster aktiver Vulkan (s. S. 113ff.)
- Dom von Syrakus – Heiligtum seit drei Jahrtausenden (s. S. 144f.)
- Villa Casale – römische Lebensart vom Feinsten (s. S. 299ff.)
- Agrigent – griechische Architektur der Superlative (s. S. 179ff.)
- Selinunt – schönstes Trümmerfeld der Antike (s. S. 199ff.)
- Segesta – dorischer Tempel in einsamer Landschaft (s. S. 207ff.)
- Dom von Monreale – goldenes Erbe der Normannen (s. S. 264f.)
- Favignana – Trauminsel für Inselträumer (s. S. 225ff.)
- Strómboli – Leuchtturm im Reich des Windgottes (s. S. 285ff.)

Tempel C von Selinunt: Ruinenromantik wie aus dem Bilderbuch

Traditionsinstrument Maultrommel

tierten Restaurants, nehme die keineswegs billige Kleidung wahr oder registriere den nach wie vor anhaltenden Bauboom. Zweitwohnsitze am Meer sind keineswegs mehr einer verschwindenden Minderheit vorbehalten, wie die zahlreichen, zumeist nur im Hochsommer benutzten Apartmentanlagen entlang vieler bis vor kurzem noch unberührter Küsten beweisen.

In ländlichen Gebieten findet auf der Piazza zwar noch allabendlich der nach Geschlechtern getrennte Corso statt, und vor und in den Bars dominieren wie seit jeher die Männer. Doch jede junge Palermitanerin, Catanesin oder Taorminesin ist mittlerweile ebenso emanzipiert und an den selbstverständlichen Umgang mit männlichen Altersgenossen gewöhnt wie ihre Schwestern in Mailand oder Turin.

Sizilien ist nach dem Ende des Zweiten Weltkrieges der Sprung ins 20. Jahrhundert in kürzester Zeit gelungen. Bei allem Fortschritt aber konnte sich die Insel ihr eigenständiges Gesicht bewahren. Allein schon die Begegnung mit der unverwechselbaren Welt der Sizilianer, die ihr bald dreitausendjähriges Kulturerbe nicht verleugnen kann, ist eine Reise wert. Ganz zu schweigen von den einzigartigen Kunstschätzen, mit denen alle Eroberer zu allen Zeiten dieses Eiland so reich beschenkt haben. Über steinerne Zeugen versunkener Epochen stolpert man auf Schritt und Tritt, Geschichte, wie sie anschaulicher nicht lebendig werden könnte.

Wer dieses Land schildert, gerät früher oder später ins Schwärmen, dies erging selbst Goethe nicht anders. Unter der hellen, klaren Sonne des Südens, die keine Zwischentöne zulässt und nur Licht oder Schatten kennt, fügen sich seine Worte wie von selbst zu einer Hymne. Sie klingt auf in den großartigen Tempeln von Agrigent, Selinunt und Segesta, ertönt in den unnachahmlichen Bauwerken der Normannen. Auf den Inseln vor der Insel ist das Leitmotiv ebenso zu hören wie am feuerspeienden Ätna oder in den Orangengärten der »Goldenen Muschel« Palermo. Doch bei allen Exkursionen ins Gestern sind es letztlich doch die Menschen Trinacrias, diese wunderbaren, unbegreiflichen Sizilianer mit ihrem großen Herzen, ihrer spontanen Gastfreundschaft und ihrer angeborenen Würde, von denen die Noten zu diesem Liebeslied geschrieben wurden.

Damit aber, wie es so schön heißt, die Kirche im Dorf bleibt, sei eine jener typisch sizilianischen Legenden erzählt, mit denen sich die Insulaner augenzwinkernd selbst auf den Arm nehmen: »Als Gott Himmel und Erde erschuf, erlaubte er seinen Engeln, auch noch etwas zu seinem Werke beizutragen. Daraufhin ließen sie Sizilien aus dem Meer erstehen. Der Herr sah es – und griff ein: Weil es nach seinem Willen auf dieser Welt kein Paradies geben dürfe, erfand er – den Sizilianer.«

Trinacria: Name und Symbol Siziliens

Um einen Mädchenkopf, umrahmt von Schlangen und kleinen Flügeln, laufen drei abgewinkelte Beine: Das uralte Symbol des Sonnenrades erhielt auf Sizilien Gesicht und Namen. Trinacria heißt die Insel seit Homer, wörtlich mit »drei Vorgebirge« zu übersetzen. Das Frauenantlitz, zur Zeit der Griechen eine schreckliche Gorgonenfratze, verwandelten die Römer in ein Abbild ihrer Fruchtbarkeitsgöttin Ceres. Die Schlangen, Attribute des griechischen Gottes der Heilkunde Äskulap, stehen für Weisheit und Gesundheit, die Flügel bedeuten geistige Regsamkeit und erinnern an Hermes, jenen fröhlichen, listigen Gott, den Beschützer aller Reisenden, Kaufleute, Diebe, Lügner und Betrüger. Prompt lieh der freundliche Götterbote sein Flügelpaar Perseus, als dieser in den Kampf gegen die Gorgone Medusa zog.

Schon die Griechen hielten Sizilien stets für eine schwimmende, bewegliche Insel, was sie durch die drei Beine ausdrückten. Tatsächlich unterliegt das Eiland nach wie vor starken Erdverschiebungen.

Seit der Antike finden sich die verschiedenartigsten Darstellungen der Trinacria. Eine der ältesten ist Teil eines römischen Bodenmosaiks in Tíndari, die schönste klebt an einem Felsendenkmal im Park der Villa Giulia in Palermo. Die Sizilianer lieben das Symbol ihrer Insel. Sie fertigen es als Schmuckstück aus Gold, Silber und Korallen, verkaufen es in Holz oder Ton als Souvenir und schmücken damit allerlei Gegenstände des täglichen Lebens.

Landeskunde im Schnelldurchgang

Lage und Größe: Mit 25 708 km², das sind 8,5 % des gesamten italienischen Territoriums, schlägt Sizilien als größte Insel des Mittelmeeres Sardinien als Nummer zwei um knapp 2000 km².

Meere: Drei Meere umspülen das Eiland: an der Nordküste das Tyrrhenische, an der Südwestküste das Afrikanische und an der Ostküste das Ionische Meer.

Berge: Der Anteil der Bergregion macht 25% aus; 61 % der Insel bestehen aus Hügelland und 14% aus Ebenen. Vier Fünftel Siziliens sind also Berg- bzw. Hügelland: Im Norden liegen die drei zwischen 1000 und 2000 m hohen Gebirgszüge Peloritani, Nebrodi und Madonie (von Ost nach West), die eine Fortsetzung der Apenninen darstellen. Ursprünglich war Sizilien nämlich mit dem Kontinent verbunden, erst durch das Ansteigen des Meeresniveaus wurde es zur Insel.

Als mächtige Kalkblöcke präsentieren sich der Burgberg bei Cefalù, der Monte Pellegrino bei Palermo und der Monte Érice bei Trápani. Die Monti Iblei, die nicht mehr als 1000 m hohen Hybläischen Berge im Südosten zwischen Gela und Syrakus, sind zerklüftete Vulkanberge. Der Ätna, Siziliens »Berg der Berge«, erreicht eine Höhe von ungefähr 3300 m, plus oder minus 100 m. Exaktere Angaben lassen sich durch die permanenten Ausbrüche des Vulkans, die entweder einen Teil der Bergspitze absprengen oder die Lavamassen wachsen lassen, nicht machen.

Inseln: Drei Archipele gehören zu Sizilien: Im Norden die Isole Eólie (Äolische oder Liparische Inseln), sieben Eilande von berückender Schönheit; im Westen die drei Isole Égadi (Ägadische Inseln), bis auf die lauten Ferragosto-Tage im August Oasen der Ruhe und Beschaulichkeit; im Süden das Trio der Isole Pelagie (die Pelagischen Inseln: Lampedusa, Linosa und Lampione, griechisch *pelagos* = Meer) sowie die eigenständige Vulkaninsel Pantelleria, mit 83 km² das größte der Sizilien umgebenden Eilande, näher an Afrika als an Europa. Im Norden schließlich zählt noch eine Insel zum sizilianischen Verwaltungsbereich: Ústica, geologisch den Äolischen Inseln zuzurechnen.

Küsten: Siziliens Küsten erstrecken sich auf eine Gesamtlänge von 1039 km: 440 km am Tyrrhenischen, 287 km am Jonischen und 312 km am Afrikanischen Meer. Die Nordküste ist größtenteils stark zerklüftet, in den breiten Golfen von Castellammare, Palermo, Termini Imerese und Patti umspülen die Wellen Sand- und Kiesstrände. Die östlichen Gestade der Insel weisen zwischen Messina und der Ebene von Catania vorwiegend Steilküsten auf und werden dann auch über Syrakus hinaus immer flacher. Am Afrikanischen Meer dominieren Sandstrände. Die Gezeiten sind eher schwach, die Meeresströmungen vor allem in der Straße von Messina gefährlich, da sie mit Ebbe und Flut ihre Richtung ändern und die Tiefenunterschiede von Tyrrhenischem und Ionischem Meer verhängnisvolle Strudel erzeugen können, wie schon Homer in der »Odyssee« zu berichten wusste (»Skylla und Charybdis«).

Flüsse und Seen: Es gibt zwar keine langen Flüsse, aber zahlreiche kleinere Wasserläufe, die häufig unter dem Kies ihrer Betten fließen. Am wasserreichsten ist das Gebiet um den Ätna mit den beiden Flüssen Simeto und Alcantara, während der Süden im Sommer unter Wassermangel leidet, was nicht zuletzt auch die wirtschaftliche Entwicklung beeinträchtigt. Der Lago Pergusa bei Enna ist einer der wenigen natürlichen Seen der Insel, dazu kommen zahlreiche Stauseen zur Bewässerung und Stromerzeugung.

Bevölkerung: Auf Sizilien leben heute rund 5,2 Millionen Menschen (Bevölkerungsdichte: 194 Einwohner pro km^2; 179 im gesamtitalienischen Durchschnitt). Die Küstengebiete sind dicht besiedelt, das Landesinnere dagegen über weite Strecken menschenleer. Die größten Städte sind Palermo (Hauptstadt) mit offiziell 700 000, Catania mit 450 000 und Messina mit 260 000 Einwohnern, doch zählt z. B. die Bevölkerung in Catania an Werktagen inklusive der Pendler aus den umliegenden Orten rund eine Million.

Klima: Catania hält den Europarekord an Sonnentagen – mit durchschnittlich 2528 Stunden oder 105 wolkenlosen Tagen pro Jahr. Bereits der römische Schriftsteller Gajus Julius Solinus hat den Slogan »Insel der Sonne« geprägt, mit dem Sizilien zwei Jahrtausende später wirbt. An den Küsten herrscht vorwiegend mediterranes Klima, das sich durch milde, regenreiche Winter mit Durchschnittstemperaturen zwischen 10° und 15° C und warme, trockene Sommer auszeichnet, in denen das Thermometer vor allem im August schon einmal bis auf 40° C und mehr klettert. In den Bergregionen dagegen kann es im Winter empfindlich kalt werden, auch Schnee fällt in Höhen ab 800 m. So ergibt sich auf Sizilien die in Europa wohl einzigartige Möglichkeit, am Berg (z.B. am Ätna) Ski zu laufen und anschließend inmitten eines Blütenmeeres in der – freilich noch recht kühlen – See zu baden.

Wirtschaft: Die Landwirtschaft spielt nach wie vor eine wichtige wirtschaftliche Rolle. Schon im Januar und Februar beliefert Sizilien ganz Europa mit frischem Frühgemüse, das zwar in Treibhäusern oder unter Plastikplanen, aber in echter Erde und unter südlicher Sonne gezogen wird. Rund 90 % der italienischen Zitronenproduktion stammen aus Sizilien, ebenso etwa zwei Drittel der Mandarinen und Orangen und mehr als die Hälfte der Mandeln. Auch die Weine der Insel und das feine Olivenöl haben sich einen festen Platz auf dem Weltmarkt erobert. Schafzucht und Fischfang ernähren desgleichen viele Menschen. Die chemische Industrie hat sich bei den Häfen Augusta, Gela und Termini Imerese angesiedelt, von Schwerindustrie ist Sizilien weitgehend verschont geblieben, was nicht zuletzt einem wachsenden Wirtschaftszweig zugute kommt, dem Fremdenverkehr. Catania hat sich seit Ende der 90er Jahre unter dem Slogan »Ätna-Valley« als Standort für Unternehmen der Neuen Technologie international einen Namen gemacht. Einer im Februar 2002 veröffentlichten Studie der internationalen Finanzberatungsfirma KPMG zufolge ist Catania sogar jene europäische Stadt, in der sich Investitionen gegenwärtig am meisten lohnen.

Verwaltung: Die seit 1946 autonome *Regione Sicilia*, eine der 20 Regionen Italiens, ist in neun Provinzen mit gleichnamigen Provinzhauptstädten gegliedert: Agrigent, Caltanissetta, Catania, Enna, Messina, Palermo, Ragusa, Syrakus und Trápani. Hauptstadt der Insel und Sitz des sizilianischen Parlaments ist Palermo.

Natur und Umwelt

Flora: Immer blüht die Insel des Sonnengottes

Mit 3000 Arten besitzt Sizilien die größte Pflanzenvielfalt aller Inseln des Mittelmeeres. Im Vergleich weisen beispielsweise Kreta bloß 2000 und Sardinien gar nur 1500 Arten von Wildpflanzen auf. Nicht zuletzt sind es die Zugvögel, die seit jeher auf ihrem Weg von oder nach Afrika Station auf Trinacria machen und die Samen aus vieler Herren Länder als Souvenirs zurücklassen. Allerdings müssen solche Gaben auch auf fruchtbaren Boden fallen, doch davon gibt es auf dem mit Vulkanerde reich gesegneten Eiland wahrlich genug.

Für die erstaunliche Menge an Kulturpflanzen wiederum zeichneten all jene Eroberer verantwortlich, die Sizilien im Laufe von Jahrtausenden über sich ergehen lassen musste. Den Anfang machten die Griechen und brachten den ihnen heiligen Olivenbaum, den Weinstock und Getreideähren. Auch die Römer nutzten vor allem das Inselinnere als klassische Kornkammer, denn auf den goldenen Hügeln rund um Enna gedeiht seit bald drei Jahrtausenden jener begehrte Weizen, der mit der Winterfeuchtigkeit reift und Ende Mai bereits geerntet werden kann. Dieser aufgrund seiner Trockenheit kaum faulende *grano duro* eignete sich nicht nur als Proviant für monatelange Kriegszüge ganz ausgezeichnet, er verleiht auch bis heute dem sizilianischen Brot, weit schmackhafter als jede andere italienische Backware, seine Würze. Der Hartweizen findet aber vor allem zur Herstellung von Teigwaren Verwendung, keine Pastasorte, die auf sich hält, kommt ohne ihn aus.

Die einschneidendsten Agrarmaßnahmen aber verdankt Sizilien den Arabern, die im 8. Jahrhundert n. Chr. Zitrusfrüchte, Dattelpalmen, Zuckerrohr und Papyrusgras auf das Eiland brachten und im großen Stil kultivierten. Die afrikanischen Berberbauern, kundig im Umgang mit dem so kostbaren Wasser, verwandelten Sizilien innerhalb weniger Jahrzehnte in einen einzigen blühenden Garten. Conca d'Oro, Goldmuschel, nennt man seither Palermo, auch wenn die sattgrünen Obstgärten, die leuchtenden Orangen- und Zitronenhaine am Tyrrhenischen Meer längst weitgehend dem Bauboom zum Opfer fielen.

Kilometerlange Zitrusplantagen finden sich nach wie vor in der fruchtbaren Ebene von Catania, denn dort sorgen zwei vom Ätna gespeiste Flüsse für entsprechende Bewässerung der ebenso durstigen wie windempfindlichen Bäume. Die süßen Früchte kennt man freilich erst seit dem 16. Jahrhundert, als die Portugiesen erstmals daran gingen, die in ihrer Wildform bitteren Orangen mit chinesischen Mandarinen zu veredeln. Ein Baum ohne entsprechende Pflege entwickelt sich übrigens recht rasch zurück, und seine Früchte schmecken wieder bitter. Dann eignet er sich bloß noch als Lieferant für Orangenmarmelade.

Weit verbreitet ist der Irrtum, dass Orangenbäume mehrmals im Jahr tragen, allerdings variieren je nach Sorte und Gegend die Reifezeiten. Generell blühen sie in den Monaten März und April, Orangen gibt es ab Ende November, wobei die saftigsten und besten von Jahresbeginn bis Anfang März zu pflücken sind. Weil zu diesem Zeitpunkt bereits die ersten Knospen hervorsprin-

Blühender Kapernstrauch mit den essbaren Knospen

gen, finden sich nicht selten Früchte und Blüten am selben Ast.

Die Entdeckung Amerikas sollte sich für Sizilien in mehr als einer Hinsicht als schicksalhaft erweisen. Das Mittelmeer verlor mit der Orientierung der europäischen Großmächte in Richtung Neue Welt schlagartig an Bedeutung – und damit geriet auch die größte und strategisch einstmals so wichtige Insel ins Abseits. Aus botanischer Sicht hingegen erfuhr das Eiland eine wohl einzigartige Bereicherung, fanden doch die Pflanzenimporte aus den subtropischen Landstrichen jenseits des Ozeans in Sizilien geradezu die gleichen klimatischen Bedingungen vor: Die neuen Nahrungsmittel Mais, Kartoffeln und Tomaten gediehen ebenso problemlos wie die seither so »typisch mediterranen« Schmuckgewächse Palmlilien, Agaven, Mimosen oder Bougainvilleen.

Einen auch nur einigermaßen vollständigen Überblick über die Flora Siziliens zu geben, würde an dieser Stelle den Rahmen bei weitem sprengen. Auf einen weit verbreiteten Irrtum in der bildenden Kunst sei aber hingewiesen: Wenn bei Illustrationen, etwa aus dem 19. Jahrhundert, zu Themen aus der Antike Agaven und Feigenkakteen dargestellt werden, so ist den Künstlern offensichtlich nicht bekannt gewesen, dass erst die Entdecker Mexikos staunend vor diesen pflanzlichen Ungetümen standen und beide Gewächse dann im Laufe der folgenden Jahrhunderte im Mittelmeergebiet Einlass fanden. Heute aber sind sie dort bereits vollkommen verwildert, so dass man tatsächlich annehmen könnte, sie gehören hierher wie Edelkastanie, Lorbeer, Kork- und Steineiche, Ölbaum, Palmen, Oleander sowie die Hartlaubgehölze der Macchia.

Siziliens Naturschutzgebiete: Adler, Reiher, Fuchs & Co.

In Sachen Naturschutz hat Sizilien seit den 80er Jahren des vergangenen Jahrhunderts einen großen Sprung nach vorn gemacht. 184 000 ha umfasst allein die Gesamtfläche der drei Regionalparks Ätna, Madonien und Nebrodi, dazu kommen mehr als 40 kleinere Schutzgebiete, die vor allem den Zugvögeln als weitgehend ungestörte Rast- und Nistplätze dienen. Insgesamt konnte bis 2002 eine Fläche von 227 000 ha, das sind 8,8% Siziliens, unter Naturschutz gestellt werden.

Ältester Regionalpark ist der **Parco Regionale dell'Etna** (Verwaltung: 95030 Nicolosi, Via Etnea 107/A, Tel: 0 95 91 45 88, Fax: 0 95 91 47 38, www.parcoetna.ct.it), der 1987 eingerichtet wurde. Von den insgesamt 59 000 ha sind 19 000 ha striktes Schutzgebiet ohne Siedlungen, das Reich der großen Raubvögel wie etwa dem Königsadler. 1989 folgte der **Parco Regionale delle Madonie** (90027 Petralia Sottana, Corso Agliata 16, Tel: 09 21 68 40 11, Fax: 09 21 68 04 78, www.parcodellemadonie.it), der sich auf fast 40 000 ha erstreckt, davon 5700 ha, in dem das Biotop in seiner Gesamtheit geschützt wird, und 16 500 ha Naturpark, in dem keinerlei Neubauten mehr genehmigt werden. Die Madonien, deren höchste Erhebungen fast 2000 m erreichen, sind eine weitgehend unberührte Landschaft mit vielfältiger Vegetation. Jüngstes und größtes Gebiet ist der **Parco Regionale dei Nebrodi** (98072 Caronia, Via Ruggero Orlando 123, Tel: 09 21 33 32 11, Fax: 09 21 33 32 30, www.parconebrodi.it), von dessen Gesamtfläche von 85 000 ha mehr als ein Drittel striktes Schutzgebiet mit Eichen- und Buchenwäldern, seltenem Eibenbestand und einigen Feuchtgebieten ist. Im Unterholz der Wälder tummeln sich Marder, Wiesel, Igel, Siebenschläfer, Füchse, Hasen und Wildkatzen, die Lüfte beherrschen mehr als 150 Vogelarten, unter ihnen Milane, Sperber, Wanderfalken, Bussarde, Königsadler, Geier und – in den Feuchtgebieten – Fischreiher, Kormorane, Blässhühner und Stockenten sowie gut 70 Schmetterlingsarten.

Ein wegen seiner landschaftlichen Schönheit als Wanderparadies beson-

Fauna: Wo tausend Vögel fliegen

Längst hat die Lupara – die legendäre »Wolfsflinte« – ausgedient, sowohl als klassische Waffe der Mafia als auch in ihrer ursprünglichen Funktion. Kein sizilianischer Bauer schießt mehr auf Wölfe, denn wie nahezu überall in Europa stehen die wenigen noch verbliebenen Exemplare unter Naturschutz. Nahezu gänzlich ausgerottet, fristet eine bescheidene Zahl der wilden Vierbeiner bestenfalls noch in den unzugänglichen

ders beliebtes Gebiet ist die lokale **Riserva Naturale dello Zingaro** (91014 Castellammare del Golfo, Tel: 0 92 43 51 08, Fax: 0 92 43 57 52, www.riservazingaro.it). Die für den Süden höchst ungewöhnliche Vorgeschichte des Küstenreservats: Im Mai 1980, als es noch keine der heute durchaus üblichen Protestkundgebungen gegen die Machenschaften der Mafia gab, wagten es Tausende Bürger, offen gegen die projektierten Landparzellierungen und Straßenbauvorhaben in einem unberührten Gebiet am Golf von Castellammare zu protestieren. Die erstaunliche Volkserhebung führte ein Jahr später nicht nur zur Gründung der ersten, 1600 ha großen Naturschutzzone, sondern bewirkte auch die Verabschiedung eines Regionalgesetzes, das die Schaffung von größeren Naturparks und kleineren Reservaten erst ermöglichte. Neben der Flora ist es in erster Linie die Vogelwelt, die sich seither in aller Ruhe auf den sonnenwarmen Klippen und steilen Kalksteinwänden des Zingaro hoch über dem fischreichen Meer ausbreiten kann. Etwa 40 verschiedene Arten nisten in diesem Gebiet, das vor allem für Raubvögel ideale Lebensbedingungen bietet: Turmfalken, Gabelweihen, Wanderfalken, Steinadler und Geier.

Scharen von Zugvögeln nutzen die großen Feuchtgebiete **Oasi di Vendicari** bei Noto (Tel: 09 31 57 37 79), **Riserva Naturale il Biviere** bei Gela (Tel: 09 33 92 60 51) und **Oasi Montallegro** zwischen Agrigent und Sciacca (Tel: 09 22 47 45 41) auf ihren Langstreckenflügen zwischen Nordeuropa und Afrika als Zwischenlandeplätze, während seltene Wasservögel gerne auf der **Isola delle Femmine** bei Palermo (Tel: 09 18 61 61 67) sowie in den Lagunen und Salinen zwischen Marsala und Trápani (**Riserva Naturale Isole dello Stagnone**, Tel: 09 23 54 97 21, und **Riserva Naturale di Trápani e Paceco**, Tel: 09 23 86 77 00) nisten.

Waldtiere am Boden und in der Luft stehen in dem 4000 ha großen **Staatsforst Ficuzza** bei Corleone (Tel: 091/84 60 107) unter Schutz. Exotische Pflanzen, allen voran das Papyrusgras, können sich im **Feuchtgebiet von Fiumefreddo** nahe Giardini Naxos (Tel: 095 38 82 27, www.provincia.ct.it) entwickeln, während man die Wunderwelt unter Wasser in der **Riserva Isola Bella** in Taormina (Tel: 09 42 62 83 88) und im **Meerespark der Insel Ústica** (Tel: 09 18 44 94 56) erforschen kann. Und die äußerst seltenen Meeresschildkröten können wiederum im **Naturreservat der Insel Lampedusa** (Tel: 09 22 97 18 12) ungestört bleiben. Mehrere kleine Schutzzonen, unter ihnen interessante Höhlen, betreut die Umweltorganisation Lega Ambiente (Infos unter www.legambiente.sicilia.it). Eine Auflistung aller Naturschutzgebiete Siziliens, zum Teil mit Links zu ausführlichen Informationen, findet man unter: www.parks.it/ regione.sicilia/index.html

Schluchten der Madonien – selbst von passionierten Jägern und Wilderern – ein wenig beachtetes Dasein.

Apropos: Wie alle Italiener frönen auch die Sizilianer mit tiefer Leidenschaft dem Waidwerk, erwarten sehnsüchtig den Beginn der Saison Anfang September, gehen dann wochenlang auf Pirsch und strecken nieder, was auch immer da kreuchen und fleuchen mag. Dass selbst das mickrigste Kaninchen wie die stolzeste Beute einer Großwildjagd im Triumphzug ins Dorf getragen wird, mag jedem Tierfreund zum Trost

gereichen, beweist es doch, dass die Büchsenknallerei zumeist viel Lärm um nichts ist. Jagdbare Tiere sind nämlich auch auf Sizilien entweder längst ausgerottet oder aber sie halten sich in Reservaten wie in den drei großen Regionalparks und in lokalen Naturschutzgebieten auf. Umweltschutzorganisationen haben zum Beispiel am Ätna Dam- und Rotwild ausgesetzt, das in der vielfältigen Bergvegetation ideale Lebensbedingungen vorfindet. Die dichten Kastanienwälder und lichten Buchenhaine bevölkern auch Wildkaninchen, Füchse, Marder und Stachelschweine.

Zu den interessantesten Ätnabewohnern aber gehören die Vögel wie beispielsweise der große Buntspecht, das sizilianische Steinhuhn, der Steinrötel und der Steinschmätzer sowie der offenbar erst vor kurzem vom Kontinent eingewanderte Grünspecht oder der so rar gewordene Adler. Ornithologen haben hier etwa 70 in verschiedenen Höhen nistende Vogelarten entdeckt. All die Amseln, Drosseln, Finken und Stare werden

Der Naturpark Vendicari südlich der Barockstadt Noto ist ein Vogelparadies.

übrigens im Gegensatz zu ihren Artgenossen in Norditalien von den Sizilianern nicht gegessen und somit auch nicht gejagt oder in Fallen gefangen und auf Märkten angeboten. Aus der gesamten Vogelschar sei die Tannenmeise (*Parus ater*) erwähnt. Der allerliebste Singvogel mit seinem kurzen, spitzen Schnabel und rauchblauen Gefieder ließ sich nicht zuletzt der an den Vulkanflanken hervorragend gedeihenden Panzerföhren wegen in großer Zahl im Ätnagebiet nieder.

Umwelt: Dunkle Flecken im Paradies

»Er betrachtete die Bäume ringsum, während sich seine Kehle zusammenschnürte: die hundertjährigen Olivenbäume mit ihrem mächtigen, grauen, gewundenen Stamm, die unbeweglich wie geheimnisvoll träumend im Mondlicht standen. Er stellte sich vor, wie all diese jetzt so lebendigen Blätter sich zusammenrollen würden beim ersten ätzenden Hauch aus dem aufgerissenen Höllenschlund der Schwefelgrube; wie sie abfallen, wie die entblößten Bäume schwarz und endlich, vergiftet vom Rauch der Öfen, dahinsterben würden. Dann würde das Beil zu seinem Recht kommen. Brennholz: das war das Ende.«

Luigi Pirandello, »Der Rauch«

Zugegeben, es rührt sich etwas im Umweltgewissen der Sizilianer. Die Einrichtung von Naturschutzzonen, zaghafte Ansätze zu einer Mülltrennung, ja eine da und dort wirklich funktionierende Müllabfuhr überhaupt, das waren noch Anfang der 80er Jahre Wunschträume. Allzu oft zeigte die Insel ihre hässlichen Seiten: riesige wilde Müllhalden, Tüten und Flaschen aus Plastik, vom Wind auf Wiesen, Feldern und Stränden in alle Richtungen verstreut. Dazu alte Betten, Schränke, ausgediente Elektrogeräte, zerbrochenes Glas, leere Getränkedosen. Die Pest des Südens breitete sich ungehemmt aus, von einer unbekümmerten Bevölkerung mit Ignoranz und Rücksichtslosigkeit gefördert.

Langsam beginnt der Umweltschutzgedanke zu greifen, auch wenn der Sizilien-Neuling nach wie vor eher schockiert ist über den Unrat neben den

Straßen, in der Landschaft, an den Küsten. Wer die Insel schon länger kennt, sieht aber den Unterschied zu früher, registriert Anzeichen einer positiven Wende. Ganz freiwillig haben sich die Sizilianer jedoch nicht gebessert. Da in den meisten Gemeinden von allen Bewohnern saftige Gebühren für die Müllabfuhr kassiert werden, spart man keinen Cent, wenn man sich die Mühe macht, den Abfall aus dem Ort zu bringen und in der freien Natur zu »entsorgen«. Also wirft man die Tüten gleich in die Müllcontainer, sofern sie sich in der Nähe befinden. Jetzt kommt es nur noch darauf an, dass die Container auch regelmäßig entleert werden und nicht überquellen, damit der Müll nicht von streunenden Katzen und Hunden wieder am Boden verteilt wird.

Schlimm ist die Situation immer noch nach Massenveranstaltungen, nach Feiertagen oder den großen Ferien im August. Auf wilden Stränden, Picknickplätzen, überall dort, wo Erholung suchende Einheimische ihre Freizeit verbringen, bedecken unappetitliche Hinterlassenschaften den Boden. Mülleimer, da und dort aufgestellt, rosten bis über den Rand gefüllt vor sich hin, ihr Inhalt wird, wenn überhaupt, höchstens einmal im Frühjahr vor Saisonbeginn abtransportiert.

Daraus zu schließen, die Sizilianer hielten es mit der Sauberkeit nicht weit, wäre aber total verfehlt. Während innerhalb der eigenen vier Wände, und seien sie noch so ärmlich und schlicht, jedes Stäubchen entfernt wird, übersieht man den Dreck abseits der eigenen Haustüre großzügig. Dies mag mit einem sozialen Phänomen zusammenhängen, dem im Unterbewusstsein verankerten Gefühl, ein »Recht auf Müll« zu haben: Wer mehr wegzuwerfen hat, signalisiert Wohlstand. Dazu kommt die unverändert latente Einstellung, dass öffentliche Flächen niemand etwas angehen. Da nützen auch wohlmeinende oder Strafen androhende Tafeln nichts.

Effektiver könnte die Arbeit der kurz vor der Jahrtausendwende geschaffenen Umweltpolizei sein. Sie setzt sich aus Freiwilligen zusammen, die nach intensiver Ausbildung und Prüfung berechtigt sind, Ökosünder zur Anzeige zu bringen. Ob auch die gesetzlichen Grundlagen ausreichend sind, Umweltverschmutzer – seien es Privatpersonen, Unternehmen oder Gemeinden – zur Verantwortung zu ziehen und in die Pflicht der Wiedergutmachung zu nehmen, wird erst die Zukunft zeigen.

Größtes Problem der Kommunen ist die Müllablagerung, die nicht selten ohne entsprechende Schutzmaßnahmen irgendwo in einem abgelegenen Tal erfolgt. Wenn dann der Abfall noch dazu unkontrolliert am Boden verbrannt wird, kann man sich leicht vorstellen, wie viele Gifte ungefiltert in Luft und Wasser gelangen. Bis zu einer umfassenden umweltverträglichen Entsorgung wird von den stinkenden Deponien wohl noch viel Rauch aufsteigen.

Dabei hat die blindwütige, weil in erster Line auf Spekulation mit Subventionsgeldern bedachte Industrialisierung in Teilen Siziliens bereits genug Schaden angerichtet. Gigantomanische Projekte am falschen Platz – ein Beispiel dafür ist Gela, wo Chemiewerke die Luft verpesten, ohne die erhofften Arbeitsplätze zu bringen – haben die Lebensqualität einiger Gebiete schwer beeinträchtigt. Mit verheerenden Folgen: wild in die Landschaft gestellte Fabriken, Industrieruinen, Verwüstung fruchtbaren Ackerbodens und schöner Olivenhaine, ungebremst wachsende Zersiedelung ohne Infrastrukturen, Erkrankungen der Atemwege, Proletarisierung der ehemals bäuerlichen Bevölkerung, verbunden mit Arbeitslosigkeit und Kriminalität.

Die ersten Umweltgesetze

Umweltschutz hat – auch wenn es kaum zu glauben ist – in Sizilien Tradition, bewegte doch die Sorge um die Reinhaltung von Luft, Boden und Gewässern bereits Kaiser Friedrich II. Zu Beginn des 13. Jahrhunderts erließ dieser vorausblickende Herrscher eine Reihe von – wie man sie heute nennen würde – ökologischen Gesetzen, wahrscheinlich die ersten der Menschheitsgeschichte: »Wir sind gesonnen, die durch göttlichen Ratschluss gewahrte Gesundheit der Luft durch Unsere eifrige Sorge, soweit Wir es vermögen, zu erhalten«, dekretierte der Regent seinen Untertanen.

Der Pragmatiker auf dem Kaiserthron fügte seinen Verordnungen auch gleich die entsprechenden Sanktionen hinzu, denn wie heute wurden auch damals unbequeme Maßnahmen nur unter Strafandrohung befolgt.

Für den Schutz von Luft und Gewässern ordnete der Staufer an, »dass keiner in den irgendeiner Stadt oder Burg benachbarten Gewässern in einer Entfernung von einer Meile oder weniger Flachs oder Hanf wässern darf, damit nicht dadurch, wie Wir sicher wissen, die Beschaffenheit der Luft verdorben wird.« Bei Verstößen gegen dieses Gebot sollten Flachs und Hanf zugunsten des kaiserlichen Hofes eingezogen werden.

Friedrich sorgte sich aber auch um die Abfallbeseitigung, die freilich in einer Form erfolgen sollte, die heutzutage nicht mehr zu verantworten wäre: »Kadaver und Abfälle, die Gestank verbreiten, sollen, so bestimmen Wir, durch die, denen die Felle gehören, außerhalb der Behausungen in einer Entfernung von einer Viertelmeile ins Meer oder in den Fluss geworfen werden.« Wer gegen diese Vorschrift verstieß, musste mit einer hohen Geldstrafen rechnen, die in Gold zu entrichten war.

Glücklicherweise beschränken sich diese Probleme im Wesentlichen auf die wenigen Industriezonen um Augusta, Gela, Porto Empédocle, Milazzo und Termini Imerese. Sieht man von den großen Städten ab, in denen allein schon der Autoverkehr für schädliche Emissionen sorgt, so kann man überall sonst gute, gesunde Meeres- oder Bergluft genießen.

Auch Badefreuden in sauberem Wasser sollten garantiert sein, wenn die Götter der Winde und der Meeresströmungen nicht ausgesprochen schlecht gesinnt sind und all den Unrat aus den Problemgebieten oder von vorbeiziehenden Schiffen an die Strände spülen. Das gilt übrigens für den gesamten Mittelmeerraum.

Sizilien schneidet bei den alljährlich durchgeführten Meerwassertests durchaus nicht schlecht ab, wobei die Liparischen, Ägadischen und Pelagischen Inseln, Pantellería und manche Strände zwischen Sciacca und Trápani mit Bestnoten aufwarten können.

Geschichte

Spielball der Mächtigen oder Wer eroberte eigentlich wen?

Vorgeschichte

Als im 8. Jahrhundert v. Chr. griechische Einwandererschiffe vor der Ostküste der Insel ihre Anker warfen, wurde das erste eigenständige Kapitel sizilianischer Geschichte geschrieben. Alles, was davor geschah, ließe sich als Ouvertüre abhandeln. Denn so eindrucksvoll auch die bis zu 16 000 Jahre alten Felsmalereien und Graffiti der Addáura-Grotte bei Palermo oder die Höhlenzeichnungen auf Lévanzo Zeugnis über die Altsteinzeit ablegen, so ist doch anzunehmen, dass sich die Entwicklung dort nicht viel anders abgespielt hat als überall sonst im mediterranen Raum.

Ausonier, Morgeten, Elymer, Sikaner und Sikuler – die Namen dieser Völker sagen bestenfalls Historikern etwas. Spuren hinterließen lediglich die Sikuler in überraschend vielen Nekropolen wie jenen von Pantálica und Ispica. Und auch im heutigen Namen Sizilien überlebten sie. Schon Homer bezeichnete die Ureinwohner generell als Sikeler, die neu hinzugekommenen Hellenen als Sikelioten und das Eiland – nach seiner Dreiecksform, seinen drei Gebirgszügen und drei Meeren – Trinacria.

Drei laufende, beflügelte Beine mit einem Medusenhaupt in der Mitte symbolisieren, dem uralten Sonnenzeichen des Hakenkreuzes ähnlich, die Insel. Keramikgefäße aus dem 6. und Münzen aus dem 5. vorchristlichen Jahrhundert schmückten die Griechen bereits mit der Trinacria, die Eigenständigkeit und Unabhängigkeit ausdrücken sollte.

Griechen und Karthager

Den Pionieren der antiken Welt erging es in mancher Hinsicht nicht viel anders als den ersten europäischen Auswanderern nach Nordamerika. Gerüstet mit dem Wissen ihres Kulturkreises, machten sich auch die griechischen Abenteurer daran, auf jungfräulichem Boden einen fest gefügten Lebensraum zu schaffen, nachdem die harte Bauernarbeit geleistet war. Man wollte es denen daheim zeigen, wollte beweisen, dass man in einem Land der unbegrenzten Möglichkeiten nicht zu einem primitiven Bauerndasein herabsinken musste. Dass die größten Tempel und Theater der Griechen auf Sizilien zu finden sind, ist kein Zufall, sondern das Resultat einer leicht durchschaubaren Profilierungssucht: Die Einwanderer hielten sich an die Vorbilder, doch letztlich musste alles besser, größer, schöner und prunkvoller ausfallen als in der alten Heimat.

Unglücklicherweise übernahmen die Großgriechen nicht nur das kulturelle und politische Know-how des Mutterlandes, sondern auch dessen fatalen Irrtümer. Syrakus verspielte die Chance auf ein hellenisches Weltreich römischen Zuschnitts. Die sizilianischen Stadtstaaten bekriegten einander auf echt griechische Art in mörderischen Fehden. Und war man sich einmal einig, dann ging man auf die Ansiedlungen der Ureinwohner los, die sich ohnedies bereits ins Innere der Insel zurückgezogen hatten. Oder man lieferte sich mit den karthagischen Niederlassungen im Westen und Nordwesten Siziliens kräftezehrende Machtproben.

Die Menschen, die als Siedler und keineswegs als Eroberer gekommen waren, hatten in ihrem Gepäck drei Schätze, ohne die ein Grieche nicht leben konnte: Getreide, Olivenbäume und ihre Mythen. Die Epen »Ilias« und »Odyssee« kannte damals jedermann. Homer erwählte Trinacria zum Schauplatz für viele Abenteuer seines Helden Odysseus. Dem Dichter ist es zu verdanken, dass der Beginn der griechischen Epoche nicht im historischen Dunkel, sondern im hellen Licht mythologischer Erzählungen liegt.

Wie Sternschnuppen tauchen seither Namen auf, die im Geschichtsunterricht dem Kapitel Griechenland zugeordnet werden und die man später nur nebulös mit Sizilien in Zusammenhang bringt. In der 734 v. Chr. von Hellenen gegründeten Stadt Syrakus oder in Katane, heute Catania, das fünf Jahre später entstand, herrschten Tyrannen wie Gelon, Hieron, Dionysios und Agathokles. An ihren Höfen tummelten sich Dichter wie Pindar und Aischylos, Genies wie der Mathematiker Archimedes und Philosophen wie der geheimnisumwitterte Empedokles. Selbst Platon kam auf Besuch und wollte hier seine Vision eines Idealstaates verwirklichen.

Mit der Expansionspolitik der sizilianischen Griechen auf der von ihnen bald nach der Einwanderung dominierten Insel wuchs auch das »weltpolitische« Interesse an dem Eiland, das künftig immer wieder zum Spielball fremder Mächte werden sollte, begehrt wegen seiner Fruchtbarkeit, umkämpft ob seiner geographischen Lage. Die Stützpunkte und Ansiedlungen der Karthager auf Trinacria stachen den mächtig gewordenen Stadtstaaten ebenso ins Auge wie dem Perserkönig das reiche Athen.

Aus strategischer Sicht war es ein genialer Plan, dass Xerxes die von den Griechen ständig bedrängten Phönizier ermunterte, just zu dem Zeitpunkt zurückzuschlagen, als er selbst das Mutterland angriff. Apropos Phönizier: Sie waren die Bewohner des »Purpurlandes« (griech. *Phoinike*) an der nordafrikanischen Küste, nach ihrer Hauptstadt später auch Karthager genannt. Die Römer bezeichneten das semitische Volk als Punier.

Die angesichts des Feindes ausnahmsweise einmal einigen griechischen Städte Siziliens schlugen unter der Führung der Tyrannen Theron und Gelon im September 480 v. Chr. die Heere des Karthagers Hamilkar am Fluss Himera zu Lande ebenso vernichtend wie die Athener bei Salamis die Perser zur See. Nach der schicksalhaften Schlacht feierten die Sieger ihren Triumph mit grandiosen Tempelbauten, finanziert mit dem Beutegold, errichtet von versklavten Kriegsgefangenen. Es war das große 5. Jahrhundert, die klassische Zeit der Griechen, doch sie währte im Mutterland kaum 50 Jahre. Mit Beginn des Dreißigjährigen (»Peloponnesischen«) Krieges der Griechen untereinander endete die goldene Ära, Sizilien waren noch weitere zwei Jahrzehnte vergönnt, bis die Phönizier zurückschlugen und 409 Selinunt und 406 Agrigent zerstörten. Als sie vor Syrakus standen, wurde der Ruf nach einem starken Mann laut. Und dieser bot sich in der Person eines jungen, ehrgeizigen Feldherren an: Dionys respektive Dionysios I., den Schiller in seiner »Bürgschaft« verewigte, wurde zum Tyrannen erwählt, der mit dem Feind verhandelte und die Stadt für gigantische Lösegeldsummen freikaufte.

In Windeseile ließ er eine 27 km lange Mauer sowie die sich als uneinnehmbar erweisende Festung Euryalos errichten. Dann stellte er die Zahlungen an Karthago ein und erwartete getrost den Angriff aus Nordafrika. Die Aggressoren kamen, sahen und scheiterten: Dionysios I., der so gut wie ganz Sizilien und

Bei Mylae spielten sich zahlreiche Seeschlachten ab, die berühmteste der Antike war die von 260 v. Chr., als die Römer modernste Schiffe einsetzten und die Karthager besiegten.

auch Teile Süditaliens kontrollierte, war – nach dem noch reicheren persischen Großkönig – zum mächtigsten Mann der antiken Welt aufgestiegen. Mit seinem Tod 367 v. Chr. endete die große Tyrannen-Zeit. Bereits sein Sohn Dionysios II. wurde zum Zerrbild eines Alleinherrschers und 356 v. Chr. verjagt, sein Onkel und Nachfolger Dion ermordet. Gegen die drohende Gefahr eines Angriffs aus Karthago, wo man diese Führungsschwächen augenblicklich registriert hatte, erschien 343 v. Chr. der Korinther Timoleon als Retter in letzter Minute.

Agathokles, der von 317 bis 289 v. Chr. grausam gegen Adel und Begüterte regierte, nahm als erster – auf ausdrücklichen Wunsch des Volkes – den Titel »König von Trinacria« an. Im Mutterland hatte mittlerweile Alexander der Große sein Reich aufgebaut, auf Sizilien zog der kluge König Hieron II. noch einmal in 54 Jahren Regentschaft die Fäden, als die Militärmacht vom Tiber eben auf der Rampe des Welttheaters erschienen war. Doch das Wetterleuchten des Untergangs kam bedrohlich näher, das Gewitter holten sich die Inselbewohner schließlich selbst ins Land.

Messana, einst eine blühende Griechensiedlung, befand sich in den Händen ehemaliger kampanischer Söldner, die sich hochtrabend Mamertiner – Söhne des Mars – nannten. Hieron II. aus Syrakus wollte die unbeliebten Gäste hinauswerfen, doch diese wandten sich sowohl an Karthago als auch an Rom um Hilfe. Sie gaben damit das Signal zum Ersten Punischen Krieg, der für die Römer siegreich endete – Sizilien wurde 241 v. Chr. die erste Provinz des künftigen Weltreiches. Nur Syrakus hatte sich noch nicht ergeben, doch 212 v. Chr. war es nach fast zweijähriger Belagerung so weit: Die römische Wölfin schnappte sich auch die reichste Griechenstadt der Insel.

Römer

Der Einnahme Siziliens wegen hatten die Römer erstmalig das Festland verlassen. Jetzt kamen sie auf den Geschmack, ihre politische Macht auszudehnen. Sie gerieten aber auch zum ersten Mal mit der griechischen Kultur hautnah in Berührung, die Liebe und Bewunderung dafür sollte sie nie mehr verlassen. Es war Sizilien, die sie ihnen näher gebracht hatte.

Zwar veränderte das Imperium seinen neuen Besitz völlig und beutete ihn rücksichtslos aus. Gleichzeitig jedoch herrschte ein gewisser Frieden, der durch die zentrale Regierung gewährleistet war. Man teilte das Land in Latifundien auf, die mit neuen, auf Großfelder-Wirtschaft basierenden Methoden und ausschließlich mit Sklaven bearbeitet wurden. So förderte man die Gründung von Ortschaften. Straßenbauten waren erforderlich, um die neuen Agrarzentren, die sich bald zu Handelsstädten entwickelten, untereinander zu verbinden. Die Sklaven – zu ihnen zählten anfangs sämtliche nichtrömischen Bewohner Siziliens – brachten ihr Elend in zahlreichen Revolten zum Ausdruck. Lange vor Spartacus erhoben sich die Entrechteten, ihre Aufstände wurden blutig niedergeschlagen (135–131 und 104–101 v. Chr.).

Im römischen Statthalter Verres, der schamlos für die eigene Tasche requirierte, was immer ihm unterkam, fanden korrupte Politiker aller Zeiten ihren unheiligen Schutzpatron. Ciceros geschliffene Angriffsreden, die den Maßlosen letztlich 70 v. Chr. doch vor Gericht brachten, sind auch heute noch aktuell. Landsitze römischer Nobili, wie die berühmte Villa Casale bei Piazza Armerina, Theater und Zirkusarenen, die vielfach griechischen Bauten aufgepfropft wurden oder nach dem Vorbild Roms entstanden, blieben als kunsthistorische Zeugnisse jener Epoche zurück.

Vandalen, Ostgoten und Byzantiner

Erst 440 n. Chr. änderten sich die Zeiten, als die Vandalen unter Geiserich das Land überrannten – für Professor Fabio Oliveri aus Palermo, der zu den profundesten Kennern der Materie zählt, ein Glücksfall. Im Gegensatz zu den meisten Historikern, die in Sizilien bis zum Freiheitszug von »Garibaldis Tausend« im Jahre 1860 eine ständig von fremden Völkern eroberte, geknechtete Insel sehen, betrachtet er die Ereignisse in einem anderen Licht. In so mancher »Eroberung« sieht er eine Befreiung, mehr noch, sogar eine Chance. Die römische Knute hatte Trinacria zu einer gänzlich unbedeutenden Kornkammer degradiert, in der Bevölkerung und Land gleichermaßen ihre eigenständigen Konturen verloren hatten. Noch einige Jahrhunderte Herrschaft aus Rom, und die Insel wäre endgültig zu totaler Gesichtslosigkeit herabgesunken.

Nach dem kurzen Zwischenspiel der Vandalen sowie der Ostgoten, die unter Theoderich das Erbe des Weströmischen Reiches angetreten hatten, lenkten für nahezu 300 Jahre Byzantiner die Geschicke Siziliens. Auch die alte Karthagerstadt Palermo, in der antike Hellenen nie Fuß fassen konnten, bekam nun griechische Züge. Doch nur wenige Spuren erinnern an jene wenig erfreuliche Epoche. Die Byzantiner pressten die Bevölkerung noch brutaler aus als die Römer, ließen die Landwirtschaft jedoch fast gänzlich darniederliegen. Die politische und wirtschaftliche Situation sollte sich mit der Invasion der Araber wieder zum Guten ändern, die von 827 bis 1072 ihr islamisches Reich auf Sizilien ausdehnten.

Araber

Nach Professor Oliveris These zählt auch die Ankunft der Mohammedaner zu den glücklichen Fügungen. Die Eroberung – obwohl grausam und hart, die Einwohnerzahl Palermos sank von etwa 60 000 auf 3000 – wurde zwar nicht von den herrschenden Schichten, dafür aber vom Volk als Befreiung aus fast unerträglicher Knechtschaft empfunden. Als eine der ersten Maßnahmen ersetzten die Araber das willkürliche und ungerechte Steuersystem der Byzantiner durch eine kluge, vorbildliche Verwaltung. Im Namen Allahs blühte das Land, denn die Moslems brachten nicht nur ihren Gott, sondern unbekannte Pflanzen und Kräuter, die sie von Berberbauern kultivieren ließen. Sie bauten Moscheen und Lustschlösser, Bewässerungsanlagen und Teiche. Der arabische Weltenbummler Ibn Haukal zählte um die Jahrtausendwende in Balerm (Palermo) nicht weniger als 200 glänzende Kuppeln – ein Anblick wie in einem Märchen aus »Tausendundeiner Nacht«.

Der christlichen Bevölkerung erging es unter den Sarazenen weit besser, als sie erwartet hatte. Auch wenn das Wort Religionsfreiheit zu hoch gegriffen wäre, die Streiter Mohammeds hinderten die Christen nicht an ihrer Glaubensausübung. Sie förderten sie sogar, da die »Ungläubigensteuer« eine wichtige Einnahmequelle der Emire war, auf die sie nicht verzichten wollten. Es herrschte also – wenn auch aus höchst materiellen Motiven – ein Klima religiöser Toleranz, was für das Mittelalter geradezu revolutionär war.

Normannen

Den Arabern gelang es, die Insel innerhalb kurzer Zeit zum reichsten Gebiet des Mittelmeeres zu machen – eine allzu große Verlockung für einige Söhne der in der Normandie beheimateten Familie Hauteville, die nun schon ungefähr 30 Jahre in Süditalien saßen und es zu Macht und Reichtum gebracht, den Sprung über die Meerenge von Messina aber noch nicht gewagt hatten. 1061 setzten die Brüder Robert Guiskard und Roger, von zankenden Emiren als Streitschlichter gerufen, mit ihrer Flotte nach Sizilien über. Doch sie wollten nicht Frieden stiften, sondern Sizilien besitzen. Was sie nicht im Kampf eroberten, erreichten sie durch Diplomatie, indem sie die verfeindeten Araberfürsten gegeneinander ausspielten. Elf Jahre später wehte die normannische Flagge über Palermo.

Roger I., Graf von Sizilien, verbrachte die letzten 30 Jahre seines Lebens damit, die Insel und ihre Bewohner aneinander zu binden. Arabisch und Griechisch waren ebenso offizielle Landessprachen wie Latein und Französisch. Betört von den Schönheiten des Landes, verzaubert vom Orient, verfielen die Männer aus dem Norden den Verführungskünsten des Südens mit Haut und Haar. Die Eroberer und Abenteurer verwandelten sich in Sultane eines orientalischen Reiches. Mit dem Zepter übernahmen die einstigen Seeräuber auch die Kultur des arabischen Hoflebens. Als Graf Roger 1101 starb, hatte er aus Sizilien eine Nation gemacht, einig in der Treue zu ihrem christlichen Herrscher und im Begriff, zum glänzendsten und reichsten Staat des Mittelmeerraumes, wenn nicht gar Europas, zu werden.

Ohne eine Frau aber wäre das normannische Sizilien nur ein längst vergessenes Intermezzo geblieben. In den Händen Adelasias, der Witwe Rogers, lagen fast zwölf Jahre lang die Geschicke des jungen Staatsgebildes, bis 1112 ihr Sohn Roger die Macht übernehmen konnte. Nur die besten arabischen Lehrmeister zählten zu den Erziehern des jungen Grafen von Sizilien, dem es durch geschickte und kluge Staatsführung gelang, von Papst Honorius II. 1128 auch als Herzog von Apulien und Kalabrien anerkannt zu werden. Als zwei Jahre später ein päpstliches Schisma die politischen Kräfte Europas in zwei Lager spaltete, setzte Roger auf den schwächeren der beiden Konkurrenten um den Stuhl Petri – und Anaklet II. belohnte seinen Beschützer mit dem Königstitel: Am Weihnachtstag des Jahres 1130 setzte sich Roger II. – in Verehrung seines Vaters Roger, der allerdings nie König von Sizilien war, nannte er sich der Zweite – im Dom von Palermo die Krone des Regnum Siciliae (Sizilien, Apulien und Kalabrien) aufs Haupt.

Mohammedaner, Christen und Juden konnten in einer Atmosphäre von Toleranz und gegenseitiger Achtung unbe-

Die Herrscher Siziliens im 12. und 13. Jahrhundert

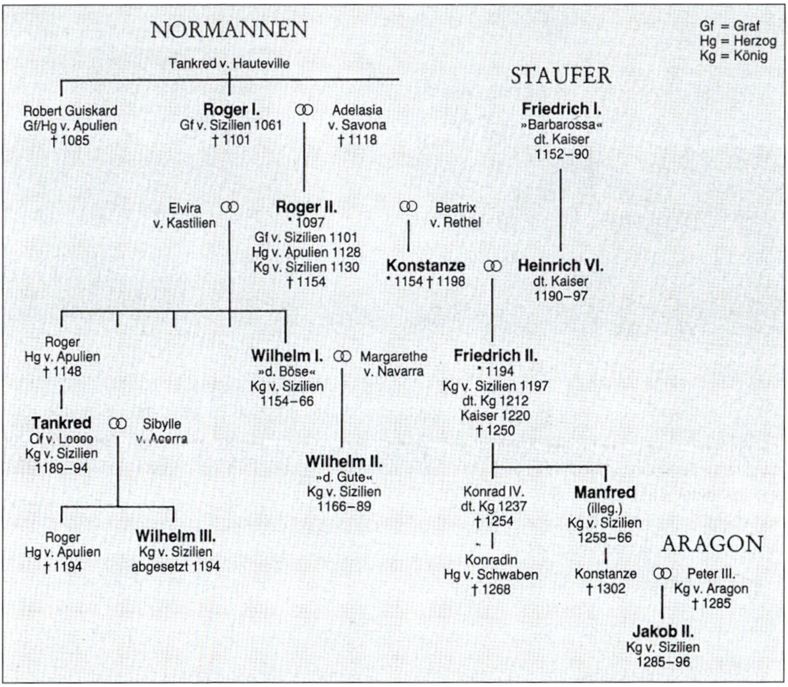

helligt nebeneinander leben. Die vom König erlassenen Gesetze dienten ein Jahrhundert später seinem Enkel Friedrich II. von Hohenstaufen als Grundlage für dessen »Sizilisches Gesetzbuch«, so wie viele Ideen der Normannen bei dem Kaiser des Heiligen Römischen Reiches auf fruchtbaren Boden fielen. Der Hof in Palermo entwickelte sich zu einem der faszinierendsten Kulturzentren Europas, an dem alle bedeutenden Künstler und Wissenschaftler ihrer Zeit verkehrten. Der mächtige Normannendom von Cefalù, der Palazzo Reale in Palermo mit den kostbar ausgestatteten königlichen Gemächern und dem Juwel der Cappella Palatina sowie die kleine Martorana-Kirche zeugen vom hohen Rang der Künste, mit denen das neue Königtum sich schmückte.

Rogers Thronerbe Wilhelm I. der Böse regierte wie ein orientalischer Fürst –

Der Hof Friedrichs II. zu Palermo: Der Kaiser empfängt eine Gesandtschaft von Arabern. Romantizistisch verklärendes Gemälde des in Deutschland bis heute hoch verehrten Stauferkönigs, Arthur von Ramberg, 1860/66

glanzvoll und realitätsfern. Wilhelm II. der Gute dem die Welt den Dom von Monreale und noch viele andere einzigartige Normannenkirchen verdankt, starb kinderlos, die Uhr normannischer Königsherrlichkeit lief ab. Aber ohne diese erstaunlichen Herrscher, deren grenzenlose Bewunderung für das Morgenland sich in einem eigenen Baustil offenbarte, die orientalische Schmucklust mit nordischer Strenge zu unglaublicher Schönheit verquickten und damit Unvergleichliches schufen, wäre kaum mehr als eine flüchtige Erinnerung an ein arabisches Märchenreich übrig geblieben.

Staufer

Auf Wilhelm II. folgt Tankred von Lecce, ein unehelicher Sohn Wilhelms des Bösen. Nach dessen Tod 1194 steht niemand mehr der Machtübernahme durch den Staufer Heinrich VI. im Wege, der als Gemahl Konstanzes, einer Tochter Rogers II., Ansprüche geltend macht. Tankreds unmündiger Sohn Wilhelm III. wird von dem Staufer brutal aus dem Weg geräumt. Kurz nachdem Kaiser Heinrich in Palermo zum König von Sizilien gekrönt worden ist, schenkt dessen Gemahlin ihrem einzigen Kind – Friedrich – das Leben. Heinrich stirbt 1197, kurz darauf auch Konstanze, der Papst übernimmt die Vormundschaft des erst vierjährigen Thronerben und späteren Kaisers.

Friedrich II. war unbestritten eine der schillerndsten Persönlichkeiten des Mittelalters. Zu seinen Lebzeiten wussten die Deutschen, die ihn kaum jemals zu Gesicht bekamen, nur wenig mit ihm anzufangen. Umso mehr Legenden rankten sich später um jenen Mann, der in Palermo aufgewachsen war und auch dort begraben wurde. Die meisten Jahre seines Lebens verbrachte Friedrich allerdings in Apulien, wo er sich neben den Staatsgeschäften in erster Linie den Wissenschaften widmete. Außer Italienisch,

Französisch, Lateinisch, Griechisch und Deutsch sprach der Staufer fließend Arabisch. Er war ein genialer Astrologe, ein guter Dichter und geschickter Diplomat, der seinem Land sinnlose Kreuzzüge ersparte.

Andererseits regierte Friedrich selbstherrlich und uneingeschränkt. Er allein war das Gesetz, er allein hatte zu entscheiden. Und wie kein anderer prägte dieser deutsche Kaiser das Bild des Südens. In Gesetzgebung und Verwaltung leistete Friedich II. Außerordentliches. Er baute den ersten modernen bürokratischen Polizeistaat auf, zur Förderung des Geisteslebens gründete er bereits 1224 die Universität von Neapel. Als er 1250 viel zu früh starb, veränderte sich auch die Welt des großen Weltenveränderers – des *stupor mundi et immutator mirabilis*. Zum Bösen.

Franzosen und Spanier

Für die Insel brach mit dem grausamen Joch des Hauses Anjou, das Papst Clemens IV. mit dem Königreich Sizilien belehnt hatte, eine schreckliche Zeit an. Als letzter Staufer starb der sechzehnjährige Konradin in Neapel unter dem Richtschwert. In dem fürchterlichen Gemetzel des Jahres 1282, das als »Sizilianische Vesper« in die Geschichte einging, befreite sich die Insel schließlich von den verhassten Franzosen. Mit dem Schlachtruf *moranu li Francisi* stürmte die Bevölkerung die Häuser der Besatzungsmacht und die Klöster französischer Dominikaner und Franziskaner.

Nach dem Frieden von Caltabellotta 1302 übernahm das Haus Aragon, von den Sizilianern gegen die Anjou ins Land gerufen, die Regierung. Der spanische

Die »Sizilianische Vesper« entschied 1282 über die politische Zukunft Siziliens.

Adel führte das große Wort und geriet bald in Konflikt mit der alteingesessenen Oberschicht der Insel. Der Monarch konnte sich gegen die Feudalherren nicht durchsetzen, so dass schließlich seit 1415 nur noch Vizekönige nach Sizilien entsandt wurden. Im Buch der Grausamkeiten wurde in den folgenden Jahrhunderten eine neue Seite aufgeschlagen, denn zimperlich ist es unter spanischer Herrschaft noch nie zugegangen. Manche Karfreitags-Prozessionen, aber auch einige ausgesprochen grausame Hinrichtungsarten der Mafia zeigen deutlich die Handschrift jener Epoche.

Spanien stieg zum Weltreich auf, in dem fremde Völker zu Prügelknaben wurden. Nach der großen Judenvertreibung auf der Iberischen Halbinsel im Jahr 1492 ereilte wenig später Sizilianer mosaischen Glaubens ein ähnliches Schicksal. Sie flohen in das heutige Tunesien, nach Griechenland und in die Türkei. Ihre Spuren gingen in der Diaspora jedoch nicht verloren. Unter erschütternden Umständen sollte später noch einmal an das dunkle Kapitel erinnert werden: Anhand der eindeutig sizilianisch-jüdischen Namen auf Erkennungsmarken in den Konzentrationslagern des Dritten Reiches identifi- zierten Historiker Nachkommen jener Juden, die Jahrhunderte zuvor die Insel verlassen hatten, als Opfer des Nationalsozialismus.

Mit der Entdeckung Amerikas verschob sich die Achse der Geschichte, das Mittelmeer war nun endgültig nicht mehr der Nabel der Welt. Zwischen 1500 und 1520 entvölkerte eine durch die europaweit spürbare Klimaverschiebung verursachte Dürreperiode weite Teile Siziliens: Es fiel plötzlich bloß noch die halbe Niederschlagsmenge, Missernten und Hungersnöte waren die Folge. Auch Erdbeben und Vulkanausbrüche suchten das Land heim, in dem die Gegensätze zwischen Arm und Reich wie in der Antike zwischen Herren und Sklaven weit auseinander klafften.

Die schlimmsten Auswirkungen der Katastrophen trafen natürlich die Mittellosen, während Adel und Kirche noch immer über genügend Mittel verfügten, um in unglaublich kurzer Zeit wundervolle Barockstädte aus den Trümmern erwachsen zu lassen. Erfolglose Volksaufstände zogen bloß noch härtere Strafsanktionen der jeweiligen Machthaber nach sich, die längst nicht mehr mit Eroberungszügen über die ausgeblutete Insel herfielen: Wer über sie herrschen durfte, wurde am Verhandlungstisch entschieden.

Mit einem Federstrich ging Sizilien im Zuge des Spanischen Erbfolgekrieges 1713 an das Haus Savoyen und bald darauf, im Tauschgeschäft gegen Sardinien, an die Habsburger. Von 1720 bis 1735 stand die Insel unter österreichischer Verwaltung. Schließlich durften noch spanische Bourbonen für mehr als 100 Jahre aus dem Land pressen, was noch zu holen war. »Auf dieser Insel wohnen nur Unterdrücker und Unterdrückte«, charakterisierte der spanische Vizekönig Caracciolo am Ende des 18. Jahrhunderts einmal treffend die Situation. Nach den Straßenkämpfen des Revolutionsjahres 1848 blieb jedoch ein Funke am Leben, der in der Folge weitere Erhebungen anfachen sollte. Der Wille der Sizilianer, endlich die Fremdherrschaft abzuschütteln, konnte nicht mehr gebrochen werden.

Anschluss an das Königreich Italien

Am 11. Mai 1860 landete Garibaldi mit seinen Freiheitskämpfern bei Marsala.

Fünf Monate später sprach sich das Volk von Sizilien in einer Abstimmung mit überwältigender Mehrheit – nur 11 000 Gegenstimmen wurden gezählt – für eine Vereinigung mit dem Königreich Italien aus. Sizilien war zwar wieder einmal Provinz, aber erstmals unter eigener Flagge. Und noch nie schien die Aussicht

Guiseppe Garibaldis Freiheitskämpfer erobern am 27. Mai 1860 Palermo
Gemälde von Giovanni Fattori (1825–1908)

auf eine bessere Zukunft näher als in diesen Tagen.

Der Schritt in die Neuzeit begann, doch die Narben hatten keine Zeit zu verheilen. Was von Rom kam, hat nach Ansicht der Bauern noch nie Glück gebracht – und sie sollten Recht behalten. Carabinieri-Regimenter wüteten als neue Autorität nach Belieben. Das ungerechte Steuersystem der Bourbonen behielt man bei. Die Landwirte durften ihr Korn nach wie vor nur in kontrollierten Mühlen mahlen. Nun rackerten sie für das Königreich Italien und sizilianische Großgrundbesitzer, die Macht aber sollten sich ab jetzt die Staatsgewalt und eine Geheimorganisation teilen, deren Geburtsstunde geschlagen hatte – die Mafia war da.

Die ersten Jahrzehnte nach der Vereinigung mit Italien wurden für das Volk Siziliens zu einem wahren Albtraum. Kaum jemals zuvor war die Unterdrückung schlimmer. Ständige verzweifelte Aufstände zeugen von diesen düsteren Tagen. Als 1866 die Arbeiter in Palermo rebellierten, bombardierte man die Stadt vom Meer aus rücksichtslos bis zur Kapitulation. Danach garantierten 40 000 italienische Soldaten für »Ruhe und Ordnung«. Beim Bauernaufstand 1893 kamen 30 000 Mann gegen die Wehrlosen zum Einsatz, bei der Revolte des Jahres 1921 sorgten staatliche Waffen dafür, dass kein Anführer überlebte. Zu Tausenden wanderten Arbeitslose, rechtelos und ohne Bodenbesitz, in die Neue Welt aus. Andere schlossen sich in ihrer Verzweiflung Banden an, die gegen alle Besitzenden kämpften. Italien kümmerte sich nicht um die katastrophale Situation des Mezzogiorno, der für Rom bloß eine Belastung und einen ständigen Quell des Ärgers darstellte.

Unter Benito Mussolini gelang Ende der dreißiger Jahre des letzten Jahrhunderts die erste Landreform. Auch die Mafia bekam der Diktator weitgehend in den Griff. Sein berüchtigter Statthalter Cesare Mori rottete jedoch mit drakonischen Maßnahmen manchmal ganze Familien aus, während die wahren Drahtzieher gut versteckt auf ihre Stunde warteten. Wieder einmal hoffte das Inselvolk auf Eroberer, auf Befreier. Die vorerst letzten sollten aus den USA und Großbritannien kommen.

Fremde Einflüsse heute

Mit der Invasion der Amerikaner und Engländer endete 1943 die faschistische Ära. 1946 wurde Sizilien autonome Region innerhalb des italienischen Staatsverbandes, mit eigenem Parlament und eigenen Landesbehörden. Aber immer noch diktierte Rom. Als es bei der 1950 angeordneten Bodenreform zu einer Teilenteignung der Grundbesitzer kam, war es zu spät und der Kuchen längst verteilt. Die Mafia und ihre Vertrauensleute saßen bereits fest verankert in den wichtigsten Positionen. Und der gesamte Süden musste zum Entwicklungsgebiet erklärt werden – mit Sizilien als Armenhaus Europas. Die Europäische Gemeinschaft pumpte in der Folge Milliardenbeträge in den Mezzogiorno, die jedoch vielfach in falsche Taschen flossen.

Nach wie vor steht die Insel unter fremden Einflüssen, nur machen sich diese nicht mehr mit Schwertern oder Kanonen bemerkbar, sondern mit einem ganz anderen Metall. Die klingenden Münzen aus dem Geschäft mit Industrieprodukten und dem Tourismus verwandeln das Land. Alles drängt zu den Küsten, wo große Hotelanlagen Reichtum versprechen. Auch die Agrarwirtschaft, modern und mit industriellen Methoden betrieben, konnte seit den siebziger Jahren einen enormen Aufschwung nehmen.

Jeder fünfte Sizilianer hat seit 1960 seine Heimat verlassen, um entweder in den USA oder als Gastarbeiter in Nordeuropa sein Glück zu versuchen – eine Million Menschen zogen in die Fremde. Viele sind inzwischen zurückgekehrt und haben sich mit dem Ersparten eine Existenz in der Heimat aufgebaut. Sizilien hat den Anschluss an europäische Standards gefunden. Welch enorme Leistung in Wahrheit der soziale, gesellschaftliche und wirtschaftliche Sprung bedeutet, durch den die Insel innerhalb weniger Jahrzehnte aus dem vergangenen Jahrhundert mitten in einen respektablen Wohlstand geführt wurde, vergisst man allerdings allzu leicht. Das Sizilien von heute ist kein armes Land mehr, auch wenn sich dieses Klischee hartnäckig hält.

Doch unter der Oberfläche bestehen antike Strukturen unverändert fort. Herren und Sklaven, es gibt sie noch immer. Unermesslich reiche Mafiosi regieren in Wahrheit die Insel – und mit ihrem Einfluss auf Politik und Hochfinanz Amerikas in wesentlichen Wirtschaftsbereichen die westliche Welt. Rechtlos hingegen sind die illegal eingewanderten Nordafrikaner, die ohne Papiere zu Tausenden über das Mittelmeer kommen. Als Tagelöhner stehen Tunesier, Marokkaner und Algerier auf der untersten Stufe der Sozialleiter.

Zeittafel

Vorgeschichte

16 000–2500 v. Chr. Die jüngere Alt- und die Jungsteinzeit hinterlassen ihre Spuren in den Höhlenzeichnungen der Addáura-Grotte bei Palermo und der Grotta dei Genovesi auf der Insel Lévanzo.

2500–750 v. Chr. Keramikfunde auf den Liparischen Inseln, Felsnekropolen (Pantálica, Cava d'Ispica) in Südostsizilien.

Griechen und Karthager

735–580 v. Chr. Gründung der ersten griechischen Städte auf Sizilien: Naxos (735), Syrakus (734), Zankle/Messina (730), Katane/Catania (729), Gela (688), Himera (648), Selinunt (628), Akragas/Agrigent (582). Im 8. Jahrhundert Gründung phönizischer Handelsniederlassungen an der Nordküste, zum Beispiel das spätere Palermo.

Die exponierte Lage des Theaters von Segesta eröffnete einen Blick auf die elymischen Städte Entella und Eryx und auf den antiken Hafen der Stadt, das heutige Castellammare del Golfo.

480 v. Chr.	Schicksalsschlacht bei Himera: Tyrann Theron von Akragas und sein Schwiegersohn Gelon, Tyrann von Gela, schlagen die Karthager.
415–413 v. Chr.	Griechen kämpfen gegen Griechen: Athens Streitmacht wird von Syrakus vernichtet.
405–367 v. Chr.	Tyrannis des Dionysios' I.; Vormacht von Syrakus.

Römer

264–241 v. Chr.	Erster Punischer Krieg. Nach der Niederlage der Karthager (unter anderem in der Schlacht von Mylae 260 v. Chr.) wird Sizilien erste römische Provinz.
135–131 v. Chr.	Erster Sklavenaufstand in Sizilien. Der Anführer Eunus verschanzt sich in Enna.
104–101 v. Chr.	Zweiter Sklavenkrieg mit Schwerpunkten in Agrigent und Caltabellotta.
44 n. Chr.	Marcian gründet in Syrakus die erste Christengemeinde Siziliens.

Vandalen, Ostgoten und Byzantiner

440	Die Vandalen unter Geiserich fallen in Sizilien ein.
535–827	Sizilien wird byzantinische Provinz.

Araber

827	Araber beginnen mit der Eroberung Siziliens, zu dessen Hauptstadt 831 Palermo wird. Die arabische Herrschaft dauert bis 1072.

Normannen

1061	Das normannische Brüderpaar Robert Guiskard und Roger landet auf Sizilien und erobert elf Jahre später Palermo. Die Normannen beherrschen die gesamte Insel von 1091 bis 1194.

1112–1154	Regierungszeit Rogers II. (Königstitel seit 1130).
1186	Heinrich VI., Sohn Friedrich Barbarossas, heiratet Konstanze, Tochter Rogers II., die nach dem Tod ihres Neffen Wilhelm II. Thronerbin wird.

Staufer

1194	Heinrich VI. wird erster normannisch-staufischer König Siziliens. Die Staufer regieren die Insel bis 1266 (Tod Manfreds bei Benevent).
1198–1250	Regierungszeit Friedrichs II., der auch deutscher König und 1220 deutscher Kaiser wird.

Franzosen und Spanier

1266–1282	Sizilien unter der französischen Herrschaft der Anjou, die durch einen Volksaufstand am 31. März 1282 (»Sizilianische Vesper«) beendet wird.
1282	Das spanische Haus Aragon übernimmt die Herrschaft in Sizilien.
1302	Frieden von Caltabellotta zwischen Franzosen und Spaniern.
1434	In Catania erhält Sizilien seine erste Universität.
1442	Alfons V. von Aragon erobert Neapel und wird im folgenden Jahr vom Papst als Alfons I. mit dem Königreich von Neapel-Sizilien belehnt.
1504	Ferdinand II. von Aragon verbindet Neapel-Sizilien mit der spanischen Krone. Die spanische Herrschaft, von Vizekönigen ausgeübt, dauert bis 1713.
1500–1520	Katastrophale Dürreperiode und Hungersnot.
1713	Nach dem Spanischen Erbfolgekrieg fällt Sizilien an das Haus Savoyen.
1735–1860	Regierungszeit der spanischen Bourbonen in Neapel-Sizilien (»Königreich beider Sizilien«).

1820/21 Revolutionen. Versuch, Sizilien eine Sonderstellung zu verschaffen.
1848/49

Anschluss an das Königreich Italien

1860/61 Garibaldi landet mit Freiheitskämpfern bei Marsala und erobert die Insel. Sizilien wird dem Königreich Italien angeschlossen.

Fremde Einflüsse heute

1943 Landung der alliierten Streitkräfte (10. Juli); heftige, vor allem für die Briten verlustreiche Kämpfe, Unterzeichnung eines Waffenstillstandsvertrages mit der neuen italienischen Regierung Marschall Badoglios in Cassibile bei Syrakus (3. September).

1946 Sizilien wird autonome Region innerhalb des italienischen Staatsverbandes, Proklamation der Republik Italien am 18. Juni 1946.

1950 Gesetz zur Errichtung der »Cassa per il Mezzogiorno« zur wirtschaftlichen Entwicklung Süditaliens.

1984 Der sozialistische Ministerpräsident Bettino Craxi löst die hoffnungslos verschuldete »Cassa per il Mezzogiorno« auf.

2001 Wahlsieg der »Forza Italia« unter der Führung von Medienzar Silvio Berlusconi, der im Süden besonders viele Wähler mit seinen rechtspopulistischen Parolen gewinnen kann.

2002 Das seit Jahrzehnten geplante und später angesichts der enormen Kosten ad acta gelegte Projekt einer Brücke über die Straße von Messina wird erneut aufgegriffen. Einen konkreten Termin für den Baubeginn gibt es allerdings nicht.

Keine Angst vor der Mafia!

Mafia ist leider meist das erste Wort, das jedermann mit Sizilien assoziiert, und die Gefühlsskala schwankt von Unbehagen bis zu blanker Angst. Viele fürchten um ihr Leben, bedroht von einem tödlichen Netz aus Drogenhandel, Waffenschmuggel, Spekulation und Korruption, sobald sie ihren Fuß auf die Insel setzen. Was schlicht Unsinn ist. Das gefährliche Gespinst gigantischer Transaktionen von Milliardenbeträgen und dubioser Drogengeschäfte hält nur den gefangen, der sich darin bewegt. »Die meisten Mordopfer der Mafia sind Mafiosi«, schrieb bereits 1976 Peter O. Chotjewitz in seinem Buch »Malavita«. Und daran hat sich bis heute nichts geändert.

Ein Tourist auf der Suche nach Sonne, Kultur und mediterranem Lebensstil bemerkt garantiert nichts von dem, was sich hinter den Kulissen abspielt, sieht man von einzelnen Berichten in den Medien ab. Der Urlauber logiert wahrscheinlich häufig in einem Hotel, das sich im Besitz eines Mafioso befindet – und ist dort so sicher wie in Abrahams Schoß. Denn die »Ehrenwerten«, wie sie sich selbst gerne in barocker Manier bezeichnen, lassen sich ungern ihre Geschäfte verderben. Schließlich bringt auch der Fremdenverkehr Gewinne, zumindest eignet er sich ebenso wie andere legale Branchen bestens zum Weißwaschen schwarzer, illegal erworbener Gelder.

Freilich, die Abteilung Tourismus ist nur ein winziges Ressort für die größte »Firma« der Welt, die nach Schätzungen des Handelsverbandes in Rom allein in Italien einen jährlichen Gewinn von 150 Milliarden Euro, das sind rund 12% des italienischen Brutto-Inlandsproduktes, verzeichnet und ihr Netz inzwischen rund um den Globus gezogen hat. Gehören Bauwirtschaft, Handel mit verbotenen Waren sowie Schutzgelder und Erpressungen zu den traditionellen Geschäftsbereichen, so schöpft man bereits heute mehr Bares aus dem »New Business«: Veruntreuung öffentlicher Gelder, Wirtschaftsbetrug, Menschenschmuggel, Produktfälschung und ille-

»Lasst nicht zu, dass die Mafia wieder schießt«

gale Müllentsorgung. Das Geld wird zum Großteil in »sauberen« Branchen legalisiert. Tagtäglich wird auf diese Weise eine Milliarde Euro gewechselt, wobei Banken und Investmentgesellschaften nicht nur in Italien, sondern auf allen bedeutenden Finanzplätzen der Erde eine wichtige Rolle spielen.

»Aus Killern wurden Banker«, charakterisierte der Anti-Mafia-Kämpfer und Ex-Bürgermeister von Palermo, Leoluca Orlando, das neue Image der kriminellen Organisation. Peinlich für den Ruf der schönen Insel sind nur die vielen kleinen Straßenräubereien. Als starker Mafioso aber hält man sie einigermaßen unter Kontrolle. Lediglich in Gebieten, in denen die »Familien« Führungsschwächen zeigen, nimmt die Kleinkriminalität zu.

Während der Fremde unbeschwert durch das Land fahren kann (nachdem die Wertsachen im Hoteldepot sicher hinterlegt worden sind), steht jeder Sizilianer zumindest irgendwann einmal mit der Mafia in Verbindung. Wenn er Geschäftsmann ist: beim Abkassieren der Schutzgelder, wenn er Probleme hat oder behördliche Interventionen benötigt: bei gewissen einflussreichen Personen. Die »Firma« ist allgegenwärtig und allmächtig, umschlingt das öffentliche Leben wie eine Krake. *Piovra*, Krake, so nennt man in Italien auch dement-

sprechend plakativ die Mafia. Daran konnten weder die faschistische Diktatur Mussolinis noch die Regierung in Rom oder gar der Papst im Vatikan etwas ändern. Zu fein gesponnen sind die Fäden, die bis in hohe und höchste Kreise von Staat und Kirche reichen. »Die Mafia ist ein System, das sich nur mit der Unterstützung des Staates entwickeln kann«, stellte der sizilianische Schriftsteller Leonardo Sciascia treffend fest. Und Leoluca Orlando ergänzte: »Ohne Beziehungen zur Politik wäre die Mafia schlicht eine Räuberbande«.

Mit dem organisierten Verbrechen lebt Sizilien nicht erst seit 1862. Aber damals fiel das Wort Mafia erstmals öffentlich in einem Volksstück von Giuseppe Rizzotto, »I mafiusi di la Vicaria di Palermo«, das die Erlebnisse einer Gruppe von Häftlingen im Vicaria-Gefängnis von Palermo zum Inhalt hat. Diejenigen, die ganz oben in der Hierarchie hinter Gittern standen, bezeichnete der Autor als »Mafiosi«.

Cosa Nostra, Camorra oder 'Ndrangheta nennen sich die mafiosen Organisationen in den USA, in Neapel und in Kalabrien, durchaus eigenständig in ihren Aktivitäten, aber vom gleichen Ungeist und Ursprung. Sie alle fühlen sich als Staat im Staat, als zweite Macht und Ordnung mit eigenen Gesetzen, die nur eines im kapitalistischen Sinn haben: Macht und Reichtum zu vergrößern. Freunde der kleinen Leute waren Mafiosi nie, ganz im Gegenteil. Sie fungierten zunächst als unbarmherzige Geldeintreiber der Großgrundbesitzer und Pächter, Nachfahren der Barone, deren Land im Zuge der langsamen Auflösung des Feudalsystems (1812–1866) neu – und wieder ungerecht – aufgeteilt worden war. Diese Repräsentanten der Agrarbourgeoisie benötigten Schutz und Hilfe bei der Ausbeutung der Bauern, die als Halbpächter und Tagelöhner praktisch Rechtlose waren.

Polizei und Justiz stellten sich auf die Seite der Unterdrücker und verteidigten die traditionelle Ordnung, wenn diese durch Streiks oder Aufstände der Hungernden in Gefahr geriet. Dennoch erhielt die Mafia mit der Zeit eine immer breitere Basis im Volk. Einerseits, weil man mit ihr leben und sich eben darum mit ihr arrangieren musste, andererseits aufgrund ihrer antirömischen Haltung, die sie stets wohl zu dosieren wusste. Die sizilianische Verweigerung gegenüber staatlicher Autorität ist tief verwurzelt. In den Händen der Mafia wurde sie zu einem Machtinstrument, das sich skrupellos der naiven Solidarität der chancenlosen Habenichtse bediente, denen die Rute im eigenen Fenster noch immer lieber war als ein fremder Stock.

Die erdrückenden Fangarme der piovra hat das moderne Sizilien nicht zuletzt dem Ungeschick (oder der Ahnungslosigkeit) der Amerikaner zu verdanken, die 1943 mit Hilfe von Lucky Luciano die Möglichkeit einer reibungslosen Invasion in Italien gesucht und gefunden hatten. Der in den USA inhaftierte Gangsterboss sizilianischer Abstammung mobilisierte aus dem Gefängnis seine Kontaktleute auf der Insel. Ein mit einem schwarzen »L« besticktes Seidentuch wurde von einem US-Jagdflieger über Villalba im Landesinneren abgeworfen: Signal für die von den Faschisten in den Untergrund gedrängte Mafia, ihre Landsleute in den Mussolini-Uniformen zur Desertion zu überreden und sie mit Zivilkleidung zu versorgen.

Die Landung der Truppen aus Übersee in Westsizilien verlief – im Gegensatz zu den übrigen Teilen der Insel, wo die Briten schwere Verluste hinnehmen mussten – beinahe reibungslos. Wider-

Ein kalabrisches Huhn

»Ein kalabrisches Huhn beschloss, Mitglied der Mafia zu werden. Es ging zu einem Mafia-Minister, um ein Empfehlungsschreiben zu bekommen, aber dieser sagte ihm, die Mafia existiere nicht. Es ging zu einem Mafia-Richter, aber auch dieser sagte ihm, die Mafia existiere nicht. Schließlich ging es zu einem Mafia-Bürgermeister, und auch dieser sagte ihm, die Mafia existiere nicht. So kehrte das Huhn in den Hühnerstall zurück, und auf die Frage seiner Mithühner antwortete es, die Mafia existiere nicht. Da dachten alle anderen Hühner, es sei Mitglied der Mafia geworden, und fürchteten sich vor ihm.«

Luigi Malerba
»Das nachdenkliche Mafia-Huhn«

stand gab es so gut wie keinen, waren doch die fremden Soldaten fast alle Brüder, Amerikaner sizilianischer Abstammung.

Aus Dankbarkeit tilgte dann der US-Geheimdienst die schwarzen Flecken in den Akten seiner dubiosen Verbündeten, verschaffte ihnen Schlüsselstellungen in Politik und Wirtschaft und wurde somit zum Steigbügelhalter der Nachkriegsmafia. Lucky Luciano entließ man in die Freiheit, die er auf seine Art zu nutzen verstand: Bis zu seinem friedlichen Tod ging er noch fast zwei Jahrzehnte seinen gewohnten Geschäften in Neapel, der Hochburg der Camorra, nach und dürfte wohl so manches Mal die Naivität amerikanischer Politiker gepriesen haben, die ihn und seinesgleichen wieder an die Schalthebel der Macht gebracht hatten.

Obwohl sich die Mafia längst der modernen Zeit angepasst hat und als »Weltkonzern« ihre Geschäfte höchst professionell betreibt, hat sie sich in ihrer inneren Struktur kaum verändert. Diese erinnert an eine Pyramide, in Hierarchien gegliedert und doch einheitlich. Basis der Familie oder *cosca*, der kleinsten Zelle der Organisation, sind die Ehrenmänner, auch Soldaten genannt, die einem *capo* unterstehen. Mehrere *cosche* können einen Clan bilden, bleiben aber auch im Falle einer Zusammenarbeit autonom, beruht doch die ungeschriebene Verfassung der Mafia auf dem föderativen Modell. Die *capi* wiederum gehorchen dem Familienoberhaupt, das mit seinen gleichrangigen Kollegen der Kommission oder Kuppel untergeordnet ist. Die Gesamtheit aller Kuppeln einer Provinz schließlich designiert einen Repräsentanten, der Mitglied des interprovinziellen Vorstandes wird, jenes Organs, dem die Verwaltung und Kontrolle aller ökonomischen Aktivitäten obliegt. Der Präsident des Interprovinzialvorstandes wird nicht gewählt. Diese Position gebührt in der Regel dem Oberhaupt der Kommission von Palermo.

Ein altes palermitanisches Sprichwort sagt: »Ein Toter ist ein Toter, denken wir an die Lebenden.« Diese Mentalität

macht sich die Mafia zunutze. Schnell vergisst man, dass bis Anfang der 90er Jahre kaum ein Tag ohne Bluttat verging. Jahr für Jahr forderten die Fehden der Mafia-Familien untereinander sowie die Bestrafung von Verrätern, Aufmüpfigen oder Zahlungsverweigerern mindestens 300 Todesopfer. Irgendwann aber hatten die Kriminellen den Bogen überspannt. Nach den brutalen Morden an dem Polizeipräfekten von Palermo, Alberto dalla Chiesa, sowie an den mutigen Richtern Giovanni Falcone und Paolo Borsellino, die zu Recht als offene Kriegserklärung an die Gesellschaft verstanden wurden, schlug die staatliche Autorität mit Rückendeckung der Bevölkerung zurück.

Mehr und mehr Sizilianer gingen auf die Straßen, um gegen die Mafia zu demonstrieren, was sie zuvor niemals gewagt hätten. Im Gegenteil: Noch 1986, als der Staat wieder einmal einen seiner letztlich gescheiterten Versuche unternahm, mit der organisierten Kriminalität aufzuräumen – viele Führungspersönlichkeiten saßen hinter Gittern oder mussten sich verstecken –, versammelten sich Arbeitslose zu Pro-Mafia-Aufmärschen. Der Hauptanteil der Anklageschriften in den großen Mafiaprozessen jener Jahre befasste sich nämlich nicht mit spektakulären Mordfällen, sondern mit Wirtschaftsdelikten. Und als die Manager großer Unternehmen in Handschellen abgeführt wurden, verloren

Statt Resignation Widerstand: Anti-Mafia-Demonstrationen als Ausdruck des neuen Selbstbewusstseins des Südens

zahlreiche Sizilianer ihre Arbeitsplätze. Mit Tommaso Buscetta, der zuvor fast seine gesamte Familie durch Attentate der Mafia verloren hatte, brach der erste Top-Mafioso in den 80er Jahren die *omertà*, das eherne Gesetz des Schweigens. Danach bekundeten immer mehr »reuige Sünder«, *pentiti* genannt, ihre Bereitschaft, mit der Justiz zusammenzuarbeiten. Ihre Geständnisse führten zu manchen Erfolgen des Staates. So wurde mehr als 1500 Mafiosi – unter ihnen der als »Superboss« gehandelte Totò Riina – der Prozess gemacht, die Justiz beschlagnahmte Immobilien und Vermögen im Milliardenwert.

Kurze Zeit schien es, als ob die Grundfeste der Mafia erschüttert worden seien. Doch nach Meinung kompetenter Fachleute hatte sie sich lediglich zu einer *Pax mafiosa*, einem kurzen Frieden, zurückgezogen, um ihre Strategien zu überdenken und neu auszurichten. Und um tiefer denn je in die Politik einzudringen, die seit dem Wahlsieg des Medientycoons Silvio Berlusconi wieder häufiger in den Verdacht der Mafianähe gerät. »Die Organisierte Kriminalität hat sich unsichtbar gemacht, aber sie ist wahrscheinlich effizient wie noch nie zuvor«, so Staatsanwalt Piero Grasso aus Palermo.

Eine neue, intelligente Führung, durchweg polyglotte Managertypen mit Hochschulausbildung, haben in unseren Tagen die schießwütigen Gangster, Computer und Internet die traditionelle Wolfsflinte *lupara*, Maschinenpistolen und Autobomben abgelöst. Die primitive Kleinkriminalität überlässt man – kontrolliert, versteht sich – den lokalen Vertretern der Unterwelt.

Als Tourist kann man das Thema Mafia jederzeit und überall gefahrlos anschneiden, es gilt auf Sizilien längst nicht mehr als Tabu. Echte Informationen wird man allerdings kaum erhalten, sondern bestenfalls ein müdes Lächeln. Daher lässt man es besser gleich bleiben. »Sei klug und halte den Mund«, lautet das Motto der meisten Sizilianer, wenn sie ihren *pizzu* entrichten, wie die Schutzgelder bezeichnet werden, und sich im Übrigen dem Problem gegenüber nach außen hin blind und taub stellen.

Der Volksmund bringt die Plage Siziliens, die wie ein Geschwür die ganze Welt erfasst hat, auf einen kurzen Nenner: »Mafiosi haben den Vater in der Hölle, der für sie betet.«

Kultur und Folklore

Bildende Kunst

Nur selten vermochte die bildende Kunst Siziliens den regionalen Rahmen zu sprengen. Im Mittelalter waren Malerei und Skulptur vorwiegend handwerkliche Tätigkeiten unter dem Einfluss von Künstlern aus dem Norden der Apenninenhalbinsel (Toskana, Marken) sowie aus Spanien, Frankreich und Flandern. Die überragende Ausnahme bildete **Antonello da Messina** (um 1430–1479), der unbestritten zu den bedeutendsten Malern seiner Zeit gehört. Seine Hauptwerke werden heute von großen europäischen Museen gehütet, zum Glück auch auf Sizilien (Cefalù, Messina, Palermo, Syrakus). Von seinen bekanntesten Schülern, deren Bilder viele Kirchen und Sammlungen der Insel schmücken, seien Antonio Solario, Antonello De Saliba und Antonio Giuffrè genannt.

Renato Guttusos »Selbstbildnis« von 1936

Auf dem Gebiet der Skulptur schufen im 15./16. Jahrhundert Domenico Gagini und seine Schule sowie Francesco Laurana über die lokale Bedeutung weit hinaus reichende Arbeiten, auch sie gehören zu den Schätzen mancher sizilianischer Gotteshäuser.

In der Folge blieb Trinacria lange ohne berühmte Vertreter der bildenden Kunst, bis **Renato Guttuso** (1912–1987) auf den Plan trat. Wie viele Süditaliener lebte er lange Zeit in Rom oder Mailand, doch Sizilien blieb stets Mittelpunkt seiner Darstellungen. In seiner Geburtsstadt Bagheria erlernte er bei einem Karrenmaler den Umgang mit Pinsel und Farben. Eines seiner schönsten frühen Gemälde, »Flucht vom Ätna«, ist noch von Picasso beeinflusst, dann aber entwickelte er eine eigenständige Handschrift. Mit einer nackten Magdalena auf einem Kreuzigungsgemälde geriet er – nicht zum ersten Mal – in Konflikt mit dem ihm verhassten faschistischen Regime. Guttuso liebte die Freiheit, auch jene des Stils und der Motive. So malte er große Landschaften, Porträts, Stillleben und immer wieder charakteristische Winkel seiner geliebten Insel.

Der Künstler hatte auch eine Erklärung dafür, warum sich seine Landsleute in der Ruhmeshalle des internationalen Kunstmarktes so rar machen: »Alle sagen, dass meine Farben sehr sizilianisch sind – wenn ich meine Bilder nicht zu Hause male. In Sizilien ist nämlich das Licht zu stark, es ist zum Malen nicht geeignet. Dazu braucht man gedämpfteres Licht. Ich schmuggle die Farben meiner Heimat im Kopf in den Norden, um sie dort auf die Leinwand zu bringen.« Oder in anderen Worten: »Die Sonne meiner Insel verbrennt die Farben«.

Einen Überblick über das grandiose Œuvre des Malers erhält man im Guttuso-Museum, das in der Villa Cattolica in Bagheria eingerichtet wurde.

Literatur

Die Lust an der Sprache liegt den Sizilianern im Blut – so wie die Liebe zur Musik. **Stesichoros**, der im 6. Jahrhundert v. Chr. in Himera lebte und wirkte, schuf mit mythologischen Stoffen eine Gedichtform zwischen Epos, Chorlyrik und Tragödie. Auch gilt er als einer der Väter der bukolischen Dichtung. Der Syrakusaner **Theokrit** führte diese ursizilianische Kunstform dann 300 Jahre später zu jener hohen Blüte, von der Poeten und Maler bis in die Neuzeit beeinflusst wurden. **Gorgias**, um 500 in Leontinoi, dem heutigen Lentini, geboren, war der erste große Rhetoriker der Geschichte, der auch für die Prosa eine poetische Ausdrucksweise forderte, um die Wirkung einer Rede zu erhöhen. Die Freude an kunstvollen Wortspielereien ist den Bewohnern Trinacrias bis heute erhalten geblieben.

Und nirgendwo anders als im griechischen Syrakus konnten auch die ersten Komödien der Weltliteratur geschrieben werden. **Epicharmos** (um 550–460 v. Chr.) parodierte in der neuen Kunstform Götter- und Heldensagen, aber auch das Alltagsleben.

Blumenreich und überschwänglich rühmten arabische Wortkünstler vor mehr als 1000 Jahren die Schönheiten Palermos. Bald danach erhielt die italienische Dichtung am Hofe Friedrichs II. entscheidende Impulse. Der deutsche Kaiser war zwar nur ein eher mittelmäßig begabter Poet, aber Initiator und Zentrum der **Sizilianischen Dichterschule**, die ihre Verse auf Anregung des Monarchen erstmals in der Volkssprache, der altsizilianischen Mundart, verfasste, während das übrige Italien beim Dichten noch lange am Lateinischen festhielt.

Mit dem *Verismo*, der menschlichen und sozialen Problemen seine besondere Aufmerksamkeit schenkte, erlebte die sizilianische Literatur Ende des 19., Anfang des 20. Jahrhunderts eine neue Blüte. Bekanntester Vertreter dieser Bewegung ist **Giovanni Verga** (1840–1922) aus Catania mit den Romanen »I Malavoglia« und »Mastro Don Gesualdo« sowie der von Pietro Mascagni als Oper vertonten Novelle »Cavalleria Rusticana«.

Das 20. Jahrhundert bescherte Sizilien mit **Luigi Pirandello** (1867–1936) und **Salvatore Quasimodo** (1901–1968) zwei Nobelpreisträger für Literatur (1934 und 1959). Der Agrigentiner Pirandello, der u. a. auch in Deutschland studiert hatte, machte sich zuerst mit – häufig auf Sizilien spielenden – Novellen und Romanen wie »Chaos« oder »Mattia Pascal« einen Namen, ehe er sich dem Theater widmete. Seine Bühnenstücke wie »Sechs Personen suchen einen Autor« wurden und werden in aller Welt hoch geschätzt und viel gespielt. Der in Modica geborene Lyriker Quasimodo konnte mit seinen Versen zwar nicht solche Popularität erreichen, immerhin aber ist seine wichtigste Gedichtsammlung »Ed è subito sera« (»Und schon war es Abend«) in fast alle großen Kultursprachen übersetzt worden.

Wie fruchtbar der literarische Boden Siziliens ist, beweist die lange Reihe weiterer Schriftsteller, deren Bücher gleichfalls über die Grenzen ihrer Heimat bekannt wurden.

Elio Vittorini (1908–1966), **Giuseppe Tomasi di Lampedusa** (1896-1957) mit seinem unerreichten Meisterwerk »Il Gattopardo« (»Der Leopard«), **Vitaliano Brancati** (1907–1954), in seinen Romanen wie »Il bell'Antonio« (»Der schöne Antonio«) oder »Paolo caldo« (»Paolo, der Heißblütige«) ein unbarmherziger Kritiker der müden Bourgeoisie, sowie der im Kampf gegen Mafia und sizilianischen Politsumpf unerschrockene **Leonardo Sciascia** (1921–1989) sind, um nur die prominentesten Autoren anzuführen, auch deutschsprachigen Lesern ein Begriff.

Im Kielwasser Sciascias, der unverblümte Gesellschaftskritik in spannende Geschichten verpackte, und einer gewissen literarischen Mode entsprechend, konnten zuletzt einige sizilianische Schriftsteller auch im Ausland mit Romanen mehr oder weniger kriminalistischen Inhalts hohe Auflagen erzielen. Alle Bestsellerlisten erstürmte zu Beginn des neuen Jahrtausends der zu spätem Ruhm gekommene **Andrea Camilleri** (geb. 1925) mit seinem unkonventionellen Commissario Montalbano, der seine Fälle in der sizilianischen Provinz löst, während **Santo Piazzese** (geb. 1948) und **Enzo Russo** (geb. 1946) ihre Krimis vorwiegend in der Metropole Palermo spielen lassen.

Musik

Siziliens Kulturleben entspringt in erster Linie der Freude am Schönen und Schöpferischen und wird von allen sozialen Schichten angenommen. Das gilt auch für die so genannte »Hochkultur«, insbesondere für die Oper, die – ganz im Gegensatz zur Mailänder Scala – kein Privileg der Brieftasche ist, denn Karten für Vorstellungen in den Häusern von Palermo, Catania und Messina oder bei sommerlichen Freilichtaufführungen in Taormina, Enna und anderen Festspielorten sind zu durchaus erschwinglichen Preisen erhältlich. Arien aus populären Opern von Verdi, Donizetti, Bellini oder Puccini pfeifen gleichsam die Spatzen von den Dächern, und schmelzender Belcanto, die Kunst des schönen Gesangs, kann Begeisterungsstürme entfachen. Das Spektakel Oper ist immer für heftigste Emotionen gut.

Auch altes musikalisches Brauchtum, in dem sich die Völker- und Rassenmischung in ihren vielfältigen Ausdrucksformen manifestiert, wird mit Liebe gepflegt. Fast jeder Sizilianer weiß mit zumindest einem Musikinstrument halbwegs umzugehen, und der reiche Schatz der Volkslieder ist schon kleinen Kindern geläufig. Abseits der kommerziellen Folklore, die lediglich der Touristenunterhaltung dient, sowie der Pop- und Schlagerindustrie, deren Produkte nahezu pausenlos aus den Lautsprechern der Radios plärren, blüht das Bodenständige.

Singen kann ohnehin jeder Sizilianer. Begleitet wird mit einem simplen Instrumentarium. Als »Sorgentöter« bezeichnete Salvatore Quasimodo den *marranzano*, die Maultrommel, die zusammen mit der *tambureddu*, dem Tamburin, den fröhlichen Takt angibt. Aus Bambus- oder Schilfrohr fertigt man die *friscalettu* an, eine kleine, einfache Flöte, aus der hohe, beinahe schrille Pfeiftöne entweichen. Ihre Pendants am unteren Ende der Tonleiter heißen *ciaramedda*, ein Dudelsack aus Ziegenleder, und *quartara*, ein Tongefäß, das geblasen wird.

Natürlich sind auch Gitarre und Mundharmonika stets bei der Hand, wenn es gilt, Stimmung in ein Fest zu bringen. Den Rhythmus bestimmen

Zu seinem 100. Geburtstag öffnete das grandiose Teatro Massimo 1997 wieder seine Pforten. Mehr als zwei Jahrzehnte war Palermos Opernhaus geschlossen.

dann oft Gabeln und Löffel aus Aluminium, die auf eine Tischkante oder gegen eine Flasche geschlagen werden. Die Gesänge klingen heiter oder traurig, spöttisch oder sentimental. Ihre Melodien verraten die Nähe Afrikas, die Tradition Spaniens, aber ebenso bereits den Einfluss moderner Medienberieselung. Jede Zeit hinterlässt ihre Spuren - auch unsere.

Siziliens Musikgeschichte wird von zwei genialen Persönlichkeiten dominiert: **Alessandro Scarlatti** (1660–1725) und **Vincenzo Bellini** (1801–1835). Der Palermitaner Scarlatti war von geradezu unglaublicher Kreativität, schuf er doch mehr als 100 Opern, etwa 700 Kantaten, gut 20 Konzerte für Streichinstrumente und 10 Messen. Seine Bühnenkompositionen trugen entscheidend zur Entwicklung der Kunstform Oper im 18. Jahrhundert bei. Bellini, in Catania geboren, in dessen Dom er auch seine letzte Ruhestätte fand, schrieb in seiner kurzen Lebenszeit zahlreiche Opern, in denen der Belcanto dominiert. Seine Meisterwerke, die bis heute in kaum einem Repertoire eines namhaften Opernhauses fehlen, sind »La Sonnambula« und »La Norma«.

Puppentheater

Vom Fernsehen ins Folklore-Eck gedrängt wurde eine der traditionsreichsten Institutionen des sizilianischen Kulturlebens, das Puppentheater. Ehe die flimmernden Bildschirme in den Haushalten Einzug hielten, waren die Kämpfe tapferer christlicher Ritter gegen blutrünstige Sarazenen, die auf zahlreichen kleinen Bühnen in Dutzenden Fortsetzungen von bunten Marionetten ausgefochten wurden, allerorts Tagesgespräch. Taxifahrer in Palermo und Catania wussten haargenau um den jeweiligen Stand der Handlung Bescheid, und wenn es zur Entscheidungsschlacht kam oder die schöne Prinzessin Angelica von ihrem Helden Orlando aus der Gewalt der Muselmanen befreit werden sollte, bangte ein ganzes Volk um das Schicksal seiner Lieblinge.

Dutzendware aus aller Welt hat Ruggero und Carlo Magno, Karl dem Großen, in der Popularität längst den Rang abgelaufen. Auch der feige Verräter des wahren Glaubens, Gano aus Mainz, bringt kaum mehr das Blut in Wallung. Die todesmutigen Paladine, über Jahrhunderte die Verkörperung von Kühnheit und edler Gesinnung, mussten smarten und harten Männern aus billigen Kriminalserien weichen.

Die Sagen kamen mit den Normannen auf die Insel. Das *Teatro dei Pupi* entwickelte sich daraus dann zu einer höchst eigenständigen Kunstgattung, obwohl im Grunde stets nur ein Thema mit Variationen abgehandelt wird: Vor dem Hintergrund von Burgen und Berggipfeln in grellen Farben liefern einander Christen und Ungläubige erbitterte Gefechte. Dazwischen schmachtet ein Prinz vor den Zinnen seiner Angebeteten, tobt der Bösewicht über die Bühne, ringt eine geraubte Jungfrau verzweifelt ihre Hände, erhebt der weise König sein Zepter. Szenen aus einem mittelalterlichen Comicstrip, wie sie auch auf den alten Karren und da und dort noch auf motorisierten Lieferwagen zu finden sind.

Zur Blütezeit des Puppentheaters wetteiferten Künstler auf der ganzen Insel um die schönsten und phantasievollsten Figuren. Selbst die Marionetten von Palermo und Catania unterschieden sich in Größe, Ausfertigung und Liebe zum Detail. Jetzt werden sie serienmäßig hergestellt und baumeln traurig an Souvenirständen. Original handgefertigte Puppen gibt es nur noch in den wenigen aktiven Theatern, wie zum Beispiel bei **Mimmo Cuticchio**, im **Teatro Ippogrifo** und im **Marionettenmuseum** in Palermo oder bei **Munna** und bei **Sanicola** in Monreale.

Spiel um Liebe, Ehre, Tod: Das Puppentheater hat in Sizilien eine jahrhundertelange Tradition. Original handgefertigte Puppen sieht man allerdings nur noch in den wenigen aktiven Theatern.

Vor der winzigen Bühne bedient ein Mann ein mechanisches Klavier. Das Tempo, mit dem er die Kurbel bewegt, wird von der Dramatik der Handlung bestimmt. Konzentriert nimmt das Publikum, keineswegs nur Kinder, am Geschehen Anteil. Die Fingerfertigkeit der *pupari*, der Puppenspieler, die ihren schweren Figuren auch stimmlich Leben geben, erstaunt selbst den Fachmann. Die Zuschauer spenden den Helden begeistert Beifall, wenn diese wieder einmal einigen ihrer Widersacher den Garaus gemacht haben. Ergriffenheit herrscht dagegen bei den Liebesszenen. Empörung kommt auf, als ein Muselman es wagt, eine holde christliche Maid zu entführen. Lachen und Weinen, Erleichterung und Enttäuschung, Komödie und Tragödie, alles ist möglich, nicht anders als in der geliebten Oper.

Natale: Roter Teppich für das Jesuskind

Flitterbestreute Engel aus Pappmaché baumeln anstelle der obligaten Wäsche hoch über den Köpfen der Passanten und recken ihre silbrigen Flügel der Wintersonne entgegen. Mimosen öffnen ihre ersten Blütenbällchen, ab und zu wagt es auch ein vorwitziger Mandelbaum, bereits jetzt seine rosa Knospen zu zeigen. Kaskaden blutroter oder violetter Bougainvilleen, vom Staub des Sommers befreit, tauchen Mauern in ein Meer kräftiger Farben. Aus einem offenen Fenster erklingt »Oh du fröhliche«.

Es weihnachtet unter immergrünen Palmen, Gummibäumen und Magnolien. Auch ohne Schnee und Eis können die Tage um Christi Geburt voll Stimmung und Erwartung sein. Wer an dem Vorurteil festhält, dass nur der Norden es verstehe, den Heiland gebührend zu empfangen, könnte sich auf Sizilien eines Besseren belehren lassen. Freilich, auf Sentimentalität unter dem Christbaum muss er verzichten. Weihnachten wird nicht mit Wehmütigkeit, sondern so fröhlich wie in jenem Lied begangen, das Deutschland irrtümlicherweise für seine Schöpfung hält. Zu der vertrauten Melodie sangen nämlich einst sizilianische Fischer vom reichen Fang ihrer Netze. An den ursprünglichen Text erinnert sich zwar niemand mehr, doch als Weihnachtsbotschaft kehrte die alte Weise vor Jahrzehnten auf die Insel zurück, ein wenig noch ein Fremdling, der erst langsam wieder heimisch wird.

Oh du fröhliche Zeit, in der alle Sinne auf ihre Kosten kommen! Aus den Konditoreien duftet es verführerisch, allein schon die Berge von Mandelplätzchen und Rosinenkuchen, Schokoladentorten und Marzipan werden zu einem Fest für Gaumen und Augen. Jede sizilianische Provinzbäckerei kann es in dieser Zeit mit den exklusivsten Süßwarenerzeugern der Dreimillionenstadt Rom aufnehmen.

Krippen, Engel, Sterne und Bäumchen aus Zuckerwerk türmen sich auf Tischen, die sich vor Köstlichkeiten biegen. Gebratene Lämmer, gefüllte Kalbsrouladen, alle Arten von Fisch, Laibchen aus gehackten jungen Aalen, die man nur im Winter fangen kann, Langusten, Krebse – was immer das Herz begehrt, wird aufgetragen. Drei, vier Stunden, ganze Nachmittage lang sitzen die Familien vor riesigen Schüsseln und Platten. Vom 25. Dezember an nimmt das Schmausen und Tafeln bis zum Jahreswechsel kein Ende mehr.

Abgekämpften Hausfrauen, die noch kurz vor Ladenschluss in überfüllten Supermärkten Lebensmittel zusammenraffen, wird man dennoch kaum begegnen. Auch zu den Feiertagen haben viele Geschäfte zumindest vormittags geöffnet. Und so kann kein unerwarteter Gast eine Köchin in Verlegenheit bringen. Auch wer unvermutet hereinplatzt, darf mit freudiger Begrüßung rechnen. Je mehr Freunde und Verwandte sich in diesen Tagen zusammenfinden, desto großartiger die Feier.

Sizilianisches Leben spielt sich auf den Straßen ab, und Weihnachten bildet da keine Ausnahme. Wozu soll man denn die ganze Pracht im Wohnzimmer verstecken, wenn Lametta und Sternchen doch viel dekorativer im Sonnenlicht schimmern? Auf den Gehsteigen werden rote Teppiche für den Empfang des Jesuskindes ausgerollt, und Christbäume stehen in riesigen Eimern Spalier. Wer sich keine Tanne oder Fichte leisten kann, der hängt Engelshaar, Kometen und glitzernde Ketten einfach in die nächstbeste Topfpflanze. Oleander, mit bunten Kugeln im festen Blätterwerk herausgeputzt, sieht fruchttragenden Zitrusbäumchen verblüffend ähnlich.

Ebenso zwanglos ist die Bescherung. Die liebevoll verpackten Präsente werden sofort unter großen Bewunderungsrufen geöffnet und von allen Anwesenden gebührend bestaunt. Niemand muss sich sein Weihnachtspäckchen mit Gesängen und Gedichten unter dem Christbaum erst verdienen. Protzige Gabentische, pathetischer Ernst oder gar salbungsvolle Ansprachen sind in dieser Atmosphäre gelöster Heiterkeit undenkbar. Es ist eine Zeit der Freude und nicht der heimlichen Tränen.

Ohne Kitsch geht es freilich nicht. In den Geschäftsstraßen der großen Städte erhellen Lichterketten in allen Farben die dunklen Dezembertage. Aber auch kleine Ortschaften wetteifern um die buntesten Dekorationen. Über Barockkirchen schweben Weihnachtsmänner aus Leuchtstoffröhren, Engelschöre in Himmelblau und Pink preisen den Herrn vor würdevollen alten Palazzi.

Vor allem aber lieben Sizilianer ihre Krippen. Sie sind der Stolz jeder noch so unscheinbaren Dorfkirche wie der der Kathedralen. Krippen so groß wie echte Ställe oder bescheiden im Miniaturformat zieren Plätze und Straßenecken. In Geschäftsauslagen, Restaurants, ja sogar in Diskotheken stellt man sie auf, aus Holz, Ton oder Kunststoff. Alle Materialien, von billigem Plastik bis zu hochwertigem Holz, sowie die ausgesuchtesten Dekorationselemente, sogar echte Palmzweige werden verwendet.

Weihnachtsfeuer sind unerlässlicher Bestandteil des Festes, hier vor dem Dom von Taormina.

Schon Tage vor dem Fest stehen der elektrisch beleuchtete Christbaum und die Krippe in oder vor jedem Haus als Weihnachtsgruß bereit. Und jeden Abend bläst ein Dudelsackspieler gegen ein kleines Honorar immer dasselbe altsizilianische Wiegenlied. Meist sind es Schäfer, die sich als Musikanten verdingen und täglich zur vereinbarten Zeit bei den Familien aufspielen.

Wochenlang proben Laiendarsteller für Krippenspiele im Freien. Schäfer treiben ihre Herden ins Tal, blökende Lämmer drängen sich zwischen die Zuschauer, die unvermutet als Statisten fungieren und wie die Hirten in der biblischen Szene einen Blick auf das Jesuskind werfen wollen. Die Hauptrollen aber spielen Frauen. Geburt, Glauben und Gebet sind hier schließlich in erster Linie ihre Sache. In keinem anderen christlichen Land eilen so viele Bäuerinnen mit Kindern in den Armen und Krügen auf den Köpfen herbei, um den neugeborenen Erlöser zu begrüßen. Ihnen gebühren die vordersten Plätze – im lebendigen Schauspiel ebenso wie in den gipsernen oder geschnitzten Szenerien.

Als Höhepunkt des Heiligen Abends lodern in vielen Städten der Insel wie von jeher heidnische Freudenfeuer zur Wintersonnenwende. Etwa eine Stunde vor der Mitternachtsmette entzünden junge Männer meterhohe Scheiterhaufen, die sie aus Baumstämmen und ausgegrabenen Wurzelstöcken vor den Gotteshäusern aufgeschichtet haben. Gefährlich nahe lecken Flammen an den Portalen, trockene Holzstücke schießen glühende Garben in den samtschwarzen Himmel, und ein Funkenregen stiebt über eine dicht gedrängte Menge, die vor der immer stärker werdenden Hitze langsam zurückweicht.

Spätestens jetzt ist alles auf den Beinen. An den Tischen der Cafés bleibt kein Logenplatz frei, denn jedermann möchte in wohliger Wärme und sicherer Distanz dem feurigen Spektakel zusehen. Eigentlich ereignet sich allerorten nun das erste Weihnachtswunder, denn von feuerpolizeilichen Maßnahmen hat man offenbar noch nie etwas gehört. Bloß hastig angenageltes Wellblech schützt die hölzernen Türen der Kirchen, vor denen Flammen bis hoch hinauf zu den Köpfen der Heiligenfiguren züngeln und deren Gesichter schwärzen. Sorglos hantieren Burschen mit vollen Kanistern und helfen einfach mit Benzin nach, wenn feuchte Äste nur glimmen.

Doch in der Heiligen Nacht passiert nichts, dafür sorgt schon das Christkind. Nach der Mitternachtsmette trägt es ein Priester in einer umjubelten Prozession durch die Straßen, auf denen die Menschen einander küssend und lachend in die Arme fallen. »Auguri«, »Buon Natale« – »Glückwünsche«, »Frohe Weihnacht!« – rufen sie und umarmen dabei schulterklopfend den Freund, den Nachbarn, den Kollegen. Aus den Dörfern in den Bergen strömen sie herbei, um mit so vielen wie möglich die Freudenbotschaft zu teilen.

Die Fröhlichkeit explodiert in Farbe und Licht, Raketen schießen einen Salut für den Gottessohn, es kann gar nicht laut und bunt genug zugehen. Erst wenn die letzte Leuchtgarbe des Feuerwerks am Firmament erloschen ist, kehrt ein müdes Völkchen spät nachts glücklich und hochzufrieden heim.

Während der Weihnachtstage bleiben die Sizilianer unter sich. Selbst im Fremdenverkehrsdorado Taormina mischen sich um diese Jahreszeit nur wenige Touristen unter die ganz und gar mit sich selbst beschäftigten Einwohner. Die Insel gehört für eine kleine Weile nicht den Fremden, sondern den Sizilianern, die diese ungewohnten Umstand ent-

Der Brauch, rote Unterwäsche zum Jahreswechsel zu tragen, geht auf antike Zeiten zurück.

sprechend intensiv nutzen. Nun wohnen sie in den Hotelanlagen, von denen viele eigens für die Weihnachtsferien aus dem Winterschlaf gerissen wurden, unternehmen Rundfahrten oder sind zu Verwandten unterwegs. Außerdem verwöhnt man sich gerne mit Luxusbanketten. Ganze Busladungen erwartungsvoller Sizilianer ergießen sich in Restaurants und Hotelfoyers, und wer zu Silvester tafeln möchte, der muss rechtzeitig einen Tisch bestellen.

Auf den Märkten wird auch am letzten Tag des Jahres bis zum Einbruch der Dunkelheit gefeilscht. Bis kurz vor Mitternacht kann man sich an Straßenständen mit Glücksbringern aller Art eindecken. Und auf seltsamen Konstruktionen, die entfernt an Öfen erinnern, brutzeln heiße Maronen. San Silvestre e Capodanno (Silvester und Neujahr) wird im Prinzip nicht viel anders begangen als überall in Europa. Vielleicht schrecken noch mehr Knallkörper harmlose Passanten – und nur ängstliche Sizilien-Neulinge denken dabei flüchtig an die Mafia. Möglicherweise schlägt der Süden den Norden bei den vertilgten Kalorienmengen.

Altes Brauchtum aber muss man suchen, nur wenige entlegene Gebirgsdörfer halten an Traditionen fest. Eines davon ist Gratteri, ein winziges Nest oberhalb von Cefalù. Mit Fackeln ausgerüstet machen sich viele Einwohner die Mühe eines stundenlangen Aufstieges, um beim Mitternachtsläuten wieder von den Bergen herabzukommen und mit ihren Lichtern den Beginn eines neuen Jahres weithin sichtbar zu signalisieren. Das alte wird mittlerweile vor der Kirche in Gestalt einer Strohpuppe verbrannt.

Wer Urwüchsigkeit gegenüber einer sterilen Hotelatmosphäre den Vorzug gibt, der sollte sich ausreichend mit Pull-

Madonnenkult: Maria hatte auch einen Sohn

Dem Sonnengott Helios gestand der Olymp die goldenen Weidegründe auf sizilianischer Erde zu. Das war aber auch schon alles, was er als Mann auf einer Insel der Frauen zu vermelden hatte. Das Zepter der Regentschaft gaben nämlich immer nur Göttinnen untereinander weiter: Demeter, Ceres und Maria heißen die Himmlischen, von denen sich die Menschen nach wie vor Trost und Hilfe versprechen. Sie tragen zwar verschiedene Namen und jede wurde zu ihrer Zeit auf ganz spezielle Weise verehrt, doch in Wahrheit verschmolzen die drei zu einer einzigen Gestalt, zu einem Symbol der Fruchtbarkeit und Hoffnung. Ausschließlich im Weiblichen lag von jeher die Chance auf Wiedergeburt, die Möglichkeit der Überwindung des Todes.

Wenn heute die Katholiken Siziliens zur Jungfrau Maria beten, dann flehen sie gleichzeitig – ohne es zu wissen – auch zur griechischen Korngöttin Demeter und zur römischen Ceres. Und sie knien in Kirchen, die oftmals exakt dort errichtet wurden, wo einst heidnische Tempel standen.

Jesus Christus zollt man Respekt und Achtung, doch in erster Linie ist der Erlöser der Welt Marias Sohn, der seiner Mutter unendliche Trauer beschert hat. Als er am Kreuze starb, erlitt sie tausend Tode. In keiner Karfreitagsprozession fehlt die schwarzgekleidete Madonna, ihren Schmerz würdigen die Gläubigen mindestens ebenso wie die Martern des Heilands.

Katholizismus sizilianischer Prägung bedeutet vor allem Marienverehrung. Erst dann kommt die Dreifaltigkeit. Mehr als die Hälfte aller Gotteshäuser sind der Jungfrau geweiht, die restlichen müssen sich mehr als 300 Heilige teilen, von denen wiederum jene weiblichen Geschlechts bevorzugt werden. Als Schutzpatroninnen der Großstädte fungieren jedenfalls Märtyrerinnen – Agata für Catania, Lucia für Syrakus, Rosalia für Palermo. Sofern sich nicht wie in Messina Maria selbst darum kümmern kann. Als Chiesa Madre bezeichnet man prinzipiell jede Pfarrkirche eines Ortes, gleichgültig, wem sie geweiht ist.

overn eindecken – in den Höhen wird es bitter kalt – und es einmal mit diesem dörflichen Fest versuchen. In der einzigen Trattoria offeriert eine erstaunte Wirtin, die nie und nimmer mit fremden Gästen gerechnet hat, rustikale Pasta, würzige Bratwürste, Käse und Obst. Ein Schwall eisiger Luft begleitet jeden, der in den kaum geheizten Speisesaal tritt, in dem als einziger Schmuck an den kahlen Wänden blinkende Lämpchen ein Christusbild umkränzen. Warm ist es nur in der Küche, wo sich die Familie zusammendrängt.

In der nahen Bar erhitzen sich bartstoppelige Männer beim Pokern. Ganz Sizilien verfällt im Winter der Versuchung des Glücksspiels. Während in den Sommermonaten kaum jemand Karten in die Hand nimmt, geht es in den kühleren Monaten in sämtlichen Hinterzimmern der Lokale wie in lasterhaften Spielhöllen zu. Es wird mitunter sehr hoch gepokert, aber den Arbeitern von Gratteri sitzt das schwer verdiente Geld nicht gar so locker in den Taschen wie den Hasardeuren in reicheren Städten. Gespielt aber wird in jedem Fall, außer Haus genauso wie daheim, ohne Karten sind sizilianische Weihnachten undenkbar. Man vergnügt sich bei Briscola, Scopa, Scopone, Scientifico oder 7 1/2, wobei auch der Zuschauer zu seinem Recht kommt. Von einem »Pokerface« kann keine Rede sein. Bestenfalls in einer Schmierenkomödie wird man ein solches Feuerwerk an Mimik und Gestik erleben. Unter Gelächter und mit großem Geschrei kommentieren die Gegner die jeweiligen Geheimzeichen der anderen. Man lerne die sizilianische Bedeutung der Karten – und schon ist man dabei.

Ein letztes Glas Grappa zum Abschied – auf das vorhergegangene hatte ein junger Mann eingeladen und eine Revanche abgelehnt. Zahlen Sie dem Nächstbesten, der in Sizilien neben Ihnen an der Bar steht, einen Kaffee oder Schnaps. Er wird sich darüber freuen. Wann wird man sie je begreifen, diese Sizilianer? Spontan und herzlich, wenn sie wollen, zugeknöpft und abweisend, sofern ihnen jemand nicht behagt.

Am Neujahrsmorgen treten vor vielen Kirchen Blaskapellen zum Konzert an. Feierlich sehen sie aus, die Burschen in dunklen Sakkos über weißen Hemden, die Bügelfalten der Hosen ausnahmsweise akkurat wie Soldaten beim Appell. Die Mädchen tragen strenge Schneiderkostüme zu hellen Strümpfen. Ihre vor Aufregung roten Gesichter glänzen mit den blitzenden Instrumenten um die Wette. Herzzerreißend falsch, dafür wunderbar laut, geben sie schmissige Märsche zum Besten. Einem mitgerissenen Publikum gefällt die Darbietung außerordentlich. Erschöpft, aber zufrieden nehmen die Musikanten Applaus und Ovationen entgegen. Auguri und Küsse auch heute. »Ein schönes Neues Jahr!« Sizilianer feiern mit der Unschuld von Kindern.

Und vielleicht war es doch keine Einbildung, dass der ernste Heilige mit seiner rußgeschwärzten Nase oberhalb des Kirchenportals beim letzten großen Tusch eben ein wenig gelächelt hat. Schließlich haben die Freudenfeuer der Scheiterhaufen, die Trompeten und guten Wünsche auch ihm gegolten.

Settimana Santa: Kapuzenmänner und Mysterien

Die Götter im Olymp sollten dem Pilger Flügel verleihen, der in der *Settimana Santa*, der »Heiligen Woche«, seinen Fuß auf sizilianischen Boden setzt. Kein noch so schnelles Fahrzeug macht es nämlich möglich, in der Karwoche überall dort zu sein, wo einmal im Jahr die Menschen ihr Innerstes nach außen kehren, wenn sie den Tod Christi beweinen und seine Auferstehung bejubeln. Ein Klagelied erklingt vom Gründonnerstag bis in die frühen Morgenstunden des Karsamstags von Trápani bis Enna.

Kaum ein Laut ist zu hören. Selbst die Mitglieder einer Gruppe von Kreuzfahrtpassagieren, kenntlich an gelben Hütchen mit dem Namen ihres Schiffes, murmeln nur, auch wenn man ihnen die Aufregung deutlich anmerkt. Sie sind gekommen, um eine einzigartige Prozession zu sehen. Mittlerweile haben die

Karfreitagsprozession in Enna

Es ist bitterkalt in Enna, der höchsten Provinzhauptstadt Italiens, an diesem Karfreitag kurz vor Sonnenuntergang. Doch die Luft vibriert vor Spannung. Geheimnisvolle Dinge bereiten sich vor. Aus einem Haustor huscht eine Gestalt im weißen Kapuzengewand und eilt in Richtung Dom. Immer mehr Männer mit dem Aussehen von Ku-Klux-Klan-Verschwörern strömen stumm durch die engen Gassen mit dem alten, holprigen Pflaster. Die Gesichter sind hinter spitzen, den ganzen Kopf bedeckenden Masken mit kleinen Sehschlitzen verborgen.

Einwohner Aufstellung genommen. Eng aneinander gedrängt säumen sie die autofreien Gassen und Straßen. Polizisten in Galauniform schreiten gewichtig und mit ernsten Mienen vorbei. Plötzlich ertönt aus der Ferne Blasmusik. Eine getragene, schwermütige Melodie ertönt zwischen den niedrigen grauen Häusern.

Die Kapelle ist nur die Vorhut eines nicht enden wollenden Zuges der Kapuzenmänner. Hunderte von ihnen formieren sich, säuberlich gruppiert nach den Farben ihrer christlichen Bruderschaften, die sie an den Gürteln und Stolen,

Kreuzen und Quasten ausweisen. Tiefes Rot, Violett, Grün, Gelb und Schwarz kontrastieren mit dem Weiß ihrer Kutten. In den Händen halten sie riesige Kerzen, echte aus Wachs oder nachgeahmte aus Plastik, in denen eine verborgene Batterie ein kleines Lämpchen speist. Innerhalb einer Kongregation sind die mehrere Kilogramm schweren Leuchter jedoch einheitlich. Auch auf ihnen prangen die Symbole und Farben der Bruderschaft. Diese kehren ebenfalls in den riesigen herzförmigen Blumenkränzen wieder, die der einen oder anderen Gruppe vorangetragen werden.

Das Alter der vermummten Männer ist nur an ihrem Gang zu erahnen. Ihnen folgen Knaben mit weißen Kopftüchern, in der Art der Nonnenschleier gebunden, mit leichteren Kerzen und Kreuzen oder Laternen, auf denen Marien- oder Jesusbilder gemalt sind. Die Mädchen der Stadt sind als Bräute dabei, in langen, spitzenbesetzten weißen Kleidern, mit Brautschleiern und Kränzen auf dem Kopf. Und die Allerkleinsten tragen richtige Nonnentrachten. Ängstlich beobachten die der Prozession am Rande folgenden Mütter ihre höchstens dreijährigen Töchter, die mit den Großen kaum Schritt halten können.

Gelbe Leinenhütchen sind längst nicht mehr zu sehen. Die Touristen sitzen schon wieder in ihren Autobussen, nachdem sie bestenfalls den Auftakt der Karfreitagsprozession miterleben konnten. Denn erst wenn die Sterne am Himmel stehen, fängt der Umzug wirklich an. Die Frauen halten nun die Kleinen im Arm und streichen ihnen die Locken aus den erhitzten Gesichtern. Einen Blick dürfen auch die Kinder noch auf die trauernde Muttergottes und auf deren toten Sohn werfen. An die 60 Männer tragen auf massiven hölzernen Balken die schwere, lebensgroße Figur des toten Heilands, der in einem erleuchteten Glassarg ruht. Ihm folgt, hoch über den Menschen thronend, die schwarz gekleidete Madonna in einem gläsernen Schrein, das Herz von einem Dolch durchbohrt. Bis in die frühen Morgenstunden schleppen die Gläubigen ihre Last durch die Straßen der Stadt, in

Karfreitag in Pietraperzia bei Caltanissetta

gleichmäßigem Wiegeschritt passieren sie wieder und wieder den Dom, die Kirchen, die Plätze. Schmucke Polizisten begleiten den Trauerzug. Doch auch sie erweisen in Wahrheit dem Gekreuzigten die Ehre und sind nicht dazu da, für Ordnung zu sorgen. In dieser Nacht bricht niemand ein Gesetz, braucht keiner Angst um sein Eigentum zu haben.

Wie Glühwürmchen leuchten Tausende Lämpchen und Kerzen. Die Musikkapelle spielt ihr ganzes Repertoire von

Christliche Bruderschaften bestimmen das Bild der Karfreitagsprozession in Enna. ▷

Trauermärschen, die alle von Verdischem Pathos sind. Ein junger Mann kämpft inmitten der Kapuzenträger mit seinem batteriebetriebenen Leuchter, der einen Wackelkontakt hat. Verzweifelt rüttelt er, doch es nützt nichts. Das Licht flackert nur sporadisch auf. Einer der Carabinieri trinkt im Café beim Dom schnell einen Schnaps, blickt verstohlen um sich und gesellt sich unauffällig wieder zu seinen Kollegen. Zur Stärkung der Seele braucht man auch eine für den Leib. Besonders wenn es so kalt ist.

Die kleinen Details menschlicher Schwächen nehmen dem Ritual ein wenig von seiner Düsterkeit. Karfreitagsprozessionen dieser Art sind ein Erbe der spanischen Besatzungsmacht und erinnern an die Tage der Inquisition, als Blutsbruderschaften in spitzen Masken die Todgeweihten auf dem Weg zum Scheiterhaufen oder Schafott begleiteten. In der Hafenstadt **Trápani** gleichen die Gewänder der Prozessionsteilnehmer den Kostümen bei den Umzügen im spanischen Sevilla. Zwanzig riesige Mysteriengruppen aus Holz und Leinen, im 16. und 17. Jahrhundert entstanden und jeweils mehrere Hundert Kilogramm schwer, werden von den Männern in weißer und roter Kapuzenkleidung ab 14 Uhr von der barocken Chiesa del Purgatorio aus durch die blumengeschmückten Straßen getragen – eine ganze Nacht lang. Und nicht selten ragt dann im Morgengrauen aus den Falten mancher Kutten verräterisch ein Flaschenhals heraus. Ohne alkoholische Stärkung hätten die Gläubigen nicht durchhalten können.

Sizilien in der Osterwoche ist ein Fest der Vergangenheit, denn fast jede Fremdherrschaft hat auf der Insel ihre Bräuche hinterlassen. Leben und Sterben, diese Reihenfolge des ewigen Wechsels trifft mitten in die Seele eines Volkes, dessen Todessehnsucht sprichwörtlich ist und dessen Leidensfähigkeit geradezu unendlich scheint.

Nicht überall folgt man der klassischen Tradition der Spanier. **Piana degli Albanesi** etwa, ein Bergdorf nahe Palermo, ist eine Enklave der griechisch-katholischen Albaner, die dort seit Jahrhunderten ihre eigene Sprache und Religion pflegen. Prozession und Messe werden mit orientalischem Prunk gefeiert. Frauen in Kleidern aus Brokat und Seide, mit Gold- und Silberornamenten, Perlen und Edelsteinen, halten das orthodoxe Kreuz hoch und sprechen die alten Gebete ihrer Vorfahren. Es ist ein grandioses Schauspiel, das jedoch immer mehr Touristen und auch Fernsehleute anlockt. Die Popen kämpfen so manches Mal lautstark gegen das Medienspektakel und Blitzlichtgewitter und drohen temperamentvoll mit dem Abbruch der Zeremonien.

Ebenso prunkvoll geht es in **Marsala** zu. Schon am Gründonnerstag ziehen drei reich geschmückte Mädchen, die ihre gesamte Mitgift auf dem Kopf und an ihren kostbaren Gewändern tragen, an den Schaulustigen vorbei. Die »Veronikas« mit den Goldmünzen und Smaragden, Geschmeiden und schweren Ketten nennen sich an diesem Tag nach der mitleidigen Frau, die Christus auf seinem Kreuzweg das Schweißtuch reichte. Polizeischutz ist für die drei teuren Jungfrauen trotz Settimana Santa ausnahmsweise angebracht.

Auch der Karfreitag wird in dem Städtchen mit einer Kreuzwegprozession begangen. Der dornengekrönte Christus wird zum Richtplatz geschleppt. Römische Soldaten mit Helmen, Speeren und roten Umhängen eskortieren ihn, Büßer in Kutten säumen seinen Weg.

In **Caltanissetta** ziehen am Gründonnerstag die Angehörigen der 1551 von Kaiser Karl V. ins Leben gerufenen Meistergarde *Real Maestranza* – sie hat heute keine andere Aufgabe mehr – von Sonnenuntergang bis drei Uhr früh 16 beleuchtete Figurengruppen mit den Stationen der Passionsgeschichte auf Karren durch die Straßen. Die doppelt lebensgroßen Abbilder aus Pappmaché, *vare* genannt, stammen aus dem 19. Jahrhundert. Jahr für Jahr restauriert man sie liebevoll und schmückt sie mit einem Meer von Blumen. Blasmusikkapellen begleiten die Prozessionswagen, ein pyrotechnisches Höllenspektakel übertönt die bombastischen Weisen.

Ernst und still ist es am Tag darauf. Schwarz gekleidete Frauen knien auf den Gehsteigen und bitten um Vergebung der Sünden, wenn der Gekreuzigte vorbeigetragen wird. Sie wird ihnen gewährt, allerdings ist eine bescheidene Geldspende dafür Bedingung.

Mit der *lupara*, einer alten Schrotflinte, in der linken und einer Kerze in der rechten Hand halten die Handwerksmeister von **Calatafimi** mit undurchdringlichen Mienen Ehrenwache am Grab Christi. Die Schreiner, Zimmerleute, Maurer und Sattler tragen dunkle Anzüge, weiße Hemden, Krawatten und Handschuhe. Nur Männer dürfen an der darauf folgenden Prozession teilnehmen, Frauen lediglich am Straßenrand zusehen: eine Versammlung ehrenwerter Bürger, deren kantige Gesichter allein schon die Geschichte des Südens mit seinen gnadenlosen Gesetzen erzählen.

Wenn die Kasse stimmt, was keineswegs jedes Jahr der Fall ist, dann gibt es für alle Bewohner von Calatafimi zu Ostern ein Fest, das seinesgleichen auf der ganzen Insel suchen kann. Drei Tage lang werden zentnerweise Süßigkeiten

Teufelstanz am Ostersonntag in Prizzi

und Brot verschenkt. Die Kirche hat an dieser Art Bescherung wenig Freude, entspricht sie doch einem uralten Fruchtbarkeitsritual mit keinerlei christlichem Hintergrund.

Der Osterbrauch, die Altäre der Gotteshäuser außer mit Blumen auch mit Getreide, Orangen und Zitronen zu schmücken, ist ohnedies eine Konzession an Riten, die bis auf den syrisch-phönizischen Naturgott Adonis zurückgehen, den auch die Griechen in den Olymp aufgenommen haben. Ihm brachte man schon vor Jahrtausenden Früchte und Blumen, damit er den Menschen Reichtum und genügend Nahrung beschere. Adonis war ein Gott, der starb, um aufzuerstehen. Sein Bild wurde mit maßlosen Trauerbezeugungen bestattet und später unter ausgelassenem Jubel wieder hervorgeholt.

Wie ihre Ahnen in grauer Vorzeit begrüßen die Bürger von **San Martino delle Scale** bei Monreale noch heute den Frühling. Im Winter fangen sie Tauben oder Spatzen und halten diese monatelang in kleinen Käfigen. Am Ostermontag schenken sie ihnen die Freiheit zurück und lassen sie auf dem Dorfplatz in die Lüfte fliegen.

Im wild romantischen Bergstädtchen **Prizzi** hat man es am Ostersonntag mit Tod und Teufel zu tun. Junge Burschen in makabrer Verkleidung machen Jagd auf jeden, der leichtsinnig genug war, allein auf die Straße zu gehen. Erst gegen ein Lösegeld lassen die jeweils zwei Beelzebuben, die mit einem Gevatter Tod umherziehen, die eingefangenen Passanten frei. Das Kidnapping ist freilich für den Betroffenen kein teurer Spaß. Es kostet kaum mehr als den Gegenwert von einer guten Flasche Wein. Und man kann sich danach rühmen, eines der billigsten Entführungsopfer Italiens gewesen zu sein.

Luzifer spielt auch die Hauptrolle im *Diavolata*, dem »Teufelsspiel«, das am Ostersonntag in **Adrano** am Fuß des Ätna in Szene gesetzt wird. Dort tritt auf einer improvisierten Bretterbühne auf dem Domplatz Satan höchstpersönlich auf, begleitet von fünf Teufeln. Im Finale wird er durch einen Pfeilschuss getötet – unter Feuer, Rauch und Schwefel inmitten einer tobenden Menschenmenge.

Noch rauer sind die Sitten in **San Fratello** nahe der Nordküste, wo die christlichen Männer von Dienstag bis zum Karfreitag ihrem Glauben abschwören und zu »Juden« werden. Mit Religion haben sie allerdings wenig im Sinn. Für einige tolle Tage, ähnlich einer alemannischen Fastnacht, genießen sie totale Narrenfreiheit. In prächtigen Kostümen stellen die roten Teufel mit den langen, schwarzen Zungen jedem Rock nach. Für die Hirten und Bauern war das von jeher ein Ventil im Hinblick auf die strengen Sittengesetze. Auf Hörnern und Trompeten blasen sie schauerliche Melodiefetzen, treiben jeden Schabernack, der ihnen einfällt, und jagen hinter den Mädchen her, dass es nicht immer eine Freude ist.

Der Papst war gut beraten, als er im Jahre 325 die Zeit der christlichen Auferstehung mit jener der heidnischen Frühlingsriten zusammenlegte. Was nicht auszurotten war, das sollte neue Bedeutungen erlangen. In Sizilien hätten sich nämlich die Jahrtausende alten Bräuche wahrscheinlich auch ohne päpstlichen Segen erhalten. »Es ist einfach unmöglich«, sagt der sizilianische Schriftsteller Leonardo Sciascia, »ein Volk von Rom aus geistig zu regieren, in dem jedermann, was Frömmigkeit betrifft, mehr zu wissen glaubt als das Heilige Offizium und der Papst in Person.«

San Paolo am 29. Juli in Palazzolo Acréide

Essen und Trinken

Siziliens Küche: Volkskunst für den Gaumen

Paradox, aber wahr: Je ärmer ein Land einmal war, desto reicher ist heute seine Küche. Eine Tatsache, die Italiens Kochtöpfe vor allem im Süden unwiderlegbar beweisen. Wer stets aus dem Vollen schöpfen konnte, brauchte nicht viel Phantasie, um Schmackhaftes auf den Tisch zu bringen. Aber aus wenig etwas zu zaubern, ist eine Kunst, in der es die Sizilianer gezwungenermaßen zur höchsten Meisterschaft gebracht haben. Mit würzigen Kräutern vor ihrer Haustüre und viel Geduld verwandeln sie die einfachsten Zutaten in kulinarische Köstlichkeiten. Stundenlang müssen sonnengereifte Tomaten (*pomodori*) und duftendes Basilikum (*basilico*) köcheln, erst dann wird nach Zugabe von Salz, Pfeffer und einer genau dosierten Menge Olivenöl eine dunkelrote Sauce (*salsa di pomodoro*) daraus, von der man im Norden nur träumen kann.

Wie auf dem italienischen Festland sind frische Produkte auch das A und O der sizilianischen Küche, die gegenüber kälteren Landesteilen einen gewaltigen Vorteil hat. Weite Transporte erübrigen sich, auf der Insel wächst so gut wie alles, was man benötigt. Auf den Märkten ist tagtäglich die gesamte Farbpalette wohlschmeckender Gemüse ebenso erntefrisch zu finden wie das jeweilige Obst der Saison. Gleiches gilt für die Früchte des Meeres, das allen Umweltschädigungen zum Trotz noch immer sein Füllhorn über die Sizilianer ergießt.

Dazu kommt das Angebot der Metzger, das dem hartnäckigen Vorurteil, im Süden verstünde man nichts von Fleisch, eindeutig widerspricht. Als es die heutigen Kühltechniken noch nicht gab, mag das zugetroffen haben. Lamm- oder Kaninchenbraten aber haben ebenso wie die meist mit Fenchel gewürzten Bratwürste eine weit zurückreichende Tradition. Für alle aber, die gerne allzu tief in den Fleischtopf schauen, hat ein altes sizilianisches Sprichwort eine Weisheit parat, die unserer modernen Lebensmittelkunde entnommen sein könnte: »carni mette carni, pisci ti nutrisci!« – »Fleisch setzt Fleisch an, Fisch ernährt!«

Bunt, kräftig, würzig, schmackhaft: Auf diesen einfachen Nenner lässt sich die Inselküche bringen, die alle Qualitätsmerkmale der italienischen aufweist – und noch ein bisschen mehr. Viele Eroberer hinterließen nicht nur kulturell, sondern auch kulinarisch ihre Spuren. Den Griechen verdankt Sizilien Getreide und Oliven, seit Jahrtausenden unentbehrliche Bestandteile jeder Mahlzeit. In keinem anderen Teil Italiens bäckt man schmackhafteres Landbrot, dem nicht etwa Safran oder Eier, sondern der bereits im Altertum angebaute Hartweizen (*grano duro*) seine dottergelbe Farbe verleiht. Diese sonst nur noch in Apulien kultivierte Getreidesorte ist auch das Geheimnis der Qualität italienischer Teigwaren. Egal in welcher der mehr als hundert verschieden geformten Pasta-Sorten, eine Palette, die von fadendünnen *capellini* (Härchen) über dicke *maccheroni* bis zu den breiten *denti d'elefante* (Elefantenzähne) reicht, *grano duro* ist immer dabei.

Den Römern wird die Erfindung des Speiseeises zugeschrieben, und vermutlich waren sie tatsächlich die ersten, die zerkleinerte Früchte und Honig mit dem Schnee vom Ätna gemischt als Gefrorenes genossen haben. Mit *gelato*, dem cremigen Eis unserer Tage, hat die antike Schleckerei nur noch wenig gemeinsam. Wohl aber mit einer Spezialität, die einzig und allein in Sizilien so schmeckt, wie sie soll: *granita*. Zitronensaft, Kaffee, Mandeln und – je nach Saison – frische Erdbeeren, Pfirsiche oder Maulbeeren werden mit Zucker und gefrierendem Wasser zu einer Art Sorbet gerührt. Im Sommer – mit oder ohne Schlagrahm (*panna*) glasweise serviert – eine köstliche Erfrischung in jeder Bar. Aber auch die Methode, Oliven, gebratenes Gemüse oder frittierte Fische mit einer süß-sauren Gewürzmischung (*all' agrodolce*) aus in Öl gerösteten Lorbeerblättern, Essig, Zucker (früher Honig), Salz und Knoblauch zu verfeinern, dürfte römischen Ursprungs sein.

In erster Linie aber waren es die Araber, denen die Insel außer Zitrusfrüchten, Mandeln und noch vielem mehr auch das Zuckerrohr – und damit auch die Liebe für süße Sünden – verdankt. Von Messina bis Trápani biegen sich die Auslagen der Konditoreien unter der geradezu überwältigenden Vielfalt an Backwaren und Naschwerk. Eine kleine Auswahl: *paste di mandorla o pistaccio* (Mandel- oder Pistazien-Plätzchen), *cannolli* (mit *ricotta* = Frischkäse gefüllte Waffelröllchen), *torroncini* (in Schokolade getauchte bissfeste Mandel-Honig-Mischung) oder *cassata siciliana* (kein Eis, sondern eine aus Biskuit-Teig gebackene, mit Marzipan überzogene und mit kandierten Früchten belegte Ricotta-Torte).

Trotz des Meeres vor ihrer Haustüre finden Sizilianer seit der Normannenherrschaft Geschmack an einem Fremdling aus dem Norden, für den sie gleich eine ganze Reihe wohlmundender Zubereitungsarten ersonnen haben: Stockfisch, *pesce stocco* oder *baccalà* genannt, gibt es mit Kartoffeln und Zwiebeln aus dem Backofen (*al forno*), in einer Tomaten-Kapern-Oliven-Sauce aus der Pfanne oder mit fein gewiegter Petersilie und Zitronensaft mariniert als Salat.

In die Ära der spanischen Vizekönige fiel die Entdeckung Amerikas – und damit der Tomate, die wie keine andere Frucht aus der Neuen Welt die italienische Küche revolutionieren sollte. Unter der Sonne des Südens gedieh dieses Nachtschattengewächs so vorzüglich, dass es bald nicht nur auf königlichen und fürstlichen Tafeln, sondern auch auf den Tischen des Volkes zu finden war. Mit den gleichzeitig importierten Kartoffeln konnte man weniger anfangen, bis heute ist die Auswahl an Sorten und Gerichten vergleichsweise bescheiden. So wie auch Reis nie wirklich die Herzen der Sizilianer erobern konnte, auch wenn man inzwischen ein gutes Risotto nach norditalienischem Vorbild ab und zu durchaus schätzt. Die einzige, allerdings hervorragende Eigenschöpfung sind *arancini*, mit Erbsen, Schinken und Ragout oder auch mit Käse und Pilzen gefüllte, gebackene Reiskugeln. Ihrer goldgelben Farbe wegen nennt man sie liebevoll »kleine Orangen«, auch wenn der überaus sättigende Imbiss bisweilen die Form eines Hinkelsteins annimmt.

Es muss nämlich nicht immer Pizza sein, wenn man auf Sizilien rasch und preiswert essen möchte. Hefe- oder Blätterteigtaschen mit Schinken (*prosciutto*), Käse (*formaggio*), Tomaten, Zwiebeln (*cipolle*), Spinat (*spinaci*) oder Pilzen (*funghi*) verbergen sich hinter den Namen *scacciata*, *cipollina*, *sfincone* oder *calzone*. Was die quadratischen, länglichen oder ovalen Teighüllen jeweils enthalten, muss, so ist es gesetzlich vorgeschrieben, immer detailliert

angegeben werden. Alle Imbisse dieser Art, die man ausschließlich in Bars und Kaffeehäusern erhält, genießt man heiß bis lauwarm.

Ähnliches gilt für viele *antipasti*, wie überall in Italien die Ouvertüre jedes vollständigen Menüs. Gemüse und Meeresfrüchte, gebraten und in Öl eingelegt oder frittiert, fehlen auf keiner Speisekarte. Besonders empfehlenswert sind *alici marinati*, entgrätete und roh marinierte kleine Sardellen; in größerer Ausführung gibt es diese Heringsfischart als *sarde a beccafico*, Sardinen nach Art des »Feigenpickers«, eine eigentümliche Bezeichnung mit kultur- und sozialgeschichtlichem Hintergrund.

Für dieses Hauptgericht (*secondo piatto*) werden klein gehackte Sardellen in einer heißen Pfanne mit Olivenöl, Paniermehl, Petersilie, Zitronensaft, Kapern, Sultaninen, Pinienkernen, Oliven, Mandeln, Salz und Pfeffer vermischt. Mit dieser Mixtur, die eindeutig arabische Einflüsse verrät, werden die ausgenommenen Sardinen gefüllt und im Ofen ge-

Sommerliche Gaumenfreuden in einer typischen Taverne an der Küste

braten, wobei ganz wichtig ist, dass ihre Schwanzflossen fächerartig in die Höhe ragen. Der Grund: Einst war diese Füllung für Vögel namens Feigenpicker (*beccafico*) gedacht, ein Delikatesse auf den Tischen des Adels, die vom einfachen Volk imitiert wurde – mit wohlfeilen Sardinen in vogelartiger Präsentation. Erfreulicherweise werden im Süden schon lange keine Zugvögel mehr gefangen, und so landen auch die kleinen Gartengrasmücken, die sich so gerne an sizilianischen Feigen delektieren, nicht mehr im Ofen.

Vorerst aber gilt es, sich für ein *primo piatto*, die Vorspeise, zu entscheiden, wobei die deutsche Übersetzung für den »ersten Teller« ein wenig irreführend ist. Mit den *antipasti* stillt man den ersten Hunger und an den *primi* isst man sich dann eigentlich – fast – satt. Das *secondo*, in Mitteleuropa das Hauptgericht, muss den Magen nicht mehr füllen, sondern ist – egal ob Fleisch oder Fisch – nur noch als pure Gaumenfreude gedacht.

Thun- und Schwertfisch, zart wie Kalbfleisch, Langusten, Scampi, Garnelen und Krabben, Mies- und Venusmuscheln, Zahn- und Wolfsbrassen, Seezungen und Tintenfische werden fangfrisch auf ehrliche Weise – ohne Schnickschnack – zubereitet. Ob gebacken, gebraten oder gegrillt, stets soll der Eigengeschmack gehoben und nicht etwa mit allzu vielen Zutaten überdeckt werden, ein Grundprinzip der italienischen Küche, das natürlich auch für Fleischspeisen gilt. Wer *scaloppe al marsala* oder *scaloppe al limone* bestellt, erhält ein zartes Kalbsschnitzel, das nicht in einer Mehltunke ertrinkt, sondern in fein abgeschmeckter Marsala- oder Zitronen-Sauce gebraten wurde. Köstlich sind auch *involtini*, kleine Rouladen aus Kalb-, Rind- oder Hühnerfleisch, gefüllt mit einer Mischung aus Paniermehl, Knoblauch und Schinken. Inhalt und Größe variieren nach Art des jeweiligen Hauses. Auch in dünne Scheiben geschnittener Schwert- oder Thunfisch wird auf diese Weise zubereitet. Zum *secondo* gibt es keine sättigenden Beilagen, gereicht werden lediglich Salat und Brot.

Danach folgen *frutta* (Obst) oder *dolce* (süßes Dessert), eine Käseplatte erhält man – trotz ausgezeichneter lokaler Sorten – in Restaurants eher selten.

Meeresfrüchte und Fisch sind ein zentraler Bestandteil der sizilianischen Küche.

Der Abschluss jedes opulenten Mahls ist *caffé*, ein starker, schwarzer Espresso, der zuweilen noch *macchiàto* (= gestreift) mit einem kleinen Schuß Sahne serviert wird. Eine kulinarische Todsünde in den Augen jedes Italieners wäre es, nun einen *cappuccino* zu verlangen, Milchkaffee trinkt man ausschließlich zum Frühstück in der Bar.

Weil kaum ein Tourist zweimal am Tag ein vollständiges Menü bewältigen kann, ist es endlich auch im konservativen Sizilien salonfähig geworden, nur ein *primo*, also ein Nudel- oder Reisgericht, zu bestellen. Das *coperto*, ein kleiner, eigens ausgelisteter Pauschalbetrag für Gedeck und Brot so viel man will, wird natürlich auch bei kleineren Konsumationen voll berechnet. Mit gutem Grund, denn beim Nudelessen ein wenig zu patzen, ist keine Schande, vor allem wenn man dabei auf den nur von Fremden benötigten Löffel verzichtet. Italiener wickeln ihre *spaghetti*, *linguine*, *trenette*, *tagliatelle*, *bucatini*, *bavette* und wie auch immer die mehr oder minder dünnen Teigwaren auch heißen mögen, lediglich mit der Gabel am Tellerrand auf. Dass dabei ein wenig Sauce auf die allerorts üblichen Stofftischtücher gelangt, stört keinen.

Hauptsache, die Pasta schmeckt, wobei man die sattsam bekannten Klassiker *bolognese* (Fleischragout), *carbonara* (Speck, Parmesan und Ei nach Köhlerart) oder *all'salmone* (Lachsstreifen in Sahnesauce) am besten vergisst. Zwar wird dieses Standardrepertoire mittlerweile auch auf der Insel offeriert, mit sizilianischer Küche aber haben diese Nudel-Bestseller der »Italiener daheim« nicht das Geringste zu tun. Wer landestypisch essen möchte, probiere es zur Abwechslung einmal mit *pasta alla norma*: Nudeln in einer Auberginen-Tomaten-Knoblauch-Sauce mit geriebenem, geräuchertem Ricotta, typisch für Catania und deswegen auch nach einer

Bellini-Oper benannt. In Palermo wiederum sollte man *pasta con le sarde* bestellen: Teigwaren in einer *salsa* aus Sardinen, Sardellen, gerösteten Mandeln, Sultaninen, Pinienkernen, Safran und wildem Fenchel, jenem aromatischen, ein wenig nach Anis duftendem Kräutlein, das so mancher sizilianischen Speise erst die entsprechende Würze verleiht.

Jeder Winkel der Insel rühmt sich seiner eigenen Spezialitäten, die natürlich vor Ort am besten schmecken. Wie beispielsweise *pasta uova di tonno* – Teigwaren mit Thunfischeiern. Einzig und allein in der Provinz Trápani sollte man sich am »Kaviar« der Meeresriesen delektieren, der in kleine Blöcke gepresst und anschließend – so wie Trüffel – auf die mit Öl und Kräutern angerichteten Nudeln gerieben wird. Auch Kuskus, ein Eintopf aus Weizengries, eroberte nur den äußersten Westen Siziliens, wo es das Arme-Leute-Gericht Nordafrikas in verfeinerter Form zur Delikatesse ersten Ranges gebracht hat.

Doch egal, wo und was man auf Sizilien isst, eine Zutat ist ganz offen oder dezent versteckt fast immer dabei: Zitrone. Egal ob süß oder salzig, es gibt kaum eine Speise, die nicht zumindest ein paar Tropfen dieser Götterfrucht enthält. Was begnadete Köche mit diesem Zitrusgewächs alles anfangen, ist unglaublich. Die Liste reicht von allen nur denkbaren Zitronen-Naschereien bis zu Zitronen-Risotto, Zitronen-Pizza und Zitronen-Pasta. So gibt es *spaghetti al limone* auf gleich zwei grundverschiedene Arten: Entweder kommen die fein geriebenen Schalen in den Teig oder man rührt eine salsa aus Saft, Schalen, Minze und Sahne. Und nicht zufällig hat der köstliche Zitronen-Likör (*limoncello*), von führenden Produzenten wieder entdeckt und nach den uralten Rezepten süditalienischer Hausfrauen gefertigt, international Karriere gemacht.

Weinland Sizilien: Junge Winzer auf Erfolgskurs

»God save the Queen!« Bei jedem Glas sizilianischen Weines sollte man eigentlich die Hymne Britanniens anstimmen. Denn es waren – ausgerechnet – die Engländer, die zu Beginn des 19. Jahrhunderts den darniederliegenden Anbau der edlen Reben auf der Insel wieder kultivierten. Ganz uneigennützig handelten die Familien Woodhouse, Ingham und Whitaker allerdings nicht, als sie gemeinsam mit dem Sizilianer Vincenzo Florio daran gingen, neue Weinsorten zu züchten und mit dem Marsala, einem Verschnitt von Weißwein und Weinbrand, das Monopol des Sherry zu brechen. Zum Teil ist ihnen dies auch gelungen.

Die politische Konstellation war für sie günstig. Der Bourbone Ferdinand IV. stellte sich auf der Flucht vor Napoleon unter den Schutz der Engländer und ihrer Flotte unter Admiral Nelson. Die Briten begannen sich bald in Sizilien wie zu Hause zu fühlen. Und sie bewahrten die Insel nicht nur vor dem Eroberer aus Paris, sondern brachten ihr auch einen enormen wirtschaftlichen Aufschwung.

In dieser Atmosphäre gedieh der Marsala-Dessertwein zu einem wichtigen Exportartikel. Mit englischer Hilfe stieg das Haus Florio, das neue Methoden zur Herstellung des kostbaren, in Eichenfässern gereiften Tropfens entwickelte, zu einer der mächtigsten Industriellenfamilien des Mittelmeerraumes auf. Sie konnte es sich leisten, Garibaldi bei seiner Landung auf Sizilien am 11. Mai 1860 zu unterstützen, denn die Bourbonen wagten es nicht, den Hafen zu beschießen, in dem die Handelsflotte Florios vor Anker lag.

Die Stiftung der Familie Whitaker, deren letzte Erbin kinderlos verstorben war, zählt nach wie vor zu den größten Kulturmäzenen Siziliens. In ihrem Besitz befindet sich zum Beispiel die Insel Mozia mit ihren wertvollen phönizischen Ausgrabungen. Woodhouse, Ingham und Florio gehören inzwischen zur weltweit agierenden Cinzano-Gruppe.

Siziliens Winzer ernten heute auf einer Fläche von knapp 140 000 Hektar hervorragende Tafeltrauben und stellen jährlich rund 9 Mio. Hektoliter Wein her, davon knapp 3 % in D.O.C.-Qualität. Längst vorbei sind die Zeiten, in denen die schweren, häufig sehr süßen Weine der Insel Gaumen wie Magen belasteten. Eine junge Garde von hervorragend ausgebildeten Önologen und innovativen Produzenten, die alte Rebsorten, neue Technik und jüngste wissenschaftliche Erkenntnisse vereinten, sorgte seit den 90er Jahren für eine enorme Qualitätssteigerung, die in vielen internationalen Auszeichnungen ihren Niederschlag fand. In Mitteleuropa werden sizilianische Weine unter Kennern gar als Geheimtipp gehandelt. Ob Weiße, Rote oder Rosé, mit leichten, trockenen und spritzigen Tafelweinen ebenso wie mit exquisiteren Tropfen, die natürlich ihren Preis haben, kann sich Sizilien auf den Märkten Europas, Amerikas und Japans glänzend behaupten.

Die sengende Sonne des Süden beschert den Winzern zwar vollreife Trauben, gleichzeitig aber auch die Gefahr unerwünschter Gärungen. Auf immer mehr Weingütern findet daher die Ernte zu nächtlicher Stunde im Flutlicht von Scheinwerfern statt. So behalten die Trauben bis zur Pressung ihre von Natur aus besonders empfindlichen Aromen.

Tief in der Erde liegende Weinkeller sind auf Sizilien eher die Ausnahme, daher lagern die Weine zunächst in riesigen, ständig gekühlten Edelstahltanks, ehe sie entweder in Flaschen gefüllt werden oder in Eichenfässern ihre weitere Reifung erfahren.

Mehr als die Hälfte der Weinproduktion Siziliens kommt aus der Provinz Trápani. Als »Weinmetropole« der Insel gilt unbestritten **Marsala**, weltberühmt durch den gleichnamigen Dessertwein. Dessen Trauben stammen alle aus einem genau festgelegten Anbaugebiet um die Stadt. Der einfache Marsala (*Marsala fine*) – er kann trocken, halbtrocken oder süß sein – wird mit einem Gemisch aus Mostkonzentrat und Weinbrand verschnitten und gelangt ohne Fassreife in den Handel. Bessere Qualitäten nennen sich *superiore* (2 Jahre im Fass) oder *riserva* (4 Jahre im Fass), wer aber wirklich feinen Marsala erstehen will, sollte am Etikett auf die Bezeichnung *vergine* oder *soleras* achten. Diese Köstlichkeit besteht nur aus Wein und Weinbrand ohne Mostkonzentrat, wobei der Wein mindestens fünf, häufig auch zehn Jahre (*vergine riserva*) im Holzfass gereift sein muss.

Verkostung und Verkauf von Wein gibt es bei vielen Erzeugern direkt, meist aber nur an Werktagen und nach Voranmeldung. Ein reichhaltiges Marsala-Sortiment bieten **Carlo Pellegrino** (Marsala, Via del Fante 39, Tel.: 09 23 95 11 77, Fax: 09 23 95 35 42), **Florio** (Marsala, Via Florio 1, Tel.: 09 23 78 11 11, Fax: 09 23 98 23 80) und **Vecchio Samperi** (Marsala, Contrada Fornara Samperi, Tel.: 09 23 96 20 93, Fax: 09 23 96 29 10). Hochwertige Weiß- und Rotweine, unter ihnen Sauvignon, Müller-Thurgau und Nero D'Avola, kommen aus dem Familienbetrieb **Fazio Wines** (Fulgatore-Erice, Via Cap. Rizzo 39, Tel.: 09 23 81 17 00,

Fax: 09 23 81 17 01), einem Vorzeige-Unternehmen auf dem neuesten Stand der Technik. Vom bekannten Weingut **Donnafugata** (Marsala, Via S. Lipari 18, Tel.: 09 23 99 95 55, Fax: 09 23 72 11 30) sind bei den Weißen vor allem die Marken *Damaskino* (jung, leicht, fruchtig), *Lighea* (trocken, aromatisch) und *La Fuga* (gehaltvoller Chardonnay), bei den Roten *Angheli* (abgerundet, eher schwer), *Mille e una Notte* (intensives Bouquet, nachhaltiger Geschmack), *Sedara* (trocken, harmonisch) und *Tancredi* (samtig) zu empfehlen, außerdem ein ausgezeichneter, aromatischer Marsala Superiore Riserva D.O.C. namens *Opera Unica* sowie die erlesenen, süßen Dessertweine *Ben Ryé* und *Kabir*, gepresst aus Rosinen der Muskateller-Trauben von der Insel Pantelleria.

Die Gegend rund um **Alcamo** hat sich auf Weißweine spezialisiert. Führender Winzerbetrieb auf der Strada del *Bianco d'Alcamo* ist die **Azienda Rapitalà** (Camporeale, Contrada Rapitalà, Tel.: 0 92 43 61 15) u. a. mit einem süffigen *Bianco D.O.C.* Der experimentierfreudige **Francesco Spadafora** (Camporeale, Contrada Virzí, Tel.: 0 91 51 49 52) überrascht aber auch mit hochwertigen Roten wie dem *Don Pietro*, eine Cuvée aus Cabernet Sauvignon, Merlot und der auf Sizilien seit Jahrhunderten heimischen Traubensorte Nero d'Avola.

Die **Cantine Settesoli** in der Provinz Agrigent (Menfi, SS 115, Tel.: 0 92 57 52 55, Fax: 0 92 57 45 09) zählt mit 1300 Mitgliedern und 3000 ha Anbaufläche zu den größten Winzergenossenschaften Europas. Jedes Jahr werden dort 45 000

Weinverkostung im Familienbetrieb Fazio Wines mit Angelo Napoli (Mitte), dem Agrar-Chef der Provinz Trápani.

Tonnen Trauben verarbeitet und mehr als 7 Mio Flaschen abgefüllt, unter ihnen auch der preiswerte, sehr leichte Tafelwein *Porta Palo*. Der etwas teurere Weiße wie der *Feudo dei Fiori* ist von blasser, goldgelber Farbe mit einer delikaten Blume und frischem Geschmack. Fruchtig-mild mundet der Rosé, während der Rote (z.B. *Bonera*) voll und samtig durch die Kehle rinnt.

Innerhalb weniger Jahre ist es dem jungen Winzer **Alessio Planeta** (Menfi, Via Santi Bivona 13, Tel./Fax: 0 92 58 00 09) gelungen, mit seinem kleinen, aber feinen Sortiment – ganz ausgezeichnet der aromatische Chardonnay und der elegante Cabernet Sauvignon – zu einem internationalen Aushängeschild sizilianischer Weinkultur zu werden. Im Anbaugebiet von Licata vertraut man traditionellen Rebsorten wie dem Nero d'Avola, der bei **Casal Pozzillo** (Campobello, Contrada Casal Pozzillo, Tel./ Fax: 09 22 89 17 09) und **Milazzo** (Campobello, Via Umberto 41, Tel.: 09 22 87 82 07, Fax: 09 22 87 97 96) zu erstaunlichen Höhenflügen ansetzt.

Weltweit der bekannteste unter Siziliens Weinen ist der in Italo-Restaurants der Alten und Neuen Welt allgegenwärtige Corvo, der vom Haus **Duca di Salaparuta** (Casteldaccia, Via Nazionale SS 113, Tel.: 0 91 94 52 01, Fax: 0 91 95 39 88) hergestellt wird. Der ehemalige Familienbetrieb, heute eine AG, besitzt keine eigenen Anbauflächen, sondern kauft die Reben der besten Lagen auf. Auf diese Weise kommen zwar keine D.O.C.-Weine zustande, aber Produkte von recht annehmbarer Qualität.

Einen großen Namen führt auch das Weingut **Regaleali** (Vallelunga Pratamento, Contrada Regaleali, Tel.: 09 21 54 25 22, Fax: 09 21 54 27 83), das nach wie vor von der Familie Conte Tasca d'Almerita betrieben wird. Auf sanften Hügeln im Herzen der Insel an der Grenze zwischen den Provinzen Palermo und Caltanissetta wachsen auf 300 Hektar Anbaufläche hochwertige Trauben. Die Jahresproduktion von mehr als 2 Mio. Flaschen umfasst Spitzenweine wie den *Nozze d'Oro*, aus den weißen Rebsorten Inzólia und Tasca kreiert, sowie einen reinen Chardonnay, einen festen Cabernet Sauvignon und den *Rosso del Conte*, einen vollmundigen Nero d'Avola.

An der Ostküste Siziliens bringen die fruchtbaren Hänge des Feuerberges Ätna in Lagen bis zu 700 m Höhe ebenso feurige Weine hervor, die sich, bedingt durch die starken Temperaturunterschiede zwischen Tag und Nacht, durch eine ausgeglichene Säure-Süße-Balance der Trauben auszeichnen. Typische, nur hier angepflanzte Ätna-Rebsorten sind *Carricante* für den fruchtigen *Etna Bianco* und *Nerello Mascalese* bzw. *Nerello Mantellato* für den erdigen *Etna Rosso*. Sie werden in den in Familienbesitz befindlichen Weingütern **Barone di Villagrande** (Milo, Via del Bosco 25, Tel./Fax: 09 57 89 43 39) und **Azienda San Michele** (Santa Venerina, Via S. Michele 18, Tel./ Fax: 09 57 13 00 90) zu höchster Perfektion gebracht. San Michele, Experimenten nie abgeneigt, produziert auch einen aromatischen, in Fässern gereiften Cabernet Sauvignon, den spritzigen Sekt *Margo Brut* und einen würzigen *Grappa Etna Rosso*. Aus einem 15 ha großen Anbaugebiet an der Nordseite des Ätna stammen die noblen D.O.C.-Weine des traditionsreichen Gutes **Tenuta Scilio di Valle Galfina** (Linguaglossa, Contrada Piano Arrigo, Tel.: 0 95 93 27 44, Fax: 0 95 93 28 22), denen die schwarzen Lavaböden eine unverwechselbare Note verleihen. »Ein Essen ohne Wein«, so ein altes sizilianisches Sprichwort, »ist wie ein Tag ohne Sonne«. In diesem Sinne: Salute!

Die Welt der Sizilianer

Mit Männern spielt man nicht

Donna senza amuri è comu rosa senza oduri. – Eine Frau ohne Liebe ist wie eine Rose ohne Duft.

Sizilianisches Sprichwort

Das junge Mädchen mit dem unverkennbaren Äußeren einer Deutschen hält die langstielige rote Rose etwas verträumt in der Hand. In die andere wird ihr eben ein Glas Sekt gedrückt. Der Kavalier hat es ihr gebracht, um die letzten Minuten einer Ferienliebe, die nun am Flughafen von Catania zu Ende geht, ohne allzu große Verlegenheit über die Runden zu bringen. Salvatore, genannt Toto, beweist Stil. Er zelebriert einen ganz normalen Abschied. Dafür hat er sich freigenommen, er muss in den kommenden zwei Tagen eben mehr arbeiten.

In dieser Saison wird er noch einige Male frühmorgens zum Blumenhändler fahren, wird Tränen trocknen, zärtliche Worte flüstern. Amore blüht unter dem tiefblauen Himmel des Südens ganz besonders intensiv. Amore gehört zur prickelnden Morgenluft, zu den verschlafenen Mittagsstunden, zu den Nächten bei Meeresrauschen unter Palmen. Und Amore erwarten sich die Schönen aus dem Norden. Leidenschaftlich wie im Film, dramatisch wie auf einer Bühne, romantisch wie in einem Roman von Rosamunde Pilcher. Liebe auf sizilianisch bedeutet genau all das.

Mit dem Latin Lover, wie ihn Marcello Mastroianni unsterblich gemacht hat, wollen die Männer aus dem Süden nichts gemein haben. Ihre Werbung um das andere Geschlecht hält nämlich, was sie verspricht. Sie erobern nicht bloß um des Eroberns willen und schnitzen dann eine weitere Kerbe in ihre Erfolgsstatistik. Toto, der junge Mann aus Acireale, liebt einfach die Liebe. Weil sie ein spannendes Spiel ist, ein wunderbares Theater, ein buntes Kaleidoskop der Gefühle.

Jeder Sizilianer ist ein Schauspieler, der dem Alltag mit seiner oft harten Realität ein Schnippchen schlägt. Eine Affäre stillos zu beenden, das wäre Betrug an sich selbst. Wer wie die Papagalli an der nördlichen Adria Frauen bloß konsumiert und nach einem langen Sommer nicht einmal mehr ihre Namen weiß, der hat etwas sehr Kostbares verschenkt: nämlich seine Achtung vor dem ewig Weiblichen. Das Schicksal eines Casanova in seiner Einsamkeit wird Salvatore nicht erleben.

Die Haltung sizilianischer Männer jeder Altersklasse gegenüber dem anderen Geschlecht ist von einer fast barock anmutenden Höflichkeit, die niemals lächerlich wirkt. Wenn eine Frau allein bleiben will, braucht sie das nur zu sagen, und es wird respektiert. Schade, dass sich die attraktive Blondine auf ihrem Badetuch ganz und gar nicht interessiert zeigt, wirklich bedauerlich. Vielleicht wird sie einmal den versäumten Chancen, den verflossenen Sonnentagen nachweinen, doch das ist dann nicht mehr die Angelegenheit von Salvatore. Sein Name bedeutet zwar Retter und ist einer der häufigsten auf der Insel, aber wem nicht zu helfen ist, dem nützt auch eine ganze Armee Salvatores nichts. Soll sie also allein den Sonnenuntergang betrachten, die stolze Schöne, man wird sie in Ruhe lassen. Mädchen gibt es für einige Wochen wie Sand am Meer. Ecco, wozu soll man sich auf eine kaprizieren?

Für Frauen, die alleine Urlaub machen wollen, ist Sizilien ein ideales Land. Man wird nicht von Blicken ausgezogen, schrille Pfeifkonzerte sind äußerst selten, und keine Verfolger heften sich bei einem Stadtbummel an die Fersen. Wer keinen Ferienflirt sucht, sondern schlicht Erholung, wird auf Verständnis stoßen. Vergewaltigungen kommen so gut wie nie vor, und selbst in den düstersten Hafenvierteln von Palermo kann man schlimmstenfalls mit einer Prostituierten verwechselt werden. Bleiben die Handtasche zu Hause und der Schmuck im Tresor, dann bleibt auch der nächtliche Ausflug ganz und gar ungefährlich.

Es ist nun an der Zeit, sich einmal vor den zumeist schwarz gekleideten Mammas zu verneigen, die das Wunder vollbracht haben, dass Frauen auf Sizilien mit Respekt behandelt werden. Sie sind die unumschränkten Herrscherinnen im Hause, ihnen gilt Hochachtung und Verehrung. Bisweilen kann man sie noch sehen: Wie in früheren Zeiten sitzen sie mit gehäkelten Umhängen auf den Schultern auf wackeligen Stühlen in den

Straßentüren zu ihren Wohnungen. Die Gesichter halb abgewandt, um den Blicken der Männer zu entgehen. So will es der alte Anstand. Noch lange nach dem Zweiten Weltkrieg durften Unverheiratete nicht ohne Begleitung die Dorf-Piazza überqueren und bei der abendlichen Plauderstunde vor dem Haus nicht mehr als ihr Profil preisgeben.

Doch die Moralbegriffe haben sich – vor allem in den Touristenzentren – gewaltig geändert. Leidenschaftliche Blicke ziehen kaum noch unangenehme Konsequenzen nach sich, auch nicht in den entlegensten Ortschaften. Niemand hängt mehr ein blutiges Leintuch nach der Hochzeitsnacht aus dem Fenster, um aller Welt den Beweis für die Jungfräulichkeit der Braut zu liefern. Diese barbarische Sitte findet bloß noch in alten Filmen statt. Scheidungen sind, wie überall in Italien, alltäglich.

Auch in Sizilien glaubt man nicht mehr, dass die einzige Überlebenschance einer Frau die Ehe sei, wenn auch Familie, Heim und Kinder letztlich Wunschziel bleiben. Nur will man als modernes Mädchen den Ehering nicht schon als Siebzehnjährige, sondern erst nach einer möglichst guten Ausbildung und mit weitgehender Selbständigkeit. Wie in ganz Europa, so ist auch in Süditalien der Prozentsatz weiblicher Oberschüler und Studenten höher als der männliche Anteil. Die Berufstätigkeit der Frau, von der angespannten Situation am Arbeitsmarkt ohnedies sehr eingeschränkt, wird allgemein akzeptiert, jedoch genießt auch die Hausarbeit einen unverändert hohen Stellenwert. Während zum Beispiel das Gastgewerbe eine Domäne der Männerwelt blieb, weil keiner es gerne sieht, wenn seine Frau, Schwester oder Tochter andere Leute bedient, so hat das »schwache Geschlecht« etwa den Lehrberuf zu 90% für sich erobert. Ebenso begegnet man immer häufiger Beamtinnen, Ärztinnen und Rechtsanwältinnen, und im politischen Engagement machen Frauen in Bürgermeisterämtern beste Figur.

So maskulin dominiert die Insel nach außen hin auch wirken mag, im Familienverband überwiegt der feminine Machtbereich. Natürlich wird sich eine kluge Sizilianerin stets darum bemühen, dass nichts und niemand das männliche Image des Partners zerstört. Er dagegen

Die sizilianischen Frauen von heute sind selbstbewusst und unabhängig.

wird seinen Respekt zeigen, indem er es ihr an nichts fehlen lässt.

Im Leben einer Frau gibt es drei Ereignisse, bei denen sie weit mehr gefeiert wird als der Mann. Es beginnt im zarten Kindesalter mit der Erstkommunion, dem Fest der Reinheit, bei dem das Mädchen, entweder gekleidet wie eine kleine Braut oder wie eine Novizin, absolut im Mittelpunkt steht und der Vater keine Kosten scheut. Zu Ehren seiner Tochter sind beim Festmahl im Restaurant oder Hotel mindestens 50 bis 100 Gäste eingeladen. Noch größer ist der Aufwand bei der Hochzeit, wenn die Frau ihre Eltern verlässt. Schleier und weißes Kleid fehlen nie, die Kirche ist mit Blumen reichlich geschmückt. Die geistliche Zeremonie gilt ja in Italien auch gesetzlich als Eheschließung. Viele Familien stürzen sich oft in tiefe Schulden, um diesen Tag gebührend begehen zu können. Die Zahl der Gäste ist enorm, die Tische biegen sich von Geschenken.

Das dritte große Ereignis ist die Geburt des Kindes. Sie verändert das Leben einer Frau grundsätzlich. Schon während der Schwangerschaft nimmt man auf ihren Zustand Rücksicht, jeder Wunsch wird ihr von den Augen abgelesen, jede ihrer Launen mit Geduld ertragen. Das Baby könnte ja sonst Schaden erleiden. Man weiß zwar, dass dieser Zustand immer schwierig ist, aber bei keiner anderen Frau so schwierig wie bei ihr. Zudem trägt man als Mann Schuld an ihrem Leiden. Gleichzeitig ermahnen Mütter, Schwiegermütter und Tanten den werdenden Vater, wie er sich zu benehmen habe, weisen auf die delikate Situation hin, belauern ihn, bekritteln ihn. Die weibliche Solidarität macht ihn mürbe. Je näher der Moment heranrückt, desto mehr schwinden seine Kräfte. Und nur schüchtern macht sich bei ihm seine eigene Bedeutung als Erzeuger bemerkbar. Wer seinen Stolz dagegen öffentlich zeigt, ist der neue Großvater, denn es ist ja seine Tochter, die gerade ein Wunder vollbringt. Es ist der größte Tag im Leben der Frau. Sie tritt in den ewigen Stand der Mütter dieser Erde ein – als dominierendes, regierendes Weltprinzip.

Die Person der *madre* ist sakrosankt. Selbst erstmals verliebte Knaben sehen in ihrer Flamme schon die Mutter ihrer Kinder – auch wenn die Geburtenraten in der internationalen Statistik inzwischen am unteren Ende liegen. In Anwesenheit von Mädchen oder Frauen wird möglichst nicht geflucht, Obszönitäten sind tabu, es herrscht eine Atmosphäre der Ehrfurcht. Oder vielleicht auch nur der Unsicherheit.

Pubertierende Jünglinge haben es daher bisweilen schwer, mit dem anderen Geschlecht engeren Kontakt aufzunehmen, wenn die Touristensaison vorbei ist. Aus diesem Grunde ist Homosexualität auf Zeit nicht selten. Sie wird jedoch als vorübergehende Entwicklungsphase angesehen und nicht weiter tragisch genommen. Eine der Hochburgen und zugleich internationaler Treffpunkt der Homophilen ist Taormina, in dieser Hinsicht – wie in manch anderer auch – das Venedig des Südens. Von der griechischen Tradition der Päderastie aber ist Sizilien weit entfernt.

Was Lawrence Durrell in einer Bar von Agrigent beobachtete und in seinen köstlichen Reiseschilderungen »Blühender Mandelbaum« festhielt, könnte überall auf der Insel geschehen: »Die Ankunft junger Männer, sehr elegant gekleidet, sehr exquisit, irgendwie römisch im Aussehen, hatte bei den Arbeitern ein gewisses Interesse hervorgerufen, obwohl die Reaktion eher apathisch als verärgert war. Sie musterten die beiden Schmetterlinge mit ausdruckslosen Mienen und sahen sich gegenseitig mit augenzwinkernder Ironie an, aber alles andere als bösartig. Dann stellte der alte Mann sein winziges Stregaglas auf den Tisch, wischte sich den Schnurrbart ab und sagte ruhig und für alle vernehmbar: ›Ah! Pederastici!‹ Es war keine Beleidigung, sondern einfach eine Feststellung, die die beiden Burschen einordnete. Das Wort war mit klassisch schöner Einfachheit in eine vollkommene Stille gefallen – fünf lapidare Silben, bündig formuliert, und schon war der ganze Zwischenfall vergessen.«

Eine andere typische Szene an einem Sonntagvormittag, irgendwo mitten im Land: Am Kirchplatz tummeln sich die Diskutierenden, kein Sessel vor der Bar bleibt frei. Weit und breit keine einzige Frau, nur Männer mit Bartstoppeln und sonntäglich glatt Rasierte. Einer fällt aus dem Rahmen der bäuerlichen Gestalten. Er trägt statt verbeulter Hosen Nadelstreif mit scharfer Bügelfalte und schwarzweiße Dandyschuhe. Eine breite Uhrkette aus schwerem Gold signalisiert Autorität und Reichtum, ebenso die gut und gerne zwei Zentimeter langen Nägel seiner kleinen Finger. Ein lokaler Mafioso macht seine Visite, und die Dorfbewohner ehren ihn mit ihrer Anwesenheit. Schlag ein Uhr liegt die Piazza leergefegt in der Sonne, das Mittagessen daheim wartet. Und keiner der Männer – Mafia hin oder her – wagt es, zu spät zu kommen. Die Regentschaft ist wieder an die Frauen übergegangen.

Es gibt eine interessante Theorie über Völker, bei denen die Mütter und nicht die Väter das Sagen haben. Ihnen schreibt man den Hang zu musischen Dingen zu, die Liebe zur Schönheit, Weichheit ohne Verweichlichung. Sie sollen wenig Militantes an sich haben, Soldatenleben ist nicht ihr Ideal. Für Sizilien scheint dies maßgeschneidert. Wer jemals eine Truppe der sizilianischen Marine exerzieren sah, wird dies

Begegnung auf dem Corso: Ungezwungener Umgang der Jugend von heute

bestätigen. Preußische Generäle jedenfalls würden bei diesem Anblick im Grab rotieren.

Wie auch immer, Romanzen mit Sizilianern stehen meist unter einem guten Stern. Aber Vorsicht: Viele Liebesschwüre sind ernster gemeint, als es einer Urlauberin recht sein mag. Wenn die langen Wintermonate hereinbrechen, dann lässt es sich für den Inselmann ganz wunderbar von den heißen Sommernächten träumen. Und ehe man es sich versieht, steht er mit einem Heiratsantrag vor der Haustür. Siziliens Männer sind nicht zum Spielen da. Und Amore ist mitunter eine todernste Sache.

So lebt Siziliens Adel heute

Wie reich Siziliens Adel einmal war, davon erzählen prachtvolle Stadtpalais und Landschlösser noch heute. Doch spätestens seit der Landreform von 1950, die einer Enteignung der riesigen Latifundien gleichkam, war es mit dem feudalen Lebensstil endgültig vorbei. Verblieben sind den einstigen Herren der Insel lediglich kleine, nach den jeweiligen Erträgen limitierte Güter und eine vergleichsweise lächerliche Entschädigung für ihre per Gesetz verloren gegangenen Grundbesitztümer. Die Zeit der Leoparden, von Fürst Tomasi di Lampedusa ein letztes Mal in seinem weltberühmten Roman heraufbeschworen, ist unwiderruflich zu Ende gegangen.

Das Aus kam aber nicht nur für die mit einem Schlag ihrer Einnahmen beraubten Nobili, sondern auch für ihre eleganten Paläste und Refugien. Nicht länger konnten sich die sizilianischen Barone, Grafen und Fürsten die Instandhaltung ihrer Palais leisten, der Glanz von einst verkam zu Ruinen. Was nicht bewohnt wurde, verfiel, ein Schicksal, dem nur jene Gebäude entgingen, in denen der Staat Ministerien, Ämter oder Schulen ansiedelte. Doch auch dieser Bedarf war bald gedeckt, die restliche Bausubstanz der Altstädte von Palermo und Catania verkam – mit wenigen Ausnahmen.

Contessa Alwine Federico

Zu Gast im Stadtpalais des Conte Federico

Einige wenige Leoparden haben es gewagt, den Hyänen der Nachkriegsära – den Spekulanten und der Baumafia – zu trotzen und auszuharren, selbst wenn ihnen das Dach buchstäblich über dem Kopf zusammenzubrechen drohte. Einer davon ist Conte Alessandro Federico, ein direkter Nachfahre von Friedrich II. Zwar hatte kein einziger der legitimen Söhne des Staufers überlebt, wohl aber die uneheliche Linie, die sich auf den Kaisersohn Friedrich von Antiochien zurückverfolgen lässt. Und dieser wurde zum Ahnherren der Grafenfamilie Federico, seit Jahrhunderten nur einen Steinwurf von Palermos Kathedrale beheimatet.

Noch unter römischer Herrschaft umgab das Zentrum des Zentrums eine ursprünglich von den Phöniziern angelegte Stadtmauer. Auf ihren Überresten errichteten die Normannen im 12. Jahrhundert Befestigungstürme, von denen nur noch ein einziger erhalten geblieben ist: Als ältester Teil des Palazzo Federico zeigt der in arabisch-normannischem Stil erbaute Turm an seiner Südseite ein doppelbögiges Fenster, über dem die Wappen der Hohenstaufer, Aragoniens und der Stadt Palermo zu sehen sind. Die einstige Schauseite des Palais wendet sich nun allerdings einem schäbigen Hinterhof zu, in dem nur noch der Name – Piazza Conte Federico – an das elegante Entree von einst erinnert. Heute betritt man den im Barock umgestalteten Palast durch die ehemalige Hintertüre in der »Gasse der Biskottenmacher« (Via Biscottari) und nur wenig verrät von außen, was einen Besucher im Inneren erwartet.

Um einen der ältesten Palazzi Palermos überhaupt erhalten zu können, öffnen die Federicos ihren Wohnsitz nach dem Vorbild des englischen Adels kleinen Gästegruppen gegen Voranmeldung. Einfach hereinspazieren kann man nicht, denn es ist kein Museum, das sich hier präsentiert, sondern ein von der vierköpfigen Familie bewohnter Stadtsitz. Dementsprechend gibt es auch keine Absperrungen vor Gemälden und Vitrinen, was nicht zuletzt den Reiz einer Besichtigung der hohen Salons mit ihren prachtvollen bemalten Holzdecken aus dem 15. Jahrhundert, des Rittersaals mit seiner Waffensammlung und der barock ausgestatteten Privatgemächer rund um den im 17. Jahrhundert von Ignacio Marabitti mit Skulpturen und einem Löwenbrunnen geschmückten Innenhof ausmacht.

Contessa Alwine Federico führt die Gäste höchstpersönlich durch ihr Reich. Blutjung hat sich die gebürtige Salzburgerin 1983 in das Abenteuer gestürzt, einen sizilianischen Grafen – und mit ihm einen riesigen, renovierungsbedürftigen Palazzo – zu heiraten. Zwei Söhne und ein von neuem Leben erfülltes altehrwürdiges Gemäuer wäre vielen anderen als Zwischenbilanz genug. Nicht

Contessa Rosemarie Tasca d'Almerita

aber der energiesprühenden Österreicherin, die nicht nur für Italien regelmäßig Meistertitel bei internationalen Schwimmwettbewerben heimbrachte, sondern als ausgebildete Sängerin auch heute noch des öfteren Soireen in dem prachtvollen, mit Deckenfresken von Vito D'Anna und Gaspare Serenario geschmückten Konzertsaal gibt. Auch als Schauplatz für Kongresse und Empfänge eignet sich der Palazzo Federico mit einer an der Universität Palermo promovierten, polyglotten Gastgeberin vorzüglich. Und als echter Geheimtipp unter Palermobesuchern auf der Suche nach etwas Besonderem gilt das stilvolle Gästeapartment.

Wer das Glück hat, hier logieren zu können, erfährt nicht nur live, wie Paler-

Die Ländereien des sizilianischen Adels liegen überwiegend im Landesinneren.

mos Adel heute lebt, er wird auch eingebunden sein in das mittlerweile Sizilien umspannende Netz an exquisiten Stadt- und Landresidenzen. »Sicily at home« nennt sich die adelige Gemeinschaft jener, die in ihren Privathäusern Zimmer für ausgesuchte Gäste offerieren.

Im Landhaus von Contessa Tasca d'Almerita

Federführend für diese neue Art, das alte Sizilien fernab des modernen Tourismus zu präsentieren, ist Contessa Rosemarie Tasca d'Almerita. Ein berühmter Name, der überdies für höchste Qualität steht: »Villa Tasca« heißt eines der Spitzenprodukte des familieneigenen Weingutes Regaleali. Eingebettet in eine sanfte Hügellandschaft, die Erinnerungen an die schönsten Regionen der Toskana weckt, liegt das Landhaus der Gräfin in einer Oase der Stille. Außer Vogelgezwitscher und bisweilen dem Bellen eines Hundes ist nichts zu hören, die nächste Ortschaft – Vallelunga – ist sieben Kilometer, das laute Palermo zwei Autostunden entfernt.

Drei geschmackvolle Apartments stehen bereit, einst die Räume der nunmehr erwachsenen Kinder, heute Gästezimmer mit allem Komfort. An einen Ausbau ist nicht gedacht, mehr als sechs Personen gleichzeitig will die Contessa auch künftig nicht in ihrem Refugium beherbergen. »Ich möchte nicht eine Variante des Agriturismo anbieten, sondern Gastgeberin im ursprünglichen Sinne des Wortes sein. Das bedeutet auch, dass man an meinem Kamin sitzen und Bücher aus meiner Bibliothek lesen kann. Ich schiebe Besucher, die einen Brief schreiben, etwas trinken oder lesen wollen, nicht in irgendeinen Aufenthaltsraum ab. Mein Privatbereich steht jedem zur Verfügung, der in meinem Haus wohnt«, lautet die Philosophie auf Regaleali, wo Gastfreundschaft auf eine mehr als tausendjährige Tradition zurückblickt. Hier stand nämlich einst Alis Landgut – auf Arabisch *rahal ali*, woraus schließlich die »Azienda Agricola Regaleali« wurde.

Dass man sich hier keine Sorgen um einen guten Tropfen machen muss, versteht sich von selbst, auch wenn sich Rosemarie nur am Rande um die familieneigenen Weinberge kümmert. Wohl aber darum, was an sonstigen Tafelfreuden auf ihren Tisch kommt, denn von guter Küche versteht man in diesem Hause eine ganze Menge. So hat sich

ihre Schwester Anna Tasca mit ihren auch in den USA verlegten Kochbüchern unter Gourmets längst international einen Namen gemacht.

Doch wer sich den wahren Geschmack Siziliens auf der Zunge zergehen lassen möchte, dem nützt keine noch so exquisite Rezeptsammlung in der Fremde. Denn dazu braucht es auch den Geruch, der diese sonnenwarme Erde, die Weingärten, Olivenhaine und Zitrusplantagen umfängt. Nur an Orten wie Regaleali lässt sich das alte Sizilien heraufbeschwören, lässt sich der Schlüssel zur unvergänglichen Schönheit dieser Insel finden. Und erst dann wird man einen Giuseppe Tomasi di Lampedusa wirklich verstehen:

»So sprachen wir von dem ewigen Sizilien, von den Erscheinungen seiner Natur; vom Duft des Rosmarins auf den Nebrodi, vom Geschmack des Honigs von Melilli, vom Wogen der Getreidefelder an einem windreichen Maitag, wie man es von Enna aus sieht; von der Einsamkeit um Syrakus, von den Duftwellen, die der Wind, wie man sagt, bei bestimmten Juni-Sonnenuntergängen von den Orangengärten her über Palermo ausschüttet. Wir sprachen vom Zauber mancher Sommernächte im Anblick der Bucht von Castellammare, wenn sich die Sterne im schlafenden Meer spiegeln und ein Mensch, der auf dem Rücken zwischen den Mastixbäumen liegt, seinen Geist in den hohen Himmel entschwinden fühlt, während der Körper, lang hingestreckt, mit allen Sinnen das Nahen der Dämonen fürchtet.«

Aus: »Die Sirene«

Reisen auf Sizilien

Die Ostküste entlang

Ionisches Meer – von Messina bis Syrakus

Die Ostküste hat sich in den letzten Jahrzehnten zum touristisch meistfrequentierten Teil Siziliens entwickelt. Von Messina führt die Route über den viel gerühmten Nobelort Taormina und – nach einem Abstecher zum Ätna – entlang der malerischen Zyklopenküste über die Barockstadt Catania bis nach Syrakus, der reichsten Griechenstadt der Antike.

Streckenlänge und -verlauf
Insgesamt 150 km; von Messina bis Catania entweder über die Autobahn A 18 (mautpflichtig!) oder über die fast parallel dazu verlaufende Staatsstraße SS 114 (bis Taormina 48 km, bis Catania weitere 50 km); von Catania wieder über die SS 114 (ab Augusta zum Teil als Autobahn ausgebaut, keine Mautpflicht) nach Syrakus (52 km).

Messina: Aus der Asche zum Brückenkopf

Stadtplan: S. 94
Tipps & Adressen: S. 343f.

»Der Duft der blühenden Orangenbäume ließ die ganze Meerenge wie ein Frauenzimmer duften.«
Guy de Maupassant, 1885

Zankle – *Sichel* – nannten die Griechen das Eingangstor zur Insel, um das sich eine hübsche Legende rankt: Wie ein im Sand spielendes Kind habe der wilde Jäger Orion mit seinen Riesenhänden eine sichelförmige (!) Bucht gestaltet. Just an dieser Stelle schlug Neptun seinen Dreizack ein – und trennte damit Sizilien vom Kontinent ab. Dabei

Die Isola Bella – Wahrzeichen der Natur für einen der schönsten Küstenabschnitte

muss der Meeresgott ziemlich fest zugestoßen haben, weist doch das Hafenbecken von Messina stellenweise eine Tiefe von 70 m auf. Tatsächlich wurde *Zankle* ebenso wie das gegenüberliegende Reggio di Calabria um 730 v. Chr. von ionischen Einwanderern aus Euböa gegründet. Nachdrängende Messener vom Peloponnes änderten einige Generationen später den Namen in Messina.

Nach Antikem wird man in der heutigen Provinzhauptstadt – sieht man vom absolut sehenswerten Regionalmuseum ab – vergeblich suchen. Kaum ein bedeutendes Bauwerk an einer der tektonisch brisantesten Stellen Europas konnte im Lauf der Jahrhunderte die schweren Erdbeben überdauern. Die letzte große Katastrophe ereignete sich in den frühen Morgenstunden des 28. Dezember 1908, als ein Beben innerhalb von 32 Sekunden den Großteil der Stadt in Schutt und Asche legte. Allein in Messina starben damals 60 000 Menschen, insgesamt forderte die Naturgewalt auf beiden Seiten der Meerenge 100 000 Todesopfer. Unter dem Bombenhagel der Alliierten fiel schließlich 1943 in Trümmer, was noch übrig geblieben war.

Heute leben 300 000 Menschen in der ihrer historischen Monumente beraubten Hafenstadt, die im 12. Jahrhundert vom arabischen Geograph Idrisi als »wahres Wunder, von dem man in der ganzen Welt spricht« gerühmt und auch danach immer wieder euphorisch geschildert wurde. Der Weltenbummler und Dichter Johann Gottfried Seume stand auf seinem »Spaziergang nach Syrakus« 1802 vor den Ruinen eines barocken Juwels, das ein Erdbeben von 1783 vernichtet hatte: »Die Hafenseite ist noch eine furchtbare Trümmerstätte. Noch der jetzige Anblick zeigt, was das Ganze gewesen sein muss; und ich glaube wirklich, die Messinesen haben Recht gehabt, wenn sie sagten, es sei in der Welt nicht so etwas Prächtiges mehr gewesen als ihre Fassade am Hafen, den sie deswegen vorzugsweise den Palast nannten und noch jetzt in den Trümmern so nennen.«

Doch wie Phönix aus der Asche hat sich die *Regina dello Stretto* – die »Königin der Meerenge« – immer wieder aufs Neue erhoben. Mit bewundernswertem Mut schufen die Bewohner ein neues Messina, in dem die Häuser an extrem breiten Stellen nicht höher als 10 m sein durften. Freilich hält sich heute – unter Hinweis auf erdbebensichere Baumethoden – kaum einer mehr an die nach der Katastrophe von 1908 erlassenen Bestimmungen, nur an den großzügigen Boulevards lässt sich das alte Sicherheitskonzept noch erkennen. Viel Licht und Luft erhellen die moderne Stadt, die sich mit ihren Großkaufhäusern und Boutiquen, Bars und Restaurants vor allem rund um die Viale San Martino als ideales Pflaster für einen Einkaufsbummel erweist.

Messina schläft nie, denn zu allen Tages- und Nachtzeiten pendeln Fährschiffe zwischen dem Festland und dem »Eingangstor« zur Insel, die möglicherweise nicht für immer eine solche bleiben wird. Seit Jahrzehnten flammt nämlich in jedem Wahlkampf erneut das Projekt einer Brückenverbindung zwischen Kalabrien und Sizilien auf, von der man sich wirtschaftliche Impulse erwartet. Das 1985 mit großem Pomp von der Regierung in Rom angekündigte Vorhaben – geplant war eine 4,3 km lange Hängebrücke – wurde zehn Jahre später zunächst einmal zu Grabe getragen, nachdem bereits die Planungsarbeiten Millionensummen verschlungen hatten. Auch nach der Jahrtausendwende ist das Thema nicht ad acta gelegt, doch die Skepsis bleibt groß: Zwar wählte der

Die schönsten Männer der Antike

Als Meister von Kochlöffel und Pinsel hat er sich weit über die Grenzen seiner Insel hinaus einen Namen gemacht: Peppe Ardizzone, der unverwechselbare Koch, Maler und Hotelier aus Letojanni am Fuß von Taormina. Seit ihm sein Sohn Tomas bei der Arbeit zur Seite steht, kann er sich mehr um seinen Motorsegler »Donna Santa« kümmern, mit dem er seine Gäste aufs Meer entführt. Steuert er den Hafen von Reggio di Calabria an, erweist er den schönsten Männern der Antike seine Reverenz.

Für einen kurzen Seitensprung von Sizilien und einen Ausflug über den *Stretto*, die Meerenge von Messina, gibt es wirklich einen guten Grund: Die **Krieger von Riace**, jene bronzenen, aus einer griechischen Künstlerwerkstatt stammenden Zweimetermänner aus dem 5. Jahrhundert v. Chr., die 1972 nahe der ionischen Küste Kalabriens aus dem Meer gefischt wurden. Im **Nationalmuseum von Reggio di Calabria** (Piazza De Nava 26, Tel: 09 65 81 22 55, tgl. außer 1. und 3. Mo im Monat 9–20 Uhr; von Messina mit Tragflügelboot oder Fähre zu erreichen) hat man ihnen eine eigene Abteilung eingerichtet, in der auch die Umstände der sensationellen Entdeckung und die Stadien der mühevollen Restaurierungsarbeiten dokumentiert werden. Für die alles andere als wohlhabende und sonst wenig interessante Hafenstadt stellen die schönen Griechen eine nicht zu unterschätzende Entwicklungshilfe aus der Antike dar, strömen doch Scharen von Besuchern nur ihretwegen nach Reggio. Von ihren Podesten aus blicken die bartigen Männer, nackt wie ein Schüler des Pheidias sie in Athen einst schuf, über die Köpfe ihrer Bewunderer. Unnahbar und von solch erotischer Ausstrahlung, wie sie erst zwei Jahrtausende später ein Genie wie Michelangelo seiner »David«-Skulptur einhauchen konnte.

Süden Italiens 2001 mehrheitlich den Medienmogul Silvio Berlusconi zum Staatschef, dass er die versprochene Brücke aber auch tatsächlich bauen wird, daran glaubt eigentlich niemand.

Vermutlich müssen die Sizilianer also noch ein Weilchen Insulaner bleiben, was ihnen im Grunde ihres Herzens nur bei mit mindestens 5 Millionen Personenfahrzeugen zu rechnen ist.

Aber noch funktionieren die Fährdienste reibungslos, die Wartezeiten halten sich auch in der Hochsaison einigermaßen in Grenzen. Wer jedoch jemals das brodelnde Wasser um den aufgrund eines Unterseekabels nutzlos geworde-

Meerenge von Messina: Auch die moderne Seefahrt begegnet ihren Tücken mit Respekt.

recht ist, und die Fährschiffe der staatlichen Eisenbahnen sowie auch privater Gesellschaften werden nach wie vor im Pendelverkehr rund um die Uhr zwischen Villa San Giovanni und Messina kreuzen. Es sind gewaltige Tonnagen, die man über die an ihrer schmalsten Stelle nur 3 km breite Meerenge, den *Stretto*, transportiert – pro Jahr an die 400 000 Eisenbahnwaggons, mehr als 2,5 Millionen Personenautos und 1,5 Millionen Lastwagen. Nach einer Studie der römischen Wirtschaftsuniversität soll der Warenverkehr 2015 jährlich 22 Millionen Tonnen erreichen, der Passagierverkehr 35 Millionen Menschen, wo-

nen Starkstrommast an der *Punta del Faro* zu den Gezeiten beobachtet hat, kann erahnen, warum der *Stretto* zu den gefürchtetsten Wasserstraßen des Mittelmeers zählt. Unweit des alten Leuchtturms, wo Garibaldi 1860 sein Hauptquartier aufgeschlagen und seine Landung auf dem Festland vorbereitet hat, zeigt der Strudel Cariddi seine gefährliche Macht.

Der geringe Gezeitenhub von nur 20 bis 40 cm, der zwischen Ionischem und Tyrrhenischem Meer im Abstand von jeweils sechs Stunden auftritt, genügt, um die Fließgeschwindigkeit um fünf bis sechs Knoten zu beschleunigen. Das

Aufeinandertreffen dieser Strömung mit den Gegenströmungen vom Ufer aus erzeugt die gefährlichen Wirbel über den Felsen vor dem Städtchen Scilla auf kalabrischer Seite. Immer wieder kollidieren trotz moderner Navigationsgeräte Schiffe – die Schrecken dieser Route hat schon Homer beschrieben und Vergil zur Legende erhoben. Seit einem Zusammenstoß zweier Supertanker im März 1985, bei dem Sizilien nur knapp einer Umweltkatastrophe entging, ist die Straße von Messina für Schiffe über 50 000 Tonnen gesperrt, alle anderen, ausgenommen kleine Boote, müssen Lotsen an Bord nehmen.

Die Messinesen haben gelernt, mit den homerischen Ungeheuern Skylla und Charybdis zu leben, schützt sie doch ihre »Briefmadonna«, die unübersehbar auf einer hohen, schlanken Säule im Hafenbecken thront. Nach der Überlieferung übergab die Jungfrau Maria Gesandten aus Messina in Nazareth einst einen Brief mit den Worten: *Vos et ipsam civitatem benedicimus* – »Wir segnen Euch und Eure Stadt«. In Goldlettern ziert dieses Versprechen den Sockel des 45 m hohen Wahrzeichens, das jeden Seefahrer von Ferne begrüßt.

Stadtbesichtigung

Wer sich wenige Minuten vor zwölf Uhr mittags auf dem **Domplatz** einfindet, kann ein wunderliches Schauspiel miterleben, das einer gewissen Dramatik nicht entbehrt: Dina und Clarenza, zwei Heldinnen der Sizilianischen Vesper, schlagen auf dem 60 m hohen **Glockenturm** 1, wie nahezu alle historischen Bauten im 20. Jahrhundert wiedererrichtet, die volle Stunde an. Eine Straßburger Firma konstruierte 1933 diese bis heute noch größte mechanische Uhr der Welt.

In der obersten Nische des *Campanile* erhebt ein goldener Löwe drohend seine Tatzen, schwenkt ein Banner, wackelt abwechselnd mit Schwanz und Kopf, während aus Lautsprechern fürchterliches Gebrüll ertönt. Nun erscheint eine Etage tiefer ein flügelschlagender Hahn, akustisch begleitet von blechernern Krähen. Während Gounods »Ave Maria« über die Dächer erschallt, ziehen die Sinnbilder von Kindheit, Jugend, Reife und Alter an der Sense des Todes vorbei. Eine Taube fliegt auf, die Madonna betritt die Szene und ein Engel überreicht der Muttergottes den Segensbrief, den diese an die vier Botschafter aus Messina weiterreicht. Etwa 20 Minuten dauert diese rührend naive Parade der Himmlischen und ihrer Tiere. In der untersten Reihe kommen auch heidnische Götter zu ihrem Recht, allerdings getrennt von den christlichen Symbolen und, wie es sich für solche Mächte geziemt, erst um Mitternacht: Auf sieben anmutigen Zweigespannen stellen sie die Wochentage dar.

Ein besseres Beispiel als der **Dom** 2 lässt sich für die Zähigkeit der Menschen dieser Stadt nicht finden. Der Normannenbau von Roger II., den aber erst der Staufer Heinrich VI. 1197 einweihte, wurde erstmals während der Beerdigungszeremonie für Konrad IV. 1254 durch ein Feuer beinahe völlig vernichtet und fiel beim Beben von 1908 gänzlich in sich zusammen. Mit ungeheurem Aufwand rekonstruierte man ihn originalgetreu, doch ein dreitägiger Brand, den das Bombardement von 1943 ausgelöst hatte, zerstörte die Kathedrale abermals. Und wieder scheuten die Messinesen keine Kosten und Mühen, ihren Dom noch einmal erstehen zu lassen. Die figurenreichen Portale aus dem 15. und 16. Jahrhundert wurden wie ein Puzzlespiel wieder zusammengesetzt, original ist an

Messina – Sehenswürdigkeiten: *1 Glockenturm 2 Dom 3 Orion-Brunnen 4 SS. Annunziata dei Catalani 5 Neptun-Brunnen 6 Museo Regionale*
Hotels: *7 Grand Hotel Liberty 8 Jolly Hotel dello Stretto 9 Europa Palace 10 Villa Morgana 11 Cairoli*
Restaurants: *12 Anselmo 13 Da Piero 14 Savoia 15 Le Due Sorelle 16 Alberto Sporting*

der Fassade außerdem der untere Bereich mit seinen Reliefbändern. Jedes andere Bauelement – auch die zerstörten Mosaiken – haben moderne Künstler nachgebildet. Einige weitere Überreste des ursprünglichen Gotteshauses sind im Regionalmuseum von Messina zu besichtigen. Den **Orion-Brunnen** 3 auf dem Domplatz schuf 1547 der florentinische Michelangelo-Schüler Giovanni Angelo Montorsoli. Putten, Najaden und Tritonen umarmen einander in lasziver

Berührung zwischen den beiden Becken, über denen der legendäre Stadtgründer Orion, das Stadtwappen und seinen Hund Sirius zu Füßen, selbstbewusst die Hand erhebt. Auf den Rändern ruhen als muskelbepackte Männer die Flüsse Tiber, Nil, Ebro und Camaro.

Als größte kunsthistorische Kostbarkeit Messinas versteckt sich die kleine Normannenkirche **SS. Annunziata dei Catalani** 4 wenige Schritte vom Dom entfernt seitlich der Via Garibaldi an der Piazza dei Catalani. Weder Erdbeben noch Bomben konnten dem vorbildlich restaurierten Bauwerk aus dem 12. Jahrhundert große Schäden zufügen. Die Bronzestatue des Don Juan d'Austria, ein Werk von Andrea Calamecca aus dem Jahre 1572, erinnert an den Sieger von Lepanto, der ein Jahr zuvor zu seiner entscheidenden Seeschlacht gegen die Türken von Messina aus in den Krieg gezogen war.

Über die Via Garibaldi entlang des Hafens gelangt man zur Piazza Unità d'Italia. Der **Neptun-Brunnen** 5 gegenüber der Präfektur war das letzte Werk Montorsolis in Messina. Das 1557 geschaffene Monument, durch Erdbeben und Krieg größtenteils zerstört, wurde nicht ganz ohne Veränderungen wiederhergestellt. Die Originalstatuen können im Regionalmuseum besichtigt werden.

Allein schon Antonello da Messinas (1430–1479) wegen sollte niemand einen Abstecher ins **Museo Regionale** 6 am Ende der Viale della Libertà versäumen. Dem größten Maler Siziliens verdankt seine Vaterstadt den herrlichen Flügelaltar des hl. Gregor. In fünf Bildern sind die Verkündigung, der Engel, Maria mit dem Kind sowie die Heiligen Gregor und Benedikt dargestellt, weitere Werke Antonellos hängen in Palermo, Syrakus und Cefalù. Michelangelo da Caravaggio hinterließ zwei Meisterwerke: »Die Anbetung der Hirten« und »Die Auferstehung des Lazarus«, beide 1608 und 1609 in Messina entstanden. Das wohl erschütterndste Kunstwerk der Sammlung aber stellt eine kleine Marmorstatue aus dem 14. Jahrhundert dar: die »Madonna der Krüppel«. Goro di Gregorio aus Siena schuf zum Trost für alle Körperbehinderten eine verkrüppelte Muttergottes mit einem mongoloiden Jesuskind.

Neptun-Brunnen

Vom Museum gelangt man entlang der Strandstraße zu den bereits außerhalb des Stadtgebietes liegenden **Lagunen von Ganzirri**. Der vor sich hin träumende Fischerort am nordöstlichsten Zipfel der Insel blieb bisher vom Tourismus verschont und bewahrte sich den Reiz einer ungeküssten Schönen. Frischer als in einer der rund um die Muschelbänke gruppierten Trattorien wird man Meeresfrüchte wohl nirgendwo anders finden.

Von Messina nach Taormina

Karte: S. 98
Tipps und Adressen: Sávoca siehe Letojanni, S. 335, Letojanni, S. 334f.

Wen die Zeit nicht allzu sehr drängt, der sollte die Strecke zwischen Messina und Taormina auf der Staatsstraße zurücklegen, obwohl gerade dieser Abschnitt der Autobahn mit seinen vielen Tunneln und Brücken zu den schönsten Süditaliens zählt. Einige lohnende Seitensprünge jedoch lassen sich bequemer von der Strada Nazionale aus machen.

Die hässlichen Industrievororte von Messina im Rückspiegel, erreicht man nach 17 km die Ortschaft **Scaletta Zanclea** 1, die von einem mächtigen Kastell, errichtet um 1220 unter Friedrich II., dominiert wird. Die Teile der Burg, die nach dem Erdbeben von 1908 erhalten blieben, wurden liebevoll restauriert und beherbergen heute ein kleines Heimatmuseum. Kurz darauf geht es rechts zu dem kleinen Städtchen **Itala** 2 in fast 200 m Höhe, das mit einer bemerkenswerten Kirche aus dem Jahre 1093, der Chiesa di San Pietro, aufwarten

Die im arabisch-normannischen Stil erbaute Basilianerkirche SS. Pietro e Paolo liegt inmitten des wild-romantischen Agrò-Tals.

kann. Der Kurort **Ali Terme** 3 verfügt über zwei Thermalanlagen mit 46° C heißem, mineralienreichem Heilwasser. Das Dörfchen **Nizza di Sicilia** 4 kann sich zwar in keiner Weise mit seinem großen Namensbruder in Südfrankreich vergleichen, lockt aber Gäste außer mit den Überresten des mittelalterlichen Castello d'Alcontres mit farbenprächtigen Heiligenfesten am 19. März (S. Giuseppe), 15. August (Madonna dell'Assunta) und 8. Dezember (Immacolata Concezione/Mariä Empfängnis).

Sávoca: Mumien und »Der Pate«

Von **Santa Teresa di Riva** windet sich eine enge Straße in Steilkurven bis auf 300 m Höhe in das Bergnest **Sávoca** 5, das nur auf den ersten Blick Dutzenden anderen seiner Art gleicht. In der Bar Vitelli auf dem winzigen Hauptplatz findet sich gleich neben dem Eingang ein großes Foto, das offenkundig eine Mafia-Versammlung zeigt. Bei näherer Betrachtung entpuppt sich das »Familienbild« allerdings rasch als ein Standfoto aus der Verfilmung des Puzo-Bestsellers »Der Pate« mit Marlon Brando in der Titelrolle. Einige Szenen wurden in dem vom Tourismus noch immer weitgehend unberührten Dorf gedreht, das mit dem Honorar aus Amerika klug umzugehen wusste: Statt billigem Beton oder Asphalt leistete man sich Natursteine für die Wiederinstandsetzung der alten Mäuerchen und Pflaster, anstelle hässlicher Neonlampen spenden gefällige Kandelaber mildes, dekoratives Licht auf den Straßen rund um die auf einer Anhöhe thronenden Ruinen einer **Normannenburg**. Restauriert wurden auch das Innere der **Renaissancekirche Chiesa Madre**, sowie die **Klosterkirche der Kapuziner**, in der Gruseliges auf den Besucher wartet: In der Krypta – eine gepflegte Miniaturausgabe der berühmten Begräbnisstätte von Palermo – starren zwei Dutzend Mumien aus leeren Augenhöhlen in die Ewigkeit.

In frisch gekalkten, gleichsam maßgeschneiderten Wandnischen hängen mit verzerrten Gesichtern die konservierten Überreste von Vertretern der Oberschicht des 19. Jahrhunderts. Als greller Kontrapunkt zieren grellgrüne Farbkleckse die geschrumpften Schädel und zerfallenen Gewänder. Die offizielle Erklärung: ein Vandalenakt, 1985 von »einer Bande motorisierter Halbstarker« mit Farbsprays ausgeübt. Hinter vorgehaltener Hand hört sich die Geschichte freilich anders an: Ein großes touristisches Projekt sei in Planung gewesen, und die Konkurrenz – »Leute, die uns nicht wohl gesonnen sind« – hätte die größte Sehenswürdigkeit des Ortes vernichten wollen. Wie auch immer, Sávoca mitsamt seinen ramponierten Mumien blieb glücklicherweise, was es war: eine zauberhafte Enklave abseits der großen Touristenströme.

Lohnend ist auch ein Abstecher zur vollständig leeren, aber gut erhaltenen **Normannenkirche SS. Pietro e Paolo** 6 aus dem 12. Jahrhundert, die ursprünglich zu einem Basilianerkloster gehörte. Das romanische Gotteshaus mit schmalen, halbrunden Seitenapsiden und einer hohen, rechteckigen Mittelapsis wurde vom Architekten Gerardus 1171/72 aus rötlichen Ziegeln, grauem Sand-, weißem Kalk- und schwarzem Lavastein erbaut, was eine reizvolle Strukturierung ergibt. Die bequemste Zufahrt erfolgt über Sávoca und Casalvecchio Siculo, dann nach links eine schmale Straße hinunter in das Agrò-Tal. Man kann aber auch (von Messina kommend) am Ortsende von Santa Te-

resa di Riva unmittelbar vor einer Brücke ins Agrò-Tal abzweigen und die Kirche am linken Flussufer zuerst über eine geteerte, dann über eine von Schlaglöchern übersäte unbefestigte Straße direkt erreichen. Bei Regen ist dieser Weg nicht zu empfehlen.

Zurück auf der Hauptstraße kommt das 430 m über dem Meer liegende Bergnest **Forza d'Agrò** 7 in Sicht. Eine vier km lange, kurvenreiche Straße führt zu dem von Basilianermönchen im 12. Jahrhundert gegründeten Städtchen, das nicht nur wegen seiner atemberaubenden Panoramalage einen Abstecher wert ist. Winkelige, von Blumentöpfen gesäumte Gassen, kleine Kirchen und verwunschene Plätze machen den Charme des Ortes aus, in dem die Zeit still zu stehen scheint.

Unmittelbar nach der von einer Festungsanlage gekrönten Anhöhe von **Capo S. Aléssio** bietet sich linker Hand an einer Hausfassade eine schöne Trinacria-Darstellung als Fotomotiv an. **Letojanni** 8, der nun folgende Ort, ist ein lebhaftes Seebad mit breitem Kiesstrand, gemütlichen Hotels und guten Restaurants. 2 km weiter gibt es die erste von drei Auffahrten nach Taormina. Es empfiehlt sich, die mittlere, beim Hotel »Capotaormina« abzweigende Straße zu nehmen, passiert man doch auf dem Weg dorthin die **Bucht von Mazzarò**, die eine Kabinen-Seilbahn mit Taormina verbindet, sowie die malerische **Isola Bella**, ein Wahrzeichen der Natur dieses an Schönheit nur schwer zu überbietenden Küstenabschnitts. Die dritte Auffahrtmöglichkeit besteht unmittelbar nach dem Bahnhof (Abzweigung Richtung Krankenhaus).

Von Messina nach Taormina

Taormina: Eine ganze Stadt als Bühne

Stadtplan: S. 100/101
Tipps und Adressen: S. 366ff.

■ Die Stadt auf dem abfallenden Kamm des Monte Tauro ist eine Gründung der Sikuler. 392 v. Chr. fiel sie den Syrakusanern unter dem Tyrannen Dionysios I. in die Hände, 212 v. Chr. den Römern, die sie fortan *Tauromenium* nannten. Byzantiner, Araber, Normannen – sie alle schätzten die strategische Bedeutung der Festung hoch über dem Meer. Die nachfolgenden Inselherren ließen die Ansiedlung verkommen, die erst im 19. Jahrhundert wieder an Bedeutung gewann.

Idealisierte Darstellungen, vor allem des antiken Theaters, hatten in Deutschland, Frankreich und England die Runde gemacht und so die Kunde vom Reiz Taorminas im Norden des Kontinents verbreitet. 1863 hielt der junge Preuße Otto Geleng voll Begeisterung die Landschaft auf Leinwand fest. Als er seine Gemälde in Paris ausstellte, glaubte man, die Motive seien seiner Phantasie entsprungen. Geleng ging eine Wette ein: Sollten seine Bilder nicht der Realität entsprechen, so würde er gerne die Reisekosten übernehmen. Viele nahmen die Wette an und machten sich auf den Weg nach Taormina.

Da es damals noch keine Hotels gab, stellte Geleng den Gästen einige Zimmer in einem Haus zur Verfügung, an dessen Fassade er das Schild »Hotel Timeo« anbringen ließ. Selbstredend blieb der Preuße Sieger, und aus dem Timeo wurde eine Luxusherberge, in der die gesellschaftliche Crème de la Crème abzusteigen pflegte. Das Haus unmittelbar neben dem Eingang zum antiken Theater verfiel jahrzehntelang als Spekulationsobjekt in einen Dornröschenschlaf und empfängt nun nach gründlichen Renovierungen wieder betuchte Gäste.

Welch bevorzugtes Urlaubsziel der oberen Zehntausend Taormina Ende des 19. Jahrhunderts war, zeigt ein kurzer Blick in die Stadtchronik: Die Könige Eduard VII. und Georg V. von England erwiesen dem Städtchen ebenso die Ehre ihres Besuchs wie der deutsche Kaiser Wilhelm II. oder Österreichs ruhelose Kaiserin Elisabeth. Ihr verdankt übrigens der am Meer liegende Bahnhof, der eigens für die hohe Ankunft verschönert wurde, sein frühes Jugendstilgepräge. Die Rothschilds waren da und die Krupps, Dichter kamen und Maler, Wissenschaftler und Filmstars. Der weltberühmte Diät-Apostel Gaylord Hauser empfing hier seine prominenten Kunden, und es geht die Fama, dass er es war, der Greta Garbo im umbarmherzigen Licht der sizilianischen Sonne geraten hatte, sich am Höhepunkt ihrer Karriere ins Privatleben zurückzuziehen. Noch ein bisschen mehr Klatsch und Tratsch? Hauser, zeitlebens dem starken Geschlecht zugetan, soll ausgerechnet in Taormina ein einziges Mal bei einer Frau schwach geworden sein: bei der »Göttlichen«.

Bis in die 30er Jahre des 20. Jahrhunderts galt das Städtchen am Monte Tauro als reiner Winterkurort, in den Sommermonaten hielten die noblen Herbergen ihre Pforten geschlossen. Fremde stellten sich erst ein, wenn die Sonne nicht mehr unbarmherzig vom Himmel brannte. Das älteste Reisebüro am Platz gibt sein Gründungsjahr mit

Taormina – Sehenswürdigkeiten: *1 Teatro Greco 2 Corso Umberto 3 Palazzo Corvaia 4 Vicolo Naumacchia 5 Städtische Bibliothek 6 Piazza IX Aprile 7 Dom San Nicolò 8 Badia Vecchia 9 Palazzo Duca di Santo Stefano 10 Villa Comunale* ***Hotels:*** *11 San Domenico Palace 12 Timeo 13 Excelsior Palace 14 Villa Diodoro 15 Villa Ducale 16 Villa Paradiso 17 Vello d'Oro 18 Villa Belvedere 19 Villa Fiorita 20 Villa Schuler 21 Svizzera 22 Villa Greta 23 Villa Astoria 24 Villa Sonia 25 Villa Sant'Andrea 26 Ipanema 27 Villa Bianca* ***Restaurants:*** *28 Maffei's 29 Al Duomo 30 Il Pescatore 31 Trattoria da Nino 32 Granduca 33 Antonio*

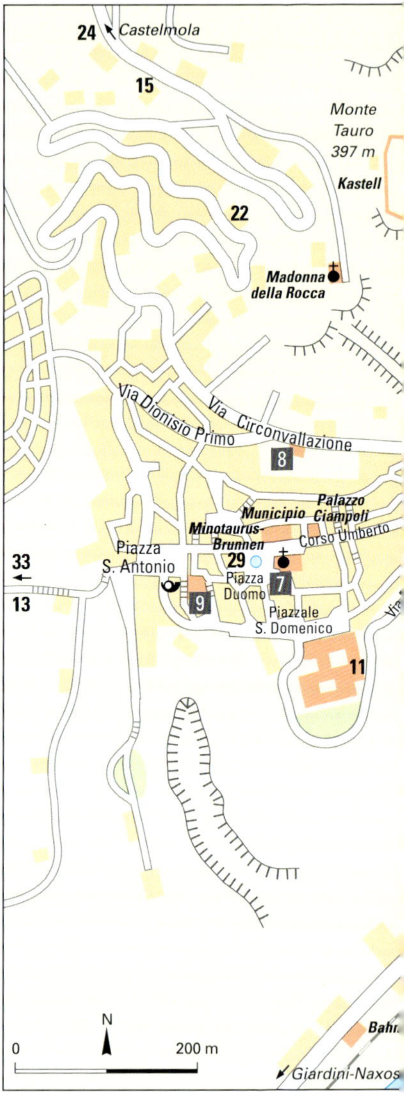

1905 an, und es waren vor allem die betuchten Engländer, die vor dem nasskalten Klima ihrer Heimat in die milden Temperaturen an Siziliens Ostküste flüchteten. Heute spielt nur mehr die Sommersaison eine Rolle, die von Ostern bis Oktober dauert. Dadurch hat sich das Gesicht Taorminas stark verändert. Souvenirladen reiht sich an Souvenirladen. Viel Ramsch und jede Menge Kitsch werden feilgeboten. Deutsche Bierstuben, irische Pubs und Fast-Food-Restaurants nach amerikanischem Muster sind entstanden, und traditionsreiche Lokale in alten Gemäuern preisen marktschreierisch Einheitsmenüs an, wie man sie überall in Italien erhält.

Taormina, das einen legendären Ruf als vornehme Kurstadt zu verteidigen hat, kommt mit dem modernen Massentourismus nur schlecht zurecht. Einerseits kann es ohne Reisegruppen kaum überleben, doch gerade diese zerstören viel vom Zauber und von der einstigen Exklusivität des intimen Ortes, den der Ansturm der Touristenheere aus seinem Gleichgewicht bringt. Bei Sizilien-Urlaubern steht das Städtchen in der Gunst an allererster Stelle. Dazu kommen noch Touristen aus der nahen Umgebung, die, sei es der Sehenswürdigkeiten, sei es der Geschäfte wegen, Taormina zumindest einmal einen Besuch abstatten. Auch die Kreuzfahrtpassagiere, deren Schiffe vor Messina, Giar-

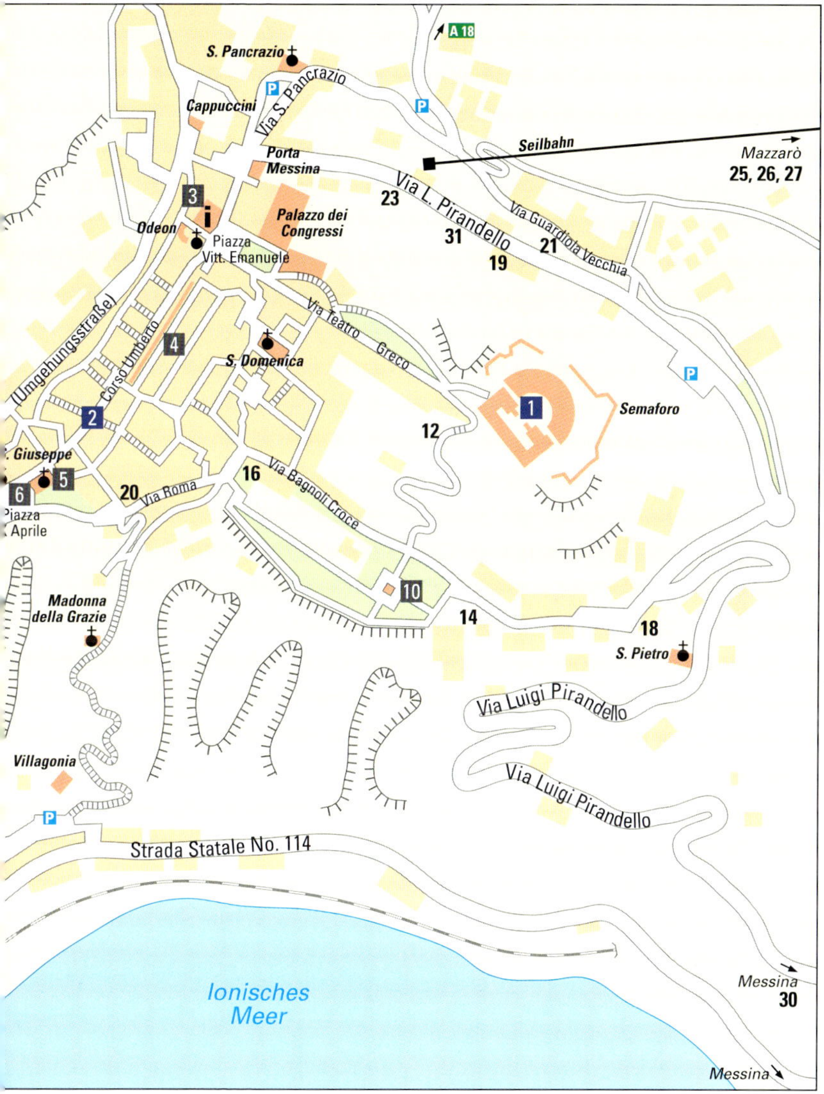

dini-Naxos oder Catania ankern, zählen zu den Tausenden Tagesgästen, die sich auf dem 800 m langen Corso Umberto, der großen Flaniermeile, gegenseitig auf die Zehen treten oder den Weg hinauf zum antiken Theater in eine Ameisenstraße verwandeln. An Sonn- und Feiertagen sowie in der Haupturlaubszeit im August verstopfen endlose Kolonnen hupender Autos hoffnungslos alle Zufahrten, denn dann sind auch die Italiener selbst in Scharen unterwegs. Seilbahn und Parkgaragen können zwar den gordischen Verkehrsknoten einigermaßen lösen, dennoch bleibt Taormina alles andere als eine autogerechte Stadt.

Das Teatro Greco eröffnet sensationelle Blicke auf Taormina, den Ätna und die Küste.

Teatro Greco

1 Wie ein riesiger Feuerball senkt sich die Sonne auf die Flanken des mächtigen Vulkans. Der Ätna, Schicksalsberg der Insel, hat jetzt das Dunkelrot des Herzblutes der Sizilianer angenommen, die Schatten der Säulen und Mauerreste des griechisch-römischen Theaters von Taormina werden immer länger. Vom Meer weht ein erfrischendes Lüftchen. Die lärmenden und geschwätzigen Touristengruppen sind verschwunden, nur noch wenige Menschen verirren sich an diesem späten Sommernachmittag in die schönste Arena der Welt. Die Szene gehört der Natur, die nun ihr prächtigstes Schauspiel liefert.

Sich der Phantasie anvertrauend, wird man getragen von optischen Genüssen. Und schon findet man sich mitten in der Vergangenheit, sieht auf der Bühne eine antike griechische Tragödie, vernimmt deutlich die Worte des seitlich aufgestellten Chores und spürt die Bewegung, die das Publikum erfasst hat. 20 000 sind gekommen. Sie füllen das Theater mit seinen neun Sitztreppen-Sektoren – es ist nach jenen von Epidauros und Syrakus das drittgrößte der griechischen Welt – bis auf den letzten Platz, von er ersten Reihe bis zu den hoch oben liegenden, mit Marmor verkleideten Bogengängen, in deren Nischen kostbare Statuen stehen. Die vorderen Sitze bleiben den Honoratioren vorbehalten, auf dem Dach des Doppelportikus drängt sich das einfache Volk.

Zurück in die Gegenwart – ein Sprung über mehr als zwei Jahrtausende. Vor

dem Podium hat ein Orchester Platz genommen. Auf dem Programm steht die Oper »Norma« von Vincenzo Bellini, dem großen Sohn Catanias. Primadonnen treten auf, berühmte Tenöre. Arien und Duette verlieren sich im nächtlichen Himmel. Szenenwechsel. Ein Kammerorchester spielt Antonio Vivaldis Flötenkonzerte. Zarte Klänge umschmeicheln das Ohr. Die Akustik in der Arena, die einen Durchmesser von 109 m aufweist, ist phänomenal. Vogelstimmen und Naturgeräusche – Musik und Umgebung verschmelzen miteinander. Im Rahmen des Festivals »Taormina Arte« gastieren Künstler von internationalem Rang alljährlich im Sommer in diesem Freilufttheater, das schon Goethe 1787 dazu veranlasste, in Superlativen zu schwärmen. Konzerte, Ballettabende und Opernaufführungen wechseln einander ab, auch prominente Stars des Showbusiness sowie der Rock- und Popszene treten immer wieder in diesem unvergleichlichen Ambiente auf. Im Juni ist das Theater gemeinsam mit dem Kongresshaus Schauplatz eines internationalen Filmfestivals, das sich vor allem dem Dokumentar- und Kurzfilm widmet.

Die Römer haben hier, wo der Vulkan als Kulisse und Schauspiel gleichermaßen dient, in der Kaiserzeit die Ruinen eines hellenistischen Bauwerks aus dem 3. Jahrhundert v. Chr. nach ihren Bedürfnissen vergrößert und adaptiert, um neben Theateraufführungen ihre blutigen Gladiatorenkämpfe veranstalten zu können. Die Traumlage war ihnen allerdings ziemlich egal, ja sie raubten sich sogar den Blick auf den Ätna durch Mauern und Säulen. Mit den Byzantinern kam das Ende des antiken Theaters: Was noch brauchbar war, wurde als Baumaterial geplündert, der Rest verfiel.

Erst die Romantiker entdeckten das zwei Jahrtausende alte Erbe wieder. Zu Beginn des 19. Jahrhunderts wurde das Theater in Taormina freigelegt, die Aussicht auf den Vulkan durch eine Öffnung in der Mauer wiederhergestellt. Nach dem Zweiten Weltkrieg ging man daran, den Bau in großem Stil zu restaurieren.

Nur ungern kommen Sightseeing-Besucher der Aufforderung des Aufsehers nach, vor Einbruch der Dunkelheit das Areal zu verlassen. Für ihn ist zwar endlich Feierabend, aber auch er kann sich nur schwer von den verlöschenden Strahlenbündeln der Sonne losreißen, die mit dem Rot der Backsteinmauern spielen und in den blühenden Gärten ringsum die kräftigen Farben der Blumen noch einmal aufleuchten lassen. In die Stille dringt zunehmend das Lärmen der Stadt herauf. Bald betritt man jene Bühne, die Taormina heißt.

Stadtbesichtigung

Auch der ganz eilige Besucher wird neben dem griechisch-römischen Theater einen Bummel durch den **Corso Umberto** 2 nicht versäumen: Zwischen Stadttoren erstreckt sich die 800 m lange Flaniermeile Taorminas, die sich gleich hinter der Porta Messina zur Piazza Vittorio Emanuele erweitert. Gnädigerweise verbergen dichte Baumkronen den modernen **Kongresspalast**, der so gar nicht zu den hübschen Fassaden der Palazzi und Patrizierhäuser passen will. Daneben verläuft die Via Teatro Greco, der von Keramikläden und Souvenirständen gesäumte Weg zum antiken Theater. Gegenüber erhebt sich der **Palazzo Corvaia** 3, der am besten erhaltene Stadtpalast Taorminas, 1410 unter dem Einfluss arabischer und normannischer Stilelemente erbaut und mit gotisch-katalanischen Dreifach- und Doppelbogenfenstern geschmückt. 1411 tagte hier erstmals das sizilianische Parlament. Im sehenswerten Innenhof befindet sich nicht nur der Eingang zum Fremdenverkehrsamt, eine Freitreppe führt zu einem kleinen **Museum** (*Museo siciliano di arte e tradizioni populari*), das vorwiegend Volkskunst des 19. Jahrhunderts zeigt. Hinter der gleich daneben liegenden **Kirche Santa Catarina** (16. Jh.) verbergen sich die bescheidenen Reste eines römischen **Odeons** (2. Jh.) mit 200 Sitzplätzen.

Parallel zum Corso verläuft linker Hand der **Vicolo Naumacchia** 4, der einem großen Ziegelbauwerk mit einer 5 m hohen und 122 m langen Mauer mit 18 Apsisnischen seinen Namen verdankt. Das Gebäude hat eine große Zisterne, so dass man es zunächst fälschlicherweise für eine Art Schwimmbad hielt. Es dürfte sich dabei jedoch um ein monumentales Nymphenheiligtum aus der Römerzeit handeln (3. Jh. n. Chr.).

Wem nach Schmökern zumute ist, dem steht die **Städtische Bibliothek** 5 in der ehemaligen Kirche Sant'Agostino (1486) auf der Piazza IX Aprile zur Verfügung. Neben kostbaren alten Folianten befindet sich in den sorgfältig restaurierten Räumen auch eine wahre Kuriositätenkollektion. Die Prunkausgabe der gesammelten Reden Bismarcks ist ebenso der Stadt als Erbe zugefallen wie eine Reihe romantischer deutscher Romane des 19. Jahrhunderts. Nicht nur der Dichter August von Platen (1796–1835) hat auf Sizilien seinen Lebensabend beschlossen, manch einer seiner Landsleute machte es ihm nach – und hinterließ Taormina seine Privatbibliothek.

Auf der **Piazza IX Aprile** 6, der Aussichtsterrasse der Stadt, klicken die Kameraverschlüsse pausenlos. Hinter der barocken **Kirche San Giuseppe** erhebt

Der Charme Taorminas verführt zum Flanieren und Genießen.

sich der Monte Tauro (398 m) mit den Resten der von den Arabern um das Jahr 1000 errichteten Burg. Tief unten breiten sich die Strände von Giardini-Naxos aus, und auch Kalabrien scheint zum Greifen nahe. Das Meer glitzert wie azurblaue Seide, von einer weißen Spitzenborte eingesäumt, wo sich die Wellen mit mächtiger Gischt auf dunklen Sand ergießen. Der Platz mit dem charakteristischen **Uhrturm** (1679) ist der Mittelpunkt der Bühne Taormina. Hier gibt sich alle Welt ein Stelldichein, hier wird geplaudert, gelacht, geflirtet, gestritten. Kinder spielen zwischen Oleanderbäumen Fußball, alte Männer träumen auf einer schattigen Bank von vergangenen Zeiten. Ständig wechseln die Hauptdarsteller. Einmal sind es elegante Einheimische, die ihre Designerkleidung auf diesem Jahrmarkt der Eitelkeiten präsentieren, dann wieder Touristen, die den Corso mit einem Badestrand verwechseln.

Die besten Logenplätze für dieses Schauspiel befinden sich in den drei Straßencafés, von denen eines den klangvollen Namen »Wunderbar« trägt. Dem Besitzer des *Café Mocambo* genügte offenbar die Parade vor seinen Sesseln und Tischchen nicht. Und so hat er ein großes Wandgemälde anfertigen lassen, auf dem die Hautevolee Taorminas gemeinsam mit einigen berühmten Persönlichkeiten der Weltgeschichte verewigt wurde. Albert Einstein ist unschwer zu erkennen, Sigmund Freud sitzt neben dem stolzen Auftraggeber, bei anderen überlässt der Künstler es der Phantasie des Betrachters, wen er in der illustren Runde sehen will.

Schlendert man nun, genug des Leute-Schauens, den Corso weiter, so sieht man rechts, oberhalb einer Treppe, den **Palazzo Ciampoli** (1412) mit gotischem Portal und erreicht kurz darauf die **Piazza Duomo**. Im Mittelpunkt des Platzes steht ein **Barockbrunnen** (1635), reiz-

RAGUSA

voll vor allem durch die Figur der »Zentaura«, eines seltsamen Pferde-Mensch-Wesens mit eindeutig weiblichen Attributen und einer Weltkugel in der Hand. Das Renaissance-Patrizierhaus Casa Floresta weist einen stimmungsvollen Innenhof auf. Der **Dom S. Nicolò** 7 zählt zu den Pflichtbesuchen in Taormina. Im 13. Jahrhundert errichtet, nach Zerstörungen zwei Jahrhunderte später wiederaufgebaut und im 16. und 17. Jahrhundert verändert, stellt er eine geglückte Mischung verschiedener Stile dar. Gotische Spitzbogenfenster und eine kleine Fensterrose über dem Renaissanceportal schmücken die schlichte Fassade, das schöne Seitenportal stammt aus dem ausgehenden 15. Jahrhundert.

Rechts vom Domplatz geht es über Treppen hinauf zur **Badia Vecchia** 8, einem ehemaligen Kloster aus dem 14. Jahrhundert mit offener gotischer Säulenloggia und Verkleidung aus schwarzem Lava- und weißem Bimsstein. Links hinter der Porta Catania, wo der Corso endet, gelangt man zum **Palazzo Duca di Santo Stefano** 9 (14. Jh.), einem gotischen Familienpalast mit bemerkenswerten katalanischen Doppelbogenfenstern. Das links vom Domplatz abzweigende Gässchen führt zum **ehemaligen Kloster San Domenico** (16. Jh.), neben dem »Timeo« das zweite Fünf-Sterne-Hotel der Stadt. Streng hält der Portier Wache, damit die Gäste des Luxusquartiers ihre teuer bezahlte Ruhe genießen können. Keine Schaulustigen in T-Shirts und kurzen Hosen dringen bis zu den zwei Kreuzgängen vor oder lärmen unter Palmen, Rosen und Hibisken. Der Klostergarten verzaubert und entführt in längst vergangene Zeiten, der Blick zwischen blühenden Laubengängen auf den majestätischen Vulkan ist ungetrübt.

Der Minotaurus-Brunnen

Freier Eintritt dagegen herrscht in der **Villa Comunale** 10 (Via Bagnoli Croci), dem öffentlichen Park, dessen enormer Pflanzenreichtum nicht zuletzt den botanischen Mitbringseln von Fremden zu verdanken ist, die diese Küste zu ihrem neuen Lebensraum gemacht haben. Ursprünglich war der Park im Besitz einer reichen Engländerin, die für ihre exotischen Tiere verspielte Pavillons erbauen ließ – und passenderweise einen Tierarzt ehelichte. Das kinderlose Paar vermachte schließlich seinen Besitz der Stadt.

Nach Absolvierung der kulturellen Highlights sollten sich Taormina-Besucher, abseits vom Trubel des Corso, von den vielen kleinen Gässchen mit ihren alten oder zumindest geschickt die Vergangenheit kopierenden Häusern bezaubern lassen, von den Fassaden mit den üppig überquellenden Blumenkästen, von den winzigen Terrassengärten, die wie Schwalbennester an den Hängen kleben. Die Via Xantippa gedenkt der Gemahlin des weisen Sokrates, die zu Unrecht zum Inbegriff eines bösen Eheweibes geworden ist. Oder war die Namensgebung als Warnung gedacht? Denn im Winkelwerk der schmalen Durchgänge und steilen Treppen schlendern – wie in Venedig – zahlreiche Hochzeitspärchen. Und wie die Lagunenstadt ist auch das Häusergewirr am Monte Tauro mit seinen versteckten Lokalen berühmt als Treffpunkt männlicher Liebespaare.

Ein zweites Taormina gibt es auf Sizilien nicht, und es wäre falsch, an dieser Postkarten-Idylle alles auf der Insel zu messen. »Die alten Griechen dachten sterbend an Argus; es ist süß, im Leben an Taormina zu denken, und noch süßer

Umgebung von Taormina

ist es, dort zu leben«, stellte der französische Schriftsteller Roger Peyrefitte (1907–2000) Ende des 20. Jahrhunderts fest. Und auch wenn man bloß einen Tag für Sizilien zu vergeben hätte, weiß Peyrefittes um gut 100 Jahre älterer Kollege Guy de Maupassant die Antwort: »Taormina. Es ist nichts anderes als eine Landschaft, aber eine Landschaft, wo man alles findet, was auf der Erde gemacht scheint, um Augen, Geist und Phantasie zu verführen.«

Umgebung von Taormina

Karte: siehe oben
Tipps & Adressen: Castiglione di Sicilia, S. 325, Giardini-Naxos, S. 332f.

Castelmola

1 3 km oberhalb von Taormina thront malerisch das Bergstädtchen Castelmola. Wie alle Felsenhorste war auch dieses einst Zufluchtsort der Verfolgten, eine kaum einnehmbare Festung und ein natürlicher Verteidigungsposten gegen alle Eindringlinge, die vom Meer kamen. Die Handelsstraßen, die über die Berge verliefen, konnten von dort aus kontrolliert werden. Heute flüchtet man in das mittelalterliche Städtchen mit seinen engen Gassen, wenn es an der Küste zu heiß oder der Wirbel in Taormina zu groß geworden ist. Ein kühler, erfrischender Wind streicht fast immer über die Anhöhen, und die verträumten Winkel des Ortes laden zu beschaulichen Spaziergängen ein. Statt mondäner Geschäfte gibt es bloß ein paar Andenkenläden, deren Angebote sich allerdings von jenen einige Hundert Meter tiefer kaum unterscheiden. Da hängen sie wieder, die Masken und Puppen, die holzgeschnitzten Figuren und bunten Tücher. Nur vielleicht ein bisschen verstaubter, als man es von Taormina gewohnt ist.

Wer die steilen Stufen nicht scheut, kann noch eine Burgruine aus dem 16. Jahrhundert am höchsten Punkt der Ortschaft erklettern und sich an der grandiosen Aussicht, die zuweilen vom Ätna

Richtig Reisen
Tipp

Strandfreuden bei Mamma Concetta

Nach seinen Mountainbike-Touren, die ihn auch schon einmal in die Gipfelregion des Ätna bringen, sucht Dario Virga Abkühlung im Meer. Der junge Sportler aus Castelmola führt Touristen auf ausgesuchten Routen durch die Bergwelt bei Taormina, auf Wunsch aber auch in entlegenere Teile der Insel. Daher kennt er auch die besten Plätze für ein erfrischendes Bad.

Dario Virga

Zwischen Giardini Naxos und Giarre-Riposto erstreckt sich ein viele Kilometer langer, größtenteils noch wilder – und daher leider an vielen Stellen auch nicht gepflegter – Kiesstrand, ideal für Wanderungen und ungezwungene Badefreuden. Auch Angler werden die Ruhe hier schätzen, die nur an Wochenenden oder zu Ferragosto empfindlich gestört wird. Über eine Zufahrt von der SS 114 bei der Ortschaft Calatabiano gelangt man zum Küstenabschnitt **San Marco** mit zwei kleinen Campingplätzen, einer Reitschule und einem rustikalen Strandrestaurant.

Eine wesentlich feinere Adresse ist der **Lido Re del Sole** im Ortsteil Spisone am Fuß von Taormina. Der in erster Linie von Einheimischen frequentierte Strand wird stets sauber gehalten, nicht zuletzt auch ein Garant für hohe Wasserqualität. Liegestühle, Sonnenschirme und Süßwasserduschen gehören selbstverständlich zum Angebot. Aber die wahre Attraktion dieses sympathischen Badeplatzes ist die resolute Signora Concetta, die gemeinsam mit Mann und Töchtern nicht nur für Ordnung, sondern in ihrem einfachen Strandrestaurant auch für das leibliche Wohl ihrer Gäste sorgt. Der Padrone zaubert schmackhaft zubereitete Meeresfrüchte-Pasta, frischen Fisch und die besten Miesmuscheln weit und breit auf den Tisch, während Concetta, das Urbild einer sizilianischen Mamma, quasi zum Dessert den neuesten Tratsch aus Taormina serviert. Auf angenehmere Weise kann man nach einer Radtour Strandfreuden mit kulinarischen Genüssen wohl kaum verbinden.

Alcántara-Schlucht

bis nach Kalabrien reicht, aus noch höherer Perspektive erfreuen. Armut ist in diesem Ort nicht mehr zu Gast, man lebt vom Fremdenverkehr, und das nicht schlecht. Wenn an Wochenenden die Parkplätze vor Castelmola überquellen, dann rollt der Euro ohne Pause. Spätestens nach Sonnenuntergang aber kehren wieder Ruhe und Frieden ein, während in Taormina erst das nächtliche Treiben beginnt. Adlerhorste leben mit der Natur – und die Nacht ist nun einmal zum Schlafen da.

Alcántara-Schlucht

2 15 km von Taormina entfernt (Zufahrt über Giardini-Naxos – Trapitello – Gaggi) bietet sich ein einzigartiges Naturschauspiel: eine 400 m lange und 5 bis 8 m breite Schlucht mit bis zu 50 m hohen, senkrecht aufragenden, bizarr geformten Felsen aus Basaltgestein. Durch diese fließt der Alcántara, der zu den wenigen Flüssen Siziliens gehört, die niemals austrocknen. Der Name kommt aus dem arabischen *al kantar* – die

Brücke, die sich seit der Antike südlich der Griechensiedlung Naxos über das damals noch schiffbare Gewässer spannte. Das Wasser des Alcántara – er entspringt in den Nebrodi-Bergen und wird durch eine Ätna-Quelle knapp unterhalb von Randazzo kräftig gespeist – hat eine konstante Temperatur von 12° C. Der Eingang der Schlucht, die – ausgenommen bei Schneeschmelze und nach heftigen Regenfällen – zum Teil zugänglich ist, ist mit einem Aufzug (kostenpflichtig) bequem oder über steile Treppen (von der Straße aus) etwas mühsamer erreichbar.

Francavilla di Sicilia

3 Wer dem Lauf des Alcántara-Tals weitere 5 km folgt, findet am Ortsrand von Francavilla ein **Kapuzinerkloster** (1570), das seine ursprüngliche Gestalt weitgehend erhalten konnte. Im Erdgeschoss wurde ein Museum über das Leben der Franziskanermönche eingerichtet, in der Klosterkirche ist ein aus Nussbaum geschnitzter Altar zu sehen, dem ein kunstvoll angebrachter Anstrich den Effekt von Marmorintarsien verleiht. Entsprechend der Ordenstradition ist auch der kleine Klostergarten angelegt. Inmitten mediterraner Vegetation wachsen allerlei Kräuter und Heilpflanzen, die zur Herstellung von Likören wie zur Linderung verschiedener Leiden dienen.

Wiederum 5 km weiter erhebt sich auf einem 620 m hohen Felsen ausgesprochen fotogen das Bergstädtchen **Castiglione di Sicilia** 4 mit den Ruinen eines mittelalterlichen Kastells, einem Gewirr enger, pittoresker Gässchen, in denen verwitterte Fassaden einstiger Patrizier-Palazzi von längst vergangenem Wohlstand erzählen, und einer Reihe ebenso alter, im Laufe im Laufe der Jahrhunderte aber mehrfach umgebauter Kirchen.

Giardini-Naxos

5 Die blühenden »Gärten von Naxos« sind zwar nur noch Legende, doch noch immer umgeben das Seebad am Fuße von Taormina Orangen- und Zitronenhaine. Der Lungomare entlang der gepflegten Sandstrände ist mit seinen zahlreichen Läden, Restaurants und Cafés vor allem an Wochenenden ein beliebtes Ausflugsziel der Catanesen, vorwiegend ausländisches Publikum findet sich in den modernen Hotelanlagen im Stadtteil Recanati.

Auswanderer aus Euböa ließen sich 735 v. Chr. an der großzügig geschwungenen Doppelbucht nieder und gründeten die erste griechische Ansiedlung auf Sizilien mit dem Namen Naxos. In einem 21 Hektar großen archäologischen Park, der in erster Linie seiner hübschen Lage wegen einen Besuch wert ist, können die wenig spektakulären Überreste des Altertums besichtigt werden. Der Aufstand gegen den allmächtig gewordenen Tyrannen von Syrakus bedeutete nämlich schon früh das Ende der antiken Stadt: 403 v. Chr. löschte Dionysios I. die blühende Kolonie aus.

Jahrhundertelang siedelte sich niemand über den Ruinen an, nur der fruchtbare Boden – die Gärten von Naxos – wurde bestellt. Erst in normannischer Zeit entstand allmählich ein kleines Dorf, das von Fischfang und Landwirtschaft lebte. In der zweiten Hälfte des 20. Jahrhunderts entdeckte der Fremdenverkehr schließlich auch das Städtchen zu Füßen des weltberühmten Taormina, mit dem Giardini Naxos seither in eifersüchtiger Fehde liegt.

Richtig Reisen
Tipp

Sant'Alfio und der älteste Baum Siziliens

Sant'Alfio ist Sebastiano Puglias ganz persönlicher Schutzheiliger. Folgerichtig hat er ihm in seinem gleichnamigen Spitzenhotel in Giardini Naxos auch eine kleine Kapelle gewidmet. Und diese wiederum ist zum Ätna hin ausgerichtet, an dessen Ostseite sich in 530 m Seehöhe die 1600-Seelen-Gemeinde Sant'Alfio befindet. Über diesen Ort weiß Puglia, der sein Glück als Haarkünstler in den USA gemacht hat, Interessantes zu berichten:

Mit seinen Brüdern Delfio und Cirino gehört Alfio zu den drei Schutzheiligen Siziliens. Wo heute die aus dem 17. Jahrhundert stammende Pfarrkirche mit ihrer eindrucksvollen Lavastein-Fassade steht, soll sich unter der römischen Besatzungsmacht jenes Wunder ereignet haben, das den seines christlichen Glaubens wegen nach Sizilien deportierten spanischen Edelmann Alfio von seinen Martyrien befreite: Ein Windstoß erfasste den Balken, an den Arme und Schultern des Gefangenen gefesselt waren, und trug ihn vor den Augen seiner Häscher davon. Alljährlich am ersten Mai-Sonntag gedenkt man in Sant'Alfio dieses Ereignisses mit einem bunten, fröhlichen Fest.

Als Wunder der Natur könnte man die »Kastanie der hundert Pferde« (*Il castagno dei cento cavalli*) bezeichnen, die mit geschätzten 3600–4000 Jahren der älteste Baum Siziliens, wenn nicht gar Italiens und Europas, sein dürfte. Unter der mächtigen Baumkrone mit einem Durchmesser von 60 Metern soll, so eine weitere Legende, einst Königin Johanna von Anjou in Begleitung von 100 Rittern vor einem heftigen Gewitter Schutz gesucht und gefunden haben. Ein Wunder auch, dass in diesen Riesen bisher noch nie ein Blitz eingeschlagen hat.

Der Ätna: Europas größter Vulkan

Feuerberg, der nimmt und gibt

■ Der Ätna – sein Name leitet sich aus dem Sanskrit ab (*Aid-na*) und bedeutet »der Brennende« – ist ein Vulkan in ununterbrochener Aktivität, deren Intensität von bloßem Rauch- und Gasausstoß bis zu heftigsten, von leichten Erdbeben begleiteten Eruptionen reicht. Nie kann man mit Bestimmtheit voraussagen, ob der von den Einheimischen in Verballhornung des lateinischen *mons* und des arabischen *dschebel* ebenso liebe- wie respektvoll *Mongibello* genannte Feuerberg bereit ist, Besucher zu empfangen. Nach Ausbrüchen muss er manchmal monatelang für Touristen gesperrt werden, und nur die aus aller Welt angereisten Vulkanologen haben dann die Chance, das spektakulärste und zugleich furchterregendste Ereignis, das die Natur im gesamten Mittelmeerraum zu bieten hat, aus nächster Nähe zu betrachten. Gewöhnliche Sterbliche müssen sich damit begnügen, Beelzebubs Feuerspektakel aus sicherer Entfernung zu verfolgen. Dennoch bleibt das Schauspiel unvergesslich, wenn sich nächtens glühende Kaskaden talwärts ergießen. Das Naturwunder zeigt sich nämlich erst bei Dunkelheit in all seiner Pracht. Sobald die Schatten länger werden, blitzt aus den rauchenden Abhängen erstmals die Glut hervor. Ihre Farbe wird intensiver, je stärker die Dämmerung hereinbricht. In der Nacht ist die Vorstellung vollkommen. Dann geht das Funkeln des Höllenstromes direkt in das Glitzern der Himmelssterne über.

Dem Wüten der Natur fallen freilich immer wieder Schutzhütten und andere touristische Einrichtungen zum Opfer, manchmal auch landwirtschaftliche Anwesen, häufig allerdings illegal – weil auf akut gefährdetem Boden – errichtet. 1983 wurde erstmals der Versuch unternommen, den 1200 bis 1400° C heißen Lavafluss umzuleiten, der die Ortschaften Nicolosi und Ragalna gefährdete. Mit enormem Materialaufwand baute man einen Kanal, der die Höllenflut in den riesigen, 8 km langen und 3 bis 5 km breiten Kessel des Valle del Bove (Ochsental) an der Nordseite zwingen sollte, einen alten Krater mit 600 bis 1200 m hohen Steilwänden, in den die meisten Ausbrüche abfließen. Eine Serie von Sprengungen hätte für die Richtungsänderung gesorgt, und Fernsehteams und Reporter aus aller Welt warteten gespannt auf den historischen Augenblick, an dem der Mensch zum ersten Mal über den Ätna triumphieren wollte. Die Sprengladungen gingen hoch, doch nur ein Teil der Lava rann in den künstlichen Kanal. Millionenbeträge – wenn auch noch in Lire – waren im wahrsten Sinne des Wortes verpulvert worden.

Nicht viel besser erging es den Technikern 1992. Japanische Experten versuchten mit Unterstützung der amerikanischen Luftwaffe vergebens, den Lavastrom mit gewaltigen Betonbrocken zu stoppen bzw. dessen Richtung entscheidend zu ändern. Es war eine weltweit viel beachtete Aktion, eine TV-Show, für die italienische Regierung aber kaum mehr als ein politisches Signal: »Seht her, der Staat ist präsent, er nimmt es sogar mit dem Ätna auf«. Der Höllenfluss stoppte rechtzeitig vor dem Ort Zafferana Etnea, und für die Sizilianer war die Rettung nicht aus Japan, den

USA oder gar Rom gekommen, sondern von der Madonna, zu der man beschwörend in Prozessionen um Schonung des Ortes gefleht hatte. »Der Ätna war schon vor 200 Millionen Jahren hier, wir sind nur zu Gast, also darf man nichts gegen seinen Willen tun als beten«, heißt es in der Bevölkerung, die meist kühles Blut bewahrt, während die Offiziellen um Ausbrüche viel Wind machen. So war es auch im Juli 2001, als alle Welt gebannt nach Sizilien blickte und die spektakulären Bilder und Berichte in Zeitungen und Fernsehen den Medien über die sommerliche Nachrichtenflaute hinweghalfen. Das »Jahrhundertereignis« entpuppte sich dann als eine jener heftigen Aktivitäten, wie sie sich etwa alle zehn Jahre ereignen. Größerer Sachschaden entstand lediglich beim Rifugio Sapienza auf der Südseite.

Rein statistisch wird etwa alle 150 Jahre eine Ortschaft zerstört – zuletzt 1928 die Gemeinde Mascali zwischen Fiumefreddo und Giarre, als sich die Lava beim größten Ausbruch des 20.

Farbsymphonie Ätna: Bergtouren zu den Kratern sind ein unvergessliches Erlebnis.

Jahrhunderts bis ins Meer ergoss. Eine lange Zeit, da kann man es schon riskieren, auf solch heißem Boden ein Häuschen zu bauen.

Die Vulkanausbrüche hinterlassen ihre Spuren auch noch weit vom Ursprungsort entfernt. Mitunter gar bis nach Sibirien trägt es die sand- bis ascheförmigen »Grüße« vom Ätna. Und nicht nur in Taormina, vom Hauptkrater gute 40 km Luftlinie entfernt, bringt der Vulkan die Hausfrauen zur Verzweiflung, wenn *Mongibello* sie zu ständigem Terrassenputz zwingt. Auch nach mittelstarken Ausbrüchen sind die Ortschaften an den Berghängen und an der Zyklopenküste bisweilen von zentimeterdicken Schichten des schwarzen Sandes bedeckt, der die Straßen so rutschig wie Glatteis macht und sogar zu zeitweiligem Sperren des Flughafens von Catania zwingt. So manches weiße Hemd, so manche helle Bluse wirken schmutziggrau. Aber an derlei sind die Menschen hier gewöhnt. Man weiß ja: Der Berg bringt Unglück, der Berg bringt Segen.

Denn Asche und Lava, die sich zunächst verfestigen, später aber zerfallen, bilden die Grundlage für einen an Kalium, Phosphor und anderen Nährstoffen reichen Boden. Die üppige Vegetation hat das Ätnagebiet schon von alters her zu einer der reichsten Regionen der Insel gemacht. Als erste große Pflanzen sprießen – nach Algen, Moos und Farnen – Wolfsmilchgewächse und Ginster aus dem Gestein, sie verwandeln die scheinbar tote Landschaft in ein duftendes, goldgelbes Meer. Beharrlich, zäh und stetig lockern ihre Wurzeln den Boden auf, gegen Milliarden von winzigen Adern ist selbst die härteste Oberfläche machtlos. Je nach Qualität der Lava dauert der gesamte Umwandlungsprozess einige Hundert Jahre. Dann bricht das Leben mit unbändiger Energie aus der Erde, genährt von den Regenwolken, die am Gipfel des *Mongibello* hängen bleiben, und von den vielen kleinen Bächen und Rinnsalen, die durch die Schneeschmelze gefüllt werden. Der Ätna wird zum Garten Eden.

Im subtropischen Klima am Fuß des Berges reifen saftige Früchte und volle, schwere Trauben, die ebenso wie der herbe, erdig schmeckende Wein in alle

Welt exportiert werden. Das zarte Grün der Kastanienwälder erfreut das Auge in den höher liegenden Regionen, ehe man sich durch den Waldgürtel aus Föhren, Pinien, Birken und Eichen dem hochalpinen Abschnitt nähert, in dem die Bäume verkrüppelter und windschiefer werden, je weiter sich die Straße empor windet. Selbst in der gänzlich toten Zone trifft man noch auf kleine Wunder: Inmitten eines wüsten Lavafeldes steht ein einzelner blühender Strauch, der von der glühenden Hydra verschont blieb – Symbol der Urkraft des Lebens, die immer wieder der Zerstörung trotzt. Wenige Meter daneben drängen aus den Ritzen der Felsen bereits Moose und andere genügsame Gewächse. An ihnen lässt sich das Alter der zu Stein gewordenen Feuerflut aus dem Erdinneren ziemlich genau abschätzen.

So zäh wie die Natur sind auch die Menschen, die der Ätna geprägt hat: Ein Haus, eine Villa, ein ganzes Dorf werden von der Lava überrollt - und nach jeder Katastrophe aufs Neue errichtet. Seit 1982 besteht für die Betroffenen eine gesetzliche Möglichkeit, um staatliche Hilfe zu ersuchen, die allerdings nur jenen gewährt wird, deren Bauten nicht illegal sind. Vor den Ausbrüchen des Vulkans zittert die Bevölkerung im Übrigen viel weniger als vor Erdbeben, denn die gewaltigsten Eruptionen haben niemals so große Schäden angerichtet wie Beben, die sich häufig in Ruheperioden des Vulkans ereignen.

Der Ätna zählt nämlich trotz seiner ständigen Aktivitäten zu den eher gutmütigen Feuerspeiern der Erde. Seine Ausbrüche bleiben relativ ruhig mit schwachen Explosionen, die sich auf das Gebiet um den jeweiligen, bis zu 20 km tiefen Eruptionskrater beschränken, aus dem zwar aufsehenerregende, aber meist unschädliche, dünnflüssige Lavaströme hochschießen bzw. herausquellen. Man könnte die vulkanischen Kräfte mit jenen in einer Flasche Mineralwas-

Ätna-Wanderungen sind nicht nur atemberaubend schön, sondern auch anstrengend.

ser vergleichen. Solange diese geschlossen bleibt, ist die Kohlensäure im Wasser gelöst. Öffnet man sie, so entweicht ein Teil des Gases, dessen Blasen die Flüssigkeit zum Aufschäumen und Überfließen bringen. Im Inneren des Vulkans sind die Gase unter hohem Druck im Magma gelöst. Dann wird in geringerer Tiefe der Belastungsdruck kleiner als der Gasdruck, das Magma schäumt auf und trennt sich in Lava und Gase, die explosiv in die Atmosphäre entweichen. Das kann nicht nur durch den Hauptkrater, sondern praktisch an jeder Stelle des riesigen Gebirgsstockes erfolgen.

Die 1700 km² große Oberfläche des Ätna – der Durchmesser beträgt 42 km, der Basisumfang 212 km – bedecken daher mehr als 250 Krater. Gipfelausbrüche lassen den Berg aufgrund gewaltiger Schlackenkegel, die den alten Kraterrand überragen, immer wieder wachsen. Ebenso häufig aber werden die Spitzen wieder abgesprengt, so dass eine exakte Höhe – sie beträgt ungefähr 3350 m – nicht angegeben werden kann. Man nennt diese Aktivitäten »konstruktiv« bzw. »destruktiv«.

Im *Parco Regionale dell'Etna*, der sich auf einer Fläche von 59 000 ha von der Gipfelregion bis zum oberen Siedlungsgürtel erstreckt, stehen 19 000 ha unter striktestem Naturschutz. Das garantiert ein weites, unberührtes Gebiet, in dem sich u. a. große Raubvögel wie der Königsadler heimisch fühlen, auch wenn sich in der Hochsaison täglich Hunderte Touristen aus den Küstenorten als Gipfelstürmer versuchen. Ebenso herrscht im Winter reger Betrieb. Wenn hoch oben bis zu 15 m Schnee fallen, während sich am Fuße des Berges ein Blütenmeer entfaltet, entwickelt sich der Ätna zum größten Skigebiet Südeuropas. Skischulen, Schlepplifte, Schutzhütten und Restaurants, gut präparierte Alpin-Pisten und Langlaufloipen in Höhen zwischen 1900 und 2800 m garantieren unbeschwertes Sportvergnügen. Sobald *Mongibello* dunkle Rauchwolken speit, verfärbt sich die weiße Pracht. Nur am Ätna kann der Wintersportfreund über schwarzen Schnee wedeln.

Der Berg des Schreckens als Touristenparadies – bis zum nächsten Ausbruch.

Grandioses Naturschauspiel auf dem Gipfel: Die Besteigung des Ätna

Ideale Zeit für einen Ausflug auf den Ätna sind die Monate von Mai bis Oktober. Auch im Hochsommer dürfen warme Kleidung und festes Schuhwerk nicht vergessen werden. Kontaktlinsenträger könnten auf den feinen Lavastaub mit Augenreizungen reagieren, also empfiehlt es sich, auf Haftschalen zu verzichten.

Eine Ätna-Bergtour sollte man nicht allzu schnell angehen. Es ist unbedingt notwendig, sich langsam zu akklimatisieren, da auf Europas größtem Vulkan ein Höhenunterschied von 3000 m praktisch innerhalb von weniger als zwei Stunden überwunden werden kann. Wer an Herz- oder Kreislaufschwäche leidet, möge überhaupt auf die Gipfelregion verzichten und nicht höher als bis zum Ende der Autostraßen Ätna-Nord (Abzweigung von der SS 114 bei Fiumefreddo, dann über Piedimonte und Linguaglossa) oder Ätna-Süd (Abzweigung von der SS 114 bei Giarre, dann über Zafferana Etnea und die Silvestri-Krater bis zum Rifugio Sapienza), also bis in etwa 1900 m Höhe fahren. Alle Straßen sind, so sie nicht wieder einmal durch einen Ausbruch zerstört wurden, gut ausgebaut.

Weiter in Richtung Gipfel geht es, wenn Wetter und Vulkan es erlauben, auf der Nordseite mit Allrad-Bussen, vom Rifugio Sapienza zunächst mit einer Kabinenseilbahn (oder mit Bussen) bis auf etwa 2600 m, dann weiter mit den Spezialfahrzeugen bis zum Torre del Filosofo auf 2920 m. Hier befanden sich übrigens früher einmal die Reste eines antiken Bauwerks, wahrscheinlich eines römischen Tempels zu Ehren Kaiser Hadrians, der von dieser Stelle aus Sonnenstudien betrieben haben soll. Die restlichen rund 400 Höhenmeter bis zum Haupt- und Südostkrater müssen in Begleitung von Bergführern zurückgelegt werden. Nur Lebensmüde wagen einen Alleingang!

Jetzt ist man allein auf seine Beine und seine Kondition angewiesen, jeder ringt um Atem. Die Luft am Ätna ist kalt, schneidend und schon recht dünn. Nur wenige geübte Alpinisten befinden sich in der Gruppe, die Mehrzahl sind Halbschuh-Touristen, für die eine Besteigung des größten Bergmassivs und höchsten Vulkans Europas zum gebuchten Urlaubsprogramm gehört.

Dichter Nebel hüllt den schmalen Pfad ein, auf dem sich die Kolonne langsam bergauf quält. Die Sichtweite beträgt nur wenige Meter. Der Gipfel lässt sich nicht einmal erahnen. Aus Erdspalten steigt dampfend und zischend heller, schwefelhaltiger Rauch empor. Er macht die Suppe noch undurchdringlicher. Keuchend stolpert die Gruppe weiter über die messerscharfen schwarzen Schlacken. Plötzlich reißt die Nebel- und Wolkenwand auf. Sonnenstrahlen dringen durch, die Mondlandschaft unter dem Gipfel des Ätna erscheint in einem beinahe unwirklichen Licht, das einem auf ganz andere Art den Atem raubt. Die tanzenden Rauchfahnen über den Spalten, die tief in das Erdinnere führen, erinnern an ein Elfenballett.

Seine Majestät ist gnädig an diesem Tag, lässt die Menschen an sich heran, schüttelt sie nicht ab wie schon so unzählige Male seit Jahrtausenden. Das grandiose Naturschauspiel gibt den erschöpften Wanderern neue Kraft. Bald stehen sie an der *Bocca Nuova*, dem Neuen Schlund, einem jungen Krater, der sich 1968 knapp unterhalb des zentralen gebildet hat. Die Bergführer sorgen dafür, dass niemand zu nahe an den mit einem roten Band abgesperrten Kraterrand tritt. Der Hauptkrater, aus dem sich dicker Rauch wälzt, bleibt diesmal ein Wunschziel. Der Wind hat nämlich seine Richtung geändert, er bläst die Schwefeldämpfe jetzt zum Gipfelsteig. Nur Selbstmörder würden sich in eine solche Giftküche stürzen. Sie könnten ebenso gut gleich den Tod in der Glut des Ätna suchen, wie dies der Legende nach der Arzt, Philosoph und Staatsmann Empedokles im 5. Jahrhundert v. Chr. getan haben soll (s. S. 182). Der Dichter Friedrich Hölderlin ließ ihn zumindest so romantisch enden, während er in Wirklichkeit irgendwo in Griechenland im Exil starb. Die moderne Realität liest sich in nüchternen Zeitungsberichten, wenn wieder einmal leichtsinnige Menschlein den Giganten herausforderten, ohne ortskundige Führer den Berg stürmten und dieses Wagnis mit ihrem Leben bezahlen mussten.

Der Mythos vom hinkenden Gott Hephaistos, der in den Tiefen des Ätna die Blitze des Zeus und die Waffen der Bewohner des Olymp schmiedet, die Sage vom rebellischen, mit hundert Drachenköpfen ausgestatteten Titanen Typhon, den die Götter im Inneren des Vulkans gefangen halten, von wo er die Erde erzittern lässt und aus seinem brüllenden Rachen Feuer speit, und schließlich Homers Erzählung vom einäugigen Riesen Polyphem, der nach seiner Blendung durch Odysseus dem Helden und seinen Gefährten in irrwitziger Wut aus seinen Höhlen am Abhang des Berges gewaltige Felsbrocken bis aufs Meer nachschleuderte – die Legenden sind nach wie vor lebendig.

Botanisches Karussell am Fuße des Vulkans: Rund um den Ätna mit der *Ferrovia Circumetnea*

Karte: S. 121
Tipps & Adressen: Linguaglossa, S. 335, Randazzo, S. 360f., Bronte, S. 318f., Adrano, S. 314f., Catania, S. 325ff.

Neben Taormina zählt der Ätna zu den meistbesuchten Ausflugszielen auf Sizilien. Um die gewaltigen Ausmaße des Vulkans einigermaßen zu erahnen, empfiehlt sich zunächst eine Umrundung des Massivs. Mit dem Auto sind es von Taormina über Randazzo, Adrano, Paternò, Belpasso, Nicolosi, Trecastagni, Zafferana und Giarre bis zum Ausgangspunkt rund 135 km. Aber wie wäre es einmal mit einer Bummelzug-Fahrt? Die Reise mit der *Ferrovia Circumetnea* – sie benötigt keuchend, ratternd oder schaukelnd für die 110 km lange Strecke von Giarre-Riposto nach Catania dreieinhalb Stunden und klettert dabei auf die stolze Höhe von fast 1000 m – ist vergnüglich und lehrreich zugleich. Nirgendwo wird man so preiswert, gemütlich und unkompliziert durch einen wahren botanischen Garten geführt, den die Natur gemeinsam mit erfahrenen Pflanzern auf der fruchtbaren Lava angelegt hat.

Die *Ferrovia Circumetnea* stellt eine der letzten noch regelmäßig betriebenen Schmalspurbahnen Siziliens dar. Trotz moderner Diesel-Triebwagen – für

Vegetationsvielfalt an den Hängen des Ätna

Sonderfahrten wird auch eine Dampflok eingesetzt – vermittelt sie nach wie vor einen Hauch von Eisenbahn-Romantik. Während man es sich noch in dem Coupé gemütlich macht, verlässt der Zug die duftenden Orangen- und Zitronenplantagen rund um das Einkaufsstädtchen **Giarre-Riposto** 1.

Als hellgrüne Oasen ragen bei **Linguaglossa** 2 die ersten Haselnusshaine aus dem Schwarz der Vulkanlandschaft. Der Kontrast zwischen üppig wuchernden Sträuchern und erstarrtem Gestein, das sich in seinen bizarren Formen wie ein düsteres, zerrissenes Leichentuch über tote Felder ausbreitet, lässt etwas vom ewigen Kampf der Menschen mit der Natur erahnen. An den Hängen des Ätna oberhalb des Ortes spross aus dem Lavaboden die *Pineta* von Linguaglossa. Das wunderschöne Waldgebiet mit üppiger Vegetation im Unterholz besteht aus Panzerföhren, mächtigen, mehr als 20 m hohen Kiefern, die in der Antike noch viel größere Gebiete der Insel bedeckten.

Im Frühling und nach der Hitze des Sommers wogt ein Meer von Wildblumen über dem Land. Lavendel, Thymian und Rosmarin, Zyklamen, Veilchen, Safran, Margeriten, Ringelblumen, Königskerzen und Lilien – hier sind sie, die himmlischen Verführer, nach denen sich Demeters Tochter bückte, als Hades sie in die Unterwelt entführte. Auf dem blühenden Eiland Trinacria, beim Pergusa-See, ereignete sich der von Homer besungene Raub der Persephone. Alljährlich kehrt seitdem das Mädchen aus seinem Totenreich für neun Monate wieder, tröstet die trauernde Korngöttin und erlöst die Erde von Dürre und Unfruchtbarkeit.

In **Randazzo** 3, der Stadt mit den drei imposanten Kirchen, die einander bis 1912 Jahr für Jahr in der Vorrangstellung abwechselten, bis schließlich die gotische *Chiesa di Santa Maria* den Wettstreit zwischen den Nachkommen der einst eingewanderten Byzantiner, Lombarden und Latiner gewann und zum Dom erklärt wurde, steigt eine Touristengruppe zu. Sie hat das beliebte kombinierte Bahn-Bus-Arrangement inklusive Ätna-Safari gebucht, bei dem keine Zeit für das gesamte Zugkarussell bleibt.

Die »Hölle von Randazzo« nannte Giuseppe Tomasi di Lampedusa das Land um die Gemeinde, die nur 15 Kilometer Luftlinie vom Kraterrand entfernt liegt. Sie wurde zwar noch nie durch einen Vulkanausbruch zerstört, mörderisch aber ging es in dieser fruchtbaren Landschaft wiederholt zu. Verzweifelt setzte sich im 19. Jahrhundert die Bevölkerung gegen die Knute der Großgrundbesitzer zur Wehr, doch die zahlreichen Bauernaufstände wurden hier besonders blutig niedergeschlagen. Und die Hölle war auch im Sommer 1943 in diesem Kessel los, als amerikanische Jagdgeschwader versprengte Soldaten der deutschen Wehrmacht sowie einige hohe SS-Offiziere mit einem Bombenhagel bedachten.

»Auch diese Steinplatten, die wie riesige Kuhfladen aussehen, bestehen aus Lava. Bei jedem Ausbruch können sie unterschiedlich sein, sowohl in der Form als auch in der Zusammensetzung. Einige besonders ausgeprägte Formationen bekommen wir auf dieser Strecke zu sehen.« Der Touristenführer hat viel Wissenswertes zu erzählen. Zum Beispiel, dass zerriebene Lava, unter Mörtel gemischt, einen hervorragenden Schutz für Häuser bietet, die dem Zerstörungswerk salziger Seeluft ausgesetzt sind. Oder was es mit den seltsamen Windrädern auf sich hat, die mit ihren kurzen, oftmals fixierten Flügeln häufig reglos inmitten von Zitrusgärten und Haselnussplantagen stehen. »Das sind Nebelzerteiler und Luftaufwirbler, die sich automatisch in Bewegung setzen, wenn die Temperatur auf 4° C sinkt. Jede dieser ›Mühlen‹ besitzt einen eigenen Dieselmotor.«

Problemlos wechselt der Cicerone von der Technik zu botanischen Fragen: »Mandarinen wachsen hier seit 1828, Grapefruits schon seit 1810.« Und zu den 8000 ha Pistazienplantagen, Stolz und Reichtum dieser Gegend, weiß er folgendes zu berichten: »Erst nach etwa 15 Jahren tragen Pistazien die ersten Früchte. Sorgsam muss man die zarten Wurzeln abdecken und Felsbrocken aufschichten, damit sich die Feuchtigkeit hält. In jedem Frühjahr zwicken Landarbeiter die Blätter der deswegen niedrig gezüchteten Bäume einzeln ab, denn noch wären die Nüsse ungenießbar. Nach einer Ernte muss erneut eine mehrjährige Pause eingelegt werden, und wiederum entfernen die Bauern

Rund um den Ätna

Die großen Ätna-Katastrophen

Die Geschichtsschreibung verzeichnet ungefähr 140 gewaltige Ausbrüche. In vorchristlicher Zeit gehören die Jahre 475, 396 und 36 zu den folgenschwersten. Aus dem Mittelalter sind Verheerungen der Jahre 1183, 1329 und 1381 überliefert.

Im Frühjahr 1669 tat sich oberhalb von Nicolosi ein riesiger Spalt auf, der fast bis zum Hauptkrater reichte. Vulkanologen schätzen, dass der Berg damals 3 Milliarden Tonnen Schlacke und Asche ausgespuckt hat. Aus den sich dadurch auftürmenden, bis zu 250 m hohen Kegeln der Monti Rossi ergoss sich ein Lavastrom, der zwölf Ortschaften mit sich riss und bis nach Catania floss, das zum Großteil zerstört wurde. Die Feuerwalze kam erst im Meer, 700 m nach der Küste, zum Stillstand. Im 18. Jahrhundert registrierte man 16, im 19. Jahrhundert 19 starke Eruptionen.

Ein Ausbruch, der am 2. November 1928 begann, verwüstete das Städtchen Mascali an der Zyklopenküste und unterbrach Straße und Bahnlinie Catania – Messina. Die Eruptionsperiode 1950/51 war mit 372 Tagen die längste des 20. Jahrhunderts: 800 Millionen m³ Lava stürzten über die Hänge des Ätna. 1971 flossen aus den Schlünden geschätzte 200 Millionen Tonnen Lava zu Tal, die u. a. ein astronomisches Observatorium unterhalb des Gipfels und große Teile der Seilbahn begruben. 1985 wurde auch die neu errichtete *funivia* zerstört, doch unverdrossen baute man Anfang der 90er Jahre wieder eine Kabinenbahn. 1992 kam der Lavastrom nach einem knappen Jahr kurz vor Zafferana Etnea zum Stillstand. 2001 musste wieder einmal die Bevölkerung von Nicolosi zittern. Der Ort blieb verschont, während der Parkplatz und einige Gebäude beim Rifugio Sapienza sowie Teile der Seilbahn dem Naturereignis zum Opfer fielen.

Seit 1920 wird jede Bewegung des Berges vom Vulkanologischen Institut in Catania in allen Einzelheiten festgehalten; seither registrierte man im Durchschnitt knapp drei Ausbrüche pro Jahr, von denen der Großteil allerdings vollkommen harmlos war. Manchmal ist der Ätna auch ein ganzes Jahr lang ruhig, um dann mit bis zu 20 Eruptionen innerhalb von zwölf Monaten zu zeigen, wie viel Leben noch in ihm steckt.

manuell alle Knospen. Aber auch mit der Befruchtung gibt es manchmal Probleme, da die Pflanze zweigeschlechtig ist und man häufig mit Windgeräten nachhelfen muss.«

Nach diesen Erklärungen darf man nicht mehr leichtfertig für einen gewöhnlichen Feigenbaum halten, was sich als solch kapriziöses Gewächs entpuppt. Kein Wunder, dass Pistazien so teuer sind. Sizilianische notieren noch weit höhere Preise als solche aus Griechenland oder der Türkei. Ihre Qualität ist nämlich so außerordentlich, dass man sie nicht einfach nur röstet. Hauptsächlich finden sie bei der Süßwarenerzeugung, im Eis oder Marzipan Verwendung, was ganz im Sinne ihrer Protektoren aus dem Morgenland sein müsste. Die Griechen kannten Pistazien zwar seit Alexander dem Großen, doch erst arabische Feinschmecker ließen sie auf diesem Boden kultivieren.

Als Kornkammer diente die Insel bereits in der Antike, denn speziell auf den Hartweizen, *grano duro*, hatten es zu allen Zeiten Eroberer abgesehen. Diesem genügt die Winterfeuchtigkeit, um rechtzeitig vor der Hitzeperiode reif zu werden. Die Sonne des frühen Sommers trocknet die Ernte, die selbst auf monatelangen Schiffsreisen oder langwierigen Expeditionszügen nicht verfault.

Recht eigenartig nehmen sich plötzlich zwischen **Rocca Calanna** 4, wo die Bahn mit 976 m Höhe ihren höchsten Punkt erreicht, und der nächsten Station, dem Städtchen **Bronte** 5, eine Reihe von Chalets aus, wie sie in der Schweiz gerne gebaut werden. Des Rätsels Lösung ist ebenso simpel wie rührend. Was die arme Landbevölkerung als Gastarbeiter bei den Eidgenossen bewundert hat, wollte sie mit ihren Ersparnissen in der Heimat nachmachen.

Verwilderte Feigenkakteen schlingen ihre pelzigen Handflächen in einer fast gierig anmutenden Umarmung um Land, das keiner mehr bestellt. Wie kleine Polypen entfalten sich gelbe oder rosarote Blüten in verwaschenem Grün. Die herb-süßen Früchte, die im Spätherbst reifen, sind eine Spezialität der Straßenränder, werden aber auch bereits in großem Stil gezüchtet. Vom gemächlich dahinschaukelnden Zug aus, dessen Geschwindigkeit das gern zitierte Blumenpflücken während der Fahrt erlauben würde, bleiben sie inmitten ihrer tückischen Stacheln jedoch unerreichbar. In **Adrano** 6 ist Endstation für die Gruppe, auf die in der schon von den Griechen besiedelten Ortschaft – heute weithin bekannt für ihre ausgezeichneten Orangen, Mandeln und Pistazien – ihr Bus wartet.

Vereinzelte Wildrosen klammern sich an schwärzlich-braune Zyklopenmauern, noch einmal zeugen Abhänge mit dem Aussehen verlassener Schutthalden von der Macht des Feuerberges, bevor man die fruchtbaren Ebenen erreicht. Mit unendlicher Mühe befreien die Bauern jeden Quadratmeter Boden vom Gestein, jedes windabgewandte Fleckchen nutzen sie für den Obstanbau. Kirschbäume biegen sich Ende Mai, Anfang Juni unter der Last der Früchte, Pflaumen, Pfirsiche und Aprikosen vom Ätna zählen zu den wohlschmeckendsten Sorten. Früh im Jahr kommen japanische Mispeln, Nespole, auf die Märkte. Die eher unscheinbaren birnenförmigen Früchte munden eisgekühlt am besten.

In dichten Korkeichenwäldern – vor allem in den Madonien – grünen Farne und Beerensträucher. Neben Spanien, Portugal und Sardinien zählt auch Sizilien zu den Korkproduzenten Europas. Vom Eukalyptus, der »Schönmütze« Australiens, erhoffte sich der Mittelmeerraum Hilfe gegen die Malaria. Der starke Geruch des deshalb auch »Fieberbaum« getauften und 1860 importierten Exoten sollte die Stechmücken vertreiben, was sich allerdings als Irrtum herausstellte. Es funktionierte aber dennoch: Der Riese, der Höhen bis zu 15 m erreicht, entzieht Sumpfgegenden das Wasser – und damit auch den Mücken ihren Lebensraum.

Eine tausendjährige Dienstzeit hat der nach Johannes dem Täufer benannte und von den Arabern mitgebrachte Johannisbrotbaum auf der Insel hinter sich. Bei seinen Meditationen in der Wüste hatte sich schon der biblische Prophet von den kalorienreichen Hülsen, den Karuben, ernährt – so wie oft auch die Ärmsten der Armen. Nach dem Zweiten Weltkrieg importierten Deutschland und Österreich große Mengen von Karuben – unter dem Namen »Bockshorn« bekannt – aus dem Mezzogiorno, um die mageren Rationen für die Bevölkerung auf billige Weise anzureichern. Heute dient die Baumfrucht hauptsächlich als Viehfutter, findet aber auch bei der pharmazeutischen Industrie und in der Süßwarenerzeugung Verwendung.

Vorbei an Walnussbäumen, Edelkastanien, Atlaszedern, Tannen und sogar Buchen erreicht der Zug schließlich **Paternò** 7, das berühmte Zentrum des Orangenhandels. Dort spezialisierte man sich auch auf den Anbau von Tomaten. 55 % der gesamten Inselproduktion stammen jedoch nicht vom Ätnagebiet, sondern aus dem Landbezirk Scicli in der Provinz Ragusa.

Christoph Kolumbus gebührte eigentlich statt Lorbeer ein Kranz aus *pomodori* (Tomaten) dafür, dass bald nach seiner Abenteuerfahrt die »Goldäpfel« aus der Neuen Welt in Europa bekannt wurden. Sizilien dankt dem Genuesen zumindest durch zahllose nach ihm benannte Straßen für die saftigen Früchte, ohne die Italiens Küche undenkbar wäre. Auch Mais, Kartoffeln, Tabak, Erdnüsse, spanischer Pfeffer für den Gaumen und Palmlilien, Agaven, Mimosen und Bougainvilleen für das Auge kamen nach der Entdeckung Amerikas über den Atlantik.

Beim Anblick der blühenden Gärten lässt es sich nur schwer vorstellen, welch spärliche Pflanzenauswahl die griechischen Einwanderer vorgefunden hatten. In ihren Schiffen führten sie vorsorglich auch jenen Baum mit, der mehr als jeder andere mediterranen Lebensstil prägte und ohne den der Kulturraum des Mittelmeeres undenkbar ist: die Olive. Erst mit ihr begann Trinacria ein Teil des hellenistischen Commonwealth zu werden. Ohne die Ölfrüchte konnte man einfach nicht leben; sie brauchte man für Wärme, Licht und Nahrung.

Im alten Athen galt jeder Abkömmling des heiligen Olivenbaums der Akropolis als unantastbar. Dieses Tabu wurde vom Obersten Gerichtshof, dem Areopag, strengstens überwacht. Die Bäume waren Staatseigentum, wer einen von ihnen fällte oder entwurzelte, musste mit der harten Strafe der Verbannung rechnen. Jahrtausendelang blieb die Olive regierende Königin der Bäume, von Dichtern besungen, von den einfachen Menschen geschätzt. Trockenheit macht ihr nichts aus, ihre Wurzeln sind tief und selbst im kargsten Erdreich fest verankert. Heute liegen die runden Früchte vielfach unbeachtet auf dem Boden, und immer seltener sieht man Bauern, die sie rechtzeitig mit Stöcken von den Ästen schlagen und in Tüchern auffangen. Statt wie in der Antike schützend die Hände über die knorrigen Veteranen zu halten, zahlt der italienische Staat in vielen Provinzen wegen der Überproduktion im Mittelmeerraum jedem Be-

Mond-Landschaft nach Ätna-Ausbruch: Der Vulkan zerstört und schenkt.

sitzer, der einen Ölbaum umschlägt, eine Prämie. Das kommt billiger als die Zuschüsse für jedes vernichtete Kilogramm einer Ernte, die niemand mehr gekauft hätte.

Nur noch zweimal hält der Zug an, bevor er **Catania** 8 erreicht. Nahe den letzten Dörfern stehen ab und zu dunkelgrüne Zypressen und Pinien wie zusammengefaltete oder aufgespannte Schirme verloren in der Landschaft. Kaum jemand denkt noch daran, dass sie einst als Symbole mächtiger Herrensitze, als Grenzmarkierungen oder weithin sichtbare Wegweiser gepflanzt wurden. Zwei von ihnen kennzeichneten eine wichtige Verbindungsstraße, vier eine Kreuzung. Waren Feinde im Anzug, dann fällte man sie und sorgte für Verwirrung.

Einer der unzähligen Schnellzüge Richtung Messina führt parallel zur Küstenautobahn zurück zum Ausgangspunkt. Dunkelgelbe Mimosen sprühen wie Wunderkerzen an zartblättrigen, meterhohen Bäumen, weißer, rosafarbener und dunkelroter Oleander drängt sich ungestüm an das weiße Band der Schnellstraße, Palmfächer wehen vor pfauenblauem Meer. Und über all der verschwenderischen Pracht thront mächtig der rauchende Kegel des Ätna.

Die Zyklopenküste

Tipps & Adressen: Acireale, S. 313f., Aci Castello, S. 312f.

Die Route von Taormina nach Catania verläuft entlang der landschaftlich äußerst reizvollen *Riviera dei Ciclopi*, der »Zyklopenküste«, von der man allerdings von der Autobahn aus nur wenig sieht. Sandstrände gibt es nur bis zum lebhaften, als preisgünstiger Einkaufsort beliebten Doppelstädtchen Giarre-Riposto, dann folgt eine zerklüftete Küste mit glattgewaschenen grauschwarzen Steinplatten und rauen Höckern, Klippen und Grotten von herber Schönheit. Buntbemalte Boote schaukeln dekorativ auf blauschwarzem Wasser, in das sporadischer Sandgrund türkise Fleckchen malt. Fischer flicken wie eh und je ihre Netze, und nur die Bretterbuden mit Luftmatratzen, Schwimmreifen und Gummitieren signalisieren, dass an den sagenhaften Gestaden, auf die der einäugige Riese Polyphem nach seiner Blendung durch Odysseus den flüchtenden Seefahrern riesige Felsbrocken nachgeschleudert hatte, moderner Badebetrieb herrscht.

Acireale, **Aci Trezza** und **Aci Castello** heißen drei dicht aufeinanderfolgende, ineinander wachsende Orte. In ihrer gemeinsamen Vorsilbe lebt die Erinnerung an den schönen Hirtenjungen Akis weiter, der einst das Herz der reizenden Nymphe Medea Galathea gewann. Rasend vor Eifersucht, so erzählt es Ovid in seinen »Metamorphosen«, erschlug ihn Polyphem. Doch Poseidon selbst hatte Mitleid und verwandelte den Sterbenden in einen Fluss, in dem sich die Liebenden vereinten und den unsere Zeit wegen seines besonders kalten Wassers prosaisch Fiume Freddo nennt. Der Syrakusaner Theokrit schrieb im 3. Jahrhundert v. Chr. über den schmachtenden Zyklopen ein spöttisches Kabinettstück. »Milchweiße, lammweiche Galathea«, ließ der große Dichter boshaft und rührend zugleich den ungeschlachten Riesen seufzen, den sein Publikum bis dahin nur als menschenfressendes Ungeheuer der »Odyssee« kannte.

Das bei einem Erdbeben 1643 zerstörte und danach in üppigem Barock wiederaufgebaute Städtchen Acireale – der Dom, die Kirche San Sebastiano und das Rathaus sind die wichtigsten architektonischen Beispiele aus dieser Zeit – ist für seine Thermalanlagen, mehr aber noch für seinen Karneval bekannt. Phantasiereicher und farbenprächtiger sind die Umzüge in kaum einem anderen sizilianischen Ort.

In Aci Trezza drehte Italiens Meisterregisseur Luchino Visconti 1947 den Filmklassiker »La Terra trema« (»Die Erde bebt«) nach dem berühmten Roman »I Malavoglia« von Giovanni Verga (1840–1922): »... und die Ärmsten, die zu dieser Stunde so verloren auf dem Lavafeld saßen, sahen aus wie die armen Seelen im Fegefeuer.« Vergas Worte unter einem modernen Relief am Haus der vom Schicksal verfolgten Familie Malavoglia beschwören kurz Visionen von Unentrinnbarkeit und Hoffnungslosigkeit herauf, die so gar nicht zu dem hellen, reinen Himmel passen wollen. Der Roman ist ein Buch der Nacht, das von der Dunkelheit der engen Gassen, der Schwärze des Vulkangesteins und vom Sturm über einer bleifarbenen See lebt, streng und von unerbittlicher Gesetzlichkeit antiker

Richtig Reisen *Tipp*

Kunst, Keramik und Rustikales

Die deutsche Touristikmanagerin Marlies Patz, der Liebe wegen auf Sizilien gelandet und nunmehr seit vielen Jahren hier zu Hause, empfiehlt ihren Freunden einen Besuch des vielseitigen Künstlerpaares Carnabuci & Amblard und deren »Museo del Palmento«:

Als »Magierdorf« bezeichnet man das Städtchen **Santa Venerina** zwischen der Zyklopenküste und den Abhängen des Ätna. In keinem anderen Ort der Insel bieten mehr Wahrsager, Handleser und Zukunftsdeuter beiderlei Geschlechts ihre Dienste an. Magisch, doch ganz ohne Hokuspokus, finde ich dagegen die Atmosphäre in einem aus dem 19. Jahrhundert stammenden Landhaus, in dem das sympathische Künstler-Ehepaar **Nino Carnabuci** und **Cristina Amblard** tätig ist. Der Hausherr, einer der bekanntesten Maler Siziliens, von dem u. a. zwei große Gemälde in der Kirche Santa Caterina in Taormina stammen, lädt besondere Gäste gerne in sein »Allerheiligstes«, das Atelier, ein und präsentiert ihnen seine neuesten Bilder. Die Hausfrau, gebürtige Französin, fertigt ebenso exquisite wie preiswerte und geschmackvolle Keramiken, die sich wohltuend vom grell-bunten Kitsch vieler Souvenirläden unterscheiden.

Mittelpunkt des Hauses ist aber das liebevoll eingerichtete **Museo del Palmento**, dessen Exponate, in vielen Jahren Sammeltätigkeit zusammengetragen, das harte Landleben früherer Zeiten eindrucksvoll veranschaulichen. In dem interessanten Privatmuseum (Via Palombaro 56, Tel. 0 95 95 36 78, tägl. außer So ab 16.30 Uhr oder gegen Voranmeldung), dank ausreichender Hinweisschilder kaum zu verfehlen, werden landwirtschaftliche Geräte, vorwiegend aus dem Weinbau, sowie allerlei rustikaler Hausrat gezeigt, Objekte aus einer vergangenen Zeit, als Landwirtschaft und Viehzucht noch prägende Elemente Siziliens waren.

Aci Trezza und seine Badenixen

Epik. »... und jetzt, da weder Meer noch Land zu sehen waren, schien es, dass es auf der ganzen Welt nur noch Trezza gebe.«

Verga hat nicht mit einem aus allen Fugen berstenden Catania gerechnet, das unbekümmert Tristesse und Schwermut hinwegfegt. Im Aci Trezza von heute hüllen sich Mädchen nicht länger in spröder Anmut in ihre schwarzen Umschlagtücher. Leichtgeschürzte Badenixen tummeln sich als Erbinnen Galatheas in den warmen Fluten. Im Restaurant »I Malavoglia« ist längst der Wohlstand zu Gast und nicht nur an Sonntagen bleibt kaum ein Tisch frei. Und auf der Isola di Aci, einst Polyphems gewaltigstes Wurfgeschoss, errichtete die Universität von Catania eine meeresbiologische Station.

Auf der Spitze eines Lavafelsens steht auch die mächtige Burg von Aci Castello, errichtet in normannischer Zeit (11. Jh.). Eine Besichtigung lohnt allein schon der schönen Aussicht wegen. Eine interessante geologische Struktur weist der Felsen auf, der ausnahmsweise nicht von den Höhen des Ätna, sondern von einem vulkanischen Unterwasserausbruch stammt.

Entlang der hufeisenförmigen **Bucht von Ognina**, wo einst Odysseus gelandet sein soll, geht die von fashionablen Sommervillen gesäumte Küstenstraße nahtlos ins Stadtgebiet von Catania über.

Catania: Die Lebenslust trägt Schwarz

Stadtplan: S. 132/133
Tipps & Adressen: S. 325ff.

Am besten vergisst man, was über Catania erzählt wird, denn in Wahrheit ist alles ganz anders. Es stimmt einfach nicht mehr, dass Fremde die auf Lava erbaute Großstadt zu Füßen des Ätna meiden wie der Teufel das Weihwasser. Im Gegenteil, nirgendwo sonst ist die Aufbruchstimmung, die Sizilien in den letzten Jahren des alten Jahrtausends erfasst hat, so deutlich spürbar wie auf dem Pflaster der »schwarzen Tochter des Vulkans«, wie die von den Griechen 729 v. Chr. eroberte sikulische Ansiedlung *Katane* – die »Hügelige« – poetisch genannt wird.

Die Trendumkehr fand nicht allmählich statt, sie hat wie eine Bombe eingeschlagen: Als die Mafia am 23. Mai 1992 den populären Ermittlungsrichter Giovanni Falcone samt Frau und Leibwächter mit fern gezündetem Sprengstoff vor den Toren Palermos in die Luft jagte, lief das Fass über. Nicht länger wollten die Sizilianer resignieren und vor dem organisierten Verbrechen kapitulieren. Jahrzehntelang hatten sie sich in den großen Städten nach Einbruch der Dunkelheit in die Sicherheit ihrer Häuser zurückgezogen. Jegliches Leben auf den Straßen war erloschen, es herrschte eine Atmosphäre, wie man sie sonst nur in den Ostblockstaaten der kommunistischen Ära mit ihren hochgeklappten Gehsteigen kannte.

Was genug war, war genug, schlagartig ging man hinaus. Zuerst, um gegen die Mafia zu demonstrieren. Und dann, nachdem man seiner Wut und seiner Verzweiflung öffentlich Luft gemacht hatte, um endlich wieder zu leben. Rascher als Palermo reagierte die uralte Griechenstadt Catania, die nicht zufällig im Rufe steht, dass in ihr die schlagfertigsten, witzigsten, frechsten Sizilianer – quasi die Berliner der Insel – geboren werden. Wie die Pilze sprossen Bars und Trattorien, die bis spät in die Nacht geöffnet haben, aus dem Boden. Rund um das Teatro Bellini, das Opernhaus der Stadt, erwuchs eine neue Lokalszene für die Jugend, was Taormina bald schmerzlich zu spüren bekommen sollte. Um auszugehen, muss man nicht mehr die Diskotheken des seit jeher sicheren Touristenstädtchens am Monte Tauro frequentieren, weil gleich um die Ecke nun die interessantesten Treffpunkte zu finden sind.

Eine neue Politikergeneration erkannte die Zeichen der Zeit, die Bürgermeister von Palermo und Catania setzten auf Erfahrungsaustausch, hatten doch beide Städte eines gemeinsam: vergleichbare kommunale Probleme, die es nach jahrzehntelanger Schlamperei, Korruption und Misswirtschaft so rasch wie möglich zu lösen galt. Vom öffentlichen Verkehr bis zur Müllabfuhr wurde alles reorganisiert, doch nicht genug damit, auch gegen die katastrophale Arbeitslosigkeit musste endlich etwas unternommen werden. Der Stein der Weisen fand sich in Catania im High-Tech-Bereich: Im so genannten Etna Valley – der Bezug zum kalifornischen Silicon Valley ist durchaus gewollt – baut man erfolgreich auf die neuen Informationstechnologien.

Die Ärmel hochzukrempeln und nochmals von vorne anzufangen, war vor allem für die Catanesen nichts Neues, glich doch ihre Existenz seit jeher einem

Catanias Fischmarkt gilt als schönster Süditaliens.

Tanz auf dem Vulkan. Gezählte sieben Mal wurde ihre Stadt von glühender Lava überrollt oder ist bei Erdbeben in sich zusammengestürzt, und doch haben sie sich nie unterkriegen lassen. Kampf ist Leben und Leben ist Lust. In den Intervallen zwischen zwei Katastrophen muss man zupacken, genießen. *Carpe diem* – nutze den Tag!

Wer Catania auf seinen kunsthistorischen Gehalt beschränkt, hat diese Stadt gründlich missverstanden. Deswegen sollte man sich vor jeder Besichtigung erst einmal in das bunte, laute Treiben des Fischmarktes stürzen, der unumstritten als schönster Süditaliens gilt. Das müssen sogar die Palermitaner, die sich sonst in allem und jedem überlegen fühlen, neidvoll zugeben.

Wie grundverschieden sind doch diese beiden Metropolen: Während die Hauptstadt ihre Geschichte immer und überall wie eine Visitenkarte auf dem Präsentierteller herumreicht, geht Catania mit den Zeugnissen der jahrtausendealten Vergangenheit recht locker um. Doch gerade diese Respektlosigkeit vor dem Alten, weil nur das Heute zählt, übersprudelnde Lebenslust, weil schon morgen alles vorbei, alles anders sein kann, machen die Faszination aus. Der stets zu geistreichen Disputen aufgelegte Sokrates hätte sich wohl gefühlt in dieser Stadt, die niemals schläft. Wie Lichtinseln ragen grell beleuchtete Straßenstände ins nächtliche Dunkel, Obst und Gemüse, Brot und Wein, 24 Stunden am Tag kann man einkaufen oder etwas trinken. Und dabei ein Schwätzchen halten.

Silbrig glitzern frühmorgens auf Eis gebettete fangfrische Fische zwischen Bergen aus Miesmuscheln und Garnelen, Obststände quellen je nach Jahreszeit von Kirschen, Erdbeeren, Pfirsichen, Melonen und Zitrusfrüchten über, appetitlich duftende eingelegte Oliven und Kräuter konkurrieren mit dem würzigen Geruch gelber Käselaiber – mit heiser geschrienen Stimmen preisen Fischer und Bauern tagtäglich nur einen Steinwurf vom Dom entfernt ihre Waren an. Alltag in Catania, wie er pittoresker nicht sein könnte, vor einer Kulisse von barockem Überschwang.

Giovanni Battista Vaccarini (1702–1768) hieß der Sizilianer, der sich einen Architektentraum erfüllen durfte und unter seiner Federführung ein völlig neues Catania aus Schutt und Asche erstehen ließ. Tatsächlich hatte das verheerende Erdbeben von 1693 alles zerstört, was vom großen Ätna-Ausbruch 24 Jahre zuvor verschont geblieben war. Die schnurgeraden, rechtwinkelig aufeinander treffenden Straßenzüge stammten zwar noch aus der Griechenzeit, doch der Barockbaumeister erweiterte sie immer wieder zu eleganten Plätzen der Begegnung. Vor allem die mehr als 3 km lange Via Etnea, bis heute Catanias Nobelboulevard und zumindest stundenweise Fußgängerzone, schmückte er mit heiteren, schwingenden Kirchenfassaden und reich gegliederten Palazzi.

Zu seinem Meisterwerk aber wurde der von Rathaus und Priesterseminar flankierte Domplatz, in dessen Mitte sich seit dem 18. Jahrhundert Catanias Wahrzeichen – der Elefantenbrunnen – erhebt. Dem Zeitgeschmack entsprechend setzte Vaccarini dem exotischen Tier aus Lavastein, das auf der Rennbahn eines römischen Amphitheaters gedient hatte, einen ägyptischen Obelisken, von dem niemand mehr Genaueres weiß, auf den Rücken. Überliefert ist nur die Legende, nach der ein Zauberer namens Elidor in manchen Neumondnächten den Obelisken als Startplatz für seinen fliegenden Teppich benutzt hat und des öfteren von Sizilien nach Konstantinopel und wieder retour gebraust ist. Doch seit dem Hieroglyphenstein ein Kreuz aufgesetzt wurde, hat es der Magier aus dem Morgenland, so hört man, schwer, auf seine Luftreisen zu gehen. Ihm zum Missbehagen passt nämlich Agata auf, hartnäckig, fromm und standhaft, wie das Mädchen nun einmal ist. Seitdem es ein Jahr nach seinem Märtyrertod 251 den Lavastrom stoppte, der das römische Catana niederzuwalzen drohte, erwählten es die Bürger der Stadt zur Schutzpatronin.

Die kleine Sizilianerin, die sich beharrlich geweigert hatte, einen heidnischen Römer zum Mann zu nehmen, und sich lieber erst in ein Bordell stecken, dann auf der Folterbank strecken und die Brüste mit glühenden Zangen abzwacken ließ, soll auch später wiederholt Wunder bewirkt haben. *Vivat Sant' Agata*, schallt es alljährlich zwischen dem 3. und 5. Februar über den von Oleanderbäumen gesäumten Domplatz, wenn über der Kirche der Heiligen krachend Feuerwerkfunken sprühen. An ihren Festtagen muss die Stadtpatronin, in deren Ressort das Verhindern jeder Feuergefahr fällt, besonders gut Acht geben. Im Umgang mit Böllern und Raketen beweisen die Catanesen nämlich gerne ihre sprichwörtliche Leichtfertigkeit, und das Sirenengeheul der Löschwagen übertönt so manches Mal die Gesänge der Gläubigen, die bei der *Processione delle Candelore* hinter den Agata-Reliquien im Schein armdicker Kerzen vergoldete hölzerne Prunkwagen durch die Straßen ziehen.

Den Rest des Jahres verbringt die Heiligo in ihrem Schrein in der Agata-Kapelle des Domes, nur ihr gemaltes Konterfei ist hinter einem prachtvollen schmiedeeisernen Gitter zu sehen. An kunsthistorischen Höhepunkten hat das ursprünglich normannische Gotteshaus, von dem kaum ein Stein auf dem anderen geblieben ist, sonst wenig zu bieten. In jedem Fall aber sollte man dem im

21, 24, 33
Via Etnea
S. Maria d. Mercede
V. F. Riso
Pza V. Lanza
Pza Trento
XX Settemb
Viale
19
V. Toselli
V. Conte Rugge
V. E. Pa
S. M. di Gesu
V. Ficarazzi
Pza S. M. di Gesu
Viale Regina Margherita
V. S. Euplio
V. Morosoli
V. E. Patano
V. Umberto
V. F. Apri
Ospedale Garibaldi
V. Androne
V. G. Paola
V. S. Tomaselli
Villa Bellini
V. Umberto I
V. L. Capuano
V. Gius. Verdi
M. SS. d. Carmine
V. Lago di Nicito
V. N. Martoglio
18
V. Pacini
Pza C. Alberto
V. G. Bruno
S. Domenico
23
V. Rocca Romana
Pza S. Domenico
V. S. Gaetano d. Grotta
15
Pza Stesicoro
Corso Sicilia
V. S. Vito
14
V. S. Maddalena
S. Bambino
V. Antico Corso
V. Plebiscito
V. Bambino
Pza Spirito Santo
Via G. di Prima
V. Pistone
V. Botte d'Acqua
V. Idria
V. S. Plena
V. Crociferi
V. Manzoni
Präfektur
S. Michele
Pza Manganelli
30
V. G. Clementi
Via Antonio di Sangiuliano
S. Nicolò l'Arena
Pza Dante
V. Gesuiti
V. Ardizzone
V. Rotonda
S.M. d. Rotonda
Gesuiti
S. Benedetto
13
V. Alessi
Collegiata
V. Mancini
V. S. Orsola
Pza Bellini
6
Pza Università
16
Pal. Giuliano
V. Landolina
Via Teatro Greco
31
V. S.
12
11
10
S. Francesco
2
1
5
Pza del Duomo
3
32
4
S. Placido
V. Biscari
26
Pza Duca di Genova
9
27
Via Vittorio Emanuele II
Pza S. Pantaleona
V. Barbara
Pza Mazzini
V. Gisira
28
Pza Uzeda
Villa Pacini
Pza Alcalà
7
Via Garibaldi
SS Trinità
V. S. Chiara
V. Cast. Ursino
V. Transito
Pza Currò
V. Scuto
V. di Bella
V. C. Colombo
V. Alcalà
Cap. di Porto
Pza Maravigha
V. Naumacchia
S. Maria d'Aiuto
V. di Giacomo
V. Gentile
Pza Federico di Svevia
8
V. Reitano
V. Plebiscito
V. Fornacia
V. Zurria
V. di Grimaldi
Lido Plaia
Po

Catania – Sehenswürdigkeiten: *1 Domplatz 2 Rathaus und Priesterseminar 3 Elefantenbrunnen 4 Kathedrale 5 Patronatskirche 6 Opernhaus 7 Palazzo Biscari 8 Castello Ursino 9 Porta Garibaldi 10 Bellini-Geburtshaus 11 Römisches Theater 12 Odeon 13 Via Crociferi 14 Sant'Agata al Carcere 15 Amphitheater 16 Universität*
Hotels: *17 Excelsior 18 Central Palace 19 Jolly Trinacria 20 Nettuno 21 Poggio Ducale 22 Europensione 23 Rubens*
Restaurants: *24 Poggio Ducale 25 La Siciliana 26 Cantine del Cugno Mezzano 27 Il Carato 28 Antica Marina 29 Costa Azzurra 30 Nino 31 Vico San Barnaba 32 Al Caprice 33 Ciao*

Zuckerbäckerstil des 19. Jahrhunderts errichteten Grabmonument des Komponisten Vincenzo Bellini (1801–1835) seine Reverenz erweisen und auch der Sakristei einen kurzen Besuch abstatten. Dort befindet sich nämlich das von einem Augenzeugen gemalte Fresko, das auf eindrucksvolle Weise die fatalen Folgen des Ätnaausbruches von 1669 zeigt: Unaufhaltsam rollt eine Walze aus glühender Lava auf die Stadt zu, noch ist der äußerste Punkt des Hafens, auf dem sich das Staufer-Kastell Ursino erhebt, nicht erreicht.

Mit diesem Bild vor Augen begebe man sich nun spornstreichs zu diesem *Castello Ursino*, das wiederum nur wenige Schritte hinter dem Fischmarkt zu finden ist. Nirgendwo sonst lässt sich eindrucksvoller nachvollziehen, welch gigantische Lavamassen Catania im 17. Jahrhundert unter sich begraben haben. Nur ein mächtiger Bau wie die in den 40er Jahren des 13. Jahrhunderts von Kaiser Friedrich II. errichtete Festung konnte dem Druck des flüssigen Gesteins standhalten. So entstand damals hinter dem Kastell anstelle des Hafens ein gänzlich neues Stadtviertel.

Stadtbesichtigung

Offiziell weist die zweitgrößte Stadt Siziliens etwa 450 000 Einwohner auf, inklusive der nahtlos anschließenden, explosionsartig angewachsenen Randgemeinden lässt sich diese Zahl jedoch beinahe verdoppeln. Abertausende Pendler auf dem Weg zu ihren Arbeits- und Studienplätzen verursachen tagtäglich ein Verkehrschaos auf den Einfahrtsstraßen, und auch die erst 1995 eröffnete Autobahnumfahrung (Tangenziale) hat längst die Grenzen ihrer Kapazität erreicht.

Das Zentrum hingegen ist vergleichsweise überschaubar. Dennoch sollte man für eine Besichtigung, die am besten auf dem **Domplatz** 1 beginnt, mindestens einen Tag veranschlagen. Mehr als einen flüchtigen Blick sind die verspielten **Barockfassaden** des **Rathauses** 2 (*Palazzo municipale*) sowie des gegenüberliegenden ehemaligen **Priesterseminars** (*Seminario dei Chierici*) wert. Sie zieren reich dekorierte Fenster und Portale sowie Balkone mit figurengeschmückten Konsolen. Daneben steht der Brunnen des **Amenano** (*Fontana dell'Amenano*, 19. Jh.) vor einem Treppenabgang, der zum **Fischmarkt** führt. In der Mitte der Piazza Duomo erhebt sich Giovanni Battista Vaccarinis **Elefantenbrunnen** 3 (*Fontana dell' Elefante*, 1998 restauriert).

Angesichts der heiteren Barockfassade fällt es schwer sich vorzustellen, dass die **Kathedrale** 4 von Catania einst eine Wehrkirche im Stil einer arabischen Festung war. Vom ursprünglichen Normannendom (1078–1093) ließ das Erdbeben von 1693 kaum etwas übrig, nur der Grundriss der dreischiffigen Basilika blieb beim Wiederaufbau im 18. Jahrhundert unverändert. Gegenüber der Nordseite erhebt sich in der Via Vittorio Emanuele II. die – meist geschlossene – **Patronatskirche** 5 der Schutzheiligen (*Badia di Sant'Agata*, 1735–1767) in ihrer barocken Pracht. Wer kurz darauf nach links in die Via Landolina einbiegt, gelangt in der Folge zur **Piazza Bellini** mit dem gleichnamigen **Opernhaus** 6 Catanias (*Teatro Bellini*, 1873–1890).

Doch zurück zum Domplatz und zum Endpunkt der Via Etnea, wo sich das nach dem spanischen Vizekönig Uzeda benannte **Barocktor** (*Porta Uzeda*, 1696) befindet. Dahinter verläuft die sich an den Hafen schmiegende Via Dusmet mit dem Wohnsitz der Fürsten von Biscari, dem **Palazzo Biscari** 7 (1702–1772). Der Großteil des mit hinreißenden Steinschneidearbeiten an den Fassaden geschmückten Palastes wird heute für gesellschaftliche und kulturelle Veranstaltungen genutzt. Doch immer noch bewohnt die Familie einige der prachtvoll ausgestatteten Trakte, die vom einstigen Lebensstil und unglaublichen Reichtum des Adels auf Sizilien zeugen.

Die Obst- und Gemüsestände entlang des Gitters eines hübschen **Stadtparks** (*Villa Pacini*) weisen den Weg zurück zum Fischmarkt, den man nun noch einmal durchqueren sollte. Wer sich stadtauswärts parallel zur Via Garibaldi hält, gelangt in die Via Transito und lässt spätestens bei der Via Auteri das bunte Treiben zurück. Nach links sind es nur etwa hundert Meter bis zur Piazza Federico di Svevia mit dem beeindruckenden **Castello Ursino** 8, das eine Vorstellung von der klugen Machtpolitik Friedrichs II. gibt. Der kraftvolle, auf quadratischem Grundriss errichtete und mit vier Rundtürmen an den Ecken versehene Bau demonstrierte eindrucksvoll die symbolische Anwesenheit des Kaisers, der zu Lebzeiten auf der Insel kaum prä-

Der Elefantenbrunnen – erst seit dem Barock das Wahrzeichen Catanias

sent war. Am Ende der rechten Seitenmauer kann man bis zum ursprünglichen Fundament hinunter blicken. Erst hier bekommt man eine Vorstellung von der tatsächlichen Größe dieses Bollwerks im Zentrum der einstigen Hafenbucht, das 1669 den Lavamassen standgehalten hat. Nach wiederholten Restaurierungen und der Anlage eines kleinen Parks ist im Kastell das **Städtische Museum** (*Museo comunale*) untergebracht.

Die Via Castello Ursino stößt auf die Hauptverkehrsachse Via Garibaldi, auf der linker Hand in einiger Entfernung die **Porta Garibaldi** 9, ein 1768 errichtetes Triumphtor, und in der anderen Richtung wieder der Dom zu sehen sind. Nach der Überquerung der geschwungenen Piazza Mazzini erreicht man den Corso Vittorio Emanuele II. Zu besichtigen sind hier das **Bellini-Geburtshaus** 10 (*Museo Belliniano*), das **Römische Theater** 11 (*Teatro romano*, 7000 Zuschauerplätze) und das danebenliegende **Odeon** 12, ebenfalls römischen Ursprungs und seinerzeit für 1300 Zuseher gedacht.

Eine Sehenswürdigkeit ersten Ranges stellt die kleine **Via Crociferi** 13 dar, die sich als einzige Straße Catanias den Originalzustand des 18. Jahrhundert bewahren konnte und nahezu ausschließlich von barocken Klosterbauten samt den dazugehörigen Kirchen flankiert ist. An ihrem Ende ist an der Ecke zur Via Cappuccini noch ein Überrest der Befestigungsanlage Karls V. (1556) zu sehen. Hier befindet sich auch die barocke Kirche **Sant' Agata al Carcere** 14 an der Stelle, wo die Stadtheilige nach der Legende einst gefangen gehalten wurde. Vom römischen **Amphitheater** 15 (*Anfiteatro*, 2. Jh., 71 m x 51 m, 16 000 Plätze) unterhalb des heutigen Straßenniveaus ist nur ein Ausschnitt freigelegt. Auf der gegenüberliegenden Seite der Via Etnea schmückt ein **Bellini-Denk-**

mal die Piazza Stesicoro, benannt nach dem griechischen Lyriker Stesichoros, der auf Sizilien lebte und 555 v. Chr. in Catania starb. Hinter dem Platz beginnt der größte, täglich außer Sonntag stattfindende Straßenmarkt der Stadt, auf dem es alles zu kaufen gibt, wonach das (Touristen-)Herz begehrt: Textilien und Schuhe, Haushaltswaren, Stoffe und Teppiche, aber auch Obst, Gemüse, Fleisch und Fisch. An den Wühltischen, auf denen sich zu Einheitspreisen gebrauchte und auch ungebrauchte Kleidungsstücke häufen, herrscht stets Gedränge, Okkasionen wie eine funkelnagelneue Lederjacke für fünf oder sechs Euro sind für erfahrene Schnäppchen-Jäger keine Seltenheit. Woher das gute Stück stammen mag, frage man aber besser nicht.

Zurück auf der Via Etnea, die sich vor der **Universität** 16 (*Palazzo dell'Università*, 18./19. Jh.) zu einer großzügigen Piazza erweitert, finden sich Boutiquen, Buchhandlungen und neuerdings auch eine Vielzahl von Straßencafés, die mit ihren süßen und salzigen Verführungen zum Verweilen einladen. Die Konditoreien und Bars der Großstädte bieten sich vor allem im Hochsommer als ideale Alternative zu den großteils geschlossenen Trattorien und Restaurants an. Sobald es heiß wird, drängt alles hinaus zu den nahen Küsten, an denen viele Lokalbesitzer ihre Dependancen betreiben.

Den Catanesen auf der Suche nach Abkühlung steht Richtung Syrakus der **Lido Playa** zur Verfügung, der sich überraschenderweise nicht als lavadunkler, sondern als heller Strand entpuppt. Flüsse aus dem Landesinneren haben den Sand angeschwemmt und damit ein 18 km langes Badeparadies geschaffen. Von der Großzügigkeit der Natur, die mit elegantem Schwung Berg und Ebene zum Meer ausklingen ließ, ist allerdings kaum mehr etwas zu bemerken. Eilig zusammengezimmerte Kabinen und skurrile Holzhäuschen, aber auch luxuriöse Bungalows in abgezäunten Privatgrundstücken, Motels, Campingplätze, Jugendherbergen – jeder Quadratzentimeter Boden wurde verbaut oder verbarrikadiert.

Die vornehme Bezeichnung »Lido Playa« trügt, sie ist das einzig edle an diesem Freizeitdorado. Typische sizilianische Seebäder haben nichts mit gängigen Vorstellungen von gepflegten Stränden in malerischer Umgebung gemein, in ihnen geht es ebenso turbulent – und schmutzig – zu wie auf den Straßen. Ein Picknick ist dazu da, dass die Hausfrau nicht aufräumen muss. Als Müllcontainer dient das Meer, das geduldig Kunststoffbecher und Plastiksäcke auf seinen Wellen trägt und sie nur hin und wieder an Land speit, wo sich der Wind sogleich der leichten Beute bemächtigt.

Entlang einer Eukalyptus-Allee verlässt man nun endgültig die Stadt, dic sattgrünen Zitrusplantagen am Straßenrand sind noch ein Abschiedsgruß der fruchtbaren Ebene zu Füßen des Ätna. Ein letzter Blick zurück auf den mit einem goldgelben Band gesäumten Golf von Catania, dann ändert sich das Bild fast schlagartig. Steinige Abhänge in unwirtlicher Landschaft geben einen Vorgeschmack auf die herbe Schönheit der Hybläischen Berge im einsamen Hinterland von Syrakus. Doch erst muss die hässliche Industriezone von Augusta, die man bereits riecht, bevor sie zu sehen ist, durchquert werden. Über eine streckenweise als Autobahn ausgebaute Schnellstraße gelangt man in einer knappen Stunde ans Ziel (76 km von Catania), die Eisenbahn benötigt gute 90 Minuten.

Syrakus: Das New York der Antike

Stadtplan: S. 138/139
Tipps und Adressen: S. 364ff.

■ Wie ein Leuchtfeuer glänzte einst Athenes goldener Schild in der Sonne, weithin sichtbar für alle, die sich vom Meer her Syrakus näherten. Seefahrer ersehnten den Anblick der Göttin des »klugen Krieges« nach langer, gefahrvoller Fahrt ganz genau so, wie Jahrtausende später europäische Auswanderer nach der Freiheitsstatue mit ihrer verheißungsvollen Fackel vor Amerikas Küste Ausschau hielten.

Ausnahmsweise war es kein griechisches Wort, das 734 v. Chr. bei der Stadtgründung von *Syrakousai* Pate stand, sondern ein sikulisches: *Syrakka* – »Sumpf« – nannten die Ureinwohner das Gebiet rund um die kleine Insel, die von den Einwanderern *Ortygia* – »Wachtelinsel« – getauft wurde. So lautete damals der zweite Name für die Kykladeninsel Delos, Geburtsstätte von Apollon und Artemis. Den göttlichen Zwillingen ist dementsprechend auch der älteste, um 570 v. Chr. errichtete Tempel Siziliens geweiht, von dem jedoch lediglich ein paar Säulenstümpfe und ein Teil der Cella-Wand erhalten blieben.

Nicht zufällig konnte sich Syrakus früher als alle anderen teure Tempelbauten leisten: Skrupelloser als anderswo versklavten hier die Einwanderer die ihnen in jeder Hinsicht unterlegenen Sikuler, die für ihre neuen Herren auf den Feldern und in den Steinbrüchen schuften mussten. Die explosionsartig anwachsende Stadt dehnte sich bald auf das Festland aus, nur wenige Generationen später umfasste sie bereits jene fünf Bezirke, auf denen sich das etwa 120 000 Einwohner zählende Siracusa unserer Tage in vergleichsweise bescheidenen Dimensionen ausbreitet.

Das griechische Syrakus auf dem Gipfel seiner Macht war tatsächlich einmal das New York Magna Graecias. Bis zu einer Million Menschen lebten im 4. Jahrhundert v. Chr. im Schutz seiner Mauern. Athen brachte es vergleichsweise nie auf mehr als 140 000 Einwohner, wobei all diese Angaben mit Vorsicht zu betrachten sind. Die antiken Chroniken berichten nämlich höchst Unterschiedliches, und es kommt ganz darauf an, ob mit der Bevölkerungszahl nur die freien, männlichen Griechen oder auch Frauen und Kinder gemeint sind. Dazu muss noch die große Schar an Sklaven und Freigelassenen gerechnet werden. Tatsächlich waren die Städte des Altertums

Syrakus – *Sehenswürdigkeiten:*
Ortygia: *1 Apollon- und Artemis-Tempel 2 Palazzo Montalto und Palazzo Lanza 3 Artemis-Brunnen 4 Piazza Duomo 5 Palazzo Beneventano 6 Dom 7 Chiesa S. Lucia alla Badia 8 Quelle der Arethusa 9 Castello Maniace*
Archäologischer Park: *10 Altar Hieron II. 11 Teatro Greco 12 Latomia del Paradiso 13 Ohr des Dionysios 14 Seilmachergrotte 15 Römisches Amphitheater 16 Museo Acheologico Regionale 17 Heiligtum der Weinenden Madonna 18 Basilika di San Giovanni*
Hotels: *19 Grand Hotel 20 Roma 21 Villa Politi 22 Bellavista 23 Park Hotel 24 Archimede*
Jugendherberge: *25 Alberga per la Gioventù*
Restaurants: *26 Ionico 'a Rutta 'e Ciauli 27 L'Ancora 28 Archimede 29 Arlecchino 30 Minosse*

▷

Viale Tica
Via Delfica
V. dell'Olimpiade
V. Bassa Acradina
Viale Panagia
Largo Nedo Nadi
V. La Spezia
V. Padova
Viale Teracati
Palermo, Catania
Viale Scala Greca
V. Olivieri
V. Latomie
del Casale
V. A. von Platen
Catacombe d. Vigna Cassia
V. Bruno
S. Giovanni Evangelista
18
16
Via Necropole Grotticelli
Grab des Archimedes
Nekropole Grotticelli
V. S. Sebastiano
Istituto Syr. d. Papiro
V. Monfalcone
Via C. Forlenini
PARCO ARCHEOLOGICO DELLA NEAPOLI
Latomia Venera
Eurialo
V. Galermi
Viale G. E. Rizzo
Latomia Intagliatella
Viale Teocrito
17
V. Mauceri
25
14
Viale Augusto
V. Demostene
Santuario di Demetra e Kore
Pza della Vittoria
13
12
S. Nicolò
Largo Anfiteatro
V. Testaferrata
V. Cavallari
11
V. dei Sepolcri
15
Corso Gelone
V. G. di Natale
Viale Mons Carabelli
Viale Paradiso
V. Tevere
V. Arno
V. Po
Viale Giulio Emanuele
10
Viale P. Orsi
V. Basonto
Pza Aldo Moro
Pza della Repubblica
Pza Adda
Via Brenta
Stazione
Via F. Crispi
24
Viale P. Orsi
Viale Ermocrate
Via Elorina
V. Necropoli del Fusco
Palazzolo Acreide, Ciane-Quelle
Via Columba
Via Elorina
Porto Grande
Noto

22, 23
21
Largo della Latomia
Riviera Dionisio il Grande
V. Napoli
V. Genova
V. Torino
V. Cimone
V. L. Bignami
V. Premuda
Ionisches Meer
0
500 m
26
Montegrappa
Trapani
V. Piave
V. Isonzo
degli Orti
Arsenale Antico
Complesso Termale
V. dell'Arsenale
Porto Piccolo
V. A. Diaz
V. Dante
Viale Regina Margherita
Corso Umberto
V. Malta
Ple IV Novembre
V. Bengasi
Stazione Marittima
Riva N. Sauro
27
Pza. C. Battisti
Lungomare di Levante
V. Trento
V. Dione
GRAZIELLA
Pza Pancali
Ponte Nuovo
V. Resalibera
Isola dei Cani
V. Vittorio Veneto
29
Belvedere S. Giacomo
Pal. Interlandi
V. Mirabella
30
Corso Matteotti
V. XX Settembre
V. Savoia
Riva Garibaldi
19
Viale Mazzini
V. Cavour
28
V. della Maestranza
V. Alagona
V. Giudecca
Pal. Lanza
Lgo Porta Marina
V. Nizza
1
2
3
4
5
6
V. Minerva
Via Roma
Pza S. Giuseppe
20
Pza Duomo
Pal. Arcivescovile
Foro Italico
Pal. Bellomo (Galleria Regionale)
7
Ortygia
S. Martino
Lungomare Ortigia
8
V. Castello Maniace
Ionisches Meer
9

von weit mehr Menschen bewohnt, als die offiziellen Zahlen vermuten lassen.

Lange bevor Rom oder Alexandria zu Weltstädten aufstiegen, konzentrierten sich Reichtum und Einfluss auf Syrakus. Niemals zuvor und nirgendwo anders kamen Griechen der Illusion von einem Imperium, das für lange Zeit das gesamte Mittelmeer hätte beherrschen können, so nahe. Doch sie verschenkten durch jahrzehntelange Machtkämpfe untereinander ihre Chance an andere. Als 212 v. Chr. ein unbekannter römischer Soldat den großen Mathematiker Archimedes erschlug, waren alle Träume längst ausgeträumt. Selbst ein Genie wie er hatte den Untergang nicht mehr aufhalten können. Ob er tatsächlich, wie es heißt, mit Brennspiegeln die Flotte der Römer in Brand gesteckt oder mit eisernen Greifarmen Feinde vor den Toren gefesselt und hochgehoben hatte, sei dahingestellt. Als Heldenepos macht es sich jedenfalls ebenso gut wie die köstliche Geschichte, nach der Archimedes halbnackt *Heureka!* – »Ich hab's!« – rufend durch die Straßen gelaufen ist. Ausgerechnet in der Badewanne soll ihm die Erkenntnis vom spezifischen Gewicht der Körper durch den Kopf geschossen sein – und das musste natürlich jedermann auf der Stelle erfahren.

Stadtbesichtigung

Die wichtigsten Sehenswürdigkeiten konzentrieren sich an drei Schauplätzen: die Insel Ortygia, der Archäologische Park (Haupteingang in der Via P. Orsi) und das Archäologische Museum (Viale Teocrito) in unmittelbarer Nachbarschaft der Katakomben des hl. Johannes.

Der Artemis-Brunnen zeigt die Verwandlung der Nymphe Arethusa zur Quelle.

Ortygia

Vom Festland aus ist der älteste Teil von Syrakus nur über den **Ponte Nuovo** (Neue Brücke) zu erreichen, der das Hafenbecken überquert: Auf der linken Seite sieht man den **Porto Piccolo** (Kleiner Hafen), rechts erstreckt sich der **Porto Grande** (Großer Hafen), 413 v. Chr. Schauplatz der Seeschlacht zwischen Athen und Syrakus, heute Anlegeplatz der riesigen Mittelmeerfähren (u. a. nach Malta) und Frachtschiffe sowie der Ausflugsboote für Hafenrundfahrten.

Für einen Rundgang muss man mindestens zwei Stunden veranschlagen. Nach den Besichtigungen sollte man sich nämlich einfach durch die verträumten Gässchen treiben lassen. Nahezu jede Fassade zeigt als Erbe des Barock herrliche Steinschneidearbeiten an Portalen und Balkonen. Auch Syrakus wurde vom katastrophalen Erdbeben des Jahres 1693 schwer erschüttert und danach im barocken Stil der Epoche wieder aufgebaut. Im 20. Jahrhundert drohte Ortygia erneut zu verfallen. Wer es sich leisten konnte, übersiedelte aus den alten Häusern in die modernen Viertel auf dem Festland. Erst in den 90er Jahren begann man mit der Revitalisierung der mittlerweile fast entvölkerten Altstadt, die sich seither wieder belebt.

Zur Begrüßung präsentieren sich an der Piazza Pancali inmitten einer gepflegten Anlage die Überreste des **Apollon- und Artemis-Tempels** 1 (6. Jh., ältester, noch erhaltener Siziliens), der in byzantinischer Zeit als Kirche, danach von den Arabern als Moschee, unter den Normannen wiederum als christliches Gotteshaus und in der Neuzeit als Ka-

Glanz und Elend der Macht

Bis zu Beginn des 5. Jahrhunderts v. Chr. regierte in Syrakus eine Adels-Oligarchie. 485 übernahm Gelon, Tyrann von Gela, die Macht. Mit Waffenhilfe seines Schwiegervaters Theron, des Tyrannen von Agrigent, besiegte er in der Schicksalsschlacht von 480 die Karthager bei Himera. Die unglaublichen Beuteschätze bildeten den Grundstein für den Aufstieg von Syrakus zum mächtigsten Stadtstaat der griechischen Welt.

Noch aber war es nicht so weit. Als Gelon zwei Jahre später starb, folgte ihm 478 als Erbe einer seiner Brüder, Hieron I., der einen üblen Polizeistaat aufbaute. Thrasybolos, der jüngste der Brüder, gelangte nach dem Tod Hierons 467 auf den Thron. Doch ihn vertrieb das Volk schon sehr bald mit Schimpf und Schande. Ein halbes Jahrhundert Demokratie war die Antwort auf die ersten drei Tyrannen von Syrakus.

415 wurde Syrakus in den Peloponnesischen Krieg verwickelt und von Athen angegriffen. Der »Bruderkrieg« endete nach zweijähriger Belagerung im Hafen von Syrakus mit der Niederlage der athenischen Flotte.

Man hatte sich aber fast zu Tode gesiegt, als die Karthager zurückschlugen. 409 zerstörten sie Selinunt, 406 Agrigent, 405 bedrohten sie Syrakus. In höchster Not suchte das Volk einen »starken Mann« und fand diesen in der Person des erst 25 Jahre alten Feldherrn Dionysios (oder Dionys), und eine bessere Wahl hätte man nicht treffen können. Der militärische Stratege wusste um die aussichtlose Situation, statt auf einen sinnlosen Kampf setzte er auf Diplomatie. Mit Geld und guten Worten erkaufte er den Frieden, doch nur für jene kurze Zeitspanne, die er benötigte, um Syrakus uneinnehmbar zu machen. In sechsjähriger Bauzeit errichtete er eine 27 km lange Stadtmauer, die längste der antiken Welt, sowie das Bollwerk Euryalos. Dann stellte er die enormen Zahlungen ein, Karthago kapitulierte kampflos.

Zum Dank ernannten ihn die Syrakusaner zu ihrem Tyrannen, und als solcher regierte er 38 Jahre lang (405–367). »Zu Dionys, dem Tyrannen, schlich Damon, den Dolch im Gewande ...« – es war Dionysios I., dem Schiller in seiner Ballade ein Denkmal setzte. Mit dessen Sohn neigte sich die zweite Periode der Tyrannis, eine »goldene Zeit«, dem Ende zu. Dionysios II. war größenwahnsinnig, trunksüchtig, realitätsfern und beim Volk verhasst. 365 verjagte man ihn ins Exil. Korinth, die Mutterstadt von Syrakus, nahm ihn auf. Sein Nachfolger Dion wurde 354 ermordet, die Karthager witterten eine Chance zum Gegenschlag. Im letzten Moment rettete der 344 verzweifelt herbeigerufene und zum Tyrannen erkorene Korinther Timoleon die Stadt. Doch nach seinem Sieg dankte er ab und starb 336 als einfacher Bürger des nunmehr republikanischen Syrakus.

Weitere zwei Jahrzehnte blieb man »vom Tyrannen befreit«, dann übernahm Agathokles, Sohn eines Töpfers, ehrgeizig bis zur Selbstaufgabe, vom Adel verachtet, beim Volk beliebt, für 28 Jahre die Macht. 289 wurde der einzige unter den Syrakusaner Tyrannen, der den Königstitel trug, unter nie geklärten Umständen vergiftet. Wie das Amen im Gebet waren nach seinem Tod die Karthager wieder vor den Toren. Syrakus flehte um Hilfe, die der Schwiegersohn des ermordeten Agathokles, König Pyrrhos von Epiros, auch leistete. Er kam, besiegte die Feinde (278–276) – und kehrte in seine Heimat zurück.

Vorhang auf für den letzten großen Tyrannen: Von 269 bis 215 regierte Hieron II., der sich als junger Offizier bereits einer römerfreundlichen Politik verschrieben hatte und gut damit fuhr. 54 Jahre erhielt er als treuer Verbündeter Roms seiner Stadt Freiheit und Unabhängigkeit. Nach dieser letzten, langen Friedenszeit lief auch für Syrakus die Uhr ab. Sein Nachfolger und Neffe Hieronymos kündigte Rom die Treue und setzte auf den Karthager Hannibal. Zu früh, wie sich zeigte, und zugleich auch zu spät, um sich vor der Rache der Mächtigen vom Tiber zu schützen. 212 fiel Syrakus als letzte Bastion des griechischen Sizilien.

Todessteinbrüche für die besiegten Athener

serne genutzt wurde, die man letztendlich dem Verfall überließ. Mitte des 20. Jahrhunderts grub man das uralte Heiligtum unterhalb des heutigen Straßenniveaus aus.

Linkerhand kommen an Vormittagen bereits die ersten Stände eines typischen Straßenmarktes in Sicht, der sich bis zum kleinen Hafenbecken erstreckt. Über den **Corso Matteotti**, eine elegante Geschäftsstraße, erreicht man die von zwei herrlichen Palais (**Palazzo Montalto** 2 14. Jh. und **Palazzo Lanza**, 15. Jh.) gesäumte Piazza Archimede mit dem an Figuren reichen **Artemis-Brunnen** 3 (*Fontana di Artemide*, 19. Jh.), der die Verwandlung der Nymphe Arethusa in eine Quelle darstellt. Die Via Minerva mündet auf der **Piazza Duomo** 4, einem Platz von schwereloser Heiterkeit, wie es ihn in ganz Sizilien kein zweites Mal gibt. Seine Fassadenensembles und ausgewogenen Proportionen fügen sich zu einem Gesamtkunstwerk des Barock, zu dem der **Senatorenpalast** (1629–33, heute Rathaus) ebenso gehört wie der gegenüberliegende **Palazzo Beneventano del Bosco** 5, ein nach wie vor von der Familie bewohnter, 1779 umgestalteter Adelssitz aus dem 15. Jahrhundert.

Platzbeherrschend aber zieht der **Dom** 6 alle Blicke auf sich, dessen Vorderfront nach dem Erdbeben von 1693 neu gestaltet werden musste. Nur der Beste der Besten kam für die Syrakusaner in Frage, und so schrieben sie einen Wettbewerb aus, den der Palermitaner Andrea Palma bravourös gewann. Über einer prachtvollen Freitreppe, flankiert von den Statuen des Petrus und Paulus, erhebt sich eine geschwungene, in Säulen und Nischen aufgelöste Fassade von unglaublicher Leichtigkeit. Das barocke Meisterwerk harmoniert perfekt mit dem schweren Baukörper, der bis heute ein griechischer Tempel geblieben ist.

Mächtig quellen an der Seitenfront die Säulen des **Athena-Tempels** aus dem 5. Jahrhundert v. Chr. hervor. Das Christentum hat das griechische Heiligtum buchstäblich eingemauert. Um es sich besser vorstellen zu können, gilt die Faustregel: Was bei dem antiken Bauwerk offen war, ist jetzt geschlossen und was geschlossen war, ist nun geöffnet. Dementsprechend wurde der leere Raum zwischen den Säulen mit Mauern versehen, im Inneren aber hat man den Block der Cella mit Bögen durchbrochen und auf diese Weise drei Kirchenschiffe geschaffen.

Ein Gotteshaus wie dieses ist auf der ganzen Welt einzigartig. Wer hier eintritt, steht an einem Ort, der schon vor urdenklichen Zeiten als heilig galt, heilig in einem Sinn, in dem die Bibel von jenen seltenen Stätten spricht, wo Gott schon immer wohnte. Lange vor den Griechen lag an dieser Stelle eine Kultstätte der Sikuler, im 8. Jahrhundert erbauten die Einwanderer hier ihr erstes Heiligtum, über dem sie nach der Schicksalsschlacht von Himera 480 v. Chr. eben jenen Athena-Tempel errichteten, in dem wir heute noch stehen. Seit zweieinhalb Jahrtausenden wird innerhalb dieser Säulen gebetet – zu welcher Gottheit auch immer.

An der Innenwand der einstigen Cella verkünden goldene Lettern: *Ecclesia siracusana prima divi Petri filia et prima post Antiochenam Christo dictata* – »Die syrakusanische Kirche, die erste Tochter des hl. Petrus und nach der antiochenischen die erste Christus ge-

Schwungvolle Eleganz: Die Fassade des Doms zeigt Andrea Palmas Meisterschaft.

Renovierte Fassaden an der Hafenpromenade: Renaissance einstiger Noblesse ▷

Ristorante
La Rambla
Pizzeria
LUNA NUOVA

weihte.« Bereits 42 n. Chr. existierte in Syrakus eine christliche Gemeinde, die Paulus auf seinem Weg nach Rom vermutlich aufgesucht hat.

Auf dem barocken Marmorfußboden knien heute Gläubige vor dem Architrav des Tempeltores, der zum Altartisch wurde. Und in der ersten Seitenkapelle ist eine Alabastervase aus dem Athena-Tempel zu sehen, die – von den Normannen mit Sockel und sieben Bronzelöwen versehen – zum Taufbecken umfunktioniert wurde. Ein kunstvoll geschmiedetes Eisengitter von 1605 verschließt die Kapelle der hl. Lucia mit der fast 4 m hohen Statue der Schutzpatronin von Syrakus, die nur zu ihren Festtagen aus ihrem Schrein geholt und in feierlichen Prozessionen durch die Stadt getragen wird. Die erste Station macht die Heilige in der ihr geweihten **Chiesa S. Lucia alla Badia** 7 (1695–1707) am unteren Ende des Domplatzes. Von dem für eine Kirche höchst ungewöhnlichen schmiedeeisernen Balkon aus beobachteten einst Zisterziensernonnen aus gebührender Distanz die bisweilen recht turbulenten Szenen bei den Umzügen.

Nur einen Steinwurf entfernt erinnert die **Quelle der Arethusa** 8 an die antike Patronin der Stadt. Dekorativ tummeln sich Enten in einem kreisförmigen Becken, das von der nur wenige Meter vor dem Meer hervorsprudelnden Süßwasserquelle gespeist wird. Im dunklen Schatten mächtiger Gummibäume erzählt eine moderne Skulptur die uralte Geschichte von der schönen Nymphe Arethusa: Um den Nachstellungen des verliebten Flussgottes Alphaios auf dem fernen Peloponnes zu entgehen, stürzte sich das Mädchen in die Fluten der Ägäis. Die Männern ohnedies nicht sehr wohlgesonnene Artemis erbarmte sich der Flüchtenden und verwandelte sie in eine klare Quelle, die erst in neugriechischer Erde wieder ans Tageslicht kommen sollte. Alphaios aber nahm die Verfolgung auf und holte Arethusa bei Ortygia ein, wo er sein Wasser mit dem ihren vermischte und somit letztlich sein Ziel doch noch erreicht hat. Die solcherart Zwangsbeglückte wurde zum Glückssymbol von Syrakus, das nicht nur die lange Zeit härteste, sondern auch schönste Währung der griechischen Welt besaß: Münzen mit dem liebreizenden Antlitz Arethusas, in deren Wellenhaaren Delphine spielen.

Das **Castello Maniace** 9 an der äußersten Spitze der Wachtelinsel, 1038 vom Byzantiner Feldherrn Maniakes als Hafenfestung angelegt, 1239 von Friedrich II. ausgebaut und heute als militärische Anlage genutzt, kann nicht besichtigt, wohl aber von der Meerseite aus der Nähe betrachtet werden. Von April bis Oktober bieten Ausflugsboote etwa einstündige Hafenrundfahrten an (Anlegestelle am Foro Italico).

Archäologischer Park

Um Missverständnisse zu vermeiden: Mit dem berühmten Neapel am Vesuv hat die Ausgrabungszone von Syrakus lediglich das griechische Wort für »Neustadt« gemeinsam. Wo sich heute der **Parco Archeologico della Neapoli** erstreckt, dehnte sich in der Antike das neueste der insgesamt fünf Stadtviertel aus – Neapolis. Für eine Besichtigung der monumentalen Anlage, in der alle wesentlichen Ausgrabungen aus griechischer und römischer Zeit zu finden sind, benötigt man wiederum mindestens zwei Stunden.

Um den Rundgang einigermaßen chronologisch zu gestalten, sollte man zunächst das römische Amphitheater links liegen lassen und gleich zum **Altar**

Hieron II. 10 (*Ara di Ierone*), der im 3. Jahrhundert v. Chr. aus dem Felsen geschlagen wurde, weitergehen. 450 Stiere sollen auf dem gewaltigen Altar (23 m breit, 198 m lang) gleichzeitig geopfert worden sein. Wie viele es tatsächlich waren, sei dahingestellt, historisch gesichert aber ist, dass der Tyrann der Antike steht. Bei einem Durchmesser von 139 m beträgt die Höhe nur 19 m, denn die Stufen der Sitzreihen wurden nicht, wie sonst üblich, aufgeschichtet, sondern zum Großteil aus dem Fels geschlagen. Eine gigantische architektonische Leistung des 3. Jahrhunderts v. Chr., denn der kleinste Berechnungsfeh-

Das Teatro Greco mit seinen aus dem Fels geschlagenen Sitzreihen

Hieron II. alljährlich ein gigantisches Schlachtfest mit anschließender Volksspeisung ausrichten ließ. Der Anlass – die Befreiung der Stadt von der Tyrannis des Thrasybolos – lag damals zwar schon mehr als 200 Jahre zurück, doch auch Griechen der Spätzeit liebten, wenn auch nicht ganz so blutrünstig wie danach die Römer, »Brot und Spiele«.

Die Eintrittskarten erhält man wenige Schritte weiter. Hier gabelt sich der Weg, wobei man nun den Wegweisern zum **Teatro Greco** 11 folgt und sogleich vor dem Halbrund des größten und gleichzeitig flachsten Griechischen Theaters

ler wäre nicht mehr zu korrigieren gewesen, und eine entsetzliche Fronarbeit für die Sklaven, die 42 der ursprünglich insgesamt 60 Sitzreihen aus dem Gestein buchstäblich herausschälen mussten. Doch nur deswegen überdauerte dieses hellenistische Meisterwerk, das Hieron II. in diesen Dimensionen anlegen ließ, nahezu unbeschadet die Jahrtausende. Bis zum heutigen Tag werden auf dieser Bühne antike Tragödien inszeniert.

Theater gespielt wurde in Syrakus freilich schon weit früher. So fand 472 v. Chr. in kleinerem Rahmen die Uraufführung der »Perser« von Aischylos

Unbegrenzter Urlaub für Lucia

Unter Kaiser Diokletian erlitt sie am 13. Dezember 304 in Syrakus den Märtyrertod. Um die Säule, an der sie starb, baute man eine Kirche – Caravaggio malte in seinem eigenen Todesjahr 1609 ihre Beerdigung. Mehr als anderthalb Jahrtausende sorgte die heilige Lucia selbst aus der Fremde für ihre Stadt, denn Byzantiner entführten ihre Gebeine im 11. Jahrhundert nach Konstantinopel, venezianische Kreuzritter brachten sie wenig später in die Lagunenstadt, wo die Reliquien in der Chiesa S. Geremia heute noch ruhen. Als echte Volksheilige nahm sie sich besonders der armen Leute an. Gestrauchelte Mädchen konnten stets mit Lucias Hilfe rechnen, sogar »reuige Dirnen auf Fürsprache hoffen«, wie es im Heiligenkalender heißt.

Am 29. August des Jahres 1953 bekam Lucia Urlaub auf unbestimmte Zeit: Eine unscheinbare Gipsmadonna, wie sie tausendfach in billigen Serien hergestellt wird, weinte damals über die Leiden der todkranken Arbeiterfrau Antonia Jannuso heiße Tränen des Mitleids. Auch an den folgenden Tagen tropfte wasserhelle Substanz aus den Augen des buntbemalten Reliefs. Die vom Erzbischof von Syrakus sofort angeordnete chemische Analyse ergab eine exakte Übereinstimmung mit menschlicher Tränenflüssigkeit. Als nach der Genesung von Signora Jannuso sich noch weitere Heilungen ereigneten, war eine der größten Wallfahrtsstätten des Abendlandes geboren. Lucia blieb zwar allseits geschätzte Stadtpatronin, doch für alle wirklich wichtigen Angelegenheiten haben die Syrakusaner seither eine internationale Adresse.

Dem wundertätigen Bildnis zimmerte man in aller Eile eine Holzkirche, doch schon bald fanden die Gläubigen aus alter Welt in ihr keinen Platz mehr. Am zehnten Jahrestag der ersten Tränen wurden bereits mehr als 100 000 Pilger gezählt, weitere fünf Jahre später konnte die Krypta des **Santuario della Madonnina delle Lacrime** eingeweiht werden. Aber noch immer wusste man nicht, wo all die Gläubigen Unterkunft finden sollten. Ein Hotelkomplex neben dem nunmehr fertig gestellten Sanktuarium löste auch dieses Problem.

Urlauber zieht es nur selten zu dem modernen Heiligtum mit der unterkühlten Atmosphäre. Die kleine Gestalt in einer winzigen Nische des 5000 m^2 großen Raumes tief unter der Erde übt auf schlichte Touristen wenig Anziehungskraft aus. Mit ihren schmalen Händen, so scheint es, greift sie sich etwas verloren ans Herz. Wer jetzt zu ihr kommt, ist weit von einem Blick ihrer mitleidigen Augen entfernt.

Die Tränen der Madonna sind offenbar versiegt. Doch vielleicht lächelt die heilige Jungfrau sogar manches Mal – aus Freude über die grenzenlose Verehrung, die ihre Sizilianer auch ohne Wiederholung des Wunders ihr unerschütterlich erweisen.

statt, eine Premiere, von der die ganze griechische Welt sprach, behandelte es doch nicht die gewohnte mythologische Thematik, sondern ein aktuelles politisches Ereignis. Von der älteren Anlage blieb nichts erhalten, vermutlich befand sie sich ganz in der Nähe.

Oberhalb der letzten Sitzreihe sprudelte schon im Altertum aus einer breiten **Grotte** erfrischendes Quellwasser, das einst in einen Brunnen gefasst und mit Statuen der Musen geschmückt war. Dank der hervorragenden Akustik lässt sich bis hier herauf jedes Wort vernehmen, das auf der technisch raffiniert ausgestatteten Bühne gesprochen wurde. Sofern nicht von den Umbauten der Römer zerstört, sind noch einige Gänge und Einschnitte für die antiken Theatermaschinen, mit denen Kulissen bewegt und die unwahrscheinlichsten Effekte erzielt werden konnten, zu sehen. Vom vermutlich dreistöckigen Bühnengebäude hingegen blieb nichts erhalten, an seiner Stelle befindet sich nun ein Wäldchen, das geschickt die Sicht auf die wenig attraktiven Bauten des modernen Syrakus verbirgt.

An der Weggabelung hinter dem Eingang führt eine Treppe hinunter zur **Latomia del Paradiso** 12, einem der vielen Steinbrüche der antiken Stadt. In den so genannten Paradies-Latomien bereitete Syrakus allerdings seinen Gefangenen einst garantiert die Hölle. Über das Schicksal der 7000 Kriegsgefangenen aus Athen, die nach der verlorenen Schlacht im griechischen Bruderkrieg elend zu Grunde gingen, schrieb Thukydides (ca. 460–400 v. Chr.): »In Massen in dem tief eingehöhlten engen Raum zusammengedrängt, litten sie zuerst unter den Sonnenstrahlen und der erstickenden Hitze, weil ein Obdach fehlte; die Nächte waren im Gegenteil herbstlich und kühl, daher hatte der

Ohr des Dionysios

Wechsel Krankheiten zur Folge. Wegen der Enge mussten alle Verrichtungen an demselben Orte geschehen, und die Leichen lagen gehäuft übereinander. Da gab es dann Sterbefälle, nicht nur durch Verwundungen, sondern durch den Wechsel und die anderen Umstände. Die Gerüche waren unerträglich; Hunger und Durst quälten sie; es gab acht Monate lang nur ein Kotyle [etwa ein Viertelliter] Wasser und zwei Kotylen Brot für den Mann.«

Inmitten der üppigen subtropischen Vegetation fällt es schwer, sich das schreckliche Gefängnis auch nur annähernd vorzustellen. Ein Werk der Eingekerkerten ist auch das **Ohr des Dionysios** 13 (*Orecchio di Dionisio*). Den Namen für die 23 m hohe, 65 m lange und 5 bis 11 m breite künstliche Höhle prägte 1586 der Maler Michelangelo da Caravaggio, als man ihm die Geschichte erzählte, der Tyrann habe hier höchstpersönlich durch eine Öffnung in der Decke seine gefangenen Staatsfeinde belauscht. Tatsächlich gaben die enorme Echowirkung und Schallverstärkung des ohrmuschelförmigen Felsgewölbes, das jedes Geräusch um das Vierzigfache erhöht, immer wieder Anlass zu allerlei Spekulationen.

Zwischen rötlichen Wänden an einem grünlich schimmernden See gingen in der benachbarten **Seilmachergrotte** 14 (*Grotta dei Cordari*) Meister ihres Faches bis ins 17. Jahrhundert ihrer Arbeit nach. Konstante Feuchtigkeit schuf ideale Bedingungen, mit dem Siegeszug des Kunststoffs ist dieses uralte Handwerk heute nahezu ausgestorben. Winston Churchill war von der Grotte so begeistert, dass er sie malte. Seit 1987 ist die Höhle wegen Steinschlaggefahr geschlossen.

Richtung Ausgang befindet sich nach ein paar Souvenirständen der Zugang zum **Römischen Amphitheater** 15 (*Anfiteatro Romano*), im 1. Jahrhundert n. Chr. erbaut und mit den Ausmaßen 140 x 119 m auf elliptischem Grundriss eines der größten des Römischen Imperiums. Inmitten der Arena, in der auch Gladiatoren um ihr Leben kämpften, befand sich einst ein Wasserbecken.

Archäologisches Museum

Im Park **Villa Landolina**, einst im Besitz des adeligen Altertumsforschers Saverio Landolina, wurde 1988 der Neubau des **Museo Archeologico Regionale** 16 eröffnet, neben dem in Palermo das bedeutendste Archäologische Museum Siziliens. In der gepflegten Gartenanlage liegt im übrigen der deutsche Dichter Graf August von Platen begraben, der 1835 im Alter von 39 Jahren einsam in Syrakus starb.

Im Museum können derzeit rund 15 000 Ausstellungsstücke von der Vorgeschichte bis zum Beginn des Hellenismus besichtigt werden, weitere 5000 liegen noch in den Depots. In den einzelnen Abteilungen, die von der Vorgeschichte bis zum Hellenismus reichen, hat man die Exponate nach ihren Fundstätten geordnet. Besonders umfangreich sind die Keramik-Sammlungen, die frühesten Fragmente datiert man auf 5000 v. Chr. Beeindruckend, doch für Laien interessanter ist die Vielzahl griechischer Vasen, deren Bemalungen Szenen aus dem Alltagsleben, Kriegsgeschehen und mythologische Themen zeigen.

Unter den Skulpturen zählt eine sitzende Muttergottheit aus bemaltem Kalkstein, die an ihren ausladenden Brüsten Zwillinge säugt, zu den Glanzstücken (6. Jh. v. Chr.). Zu weit größerem Ruhm als die Urmutter brachte es jedoch die Venus Landolina, die – kopflose – römische Kopie einer hellenistischen Statue (3. Jh. v. Chr.), bei deren Anblick der französische Schriftsteller Guy de Maupassant 1884 schwärmte: »So ist die Frau, die man liebt, die man begehrt, die man umarmen möchte!« Geschmackssache, denn mit Sicherheit entspricht vor allem die Rückseite der üppigen Göttin nicht dem derzeit gängigen Ideal. Von zeitloser Schönheit hingegen sind die Sitzfigur einer archaisch lächelnden Demeter (6. Jh. v. Chr.) oder der Torso eines schlanken Jünglingskörpers (5. Jh. v. Chr.). Allein eine Aufzählung der Höhepunkte würde jeden Rahmen sprengen, deshalb sei nur noch auf die anschaulichen Tempel-Modelle hingewiesen.

Gegenüber dem Museum erhebt sich der von jeder Stelle der Stadt aus sichtbare Spitzkegel des **Heiligtums der Weinenden Madonna** 17 (*Santuario della Madonnina delle Lacrime*), das eher einer Sporthalle als einem Gotteshaus gleicht. Die modernste Wallfahrtskirche Siziliens wurde 1994 von Papst Johannes Paul II. offiziell eingeweiht.

Kirche und Katakomben des hl. Johannes

Von der romanischen **Basilika di San Giovanni** 18 (11. Jh.) ließ das Erdbeben von 1693 wenig mehr als die Fassade mit einer prachtvollen Steinrosette und ein paar Säulenstümpfe übrig. Doch vielleicht kann man nirgendwo besser über die Zeiten frühen Christentums sinnieren als in dieser Kirche, der nur noch der Himmel als Dach dient. Im 3. Jahrhundert erlitt Marcian, der erste Bischof von Syrakus, hier den Märtyrertod. Über seinem Grab entstand kaum 100 Jahre später der erste Dom von Syrakus, von der nur die **Cripta di San Marziano** übrig blieb. Aus derselben Zeit stammen die daneben liegenden **Catacombe di San Giovanni:** labyrinthartige Katakomben mit Tausenden von Gräbern aus dem 4. Jahrhundert n. Chr.

Umgebung von Syrakus

Karte: S. 155
Tipps & Adressen: Castello Eurialo und Pantálica, siehe Syrakus, S. 365, Palazzolo Acréide, S. 349f.

Castello Eurialo

1 8 km außerhalb der Stadtgrenze lassen sich in den beeindruckenden Ruinen des um 400 v. Chr. von Dionysios I. errichteten Kastells am besten jene Tage nachvollziehen, in denen eine bis zu den Zähnen bewaffnete Metropole als militärisches, politisches und wirtschaftliches Zentrum Großgriechenlands der gesamten antiken Welt die Stirne bot. Kein Feind konnten sich ungesehen den

Castello Eurialo

meterdicken Mauern der gewaltigen Befestigung nähern, die allen Anstürmen standhielt und erst 212 v. Chr. durch Verrat von der Römern bezwungen werden konnte. Geheimgänge verbanden die Festung mit der Stadt, die sich wie aus der Vogelperspektive vor dem Betrachter ausbreitet.

Nekropole Pantálica

»... hoch über der Erde, von wild rauschenden Winden getragen, schluchtenreich, von Bergen umstellt und rau ist dieses Land und wehret den Eintritt jeglichem Feind«. Euripides

2 Wann immer die Not am größten war, wenn Erdbeben die Städte zerstörten, Seeräuber wüteten, eine entfesselte Soldateska mordend durch das Land zog und zuletzt, als die Fliegerbomben des Zweiten Weltkriegs den Tod vom Himmel regnen ließen, vertrauten Menschen auf Hilfe aus dem Jenseits. Manchen wurde nicht nur Trost zuteil, sondern sogar praktischer Schutz, wenn sie zu den jahrtausendealten Wohnungen der Toten flohen. Etwa 1200 Jahre vor Christus trieben Sikuler mehr als 5000 Grabkammern in die kahlen Felswände der Iblei-Berge unweit ihrer riesigen Stadt. Was heute als gigantische Nekropole Pantálica auf den Landkarten eingezeichnet ist, könnte einmal das sagenhafte Hybla gewesen sein. Doch mehr als das Herrenhaus eines mykenischen Stammesfürsten grub man noch nicht aus.

Über 5000 Grabkammern zählten Archäologen in den Felswänden der Iblei-Berge.

Aus archäologischer Sicht erwiesen sich auch die Begräbnishöhlen als wenig ergiebig. Nur einige Grabbeigaben wie bronzene Hausgeräte, Waffen und tönerne Krüge mit korallenroter Glasur, von Plünderern übersehen oder achtlos zurückgelassen, zeugen von großen Tagen. Zu jener Zeit, in der Syrakus aufblühte, versank Pantálica bereits in Bedeutungslosigkeit. Langlebiger als ihre Werke erwiesen sich die religiösen Bräuche der Ureinwohner, die sich in griechischen, römischen und auch christlichen Kulten der Insel zäh hielten.

Viele Wege führen zu den insgesamt vier Nekropolen Pantálicas, die sich auf unwirtliche Hügel verteilen. Die eindrucksvollste Route verläuft durch das Tal des Anapo-Flusses (zu erreichen über Floridia und Solarino). Die 13 km lange Straße diente einst als Trasse einer Schmalspurbahn tief unten im Flusstal, wo sich Orangen- und Zitronenhaine ausbreiten. Die Schienenstränge wurden inzwischen entfernt; die alten Tunnel aber und die winzigen Stationsgebäude, aus deren Mauern nun wilde Malven wachsen, ließ man stehen. Die Straße ist

Umgebung von Syrakus

zwar für den allgemeinen Verkehr gesperrt, in der Saison verkehren aber Kleinbusse der Forstverwaltung.

Romantiker kommen entlang der abenteuerlich steilen Schluchten, vorbei an üppigem Oleander, saftiggrünen Farnen, rankenden Beerensträuchern und schattenspendenden Feigenbäumen auf der weißen Sandstraße voll auf ihre Kosten. Malerisch überspannen Brücken den gischtsprühenden Anapo, der sich zwischen scharfzackigen Steinen sein Bett gegraben hat. Im Frühling breitet sich ein Blumenteppich unter dem Grau der Felsvorhänge aus, doch auch im Hochsommer speichert der schmale Einschnitt genügend Feuchtigkeit und Kühle für eine immergrüne Vegetation.

Unvermutet ist es soweit: Wie Hunderte Augenhöhlen eines riesenhaften Totenschädels starren schwarze Löcher aus dem Fels. Kaum ein Farbfleck unterbricht die Monotonie der hellen Wände, nur ab und zu hat ein Bäumchen seine Wurzeln in das steile Gestein gekrallt. Mächtig und ehrfurchtgebietend warten die Gräber in nahezu unzugänglichen Höhen darauf, dass sie wieder einmal gebraucht werden. Friedlich summen Bienen im Tal, ein Schmetterling flattert sonnentrunken durch die Stille, ab und zu zwitschern Vögel im dichten Laub, und ganz leise rauscht der Fluss.

Eine ähnliche Atmosphäre umfängt den Besucher, der sich von der anderen Seite (über Floridia, Sortino und Ferla) nähert und den Blick von der Höhe auf die steil abfallenden Hänge genießt. Schafherden, die vor kurzem vorbeigezogen sind, haben ihre Spuren hinterlassen, die wie schwarze Oliven auf dem Asphalt liegen bleiben. Irgendwo bellt ein Hund in der Einsamkeit der Hügellandschaft. Disteln und Gestrüpp passen sich wie die silbrig glänzenden Blätter der vereinzelten Ölbäume dem Graugrün der herben, rauen Gebirgslandschaft an. Auf steilen Pfaden gelangt man zu Fuß zu den verwitterten Höhleneingängen. Man kann stundenlang umherklettern und wird niemand anderem begegnen.

Bis zum Mittelalter war das heutige Palazzolo Acréide eine blühende Handelsmetropole.

Wenn die Winterstürme über die Höhenzüge hinwegfegen und sich aufheulend in den von Menschenhand geschaffenen Löchern verfangen, dann rufen die Toten, sagt man. Und die Lebenden bekreuzigen sich oder bannen den Sensenmann mit Luzifer persönlich. Hörner aus Korallen oder billigem Kunststoff dienen genauso als Amulette wie Kreuze und Heiligenfiguren.

Gegen Tod und Teufel ist man hierzulande stets gewappnet. Zeigt das Böse seine Krallen, dann krümmen Sizilianer zur Abwehr zwei Finger. Und zieht ein Leichenzug vorbei, greifen sich alle Männer ungeniert an ihr Geschlecht. Nur mit der Kraft des Lebens lässt sich das Unausweichliche noch für eine kleine Weile hinausschieben.

Palazzolo Acréide

3 Bis in die Spätantike verband eine Straße Syrakus quer durchs Landesinnere mit den Städten der Südküste. Um die Kontrolle über das Hinterland zu sichern, gründete Syrakus 664 v. Chr. an einer Schlüsselstelle die Stadt Akrei. Das Mittelalter nutzte andere Verkehrswege, die griechische Ansiedlung geriet ins Abseits. Der jahrhundertelang vergessene Ort wurde beim Beben von 1693 zerstört, beim barocken Wiederaufbau verlegte man das Städtchen Palazzolo Acréide in einige Distanz zu den Überresten des Altertums, die damals niemanden interessierten und deswegen so gut erhalten blieben. Vor allem das hellenistische Theater (3. Jh.), mit etwa 600 Sitzplätzen verblüffend klein, zählt zu den Sehenswürdigkeiten der 36 ha grossen Ausgrabungszone. Die meisten Fundstücke aus den nicht mehr existierenden Tempelbauten befinden sich im Archäologischen Museum von Syrakus. Bei den so genannten Feralitempeln handelt es sich lediglich um zwei Nischen, in denen man einem Totenkult gehuldigt hatte.

Ein Gras gibt viele Rätsel auf

Das der Familie der Riedgräser zuzuordnende Papyrusgras kommt heute außer in Ägypten und Palästina nur auf Sizilien vor. Manche Botaniker sind der Meinung, dass die Araber die biblische Pflanze im 9. Jahrhundert in Europa verbreiteten. In späteren Zeiten rottete man sie wieder aus, weil sie für die Fluss-Schifffahrt hinderlich war und man außerdem glaubte, dass sie die Malariagefahr vergrößere. Der Bach Papireto bei Palermo erinnert an die einstmals großen Papyrushaine.

Andere Wissenschaftler neigen zu der Ansicht, dass die sizilianischen Papyruskolonien bei Syrakus und an der Mündung des Fiume Freddo nahe Giardini Naxos Reste einer altmediterranen Flora darstellen, da die ägyptischen Gräser mit jenen auf Sizilien nicht identisch sind. Papyrus vom Nil weist drei, der europäische fünf bis sechs Hüllblätter auf.

Einige Historiker wiederum sind davon überzeugt, dass Pharao Ptolemäus II. (285–247 v. Chr.) – das wertvolle Gewächs Hieron II. von Syrakus zum Geschenk gemacht hat.

Die Griechen nannten die feinen Häute des Papyrus, die als Schreibmaterial verwendet wurden, *byblos*, wovon das Wort Bibel kommt. Papyrusmalereien mit Echtheitszertifikaten zählen heute zu den beliebtesten Souvenirs aus Syrakus. In einem eigenen Institut wird die Verarbeitungstechnik der Antike erforscht und experimentell nachvollzogen.

Heute steht der letzte wild wachsende Papyrus Europas unter Naturschutz.

Von der Süd- zur Westspitze

Afrikanisches Meer – von Noto bis Trápani

Heiß, heißer, am heißesten: Zur Schirokkozeit, wenn der Wüstenwind über die Südküste Siziliens weht und die Quecksilbersäulen der Thermometer binnen weniger Stunden um 15° C und mehr hinaufklettern, dann lässt sich die Nähe Afrikas nicht länger verleugnen. Knapp 140 km trennen bei **Marsala**, dem »Hafen Allahs«, Europa vom Schwarzen Kontinent – und doch liegen wie seit jeher Welten zwischen diesen beiden Ufern, an denen sich vor zweieinhalb Jahrtausenden das Schicksal des Abendlandes entschied. Doch während vom mächtigen Karthago kaum ein Stein auf dem anderen geblieben ist, lassen die Tempelruinen von **Agrigent** und **Selinunt** Größe und Glanz der reichen Städte Magna Graecias bis heute erahnen. Vorerst aber führt die Zeitmaschine den Reisenden an der südlichsten Inselspitze in eine weit jüngere, aber nicht minder prachtvolle Vergangenheit: in die Barockstädte **Noto** und **Ragusa**.

Einst Schicksalsküste, heute Idylle

Streckenlänge und -verlauf
Insgesamt rund 350 km; über die Staatsstraße 115 fährt man 40 km von Noto bis Modica und weiter 10 km landeinwärts bis Ragusa. Zurück auf der Hauptstraße (15 km) erreicht man nach 95 km entlang der Küste Agrigent; nach 25 km kommt die Abzweigung nach Eraclea Minoa in Sicht; von dort sind es noch 80 km bis Marinella di Selinunte; 30 km weiter liegt Mazara del Vallo, nach 25 km ist Marsala und nach weiteren 30 km Trápani erreicht. Für alle Bahnreisenden gilt, dass die Streckenführung zwar teilweise hochinteressant ist, doch selbst die schönsten Einblicke und Ausblicke nicht darüber hinwegtäuschen können, dass man sich ab Syrakus auf einem von Personenzügen wenig frequentierten Schienenstrang befindet und Bahnreisen dementsprechend zeitaufwändig sind. So benötigt der Zug beispielsweise für die 220 km lange Strecke Syrakus – Ragusa – Gela – Licata mehr als fünf Stunden. Als problemlos hingegen erweisen sich auch im Südwesten Siziliens die Busverbindungen.

Noto: Morbidität in Honiggelb

Stadtplan: S. 163
Tipps und Adressen: S. 348f.

»Man sucht das Monumentale, das Prächtige, aber man meidet das Schwere. Da ist griechische Helle, islamische Schmucklust, auch ein wenig sizilianische Zuckerbäckerphantasie. Und wenn den Kirchen das Feierliche, den Palästen das Prunkvolle nicht fehlen durfte – Bauherren waren sehr reiche und mächtige Kleriker und Feudalherren –, so stellte man sie doch hinein in einen Stadtplan, der lebhaft an barocke Theaterdekorationen erinnert, lässt Gotteshäuser und Palazzi wie auf einer Bühne auftreten und nimmt ihnen dadurch, was sie an Feierlichkeit und Würde zuviel haben könnten.« Eckard Peterich

■ Purer Lust am Überschwang, gepaart mit einer gehörigen Portion Eitelkeit, verdankt die Welt architektonische Gesamtkunstwerke wie Noto, das 1989 vom Europarat zur »Hauptstadt des italienischen Barock« erklärt wurde. Nicht der Dreißigjährige Krieg, von dem es verschont geblieben war, sondern das Erdbeben von 1693 hatte den Südosten Siziliens in Schutt und Asche gelegt. Reformation und Gegenreformation blieben hier Fremdworte, denn der Süden Italiens hat gegen die katholische Kirche nie aufbegehrt. Deswegen musste Rom auch nicht wie in Mitteleuropa mit geradezu martialisch anmutenden Kirchen und Klosterbauten den Sieg Roms über die Protestanten zur Schau tragen.

Jenseits der Alpen demonstrierte das Barock in erster Linie klerikale Macht, in Sizilien verkörperte es lediglich das Lebensgefühl der Epoche. Not litt im 17. und 18. Jahrhundert nur das Volk, die Kirchenkassen und Schatztruhen des Adels waren im Norden wie im Süden gleichermaßen gut gefüllt. Dass man auch beim Wiederaufbau von Noto, das in etwa 10 km Distanz zur zerstörten Stadt (Noto Antica) errichtet wurde, nicht gespart hat, ist unübersehbar. Als wahr gewordener Traum jedes Architekten, aus dem Vollen schöpfen zu können, reihen sich Klöster und Palais aneinander, einer noch prachtvoller ausgestattet als der andere. Kapuziner, Franziskaner, Benediktiner und Dominikaner, sie alle waren zur Stelle, und keine Kongregation wollte nachstehen, jede mit einem noch prächtigeren Bauwerk glänzen. Nur so ist zu erklären, wie es zu einer derartigen Konzentration an Ordensniederlassungen in einem eher unbedeutenden Winkel der Insel kommen konnte.

Bereits der schnurgerade Corso Vittorio Emanuele, die Hauptachse der als Schachbrett angelegten Stadt, demonstriert aufs Deutlichste die Philosophie, die hinter den üppig dekorierten Fassaden steckt. Im Gegensatz zur Renaissance, die Formen und Farben zu Kompositionen von ausgeglichener Schönheit vereinte und in ihrer Statik bei aller Meisterschaft bisweilen recht Langweiliges hervorbrachte, verschrieb sich das Barock der Bewegung. Nicht mehr länger galt Perfektion als Ideal, sondern der Effekt: Alles ist Bewegung, weil man dem Augenblick huldigt.

Bei wechselndem Licht nehmen die Schauseiten entlang der Prunkstraße, die sich zu drei von Kirchen und Palästen beherrschten Plätzen öffnet, verschiedene Formen an. Säulen treten manchmal hell aus dem dunklen Hintergrund hervor, um danach wieder anderen Perspektiven Platz zu machen. Statuen stehen zumeist nur auf einem Fuß oder präsentieren sich in einer Körperhaltung, die sie in der nächsten Sekunde zu verändern scheinen. Gezeigt wird immer nur ein Moment des Lebens, der gleich in den nächsten übergehen wird. Alles währt nur kurz, nichts ist wirklich, jede Existenz bleibt eine Täuschung. Deshalb gab es auch seit den Griechen nie wieder ein so begeisterungsfähiges Theaterpublikum wie im Barock. Denn nur in dieser Zeit empfand man das Bühnenspiel als Leben und das Leben als Theater. Aber auch im Alltag waren die Menschen zwiegespalten, Zügellosigkeit und tiefgläubiger Mystizismus vereinten sich nicht selten in einer Seele.

Architekten stellten die Treppe in den Mittelpunkt ihrer Kompositionen, wer über sie schreitet, betritt gleichsam eine Bühne. Kirchen platzierte man oft viel höher als die Straße. Wer langsam über eine mächtige Barocktreppe zum Gotteshaus aufstieg, der löste sich schrittweise von der irdischen Welt, um schließlich wirklich atemlos vor dem Tempel des Glaubens zu stehen. Drei Portale – das große Mitteltor wird von zwei kleineren flankiert – öffnen sich ge-

Noto – Sehenswürdigkeiten: *1 Convento dei Cappuccini 2 Chiesa San Francesco 3 Monastero del SS. Salvatore / Museo Civico 4 Palazzo Ducezio 5 Duomo SS. Nicola di Mira e Corrado 6 Palazzo Vescovile 7 Chiesa del Collegio 8 Chiesa San Domenico 9 Chiesa del Crocifisso*
Hotels: *10 Eloro 11 Villa Canisello 12 Villa Mediterranea 13 Villa Teresa*
Jugendherberge: *14 Il Castello*
Restaurants: *15 Trattoria del Carmine 16 Café Sicilia*

nauso wie die Bühneneingänge der antiken Theater. Die Szenerie ist bereit für große Auftritte wie Hochzeiten, Taufen, Beerdigungen oder Besuche hoher Würdenträger.

Auch im Inneren setzte man auf verblüffende Regieeinfälle. Die Kirchenschiffe hüllen sich in geheimnisvolles Dunkel, der Lichteinfall durch die Kuppel erhellt nur den Altar, der dadurch fast zu schweben scheint. Oft treten Heiligenfiguren auf eine Weise aus dem Hintergrund hervor, als wären sie eben erst eingetroffen. Vorgetäuschter Marmor an den Säulen, Pfeiler, die nichts zum Stützen haben und sich dafür in der Höhe zu steinernen Blumenranken weiten, zählen zu den gängigsten architektonischen Effekten.

Doch so mancher, der das Innere sizilianischer Kirchen mit den weit prunkvolleren Ausstattungen jenseits der Alpen vergleicht, wird enttäuscht sein, weil die Fassade mehr verspricht, als der Raum hält. Im Süden hatte immer das Formgefühl, das Spiel mit den Perspektiven vor dem Innendekor den Vorrang. Auch die Farben wirken nie fröhlich, sie vermitteln Vergänglichkeit, Tod. In Gemälden drückten Barockmaler star-

Als Spätfolge eines leichten Erdbebens stürzte am 13. 3. 1996 die soeben restaurierte Kuppel des Doms in sich zusammen.

ke Gefühle aus: Hass, Ekstase, Leid und Lust. Theatralik schrieb man groß, Theater waren genauso wichtig wie Kirchen – jede noch so kleine Stadt besaß eines. Krankenhäuser hingegen baute man kaum. Ein gewaltiges junonisches Frauenideal verdrängte alles Zierliche und Kleine. Es zählte nichts anderes als das pralle Menschenleben – denn schon morgen konnte es vorbei sein. Das Rokoko, gekünstelt, feinnervig und höfisch, fand auch beim sizilianischen Adel wenig Anklang, der monumentale, leidenschaftliche, lebensfrohe und gleichzeitig morbide Barock hingegen war für Sizilien wie maßgeschneidert und traf die Volksseele bis ins Innerste. In der Geisteshaltung sollte er die Insel nie mehr verlassen.

Wenn die Einwohner von Noto im Mai eine ihrer Straßen als Hommage an den Frühling mit einem riesigen Blumenteppich belegen und eine ganze Nacht lang an der kunterbunten Mischung aus Wappenbildern, Phantasiefiguren, heidnischen Zeichen und christlichen Symbolen arbeiten, dann blicken Dutzende und Aberdutzende steinerne Köpfe von den honiggelben Fassaden wohlgefällig auf das kurzlebige, farbenprächtige Werk. Und alle sind zufrieden, weil keiner sich daran stößt, dass die Blüten wenige Stunden später verwelken. Werden, genießen, vergehen – an dieser Reihenfolge wird sich in alle Ewigkeit nichts ändern. Doch auf das Wort in der Mitte kommt es an. Die Barockmenschen Siziliens haben es uns vorgelebt.

Stadtbesichtigung

Eine Warnung vorweg: Viele Sehenswürdigkeiten sind noch immer hinter Gerüsten und Stützkonstruktionen verborgen, seit man 1990 buchstäblich im letzten Moment damit begonnen hat, das Barockjuwel vor dem endgültigen Verfall zu retten. Eine Sisyphusarbeit, wie der 13. März 1996 zeigte: Als Folge eines eher leichten Erdbebens, das sich Wochen zuvor ereignet hatte, fiel mitten in der Nacht die Kuppel des Domes in sich zusammen und zerstörte die drei Kirchenschiffe mit ihren jüngst restaurierten Fresken und Marmor-Altären.

Die geometrisch ausgerichtete Stadtanlage – drei parallel zueinander laufende breite Straßen werden von mehreren Querstraßen im rechten Winkel geschnitten – machen die Besichtigung Notos recht einfach. So gut wie alle wesentlichen Bauten befinden sich innerhalb dieses Schachbrettsystems, das der Wissenschaftler und Architekt Giovanni Battista Landolina nach antikem Vorbild für den Wiederaufbau gewählt hatte. Noch vor dem Stadttor, der 1843 errichteten **Porta Nazionale**, befindet sich das einstige **Convento dei Cappuccini** 1, das – so wie alle anderen ehemaligen Klöster Notos auch – vom Orden aufgegeben wurde. In der Klosterkirche verdient eine Ecce-Homo-Statue aus dem alten Noto (14. Jh.) Beachtung, in dem davor liegenden Park erinnert eine moderne Bronzeplastik an den Eremiten Corrado Confalonieri, der Mitte des 14. Jahrhunderts in einer nahen Grotte starb, heilig gesprochen wurde und seither als Schutzpatron der Stadt gilt.

Öffentliches Leben bedeutete im Barock mehr als in jeder anderen Epoche sehen und gesehen werden. Dementsprechend gestaltete Landolina den Corso nicht nur als Flanierstraße, er schuf auch mit Treppenanlagen versehene Plätze der Begegnung. Der erste ist die **Piazza Immacolata**, wo sich die **Chiesa San Francesco** 2 neben dem dazugehörigen Franziskanerkloster erhebt. Unmittelbar daneben ist im **Monastero del SS. Salvatore** das **Museo Civico** 3 untergebracht, ein kleines, aber feines Stadtmuseum mit einer reizvollen Mischung von antiken Fundstücken und modernen Kunstexponaten.

Es folgt nun die großzügige **Piazza del Municipio** mit dem **Palazzo Ducezio** 4 (Rathaus, dessen moderner Aufbau von 1951 die Harmonie stört) auf der einen und dem mit einer prachtvollen Fassade versehenen **Duomo SS. Nicolà di Mira e Corrado** 5 sowie dem **Palazzo Vescovile** 6 (Bischöfliches Palais, 19. Jh.) auf der anderen

Barocke Schmucklust in Noto

Seite. Zurück auf dem Corso trifft man linker Hand auf die elegante, mit Säulen geschmückte konkave Fassade der **Chiesa del Collegio** 7, der auch **San Carlo al Corso** genannten Kirche des ehemaligen Jesuitenkollegs, bis sich schließlich die mit einem zierlichen Herkulesbrunnen geschmückte **Piazza XVI Maggio** öffnet. Beherrscht wird der dritte und letzte Platz von der imposanten **Chiesa San Domenico** 8 mit der gedrungenen konvexen Fassade aus honigfarbenem Tuffstein sowie dem nicht minder beeindruckenden Klosterbau der Dominikaner. Durch enge verwinkelte Gässchen erreicht man den höher liegenden Teil der Stadt, wo sich an der **Piazza Mazzini** die eindrucksvolle **Chiesa del Crocifisso** 9 erhebt. Sie birgt die Madonna della Neve (1471), das einzige datierte Werk von Francesco Laurana auf Sizilien.

Umgebung von Noto

Karte: siehe rechts
Tipps & Adressen: Eloro, siehe Noto, S. 348, Naturreservat Vendicari, S. 349

Der Name verspricht mehr, als die Überreste halten: Viel mehr als Eidechsen, die über sonnenwarme Steine huschen, gibt es in dem 16 km nordwestlich von Noto liegenden **Noto Antica** 1 nicht zu sehen. Auch die etwa 500 Sikulergräber und Spuren von Wohnhöhlen lohnen den Abstecher kaum, sofern man Pantálica gesehen hat.

Hochinteressant und landschaftlich reizvoll ist ein Ausflug an den südlichsten Zipfel Siziliens. Acht Kilometer Richtung Südosten breiten sich zunächst einmal die weitläufigen Strände des Badeortes **Noto Marina** 2 aus. Oberhalb von zwei besonders schönen Buchten

Umgebung von Noto

bewahrt der goldgelbe Sand die letzten Erinnerungen an das Städtchen **Eloro** 3, den strategisch einstmals so bedeutenden Vorposten des antiken Syrakus: Stadtmauer, Agora, Demeter-Tempel und Griechisches Theater lassen sich noch erkennen.

Wenige Kilometer weiter dehnt sich südlich der Mündung des Flusses Tel-

Richtig Reisen
Thema

Olympisches Gold für die Neue Welt

Irgendwann um 500 v. Chr.: Fast wäre der Bauer auf seinem schwer bepackten zweirädrigen Karren kurz vor dem Marktplatz von Eloro mitsamt den Käselaiben, Ölkrügen, Oliven und Feigen im Graben gelandet. Übermütige junge Männer, die offenbar für ein Rennen trainieren, haben ihn mit ihren schnellen Fahrzeugen rücksichtslos zur Seite gedrängt. Aber keiner hörte ihm bei seinen Klagen über die zunehmenden Gefahren auf der Hauptstrecke nach Syrakus zu: Man werde schon sehen, wohin die Raserei ruhmsüchtiger Sportler noch führen werde. Das Pflaster sehe mit seinen tiefen Rillen auch schon dementsprechend aus. An den Verkaufsständen der Fischer, in den kleinen Werkstätten der Schuster, Schneider und Fahrzeughändler, bei den Gemüsefrauen und Metzgern, in den Tavernen unweit des neuen Theaters, überall kennen die Leute nur ein Thema, gegen das sich die Kassandrarufe des kleinen Bäuerleins geradezu lächerlich ausnehmen: Wie wird Sizilien in diesem Jahr bei den Olympischen Spielen abschneiden? Immerhin geht es um den Ruf der Insel. Dabei zu sein ist nicht alles, wie die da drüben lächerlicherweise behaupten. Nur mit einem Sieg lässt sich demonstrieren, wie wohlhabend die Neue Welt geworden ist.

Als die Nachricht einige Wochen später eintrifft, die sizilianische Mannschaft

laro auf einer Fläche von 1450 ha das **Naturreservat von Vendicari** 4 aus (siehe Abb. S. 20). Eine Reihe von Süß- und Salzwassertümpeln an einem verlassenen Küstenstreifen mit Macchia, Felsen und Dünen ist zur teilweisen oder vorübergehenden Heimstatt seltener Wasservögel geworden. Dazu gehören weiße Löffler, Flamingos, Brandenten, Kraniche, Störche und Pelikane. Ausschließlich in diesem Feuchtgebiet leben noch Sumpfschildkröten, die andernorts auf Sizilien bereits als ausgestorben gelten.

21 km südlich von Noto entwickelte sich in und um **Pachino** 5 ein Zentrum des Rotwein- und Gemüseanbaus im Umfeld kleiner, fast ausschließlich von Italienern frequentierter Badeorte. Von dem hübschen Fischerdorf **Portopalo di Capo Pássero** 6 mit einer pittoresk vorgelagerten Leuchtturm-Insel führen nur noch Sandstraßen zum sizilianischen »Kap des Südens«, das näher zum Äquator als Tunis liegt.

Módica

Tipps & Adressen: Módica, S. 345f.

Eine weitere architektonische Perle in den Hybläischen Bergen. Der besonders hübsche, in eine Ober- und Unterstadt

hätte schon bei der Ankunft am Austragungsort enormes Aufsehen erregt, kennt die Begeisterung keine Grenzen. Die hohen Sondersteuern für den Aufwand zahlt man nun gerne und eine neue Straße wird irgendwann auch noch gebaut.

Sportchauvinismus vor zweieinhalb Jahrtausenden – es gibt tatsächlich wenig Neues unter der Sonne. Für eine Beteiligung an den Wagenrennen von Delphi oder den heiligen Spielen in Olympia war den Griechen Magna Graecias nichts zu teuer. Sieger dieser Veranstaltungen kamen damals in der Verehrung gleich nach den Göttern – und den Himmel wollte vor allem das mächtige Syrakus keineswegs den Brüdern in der alten Heimat allein überlassen. Trinacria konnte es sich leisten, gleich sechsspännige Wagen in dem Nest im Westpeloponnes vorfahren zu lassen. So etwas hatte man in Olympia zuvor sicherlich noch nie gesehen.

Die glänzenden Prunkkarossen des syrakusanischen Teams erweckten, wie die Kundschafter richtig nach Hause meldeten, tatsächlich das Staunen aller. Was sie klugerweise verschwiegen, war die grenzenlose Verachtung, die den Sizilianern entgegenschlug, Eine solch geschmacklose Demonstration – sechs Pferde anstelle der klassischen vier – ließ die Hellenen noch fester auf ihrem hohen Ross sitzen als jemals zuvor: Von den Neureichen jenseits des Meeres konnte man ja nichts anderes erwarten. Tief verwurzelte Arroganz des alten Europa gegenüber protzigem Amerikanismus – die Geschichte hat es schon einmal vorweggenommen.

776 v. Chr. begann die Zeitrechnung der Olympischen Spiele, ihre Chronologie blieb fast lückenlos erhalten. Und oft schrieben sich Männer aus Syrakus in die ewige Liste der Sieger ein. Verweht aber sind die Spuren der Wagenräder, zu Staub zerfallen die glänzenden Karossen. In Eloro, heute nicht mehr als ein Name in Gechichtsbüchern, erzählen nur noch karge Überreste von jenen triumphalen Tagen, in denen die antike Welt auf Siziliens Helden blickte.

geteilte Ort mit seinen sehenswerten Barockkirchen kann überdies mit einer sozialgeschichtlichen Besonderheit aufwarten. Völlig atypisch für die Insel, die bis in unsere Tage jahrtausendelang nur Herren und Sklaven, einige wenige unermesslich Reiche und eine breite Masse Besitzloser kannte, entwickelte sich hier bereits im 18. Jahrhundert ein durch die Landwirtschaft wohlhabend gewordenes Bürgertum. Dieses wollte seinen Reichtum auch unter Beweis stellen. Und nicht anders als im Norden kopierte die Bourgeoisie den Lebensstil des Adels. Gepflegte Portale und überreich verzierte Fassaden an Wohnhäusern und Patrizierpalais legen davon Zeugnis ab.

Zu den Sehenswürdigkeiten der Unterstadt (Módica Bassa) zählt die dekorativ über einer Treppenanlage mit den Statuen der 12 Apostel thronende dreischiffige **Säulenbasilika S. Pietro** (18. Jh.). Architektonischer Höhepunkt der Oberstadt (Módica Alta) ist die sich ebenfalls über einer Freitreppe (250 Stufen) erhebende **Kirche S. Giorgio**, deren reich verzierte Fassade mit ihren fünf Portalen und dem konkav vorschwingenden Mittelteil eines der schönsten Beispiele des sizilianischen Barock darstellt. Das im frühen 18. Jahrhundert errichtete Gotteshaus entspricht in seinen Proportionen dem Vorgängerbau aus dem 17. Jahrhundert.

Ragusa: Himmelsleitern aus Stein

Stadtplan: siehe unten
Tipps & Adressen: S. 359f.

■ Dritte im Bunde der wichtigsten Barockstädte ist schließlich Ragusa. Die Provinzhauptstadt präsentiert sich in zwei gänzlich verschiedenen Teilen: Im Westen erstreckt sich das weniger attraktive moderne Ragusa in schachbrettartiger Anlage, im Osten liegt das malerische Barockstädtchen Ragusa Ibla.

Stadtbesichtigung

Wie in den meisten anderen Städten sollten auch in **Ragusa Ibla** die ersten Schritte schnurstracks zur **Piazza Duomo**, dem Herzen der Altstadt, führen. Auf dem Domplatz beherrscht am Ende einer großartigen Treppenanlage die **Basilika San Giorgio** 1 das mittelalterliche Dächermeer, dem das 18. Jahrhundert neue Konturen verlieh. Der schlanke Bau scheint hoch über der von mächtigen Palmen flankierten Freitreppe flügelleicht dem Himmel zuzustreben – ein oftmals versuchter und ebenso oft auch missglückter Effekt, der jedoch dem Barockbaumeister Rosario Gagliardi bei diesem Gotteshaus auf hinreißende Weise gelungen ist. Als Oase der Stille erweist sich der **Giardino Ibleo** 2 vor dem Eingang der **Chiesa San Giorgio Vecchio**. Im Park selbst verbergen sich zwei weitere Kirchen, die **Chiesa San Domenico** mit einem majolikaverkleideten Campanile sowie die **Chiesa dei Cappuccini Vecchi** mit drei schönen Gemälden von Pietro Novelli (1603–1647).

Auch im »oberen« Ragusa kommt man um Barockkirchen – und ums ständige Treppensteigen – nicht herum: 242 Stufen, **Le Scale** genannt, gilt es zu erklimmen, um vor den Toren der aus dem 15. Jahrhundert stammenden und Ende des 17. Jahrhunderts wiederaufgebau-

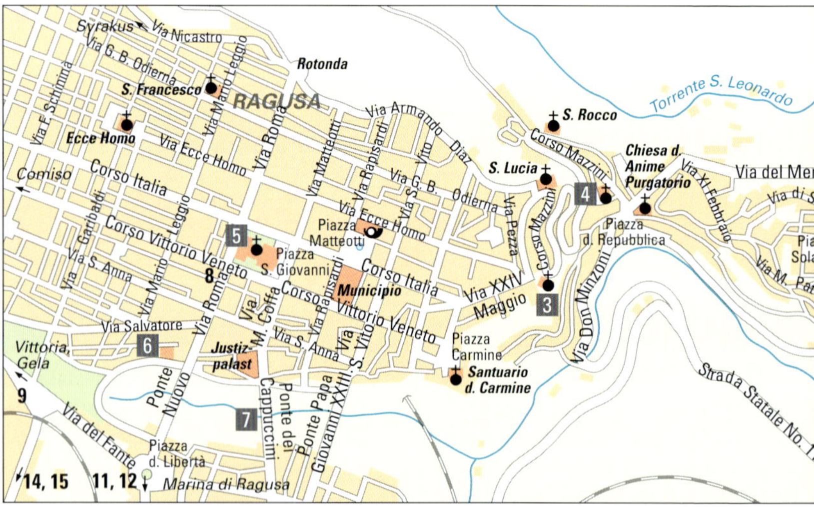

ten **Chiesa Santa Maria delle Scale** 3 zu stehen. Am anderen Ende der Treppe erheben sich die im 17. Jahrhundert von Malteserrittern gebaute Kirche **Santa Maria dell' Itria** 4 sowie zwei bemerkenswerte Paläste aus dem 18. Jahrhundert: der **Palazzo Cosentini** und der **Palazzo Bertini**. Vor allem der erste dieser beiden Repräsentationsbauten zeichnet sich durch eine Prunkfassade und im Innenhof durch eine schöne Freitreppe aus. Prunkvoll wie gewohnt zeigt sich auch der **Duomo** 5 auf der eleganten Piazza San Giovanni, eine dreischiffige Basilika mit Querschiff, kostbaren Mamorarbeiten und Stuckdekorationen. Im **Museo Archeologico Ibleo** 6 in der Via Natalelli befinden sich, topographisch und chronologisch geordnet, Fundstücke aus dem Neolithikum, der Bronzezeit, der sikulischen, hellenistischen und römischen Epoche bis zu frühchristlichen Zeugnissen. Ein beeindruckendes Bauwerk aus der ersten Hälfte des 19. Jahrhunderts stellt schließlich der **Ponte dei Cappuccini** 7 dar, eine 114 m lange und 40 m hohe Brücke über den Steinbruch San Domenico.

Umgebung von Ragusa

Karte: S. 172/173
Tipps & Adressen: Palazzo Donnafugata, S. 360

Palazzo Donnafugata

1 23 km auf der Landstraße von Ragusa nach Südwesten liegt der Palazzo Donnafugata, eines der Vorbilder für Giuseppe Tomasi di Lampedusas weltberühmten Roman »Il Gattopardo« – »Der Leopard«: »Tancredi wollte, Angelica solle den ganzen Palast kennen lernen in seiner unentwirrbaren Gesamtheit: Gästeflügel, Repräsentationsräume, Küchen, Kapellen, Theater, Bildergalerien, nach Leder duftende Wagenschuppen, Stallungen, schwüle Gewächshäuser, Durchfahrten, Treppchen, kleine Terrassen und Bogengänge, und vor allem eine Reihe von seit Jahrzehnten aufgegebenen unbewohnten Räumen, die ein labyrinthisches, geheimnisvolles Gewirr bildeten. Die Streifzüge durch das fast unbegrenzt große Gebäude nahmen kein Ende; man brach auf wie zu einem unbekannten Land, und unbekannt war es wirklich, denn in viele dieser Räume und gebogenen Gänge hatte nicht einmal Don Fabrizio den Fuß gesetzt, was ihm im Übrigen Grund besonderer Genugtuung war; er pflegte nämlich zu sagen, ein Palast, in

Ragusa – Sehenswürdigkeiten:
1 Basilika San Giorgio 2 Giardino Ibleo
3 Chiesa Santa Maria delle Scale
4 Santa Maria dell'Itria 5 Duomo
6 Museo Archeologico Ibleo
7 Ponte dei Cappuccini
Hotels: *8 Mediterraneo Palace 9 Kroma 10 Montreal 11 Eremo della Giubiliana 12 Terraqua*
Restaurants: *13 Antica Macina 14 La Ciotola 15 La Pergola 16 U Saracinu*

Die Barockstadt Ragusa thront auf den Hügelkuppen wie auf einem Präsentierteller.

dem man alle Zimmer kenne, sei es nicht wert, bewohnt zu werden.«

Ist der Palazzo Donnafugata im Südwesten von Ragusa tatsächlich der Palast des Romans? Zweifler gaben immer wieder zu bedenken, dass noch einige andere Schlösser und Residenzen Siziliens ebenfalls diesen Namen tragen. Fest steht jedenfalls, dass Fürst Lampedusa dieses Donnafugata sehr gut gekannt hatte. Und verbrieft ist auch, dass um 1900 die schöne Clementina, Enkelin des Schlossherrn, tatsächlich gemeinsam mit ihrem französischen Liebhaber aus Donnafugata bei Ragusa geflohen ist. Doch trug das Anwesen schon lange zuvor diesen Namen, üblicherweise mit »Frau auf der Flucht« übersetzt.

In Ragusa trifft dies jedoch nicht zu, denn ausnahmsweise lässt sich Donnafugata hier aus dem arabischen *ain as jafaiat* für *fonte della salute* – »Quelle der Gesundheit« – ableiten. Jener Teil der sonst außerordentlich trockenen Provinz war nämlich reich an Quellwasser. Baron Corrado Arezzo, dessen Familie seit 1654 hier beheimatet war, baute in der zweiten Hälfte des 19. Jahrhunderts sein Donnafugata auf den Grundmauern des alten Feudalhauses. Dem romantischen Zeitgeist entsprechend, ließ der Adelige, ein Freund von Lampedusas Großvater, kaum ein den unterschiedlichsten Epochen nachempfundenes Stilelement aus, was zu einer bisweilen kuriosen Architektur-Mischung geführt hat.

In seiner Jugend weilte der Autor des »Gattopardo«, der auf dem Familiensitz der Fürsten Lampedusa im nahen Palma di Montechiaro aufgewachsen war, oft in diesem Schloss. Und hier sind sie auch vorhanden, die verwirrenden Raumfluchten, Treppen und Loggien des Romans. 122 Zimmer zählt der Palazzo, »zu viele, um sie alle zu kennen«. Lohnenswert und auch zu besichtigen sind die große Bibliothek, der Wappensalon, ein Spiegelsaal, ein Billardsaal, das so genannte Bischofszimmer mit erlesenen Intarsienmöbeln, der »Raum des kleinen Soldaten«, ein Rauchzimmer, ein Musikzimmer, ein Frauensaal und viele, viele Nebenräume. 2500 m^2 groß ist allein die Wohnfläche. Reizvoll ist auch ein Spaziergang im verwunschenen Schlosspark, mit seinen Pavillons und seinem gärtnerisch kunstvoll angelegten Irrgarten eine Idylle entschwundener Zeiten. Auf dem 8 ha grossen Areal vergnügte man sich einst in künstlich angelegten Grotten, geschmückt mit Stalaktiten, oder in einer Höhle, deren Decke mit dem Himmelsgewölbe bemalt ist. Bayerns Märchenkönig Ludwig II. hätte sich in diesem Garten sicherlich wohlgefühlt.

Baron Arezzo war es auch, der für die Figur des viel geliebten Tancredi Pate stand. 1848 zog der damals erst Vierundzwanzigjährige ins sizilianische Parlament ein. Noch im selben Jahr bekam er wegen der von ihm herausgegebenen Zeitschrift »Il Gatto«, die starke antibourbonische Tendenzen aufwies, Schwierigkeiten mit der Obrigkeit. Von 1856 bis 1860 zählte er zu den Mitgliedern des Revolutionskomitees der Insel, nach der Ei-

Lampedusas »Leopard«

Giuseppe Tomasi, Herzog von Palma und Fürst von Lampedusa, 1896 in Palermo geboren und 1957 in Rom gestorben, schrieb 1954 innerhalb weniger Monate seinen ersten und einzigen Roman: »Der Leopard« (»Il Gattopardo«). Dieser wurde erst ein Jahr nach seinem Tod veröffentlicht – und auf Anhieb ein Welterfolg. »In Wahrheit hat mein Mann 40 Jahre an diesem Werk gearbeitet«, erklärte seine Witwe, die Fürstin Alessandra di Lampedusa einmal in einem Interview. »Seine Gedanken hat er dann in einigen Wochen zu Papier gebracht.«

Don Fabrizio, Fürst von Salina, dessen Dynastie im Wappen einen Leoparden führt, trägt manch autobiografischen Zug, gleichzeitig aber setzte der Autor damit seinem eigenen Großvater ein Denkmal. Der sizilianische Adel musste in den 60er Jahren des 19. Jahrhunderts nach der Landung Garibaldis von den alten Gesellschaftsformen Abschied nehmen. Tancredi, der ehrgeizige Neffe des Fürsten, vermag sich der neuen Zeit anzupassen. Don Fabrizio aber weiß, dass die Tage seines Lebensstils gezählt, die Leoparden und Löwen zum Untergang verurteilt sind: »Ihren Platz werden die kleinen Schakale einnehmen, die Hyänen.«

Dass ein nicht unwesentlicher Teil des Romans seinerzeit der Familienzensur zum Opfer gefallen war, wurde erst 2002 mit der Veröffentlichung des gesamten Werkes bekannt. Der glücklicherweise im Familienarchiv in Palermo erhalten gebliebene Abschnitt erzählt von der geheimen Leidenschaft des Fürsten für die schöne Angelica, Tochter eines skrupellosen Emporkömmlings, die später von Don Fabrizio mit Tancredi verheiratet wird. Diese Geschichte, die auf einer wahren Begebenheit unter den Vorfahren des Autors basiert, wurde erst in unseren Tagen nicht mehr als »Skandal« empfunden und von der Familie freigegeben.

Wie auch immer, ohne Zweifel gehört »Der Leopard« zu den bedeutendsten Romanen der modernen italienischen Literatur. Er wurde 1962 von Luchino Visconti mit Burt Lancaster, Claudia Cardinale und Alain Delon in den Hauptrollen genial verfilmt. Die etwa zweistündige Fernsehfassung hat man leider auf die Liebesgeschichte zwischen Tancredi und Angelica reduziert. Doch das ungekürzte Filmepos – es dauert vier Stunden – wird dem Buch, soweit es damals bekannt war, absolut gerecht.

Visconti wählte als Schauplatz für die Dreharbeiten den Palazzo Cutò aus dem 17. und 18. Jahrhundert in Santa Margherita Belice, der sich tatsächlich einst im Familienbesitz der Lampedusa befunden hatte. Die Ortsangaben des Buches stimmen weitgehend mit diesem Standort überein, nur das Meer, das der Roman-Fürst Fabrizio Salina vom Fenster seiner Bibliothek aus sieht, liegt von diesem Palast in der Provinz Agrigent viel zu weit entfernt.

Claudia Cardinale und Burt Lancaster in Luchino Viscontis Verfilmung des »Leoparden«

Ein heftiges Erdbeben verwüstete 1968 das Belice-Tal, nahezu alle Ortschaften wurden zerstört, vom Palazzo blieben nur Ruinen übrig. Als weiterer möglicher Schauplatz des Romangeschehens kommt der Palazzo Donnafugata bei Ragusa in Frage, der dem Autor mit Sicherheit zumindest als Vorlage diente.

Giuseppe Tomasi di Lampedusa verfasste neben einigen Literarturbetrachtungen über die »Englische Moderne« außerdem zauberhafte sizilianische Novellen, die auf Deutsch unter dem Titel »Die Sirene« erschienen sind. Sie stehen thematisch im Zusammenhang mit dem »Leoparden« und beleuchten den Niedergang der feudalen Gesellschaft.

Von Ragusa nach Agrigent

nigung Italiens wurde er Senator in Rom – und war wie Tancredi von seiner Mission überzeugt: »Wenn wir wollen, dass alles so bleibt, wie es ist, dann ist es nötig, dass sich alles verändert.«

Von Ragusa nach Agrigent

Karte: siehe oben
Tipps & Adressen: Riserva Naturale Biviere, S. 382, Gela, S. 332

Empfehlenswerte Abstecher auf dem Weg nach Agrigent: Wer von barocker Pracht immer noch nicht genug hat, besichtige **Comiso** 2 und **Vittoria** 3, bevor die Raffinerien und Chemiefabriken einer der wenigen Industriezonen der Insel den Blick für das Schöne trüben. Wie durch ein Wunder blieb hier jedoch mit der **Riserva Naturale Biviere** 4 auch ein Stückchen unberührter Natur erhalten. In dem unter Schutz gestellten Feuchtgebiet lassen sich nicht nur Tausende Zugvögel auf ihren Flügen zwischen Afrika und Nordeuropa zur Rast nieder, viele Arten können auch ganzjährig auf geführten Touren beobachtet werden.

In dem wenig einnehmenden **Gela** 5, einst einer der reichsten Stadtstaaten der Antike, heute unübersehbar ein Stiefkind des Wohlstands, sollte man direkt das hervorragend bestückte **Archäologische Regionalmuseum** und eventuell eine der besterhaltenen **Stadtmauern** aus griechischer Zeit ansteuern. Die aus dem 4. Jahrhundert v. Chr. stammenden, 300 m langen, bis zu 13 m hohen und zum Teil aus ungebrannten Lehmziegeln bestehenden Befestigungsanlagen befinden sich im archäologischen Gebiet des Capo Soprano. Danach hält einen Besucher nichts mehr hier, denn skrupellose Industrialisierung und chaotisches urbanes Wachstum haben Gela in eine der hässlichsten Städte des Südens verwandelt. Und in eine der ungesündesten: Lungenkrebsrate und Kindersterblichkeit sind die höchsten in ganz Sizilien, ein von Petrochemie und Armut verpestetes bzw. gezeichnetes Klima.

◁ *Küste beim Kastell Falconara, Nähe Licata*

Agrigent: Illusion der Unsterblichkeit

Stadtplan: S. 181
Tipps & Adressen: S. 317f.

Nicht zufällig gründeten Auswanderer aus Rhodos gemeinsam mit Bewohnern von Gela 582 v. Chr. die letzte große Kolonialstadt Siziliens in einiger Distanz zum Meer. Das steil abfallende und von einer Felswand umgürtete Höhenplateau bot sich als Standort geradezu an. Auch ein natürlicher Hafen war bereits vorhanden: Eine etwa 6 km entfernte Bucht am Zusammenfluss der beiden Wasserläufe Hypsas und Akragas, die bloß noch ausgebaut und mit der künftigen Ansiedlung verbunden werden musste. Viel versprechende Voraussetzungen für eine große Zukunft, die *Akragas* (*Akrai Gea* = »Erde der Hügel«) auch tatsächlich beschieden war.

Eine 13 km lange Befestigungsmauer mit elf Toren sicherte in der Antike den bald unvorstellbar reich gewordenen Stadtstaat vor allem von der Meerseite. Wie die Perlen einer Kette glänzte das Gold der Tempel auf einem Hügelkamm zu Füßen der eigentlichen Stadt, die an Einwohnerzahl Syrakus nur um weniges nachstand. Ein Kranz von Heiligtümern umringte auch die Akropolis, den höchsten Punkt jeder griechischen Niederlassung.

Söhne berühmter Väter haben es oft nicht leicht, aus deren Schatten zu treten, und auch die Einwohner namhafter historischer Orte leiden zuweilen unter der großen Vergangenheit ihrer Heimatstadt. Das antike Erbe lastet schwer auf der Seele der Agrigentiner unserer Tage. Wie zum Trotz errichteten sie anstelle der »schönsten Stadt der Sterbli-

Bunter als die Originale: die Tempel der Eisverkäufer

chen«, wie der Lyriker Pindar im 5. Jahrhundert v. Chr. Akragas euphorisch nannte, die höchsten Wolkenkratzer Siziliens und schufen eine Skyline amerikanischen Zuschnitts, ganz so, als wollten sie den Tempeln im Tal zeigen, dass auch sie nach dem Himmel greifen können. Selbst wenn Zeus dort oben nicht mehr wohnt.

Im grellen Licht könnte der Kontrast zwischen Traum und Wirklichkeit nicht größer sein. Doch wenn der Tag sich neigt, wenn die letzten Sonnenstrahlen noch in den Fensterscheiben der Hochhäuser funkeln, während auf den mächtigen Säulen und Giebeln tief unten im Tempeltal schon die Schatten der nahen Nacht liegen, stehen Neuzeit und Antike einander mit einem Mal nicht mehr als feindliche Brüder gegenüber. Himmel und Meer verabschieden den Tag mit einem Farbenspiel aus Pastelltönen, in den Wohnvierteln gehen Lichter an, über die letzten Relikte einer für immer entschwundenen Epoche senkt sich die Dunkelheit wie eine Tarnkappe.

Und dann – sobald sich die ersten Sterne von einem samtschwarzen Firmament abheben – geschieht ein Wunder. Schlagartig tauchen Dutzende Scheinwerfer die uralten Heiligtümer in gleißende Helle. Und plötzlich stockt jedem der Atem. Ungriechisch? Nichts anderes als Effekthascherei? Kitsch in Reinkultur? Na und! Vielleicht haben wir allzu schnell solche Worte parat, wenn Gefühle uns zu überwältigen drohen. Wem bei dem Anblick der gleichsam schwebenden Tempel nicht wenigstens für eine kleine Weile sämtliche kunsthistorischen Weisheiten gleichgültig werden, der hat die Griechen, jene glühenden Verehrer alles Schönen, nie verstanden.

Im unermesslich reichen *Akragas* kannte man zwar noch nicht die Wirkung von mehreren Tausend Watt, doch ein gewisser Antistenes – vergleichbar mit einem Milliardär unserer Tage – ließ zur Hochzeit seiner Tochter sämtliche Straßen nicht nur mit Blumenteppichen schmücken, sondern auch auf seine Kosten beleuchten. Und auf allen Altären des Tempeltals loderten nach einem vereinbarten Brandsignal vom Gipfel des Atenea-Felsens gleichzeitig Scheiterhaufen auf. Die Wirkung muss umwerfend gewesen sein, immerhin spricht man zweieinhalb Jahrtausende später noch immer von diesem Fest.

Agrigent besaß übrigens als eine der wenigen Städte der Antike sogar eine bescheidene Straßenbeleuchtung. Man tauchte Fackeln in eine »übelriechende schwarze Quelle«, die beim Tempel des Hephaistos sprudelte, und befestigte die qualmenden Dauerbrenner an Hauswänden. Erdölmagnaten können also getrost den Gott des Feuers zu ihrem Schutzpatron küren, da er schon damals das schwarze Gold in seinem Heiligtum fließen ließ.

»Sie speisen, als ob sie morgen sterben würden, und bauen, als ob sie ewig leben sollten«, spottete einst Empedokles, der Philosoph, Mystiker, Dichter, Politiker und Arzt über seine Mitbürger. Boshafter, kluger Empedokles, du wusstest um die Vermessenheit der Menschen, die für die Ewigkeit bauen wollten, um Unsterblichkeit zu erlangen. Aber einen Versuch war das Unmögliche doch wert, und sei es nur um der Schönheit willen, vor der selbst noch das 21. Jahrhundert demütig verstummen darf.

Rundgang durch die Altstadt

Die heutige Provinzhauptstadt zählt etwa 52 000 Einwohner, eine bescheidene Zahl verglichen mit dem 5. Jahrhundert

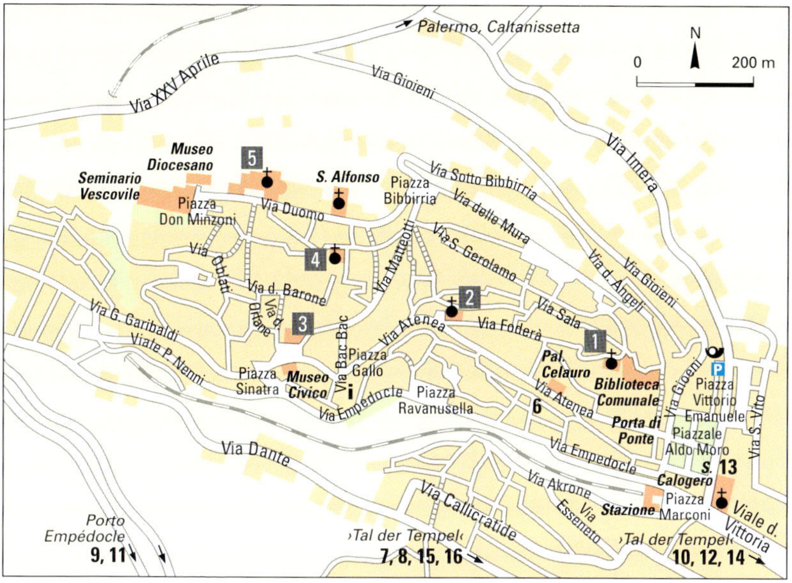

Agrigent (Oberstadt) – Sehenswürdigkeiten: *1 Abtei Santo Spirito 2 Chiesa del Purgatorio 3 Rathaus 4 Santa Maria dei Greci 5 Dom*
Hotels: *6 Concordia 7 Baglio della Luna 8 Dioscuri Bay Palace 9 Kaos 10 Tre Torri 11 Villa Eos*
Restaurants: *12 Dei Templi 13 Kalo's 14 Le Caprice 15 Leon d'Oro 16 Pescatore*

v. Chr. Doch nach der Verwüstung durch die Karthager hat sich Agrigent nie wieder zu seiner einstigen Größe aufschwingen können. Das römische Agrigentum war völlig bedeutungslos, eine kurze Blütezeit erlebte es lediglich im 9. Jahrhundert unter den Arabern, die es *Karkint* nannten, woraus die nachfolgenden Epochen *Grigentum*, *Gergentum* und *Girgenti* machten. 1927 erhielt es den antiken Römernamen zurück.

Das historische Zentrum ist dementsprechend klein, für einen Spaziergang muss man wenig mehr als eine Stunde veranschlagen. Ausgangspunkt ist die Piazza Marconi, der Bahnhofsvorplatz. Über die Piazzale Aldo Moro mit ihren gepflegten Grünanlagen und Gartencafés erreicht man durch die **Porta di Ponte**, im 19. Jahrhundert anstelle des mittelalterlichen Stadttores errichtet, die **Via Atenea**, Hauptstraße und Flaniermeile des heutigen Zentrums. Von ihr zweigen enge Gässchen zum Teil mit steilen Treppen ab. In diesem Viertel konzentrieren sich die wichtigsten Kirchen, Paläste und Amtsgebäude der Provinzhauptstadt.

Rechter Hand geht es über die Via Porcello und die Salita S. Spirito zur ehemaligen **Abtei Santo Spirito** 1, in deren Refektorium heute die Stadtbibliothek untergebracht ist. Vom ursprünglichen Kirchenbau aus dem 14. Jahrhundert sind noch das Portal und die Rosette erhalten, der Rest stammt aus dem 17.

Empedokles und die Kraft der Liebe

Ich wandle unter Euch als unsterblicher Gott, nicht mehr als Mensch, von allen geehrt, wie es sich gebührt, Binden und blühende Kränze ums Haupt. Die Leute aber folgen mir zu Tausenden, um zu erfragen, wo der Pfad zum Heile führt. Ich weiß ja, dass Wahrheit den Worten innewohnt, die ich verkünde«, sang der weise Exzentriker in einem seiner 5000 Verse, von denen knapp 450 erhalten blieben.

Der größte Sohn Agrigents, um 500 v. Chr. geboren, war etwa 30 Jahre älter als Sokrates. Euripides und Sophokles kamen vermutlich ziemlich zur gleichen Zeit wie Empedokles zur Welt, überlebten ihn aber um einiges. Nach Ansicht der Historiker starb der geheimnisumwobene Sizilianer um das Jahr 440 v. Chr. im Exil auf dem Peloponnes, zirka ein Jahrzehnt vor Perikles.

Seine philosophische Lehre basiert auf dem Prinzip, dass zwei Kräfte – Liebe und Hass – einander anziehen und abstoßen. Dadurch vollzieht sich ein stetiger Wandel der vier Grundelemente Wasser, Erde, Luft und Feuer. Keiner der beiden Kräftepole kann jemals siegen, denn dann wäre die Perfektion, aber auch der Stillstand erreicht. Und dies käme dem Tod, dem Ende der Existenz gleich.

Aus der Gleichwertigkeit der Schöpfung leitete der überzeugte Demokrat eine Gleichheit sämtlicher Stände und Geschöpfe ab. Das heißt Ablehnung der Sklaverei, der Jagd, der Tieropfer. Den Göttern bringe man »düftereiche Salben, reine Myrrhe, süßen Weihrauch« dar, exakt also jene Gaben, die 450 Jahre später die Weisen aus dem Morgenland nach Bethlehem trugen.

Empedokles, der Philosoph, Arzt, Dichter und Politiker, gilt auch als Baumeister der Schlucht der Cavoline, eines künstlichen Einschnitts zwischen dem Hügel von Agrigent und dem Atenea-Felsen (heute zugeschüttet), durch den der Nordwind die Stadt kühlen und die ungesunde Luft aus den Sümpfen vertreiben konnte. Ähnliches vollbrachte er für Selinunt. In seinen Schriften spricht der Agrigentiner von Seelenwanderung; seine Lehre hat überhaupt viel mit jener Buddhas gemein, der 40 Jahre vor ihm ins Nirwana einging.

Zu Lebzeiten wie ein Gott verehrt, wollte er auch sein Sterben durch ein legendentaugliches Ereignis ins Überirdische erheben. Tatsächlich lassen sämtliche Varianten über seinen geheimnisumwitterten Abgang von dieser Erde an eine perfekte Inszenierung denken. Nach einer der Überlieferungen wurde er wie Elias mit einem Feuerwagen vor den Augen seiner Jünger in die Ewigkeit entführt, nach einer anderen geht er freiwillig in sie ein, indem er sich in den Hauptkrater des Ätna stürzt. Nur ein Schuh am Kraterrand soll von ihm übrig geblieben sein. In der Literatur wurde er von Hölderlin wiederentdeckt: »Der Tod des Empedokles«. Brecht schrieb das Gedicht »Der Schuh des Empedokles«.

Jahrhundert. Die Via Fodera führt zur **Chiesa del Purgatorio** 2 (auch *Chiesa di S. Lorenzo*), eine der schönsten Barockkirchen von Agrigent. In einer Ecke der Piazza del Purgatorio – unter einem steinernen Löwen – befindet sich der Eingang zu einem aus dem 5. Jahrhundert v. Chr. stammenden unterirdischen Labyrinth, das bis gegen Ende des 20. Jahrhunderts als Wasserreservoir diente (nicht zugänglich). Die riesige Anlage, die sich unter dem ganzen Akropolis-Hügel hinzieht, wurde sträflicherweise dem totalen Verfall preisgegeben. Heute leidet Agrigent unter katastrophalem Wassermangel, im Sommer tröpfelt das rare Nass manchmal nur stundenweise aus den Leitungen.

An der Piazza del Municipio mit dem in einem Palast aus dem 17./18. Jahrhundert untergebrachten **Rathaus** 3 endet die Via Atenea. Jetzt beginnt durch verwinkelte Treppengassen der Aufstieg zur Kirche **Santa Maria dei Greci** 4, im 13. Jahrhundert auf den Resten eines wahrscheinlich Athene geweihten Tempels aus dem 5. Jahrhundert v. Chr. errichtet.

Auf der höchsten Erhebung der mittelalterlichen Stadt liegt der **Dom** 5 aus dem 11. Jahrhundert, häufig umgebaut und bei der jüngsten Restaurierung der meisten späteren Zusätze und Ausschmückungen wieder entkleidet. Der mächtige, aber unvollendete Glockenturm im Stil der katalanischen Spätgotik stammt aus dem 15. Jahrhundert, Fassade und Teile des dreischiffigen Innenraums sind barocken Ursprungs. Ein akustisches Phänomen dieses Gotteshauses sollte man sich nicht entgehen lassen: Wer unter den barocken Stukkaturen des Presbyteriums direkt an der Achse der Apsis steht, kann jedes Wort hören, das beim Eingang – in 85 m Entfernung! – gesprochen wird.

Zwischen Altstadt und Tempeltal

Zum Einstieg in die Antike kann man vom Ausgangspunkt (Piazza Aldo Moro) über die Via San Vito zum **Athene-Felsen** 6 (*Rupe Atenea*, 351 m hoch) wandern. Der Aufstieg zu den spärlichen Überresten des **Athene-Tempels** ist ziemlich mühsam, lohnender ist eine Besichtigung des normannischen Kirchleins **S. Biagio** mit integrierten Überresten eines Demeter-Tempels am Fuß des Felsens. Eine Treppe führt zum **Felsenheiligtum der Demeter und Persephone** 7 (*Santuario rupestre di Demetra e Persefone*), dem ältesten Kultplatz der Stadt (7. Jh. v. Chr.). Bei Ausgrabungen 1938 entdeckte man nicht nur eine Quelle, sondern auch zahlreiche Demeter- und Persephone-Statuetten.

Richtung Tempeltal liegt an der Staatsstraße 118 die kleine **Zisterzienserkirche San Nicola** 8 (13. Jh.) mit einem arabisch beeinflussten Spitzbogenportal. Kostbarstes Stück des einschiffigen Innenraums ist der berühmte **Phaedra-Sarkophag**, der nur zufällig hier gelandet ist. Während der Neugestaltung des Archäologischen Museums wurde das antike Stück, bei dem es sich um die Kopie eines hellenistischen Originals (3. Jh. v. Chr.) handeln dürfte, in einer der Seitenkapellen »vorübergehend« deponiert. Ein Provisorium mit Langzeitwirkung, denn der Museumsneubau ist bereits seit 1968 abgeschlossen, der Sarkophag aber blieb. Und so bekommt man die tragischen Folgen einer verbotenen Liebe ausgerechnet in einer Klosterkirche vor Augen geführt.

In hinreißenden Reliefdarstellungen wird in vier Bildern die Geschichte von Phaedra, der zweiten Gemahlin von König Theseus, erzählt, die sich in ihren

Stiefsohn Hippolytos verliebt, von diesem aber verschmäht wird. Phaedra nimmt grausame Rache, indem sie den Spieß umdreht und den Jüngling beschuldigt, ihr nachgestellt zu haben. Blind vor Wut und Eifersucht über den vermeintlichen Treuebruch seines Sohnes bittet Theseus den Meeresgott Poseidon, das Todesurteil zu vollstrecken. Zu spät gesteht Phaedra die Verleumdung, als Hippolytos stirbt, nimmt sie sich das Leben. Immer wieder haben sich Dichter dieses Stoffes angenommen, die älteste Bearbeitung für das Theater stammt von Euripides (5. Jh. v. Chr.).

Phaedra-Sarkophag: tragische Liebe

Eine der Längsseiten des Sarkophags zeigt, wie eine Sklavin den Liebesbrief Phaedras überbringt, die folgende Querseite stellt den Schmerz der Phaedra über die Zurückweisung dar. Auf der anderen Längsseite ist Hippolytos im Kreis seiner Freunde bei der Eberjagd zu sehen, die Querseite schildert das Sterben des jungen Mannes, der durch seine eigenen Pferde zu Tode geschleift wird, als diese vor dem von Poseidon gesandten schrecklichen Stier zurückschrecken.

Unmittelbar neben San Nicola befindet sich das **Archäologische Regionalmuseum** 9 (*Museo Archeologico Regionale*). In den pavillonartigen Bau geschickt integriert wurden die Reste eines Zisterzienserklosters (14. Jh.). Bei den vorbildlich präsentierten Exponaten sogar mit englischsprachigen Erläuterungen handelt es sich um Funde aus der näheren Umgebung. Eines der interessantesten Stücke ist eine Schale mit der ältesten bisher entdeckten Trinacria-Abbildung (7. Jh. v. Chr.), bemerkenswert ist auch die umfangreiche Sammlung attischer Vasen (6./5. Jh. v. Chr.). Eine Vorstellung vom größten, allerdings nie vollendeten Heiligtum der antiken Welt geben Rekonstruktionen des Zeus-Tempels.

Auf dem Weg zum Museumseingang überquert man auf Holzstegen das politische Zentrum der antiken Stadt. Erhalten blieb das mit kreisförmig angelegten Sitzreihen an ein Theater erinnernde **Ekklasterion**, das für Volksversammlungen diente (4./3. Jh. v. Chr.). Zu sehen ist auch das bereits unter den Römern entstandene Rathaus, das **Bouleuterion** (1. Jh. v. Chr.). Daneben erhebt sich das so genannte **Oratorium des Phalaris**, das mit dem legendären Tyrannen aus der Frühzeit Agrigents nichts zu tun hat, sondern ursprünglich ein kleiner Tempel war, dann das Grabmal einer Römerin und zuletzt ein Zisterzienser-Oratorium.

Auf der gegenüberliegenden Straßenseite breiten sich die Ausgrabungen des **Hellenistisch-Römischen Stadtviertels** 10 (*Quartiere Ellenistico-Romano*) aus. Die schachbrettartige Anlage, aber auch Überreste von Wohnhäusern erlauben Rückschlüsse auf das Aussehen

Agrigents von der hellenistischen (3. v. Chr.) bis in die römische Zeit (2. Jh. n. Chr.).

Für eine Besichtigung des Tempeltals empfiehlt es sich, von hier nicht Richtung Meer zu fahren und vom zentralen Parkplatz aus den Spaziergang zu beginnen. Auch beim oberen Eingang, den man in der Gegenrichtung nach einer lang gezogenen Rechtskurve erreicht, gibt es genügend Abstellmöglichkeiten (Hinweisschilder *Tempio di Giunone Lacinia*). Etwa zwei Stunden benötigt man für einen Spaziergang, Kassen befinden sich bei allen Eingängen.

Im Tal der Tempel

Blühende Mandelbäume zeichnen im Februar zarte Konturen auf die sanft geschwungenen Höhenzüge um den Wohnort der Götter, im Frühling wogen hüfthohe Margeriten zwischen sonnenwarmen Steinen. In der brütenden Hitze des Sommers verfängt sich nur selten ein Lufthauch in den silbergrünen Blättern der Olivenbäume, die wie einsame Vorposten neuen Lebens die Monotonie gelbbrauner Töne eines verbrannten

Agrigent: allenortens emporstrebende Leichtigkeit anstelle von monumentaler Schwere

Landes unterbrechen. Erst im Herbst sprießen wieder Blumen aus der zerrissenen Erde.

Unzählige Male sahen die Tempel von Agrigent das Wechselspiel der Jahreszeiten, doch nun wird jeder Gewitterregen zu einer tödlichen Bedrohung. Verzweifelt kämpfen Geologen gegen die Erosion des Bodens an, der im Fall eines Abrutschens die auf dem Höhenkamm unmittelbar hinter der einstigen Stadtmauer errichteten Monumente mit sich reißen könnte. Aufrecht hat ohnedies nur ein einziges Heiligtum – der Concor-

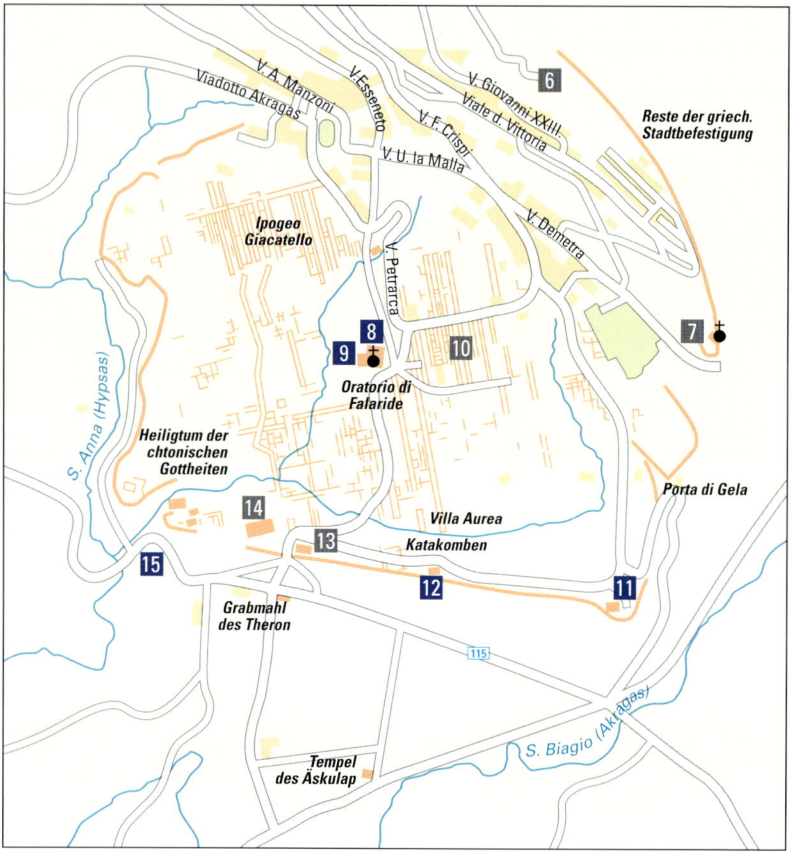

Tempeltal von Agrigent: *6 Athene-Felsen 7 Felsenheiligtum der Demeter und Persephone 8 Zisterzienserkirche San Nicola mit Phaedra-Sarkophag 9 Archäologisches Regionalmuseum 10 Hellenistisch-Römisches Stadtviertel 11 Hera-Tempel 12 Concordia-Tempel 13 Herakles-Tempel 14 Olympieion 15 Kastor- und Pollux-Tempel*

dia-Tempel – die Zeiten überstanden und auch das nur, weil er, zur christlichen Kirche umgebaut, mit stützendem Mauerwerk versehen war. Alle anderen, soweit noch vorhanden, wurden erst im Zuge der romantischen Wiederentdeckung der Antike erneut aufgerichtet (18./19. Jh.).

Die aus tuffhaltigem Muschelkalk erbauten Heiligtümer entstanden alle im 5. Jahrhundert v. Chr. und entstammen somit der klassischen Epoche griechischer Kunst. Erst die Beuteschätze nach der siegreichen Schlacht über die Karthager (480 v. Chr.) machte selbst für eine so reiche Stadt wie Akragas die Finanzierung einer solchen Anzahl von Großbauten erst möglich. Man bedenke, dass sich Athen beim Wiederaufbau der Akropolis fast ruiniert hätte. Im Vergleich dazu bezahlten die Agrigentiner die Ausstattung ihres heiligen Bezirks mit leichter Hand, standen ihnen doch auch genügend Kriegsgefangene für die Sklavenarbeit zur Verfügung. Nur beim Tempel für den Olympischen Zeus haben sie sich übernommen. Das als größte Kultstätte des Altertums geplante Projekt wurde nie fertig gestellt.

In der griechischen Klassik erreichte die Harmonie der Proportionen ihre höchste Vollendung. Im Gegensatz zu den »archaischen« Tempeln (7./6. Jh.) mit ihren monumentalen, sich in der Mitte deutlich verdickenden und mit wuchtigen Kapitellen versehenen Säulen setzt man nun in allen Details auf emporstrebende Leichtigkeit. Auch werden optische Fehlleistungen des Auges genial ausgeglichen: So wirkt eine Säulenreihe nur dann gerade, wenn sie sich leicht nach innen neigt. Dasselbe Prinzip gilt für die Treppen, die man leicht nach oben wölben musste, um den gewünschten Effekt zu erzielen. In Ermangelung von genügend Marmor verkleideten die Baumeister von Akragas die zuvor mit Kanneluren (senkrechten Auskehlungen) versehenen Säulen mit strahlend weißem Stuck, der in Fragmenten heute noch zu sehen ist. Von den bunten Bemalungen des Dachbereichs blieb allerdings nichts erhalten. Überliefert aber sind die mythologischen Szenen, die auf den Metopen (griech. = Stirn), der Fläche zwischen den Triglyphen (= dreigliedriges Feld) entlang des Frieses dargestellt waren. Das dreieckige Giebelfeld (Tympanon) wurde zumeist von einem furchterregenden Medusenhaupt zur Abwehr des Bösen geschmückt.

Ausnahmslos liegt der Eingang zu allen griechischen Tempeln im Osten, der aufgehenden Sonne entgegen. Wenn sich zu den Festtagen der Götter – und nur an diesen – die gewaltigen Tore öffneten, fielen ihre ersten Strahlen auf die sonst im Inneren verborgene Statue der Gottheit. Ihr Wohnort war die Cella, ein von Mauern umgebener, fest verschlossener Raum. Die Opfer – makellose, mit Blumen und manchmal sogar mit vergoldeten Hörnern geschmückte Tiere – brachte man auf den stets vor den Tempeln liegenden Altären dar. Auch veranstaltete man Prozessionen, bei denen die Götterfiguren durch den heiligen Bezirk getragen wurden, ein Brauch, den das Christentum unverändert übernommen hat.

Nur bei den Festivitäten war das Volk in den Kult mit einbezogen, die Tempel betreten durfte es nie. Lediglich ein auserwählter Personenkreis konnte den dort aufbewahrten Schätzen nahe kommen. Die Heiligtümer der Griechen erfüllten nämlich noch einen weiteren Zweck: Sie dienten auch als Banken, und zwar ganz genau in unserem Sinn. Hinter der Cella wurden – wie in einem Safe – Wertgegenstände aufbewahrt, mit denen die Priester Geschäfte machten. Sie zahlten Zinsen aus, vergaben Kredite, nicht anders als die Bankmanager unserer Tage. Kaufleute deponierten hier ihre Gewinne oder liehen sich Geld, und je besser der Ruf einer Stadt war, desto reicher wurde sie durch Finanzgeschäfte. Es ist sicherlich kein Zufall, dass so manch protziges Bankinstitut von heute an einen Tempelbau des Altertums erinnert.

Tempel der Juno Lacinia oder **Hera-Tempel** 11 (*Tempio di Giunone Lacinia*, 480–440 v. Chr., 40 x 17 m). Archäologen wählten den Namen, wie die meis-ten anderen auch, willkürlich, weil nicht mehr festzustellen war, welcher Gottheit hier gehuldigt wurde. An manchen Säulen sind Reste des Marmorstucks sowie Brandspuren vom Karthagerüberfall (406 v. Chr.) zu sehen. Vom Opferaltar (30 x 10 m) eröffnet sich ein herrlicher Rundblick bis Porto Empédocle. Bergab geht

Der Concordia-Tempel war nicht der »Göttin der Eintracht«, sondern vermutlich Kastor und Pollux geweiht.

es entlang der einstmals massiven, im frühen Christentum mit Grabnischen ausgehöhlten Stadtmauer zu dem ein Jahrzehnt später vollendeten Zwillingsbau.

Concordia-Tempel 12 (*Tempio di Concordia,* 480–430 v. Chr., 40 x 17 m), benannt nach einer in der Nähe gefundenen lateinischen Inschrift. Vermutlich war er dem Dioskurenpaar Kastor und Pollux geweiht, mit Sicherheit aber nicht Concordia. Denn die so genannte »Göttin der Eintracht« zählt zu den wenigen religiösen Eigenschöpfungen der Römer. Die stets untereinander zerstrittenen Griechen kannten nur Eris, die »Göttin der Zwietracht«, Einträchtigkeit war für sie weder auf Erden noch im Olymp ein Ideal. Und vermutlich haben sie es nicht zuletzt deswegen niemals zu einem Weltreich gebracht. Dafür aber setzten sie mit Bauten wie diesem für alle Zeiten ästhetische Maßstäbe.

Auf vier Stufen erhöht erheben sich 34 Säulen mit vollständigen Gebälken und Giebeln, nur das Dach fehlt dem Concordia-Tempel, der dank seiner Umwidmung zur christlichen Kirche vom frühen 4. bis zum 18. Jahrhundert nahezu vollständig erhalten blieb. Danach legte man den griechischen Bau wieder frei, indem man die Verbindungsmauern zwischen den Säulen entfernte. Nur die im Mittelalter in die Cellawand gebrochenen Bögen blieben als Erinnerung daran, dass inmitten eines heidnischen Baus einst katholische Messen gelesen wurden. Nur noch zwei andere Bauwerke der griechischen Klassik – der Hephaistos-Tempel von Athen und der Poseidon-Tempel von Paestum – können sich heute noch mit Agrigents Concordia-Tempel an Schönheit messen.

Wenig Interessantes bietet dem Laien auf dem weiteren Weg die Ausgrabung einer **frühchristlichen Nekropole**, amüsanter ist auf der anderen Straßenseite eine Steintafel mit der mehrsprachigen, offenbar vom Computer wortwörtlich in fast unverständliches Deutsch übersetzten Aufschrift, dass die Tempel von Agrigent in das UNESCO-Weltkulturerbe aufgenommen wurden.

Herakles-Tempel 13 (*Tempio di Ercole,* um 500 v. Chr., 67 x 25 m): Ausnahmsweise stimmt der Name, das Heiligtum dürfte tatsächlich Herakles ge-

weiht gewesen sein. Das beeindruckende Trümmerfeld lässt die einstige Größe nur erahnen, nur acht der insgesamt 38 Säulen wurden wieder aufgerichtet. Ein englischer Hobby-Archäologe hatte sein gesamtes Vermögen dafür ausgeben. Wieder einmal ist es Cicero, dem die Historiker ihre Rückschlüsse verdanken. Der kunstsinnige Römer beschrieb den Tempel oberhalb der *Porta Aurea*, dem »Goldenen Tor«, recht genau. Detailliert schilderte er auch eine bronzene Herakles-Statue sowie von Zeuxis gemalte Darstellungen der Helden-Taten des Halbgottes.

Über Zeuxis, den gefragtesten Maler des 5. Jahrhunderts v. Chr., erzählte Cicero in diesem Zusammenhang genussvoll eine von Aristoteles überlieferte Anekdote. Als der Künstler den Auftrag erhielt, die schöne Helena zu malen, nahm er nur unter einer Bedingung an: Die fünf reizvollsten Mädchen der Stadt müssten nackt für ihn Modell stehen. Das Ergebnis muss hinreißend gewesen sein, denn von weither strömten Menschen, um das Abbild jener Frau zu bewundern, für die Männer zehn Jahre lang Krieg geführt hatten. Und Zeuxis

Hochmut kam vor dem Fall

Im Jahr 582 v. Chr. wurden den Bewohnern von Gela ihre Mauern zu eng und sie gründeten Akragas. Als erster Tyrann erwarb sich Phalaris (571–556) durch seine grausame Regentschaft den denkbar schlechtesten Ruf. Als Beweis wird gerne von seinem Auftrag an den Bildhauer Perillos erzählt, der ihm einen hohlen, eisernen Stier anfertigen musste. In diesem röstete der Alleinherrscher seine Feinde – und ihre Todesschreie ergötzten ihn, weil sie wie das Gebrüll eines lebenden Tieres klangen. Als Politiker leistete Phalaris Hervorragendes, unter seiner Regentschaft wurde die Stadt nach Syrakus zur zweitgrößten der Insel.

Zeus-Tempel: Gestürzter Atlant

Auf ein kurzes demokratisches Intermezzo folgte die Tyrannis des Theron (488–472), dessen Sternstunde bei der Schlacht von Himera gegen die Karthager schlug. 25 000 Kriegsgefangene brachen das Material für die Siegestempel aus den Steinbrüchen des Atenea-Felsens. Theron soll klug, mild und kunstsinnig gewesen sein, unter ihm erlebte Agrigent sein goldenes Zeitalter. Aus dem griechischen Mutterland kamen die Dichter Aischylos, Bakchylides und Simonides, um die von Pindar gepriesenen Wunder der Tempel und Paläste zu sehen.

415 verhielt sich die Stadt, um ihre Reichtümer fürchtend, im Krieg zwischen Athen und Syrakus neutral. 409 zögerte sie aus demselben Grund, dem von den Karthagern bedrohten Selinunt beizustehen. 406 erhielten die hochmütigen Agrigentiner, die nicht an eine Großoffensive der Afrikaner hatten glauben wollen, die Rechnung präsentiert: Nach einer acht Monate währenden Belagerung gaben sie auf und flohen nach Gela. Kampflos verließen sie ihre Schätze und Götter.

Noch einmal sollten sie zurückkehren dürfen, nachdem der Korinther Timoleon (344 330) Teile Siziliens von den Karthagern befreit hatte. Im Jahr 210 besetzten die Römer Akragas. In weiterer Folge glich das Schicksal Agrigents jenem der restlichen Insel.

machte ein gutes Geschäft. Nachdem er das Honorar kassiert hatte, verlangte er Entgelt für die Besichtigung seines Werkes.

Am Fuß des Abhangs liegt bereits außerhalb des antiken Mauerrings das so genannte **Grabmahl des Theron**. Mit dem Tyrannen, der im frühen 5. Jahrhundert v. Chr. Akragas beherrschte, hat der seltsame Bau nichts zu tun. Es handelt sich eindeutig um ein Werk aus der Römerzeit (um 70 v. Chr.), von dem man allerdings nichts Näheres weiß. Die heutige Straße folgt exakt dem antiken Verbindungsweg, unmittelbar unterhalb des Herkules-Tempels lag die *Porta Aurea*, das Haupttor der Stadt. Auf der anderen Seite dehnte sich der heilige Bezirk weiter aus.

Tempel des Olympischen Zeus oder **Olympieion** 14 (*Tempio di Giove Olimpico*, 480 v. Chr. begonnen, 406 v. Chr. noch im Bau zerstört; 114 x 56 m): Das Siegesmonument der Schlacht von Himera konnte niemand anderem als dem Göttervater höchstpersönlich geweiht werden. Das Bauwerk der Superlative, das alle anderen dorischen Tempel der griechischen Welt in den Schatten stellen sollte, wurde allerdings nie vollendet. Auch ins der Architektur beschritt man neue Wege. So trugen nicht frei stehende Säulen, sondern 14 in Mauern eingelassene Halbsäulen, auf denen Architrave und Giebel ruhten, gemeinsam mit 14 Telamonen – jeder 7,5 m hoch – die Last. Nach den riesigen Stützfiguren wurde der Zeus-Tempel auch Gigantenpalast genannt.

Die Kopie eines Telamons, der ein wenig an ein überdimensioniertes Michelin-Männchen erinnert, liegt vor dem Tempel, das Original befindet sich im Archäologischen Museum. Einschränkend muss jedoch gesagt werden, dass diese Figur nur eine Rekonstruktion aus den aufgefundenen Überresten darstellt. Über das tatsächliche Aussehen der Telamonen kann man ebenso nur spekulieren wie über ihren Symbolgehalt. Zwei Deutungen stehen zur Auswahl: Entweder ist der Sieg des Zeus über die Giganten gemeint oder eine Demütigung der Karthager, die nach der Niederlage bei Himera Sklavendienste verrichten mussten.

1401 stürzten die letzten Mauerteile des im frühen Mittelalter noch relativ gut erhaltenen Tempels ein. Wer Baumaterial benötigte, bediente sich fortan, und so fand ein Großteil der gewaltigen Steinblöcke, an denen vielfach noch die hufeisenförmigen Transportschlingen zu erkennen sind, bei der Neugestaltung der Hafenmauer von Porto Empédocle Verwendung. In der Ebene hinter dem Olympeion erstreckt sich die älteste Kultstätte Agrigents, von der allerdings nur wenig erhalten blieb.

Heiligtum der chthonischen Gottheiten (*Santuario di Divinità Ctonie*, 6. Jh. v. Chr.): Reste der Tempel der Unterweltgötter. Zu sehen ist wenig mehr als eine verwirrende Anzahl niedriger Mäuerchen.

Kastor- und Pollux-Tempel 15 (*Tempio di Castore e Polluce*, um 450 v. Chr., 31 x 14 m): Noch innerhalb des uralten Kultbezirks, der bereits den Sikulern heilig war, liegt ein vergleichsweise kleiner Tempel, vermutlich ein Demeter-Heiligtum, das dem Dioskurenpaar zugeschrieben wurde. Bei der Restaurierung regierte nicht die Wissenschaft, sondern die Romantik – zum Ärger der Archäologen und zur Freude der Betrachter: Die vier willkürlich ausgewählte Säulen, Mitte des 19. Jahrhunderts zu einem Ruinenensemble gefügt, zählen seither nicht nur zu den beliebtesten Fotomotiven auf Sizilien, sie wurden auch zum Wahrzeichen Agrigents.

Tempel des Herakles – von Cicero euphorisch beschrieben

Im dahinter liegenden Graben befand sich in der Antike das Trinkwasserreservoir der Stadt, das durch ein raffiniert angelegtes Kanalsystem mit Regenwasser gespeist wurde. Jenseits der Senke liegen noch die spärlichen Überreste des letzten Heiligtums, das die Stadt vor ihrer Zerstörung durch die Karthager errichten konnte:

Hephaistos-Tempel (*Tempio di Vulcano*, um 450 v. Chr., 35 x 17 m), neben dem in der Antike eine kleine Erdölquelle sprudelte (Zugang über einen Treppenweg unterhalb der Eisenbahnbrücke).

Umgebung von Agrigent

Karte: S. 193
Tipps & Adressen: Eraclea Minoa, S. 363, Sciacca, S. 362

Mimosenbäume reichen mit ihren blütenübersäten Ästen bis hinab zum hohen, saftigen Gras, an dem sich eine Schafherde delektiert. Ab und zu bellt ein Hirtenhund, der alte Schäfer blickt suchend in die Landschaft und erwidert freundlich den Gruß. In der klaren Luft eines Frühlingsmorgens, der schon die Ahnung des heißen Sonnentages in sich birgt, zeigt sich das Umland von Agrigent von seiner lieblichen Seite. Auch der nahe Badeort **San Leone** 1 träumt um diese Jahreszeit noch still vor sich hin, nur ein paar Fischer werfen ihre Angeln an den weitläufigen Sandstränden aus, die im Hochsommer zum Tummelplatz von ganz Agrigent werden.

Ein ganz anderes Bild nur wenig weiter südöstlich: Von Steinen übersäte Abhänge, erschütternd in ihrer Kargheit, lassen die verzweifelte Situation jener abertausenden Auswanderer erahnen, die Hunger in die Neue Welt getrieben hat. Die sozialen Verhältnisse haben sich glücklicherweise geändert, nicht aber die dramatische Landschaftsszenerie rund um den Ort **Palma di Montechiaro** 2, der von seiner Gründung 1637 bis 1812 zum Feudalbesitz der Fürsten von Lampedusa gehörte. Déjà-vu-Erlebnisse sind Lesern des Romans »Der Leopard« in dem nur 27 km von Agrigent entfernten Städtchen garantiert.

Keinen Abstecher wert ist hingegen **Porto Empédocle**. Außer hässlichen Fabrikgebäuden, schäbigen Wohnhäusern und lieblos errichteten Hotels – hat die Stadt, die in der Antike ein kosmopoliter Warenumschlagplatz gewesen sein muss, nicht zu bieten.

Von Agrigent nach Selinunt

Eraclea Minoa

3 35 km westlich von Agrigent liegen die Ruinen der Tochterstadt von Selinunt, die im 7. Jahrhundert v. Chr. auf den Überresten einer minoischen Siedlung gegründet wurde. Im Namen ließ man die Erinnerung an den sagenhaften König Minos aus Kreta weiterleben. Die Ausgrabungen liegen auf einem Hochplateau, das mit dem 75 m hohen, strahlend weißen Kalksteinfelsen Capo Bianco steil ins Meer abfällt. Zu sehen sind **Stadtmauern** mit zwei Türmen und Toren sowie ein **Griechisches Theater** aus dem 3. Jahrhundert v. Chr. Ein kleines, übersichtliches **Museum** zeigt u. a. Amphoren, Hausgeräte, und Votivgaben.

Verflixtes Sizilien. Da ist man nun wild entschlossen, alles an kulturellem Erleben aufzusaugen, nach Agrigent auch noch die Tempel von Selinunt zu besuchen und auf dem Weg dorthin selbstredend die Ausgrabungen von Eraclea Minoa als besichtigt abzuhaken. Und mit einem Mal ragt ein blendend weißer Steilfelsen über türkisem Meer in einen wolkenlosen Seidenhimmel. Weich und golden schimmern Sandbuchten zwischen dem Blau des Wassers und dem Dunkelgrün kleiner Wäldchen. Sämtliche guten Vorsätze sind schneller hinweggefegt, als der Wind die weißen Schaumkronen des Mare Africano vor sich hertreiben kann. Die Ruinen der antiken Siedlung können warten, auch wenn man auf den Blick aus der Höhe auf diesen paradiesischen Winkel nicht verzichten sollte. Jede Düne zieht, wie von Künstlerhand geführt, elegante Linien – an diesem **Traumstrand**, der noch dazu mit einem guten Restaurant aufwartet, darf man sich einfach die Chance auf ein erfrischendes Bad nicht entgehen lassen!

Sciacca

4 Schon die Römer nutzten die Heilquellen Thermae Selinuntinae, unter den Arabern entwickelte sich der Ort zu

Von Agrigent nach Selinunt

Leben für den Tod: Pirandello

Unter einer einsamen Pinie wollte er begraben werden, in sizilianischer Erde und nicht in einem der steinernen Mausoleen, die seine Landsleute so lieben. Luigi Pirandello, Nobelpreisträger, Autor von nahezu 40 Bühnenstücken, acht Romanen und 200 Novellen, dachte nur mit Schaudern an die Totendörfer seiner Heimat.

Wie er es wünschte, hütet eine antike griechische Vase seit 1961 die Asche des großen Dichters, der 1936 in Rom starb. Er ist zurückgekehrt zu seinen Anfängen, zu den silbrigen Höhenzügen über dem Afrikanischen Meer, wie es auf einer Gedenktafel bei seinem Elternhaus zwischen Agrigent und Porto Empédocle, seine eigenen Worte aufgreifend, heißt.

Villa Causu, Chaos, heißt der wieder instand gesetzte Landsitz, der zu einem literarischen Wallfahrtsort wurde. Notizen, Entwürfe, Briefe, Fotografien und zwei von Pirandello selbst gemalte Bilder verwandeln die Räume, in denen der Wegbereiter für Generationen italienischer Schriftsteller seine Kindheit verbrachte, in ein Museum.

Den bombastischen Friedhöfen konnte er posthum entkommen, den immer wiederkehrenden Gedanken an den Tod aber sein Leben lang nicht. »Es wird mein größtes Abenteuer sein. Ich werde mich hinsetzen und zusehen, wie Pirandello stirbt!«, schleuderte er einmal bei einem Interview Journalisten entgegen, die nicht wussten, wie ihnen geschah. Damit drückte er keineswegs Exzentrik aus, sondern schlicht, was jeder Sizilianer mit jeder Faser seines Seins fühlt: *memento mori*, das stets gegenwärtige Bewusstsein um einen unabwendbaren Abschied. Der Tod ist ganz einfach kein Tabu. Mit Depressionen oder Suizidneigung hat das gar nichts zu tun.

einem landwirtschaftlichen Zentrum. Als beschauliche Kur- und Agrarstadt hat Sciacca nach wie vor einen guten Namen. Auch Fischfang und Keramik-Kunsthandwerk sowie nicht zuletzt der Tourismus tragen zum bescheidenen Wohlstand der rund 40000 Einwohner bei. Die Struktur der sehenswerten Altstadt mit ihren verwinkelten Gässchen stammt aus arabischer Zeit, Befestigungsmauern und Kastell wurden von den Normannen errichtet und von den Aragonesen im 14. Jahrhundert erweitert.

Am und um den Corso Vittorio Emanuele liegen die wichtigsten Sehenswürdigkeiten des Zentrums wie der prachtvolle **Palazzo Steripinto** (1501, Fassade aus diamantierten Quadern und Zinnen, Renaissanceportal) und die **Kirchen S. Margherita** (14./16. Jh.), **del Carmine** (Barock) und **Dom** (1108, Umbau und Erweiterung aus dem 17. Jh.), einige Straßen weiter nördlich **S. Nicolò** (12. Jh. mit drei kleinen Apsiden). Die **Piazza**

◁ *Traumstrand bei Eraclea Minoa*

Auch Pirandello war keineswegs schwermütig, als er sein Testament verfasste. Jedermann kann die präzisen und denkbar praktischen Anweisungen für die Nachwelt nachlesen. Zwischen den Zeilen stecken all die kleinen Eitelkeiten des großen Dichters verborgen, und wer für Bescheidenheit hält, was in Wahrheit Koketterie ist, der ginge dem Meister des Spiels zwischen Schein und Sein noch einmal auf den Leim.

»Nach meinem Tod möge man davon absehen, mich zu kleiden; man hülle mich in ein Leichentuch. Ich wünsche weder Blumen auf der Bahre noch brennende Kerzen im Zimmer. Man führe mich mit dem Wagen der Armen. Niemand soll meine sterbliche Hülle begleiten, weder Verwandte noch Freunde. Der Wagen, das Pferd, der Kutscher, das genügt. Man verbrenne meinen Körper und streue meine Asche in den Wind. Denn ich will, dass nichts übrig bleibe von mir, auch nicht die Asche. Jedoch, wenn dieser Wunsch nicht erfüllt werden kann, möge die Urne mit meiner Asche nach Sizilien überführt werden. Dort soll sie unter irgendeinem groben Stein liegen, in der Landschaft von Agrigent, wo ich geboren bin.«

Ach Pirandello! Auch die letzte Inszenierung gelang. Den gewünschten Stein suchte man sorgfältig aus. Ihn schmückt eine Doppelmaske. Zweigesichtig sind die Kinder Trinacrias, und doppeldeutig ist des Dichters letzter Wille. Denn auch wenn die Kronen des weithin sichtbaren – zweistämmigen – Baums über dem Grab inzwischen Umweltgiften und Insektenfraß zum Opfer gefallen sind: Wo auch immer eine einzelne Pinie am Meer krumm und zerzaust dem Wind trotzt, da ist Pirandello.

Pirandello-Gedenktafel

Scandaliato ist eine breite, schattige Terrasse mit vielen Bäumen und einer schönen Aussicht auf Hafen und Meer. Lohnend sind eine Fahrt auf den **Monte Calogero** (auch **Monte Kronio** genannt), des Panoramas und der Schwitzgrotten wegen, und ein Besuch des östlich der Stadt liegenden **Castello Incantato**, eines zauberhaft-skurrilen Gartens mit Hunderten von Köpfen, die der lokale Künstler Filippo Bentivegna bis zu seinem Tod 1967 aus Tuffstein gehauen oder aus Olivenholz geschnitzt hat.

Caltabellotta

5 Wie eine Miniaturausgabe der großen Dolomitenstraße zieht sich ein kurvenreicher Weg von Sciacca zu dem 750 m hoch liegenden Bergstädtchen Caltabellotta (25 km ins Landesinnere). Schroff ragen die Felsen aus steinigem Grund, der bestenfalls ein paar Schafe ernähren kann. Und trotzig, gleichsam mit dem zerklüfteten Berg verwachsen, klebt der Ort steil über einem fruchtbaren Flusstal. Mit dem Rücken zur Wand

Das Hafenstädtchen Sciacca: Wohlstand dank Fischerei und Heilquellen

scheint er es aufnehmen zu wollen mit jedem Feind – und deren hat es im Laufe der Jahrtausende genug gegeben.

Das sagenhafte Kamikos, Sitz des Königs Kokalos, der Daidalos aufnahm, wird an dieser Stelle vermutet (siehe S. 206). Oder auch die einstige Sikanerstadt Triokala. Sicher ist nur, dass Sklaven der römischen Zeit die strategische Lage der Gebirgsfestung zu schätzen wussten. 3500 der Entrechteten verschanzten sich im Zweiten Sklavenkrieg (104–101 v. Chr.) hinter ihren Mauern, und als die Lage immer hoffnungsloser wurde, beschlossen sie, lieber zu sterben, als dem Feind in die Hände zu fallen.

Das Schicksal Masadas, der berühmten biblischen Feste am Toten Meer, hatte sich im Römischen Reich schon 174 Jahre vorher auf tragische Weise erfüllt. Gemeinsam mit der Bevölkerung, die mit ihnen um bessere Lebensbedingungen gekämpft hatte, gingen die Sklaven freiwillig in den Tod. Zuletzt legte ihr Anführer Salvo Hand an sich. Und als die Römer den Berg erstürmt hatten, standen sie vor einem Trümmer- und Leichenhaufen. Die Araber nannten den Ort *Kal'at al-ballut*, die »Festung der Eichen«. Roger I. ließ dann 1090 das imposante **Kastell** errichten, von dem aus seine Soldaten das Land kontrollierten.

Für Sibylla, die Witwe des letzten regierenden Normannenkönigs Tankred, endete die Flucht nach Caltabellotta gleichfalls fatal. Sie und ihre Kinder gingen den Versprechungen Heinrichs VI. auf den Leim. Wilhelm III., noch ein Knabe und elf Monate lang gejagter Herrscher ohne Macht, wurde geblendet und getötet. Die Königin und ihre drei Töchter mussten ihr Leben als Staatsgefangene in einem Kloster im Elsass beschließen. Unter dem Stichwort »Frieden« findet sich der Ort nur ein einziges Mal in den Chroniken: Nach dem blutigen Volksaufstand – der Sizilianischen Vesper von 1282 – reichten Franzosen und Aragonesen 1302 in Caltabellotta einander die Hand zum Kompromiss.

Selinunt: Götterdämmerung ohne Traurigkeit

Karte: S. 200
Tipps & Adressen: siehe Marinella di Selinunte, S. 340

■ Selbst im Frühling, wenn die meisten Gewässer Siziliens noch von den Regenfällen des Winters zehren, führt das einst Selinus genannte Bächlein Modione nur wenig Wasser. Im Altertum aber wucherte an seinen breiten Ufern ein wildes Selleriegewächs, *selion* genannt, das für den Namen der westlichsten Griechenstadt auf Sizilien Pate stand. Ein zweiter Fluss namens Hypsas garantierte selbst in den glühend heißen Sommermonaten genügend Süßwasser, und so gründeten 650 v. Chr. Ackerland suchende Griechen aus Megara Hyblaea (heute nur noch eine Ausgrabungszone zwischen Augusta und Syrakus) im Mündungsgebiet die Stadt Selinus und waren damit bis an die Grenze zum phönizischen Hoheitsgebiet vorgedrungen.

Das Volk aus Nordafrika besaß nämlich bereits um 1000 v. Chr. einige Niederlassungen in dem von Elymern und Sikanern besiedelten Westteil der Insel. Probleme mit den Ureinwohnern gab es für sie keine, die Phönizier zielten nicht auf Landgewinn, denn Anbaugebiete hatten sie an den damals fruchtbaren nordafrikanischen Küsten selbst in Hülle und Fülle. Die besten Seefahrer des Altertums benötigten lediglich einige Stützpunkte auf ihren Handelswegen nach Sardinien und Südspanien, die sie, auf strategische Punkte verteilt, im Westteil Siziliens anlegten. Auch mit den griechischen Nachbarn kam es zu keinen Interessenskonflikten, im Gegenteil, die phönizischen Kaufleute sahen in ihnen neue Kunden, mit denen sie bald auch verwandtschaftliche Beziehungen verbanden. Phönizische Mädchen waren bei den unter Frauenmangel leidenden Auswanderern höchst willkommen.

Nicht zuletzt deswegen blieb Selinus beim Großangriff Karthagos 480 v. Chr. als einzige Griechenstadt neutral, wofür es allerdings bitter büssen musste. Das siegreiche Syrakus verhängte nicht nur empfindliche Strafsanktionen, es zwang die »Verräter« auch zu einem »ewigen Treueschwur«. Als die Karthager 409 zum erfolgreichen Gegenschlag ausholten, war die ihnen untreu gewordene Stadt ihr erstes Angriffsziel. Von den etwa 300 000 Einwohnern überlebten nur wenige – und diese erfuhren ein grausames Schicksal: 16 000 wurden hingerichtet, 6000 gerieten in Sklaverei und nur 3000 gelang die Flucht nach Syrakus.

Die Stadt, die ein zweites Mal auf der falschen Seite gestanden hatte, erholte sich von diesem Schlag nie wieder. Der verwüstete Ort fristete als karthagische Siedlung für weitere 150 Jahre ein bescheidenes Dasein, um 250 v. Chr. wurde er endgültig aufgegeben. In byzantinischer Zeit entstand neben den noch aufrechten Tempelruinen ein unbedeutendes Dorf, das bis in die Araberzeit als »Ort der geknickten Säulen« bekannt war, doch irgendwann ließ ein Erdbeben auch diese in sich zusammenstürzen. Sanddünen deckten bald die gewaltigen Überreste der unglückseligen Griechenstadt zur Gänze zu. Ein Glücksfall, denn so blieben einzigartige Kunstwerke wie einige mit Reliefs geschmückte Metopen aus dem 6. und 5. Jahrhundert v. Chr. – heute der größte Schatz des Archäologischen Museums von Palermo – vor Zerstörung oder Diebstahl bewahrt.

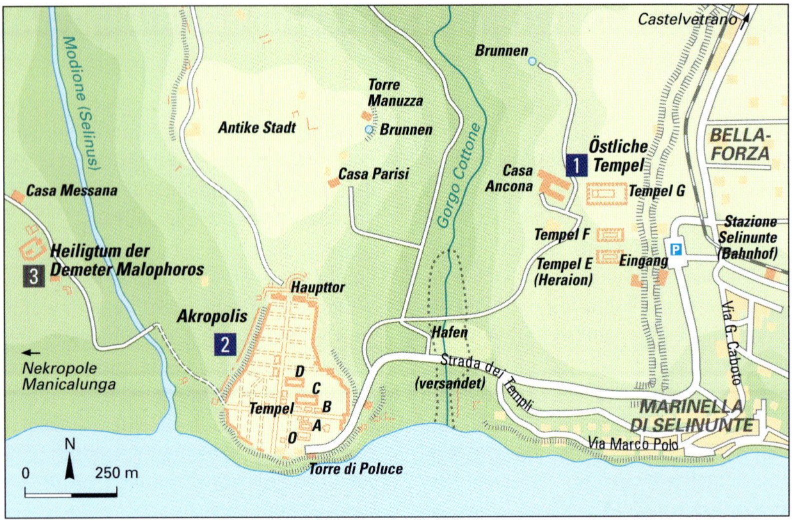

1 Der Osthügel mit den Tempeln E, F und G 2 Die Akropolis mit den Tempeln O, A, B, C und D 3 Heiligtum der Demeter Melophoros

Bereits die ersten Probegrabungen förderten Sensationelles zu Tage: eine Stadtanlage, die sich seit dem 5. Jahrhundert v. Chr. kaum mehr verändert hatte. Und als man 1825 Tempelüberreste mit kaum verblassten Farben fand, konnte mit diesen Beweisstücken endlich die These widerlegt werden, die Heiligtümer der Griechen wären niemals bunt bemalt gewesen. Nicht nur die schwärmerische Romantik, auch seriöse Wissenschaftler des 20. Jahrhunderts hielten nämlich wider besseres Wissen auch weiterhin an der Vorstellung von einer marmorweißen Antike fest. Das Gegenteil stimmt, weil Farbe damals als etwas sehr Kostbares galt, konnte man die Heimstätten der Götter gar nicht bunt genug ausschmücken.

Bei den Ausgrabungen des 20. Jahrhunderts legte man die zwei heiligen Bezirke frei – die über dem Meer aufragende Akropolis und den ein Stück landeinwärts liegenden Osthügel. Anders als in Agrigent verzichteten die Archäologen in Selinunt darauf, den Tempeln willkürlich Götternamen zuzuordnen. Sie gaben ihnen einfach Buchstaben. Noch vor dem Zweiten Weltkrieg waren nicht nur sämtliche Tempel gefunden, sondern zum Teil auch wieder aufgerichtet worden, worüber die Archäologen von heute alles andere als glücklich sind. Sie bezeichnen die vorwiegend nach ästhetischen Gesichtspunkten erfolgte Arbeit ihrer Vorgänger etwas despektierlich als Überrestaurierung, bei der spätere Beifügungen kaum noch von der ursprünglichen Bausubstanz zu unterscheiden wären.

Gelehrtengezänk, das einen Reisenden auf antiker Spurensuche ziemlich kalt lässt. Denn erst angesichts der goldgelben Säulenreihen erhält man eine vage Vorstellung von der Größe und Macht dieser Stadt, die sich Heiligtümer in so großer Anzahl und und von solchen Ausmaßen hatte leisten können.

Besichtigung des Archäologischen Parks

Eine Besichtigung des enorm weitläufigen Ausgrabungsgebiets erfordert mindestens zwei Stunden, wenn man sich auf Osthügel und Akropolis beschränkt. Für eine Wanderung über den durch eine Senke führenden Verbindungsweg zwischen den Tempelarealen – landschaftlich ein großartiges Erlebnis – sollte man eine weitere halbe Stunde veranschlagen. Ebenso lang ist man zu dem abseits liegenden Demeter-Heiligtum auf einem Hügel westlich der Akropolis unterwegs. Eintrittskarten erhält man nur in der modernen Kassenhalle am Osthügel, man muss sie für die Weiterfahrt zur Akropolis noch einmal vorweisen.

Der Osthügel

1 Drei Tempel – unter ihnen einer der größten des Altertums (Tempel G) – liegen außerhalb des antiken Stadtbereichs auf einem einst weithin sichtbaren Hügelplateau. Erst bei der Anlage des Archäologischen Parks in den 90er Jahren errichtete man einen meterhohen Wall, um die Ausgrabungen vor Einblicken zu schützen. Selinunt wollte seine Schätze nicht länger jedem Vorbeireisenden wie auf einem Präsentierteller gratis darbieten. Eine verständliche Maßnahme, um Einnahmen zu sichern, nur leider nahm sie dem Ort viel von seiner Atmosphäre.

Tempel E (470–450 v. Chr., 70 x 28 m): Zwar hatte Selinunt 480 v. Chr. nichts zum Triumph über die Karthager beigetragen, der Siegestempel musste aber deshalb umso aufwendiger ausfallen. Nur auf diese Weise konnte die künftige Solidarität mit der griechischen Welt unter Beweis gestellt werden. Prachtvolle Metopen, wie sie nicht einmal Agrigent vorweisen konnte, schmückten den Bau, der alle Kriterien eines Tempels der klassischen Epoche in höchster Vollendung aufzuweisen hat. Alle 36 Säulen sowie auch Teile des Gebälks wurden wieder an ihre Originalplätze gestellt – kunsthistorisch vielleicht nicht korrekt, aber ein wundervoller Anblick.

Tempel F (um 530 v. Chr., 66 x 27 m) und **Tempel G** (520–470 v. Chr., 114 x 54 m): Wie von einer Riesenfaust zerschmettert, zwängen sich mächtige Kapitelle zwischen gigantische Blöcke. Eidechsen huschen über Trommeln aus Stein und verschwinden im ruhenden Chaos der zerstörten Heiligtümer, die kein Feind, sondern nur die Naturgewalt eines Erdbebens bezwingen konnte. Von den mächtigen Bauten der archaischen Epoche blieb nur ein Trümmerfeld – aber was für eines!

Die Akropolis

2 Selbst in ihrer Zerstörung ist die Stadtmauer, die bis 409 v. Chr. die 50 m über dem Meer aufragende Akropolis geschützt hatte, ein imposanter Anblick. Mörtellos fügen sich gewaltige Quader nahezu lückenlos aneinander, doch selbst dieses massive Bollwerk konnte Selinus nicht vor dem Untergang bewahren. Von den insgesamt fünf Tempelanlagen sind – mit Ausnahme einer wieder errichteten Längsseite des Tempels C – kaum mehr als Fundamente und ein Trümmerhaufen aus Säulentrommeln, Kapitellen und Architraven zu sehen.

Erhalten aber blieb die schachbrettförmige – hippodamische – Anlage des heiligen Bezirks. Das System von rechtwinkelig aufeinander treffenden Straßen

mit breiten Hauptachsen ist zwar nach dem Architekten Hippodamus von Milet (5. Jh. v. Chr.) benannt, tatsächlich aber weit älter, wie die urbane Konzeption von Selinunt beweist. Bereits bei der Gründung (7. Jh. v. Chr.) hatte man versucht, durch eine Nord-Süd-Ausrichtung der Straßen die Stadt vom Seewind durchlüften zu lassen. Eine lebensnotwendige Maßnahme und auch die einzige, die dem Altertum zur Eindämmung der Malariagefahr zur Verfügung stand. Nur Frischluft half gegen die Erreger des gefürchteten Sumpffiebers, das vor allem in den Ebenen wütete.

Durch die exakte Ost-West-Anordung der Tempel ergab sich der weitere Bauplan für die Anlage der Akropolis von selbst:

Entlang der Rückseite der parallel aufgefädelten Heiligtümer, die sich mit ihren Eingängen alle der aufgehenden Sonne präsentieren, verläuft die Hauptstraße, die erst beim Nordtor der Stadtmauer endet. Kleine Querstraßen, in denen Wohnhäuser lagen, zweigen an beiden Seiten dieses breiten Boulevards ab, den man sich durchaus als noble, von exquisiten Läden und Imbiss-Ständen gesäumte Flaniermeile vorstellen darf. Im Gegensatz zu Agrigent, wo die Akropolis der Antike in den nachfolgenden Epochen zur Gänze überbaut wurde, hinterließ das Zerstörungswerk der

Karthager in Selinunt ein »griechisches Pompeji«. Ohne wesentliche Umbauten blieb die Struktur einer Griechenstadt aus dem 5. Jahrhundert v. Chr. unversehrt erhalten.

Jede Akropolis war als höchster Punkt gleichzeitg auch der sicherste, weshalb sich innerhalb ihrer Festungsmauern die Heimstätten der Götter, die Depots der Schätze sowie die Häuser der Priester und privilegierten Bürger befanden. Natürlich gab es auch eine Agorà, Marktplatz und gesellschaftlicher Mittelpunkt, sowie Schreibstuben und Archive für jene Papiere und Unterlagen, die für geschäftliche Aktivitäten benötigt wurden, denn Tempel dienten ja (wie bereits erwähnt) auch als Banken (s. S. 187). Die Wohnviertel des Volkes lagen außerhalb, in Selinunt erstreckten sie sich auf den Hügeln hinter dem Nordtor, ein Grabungsfeld für künftige Archäologen-Generationen.

Der Spaziergang beginnt vor dem gärtnerisch hübsch gestalteten Freiluft-Antiquarium mit antiken Exponaten aus der näheren Umgebung, in dem steinerne Fundstücke aller möglichen Epochen in dekorativem Kunterbunt platziert wurden.

Tempel O und **Tempel A** (beide 5. Jh.): Aufgrund der spärlichen Überreste sind die rechts von der Hauptachse liegenden Heiligtümer für Laien kaum noch zu lokalisieren. Ähnliches gilt für den **Tempel B** (3. Jh.): Der bescheidene Bau entstammte der hellenistischen Epoche und wurde somit zu einer Zeit errichtet, als Selinus längst nur noch eine unbedeutende Ansiedlung unter karthagischer Kontrolle war.

Tempel C (570–560 v. Chr., 65 x 24 m): Seit man 1924 zwölf der insgesamt 42 Säulen des ältesten Tempels wieder aufgerichtet hat, wurde das vermutlich Herakles geweihte Heiligtum zum Wahrzeichen von Selinunt.

Eine der drei aufgefundenen Metopen, zu sehen im Achäologischen Museum von Palermo, erzählt eine der liebenswertesten Geschichten, die sich um den Halbgott ranken. Das Relief zeigt Herakles mit den Kerkopen – zwergenhafte Zwillinge, die allerlei Unfug treiben. Geschultert schleppt er die kopfüber an einen Balken gebundenen Gnome zur Hinrichtung. Während er im Fluss badete, hatten die zwei seine Kleidung gestohlen, ein Frevel, den sie nun mit dem Leben bezahlen sollten. Doch statt sich

Richtig Reisen
Tipp

Cave di Cusa: Momentaufnahme aus der Antike

Tomaso La Malfa, Doyen der Reisebus-Chauffeure Siziliens und sprachgewandter Hobby-Archäologe, kennt jeden Winkel seiner geliebten Insel. Gerne führt der Palermitaner seine Gäste vor oder nach einem Besuch von Selinunt in die antiken Steinbrüche Cave di Cusa, die, leidlich gut ausgeschildert, rund 3 km südlich von Campobello di Mazara zu finden sind. Und erzählt dann die Geschichte dieses Ortes, in dem die Zeit stehen geblieben zu sein scheint:

Als die Karthager kamen, ließen die Steinmetze und ihre Sklaven die Werkzeuge fallen und suchten in Panik das Weite. Dies geschah anno 409 v. Chr., und bis heute präsentieren sich uns die Steinbrüche im Großen und Ganzen unverändert als grandiose Momentaufnahme aus der Antike. Stille liegt über der sorgsam gepflegten Anlage, in der man einst in mühevoller Arbeit die Quader und Säulen für den riesigen Tempel G in Selinunt gewonnen hatte. Seine Vollendung wurde durch den Einfall der Feinde jäh gestoppt.

In der verwitterten Felsenlandschaft kann man noch deutlich die Formen der Säulentrommeln erkennen, einige bereits zur Gänze herausgebrochen, roh behauen oder zum Abtransport bereit, andere erst zum Teil dem hellen Kalkstein abgerungen. Beinahe unvorstellbar, wie diese gewaltigen, mehrere Meter hohen und viele Tonnen schweren Bauteile mit vergleichsweise primitiven Werkzeugen aus dem Gestein geschlagen und bearbeitet werden konnten.

zu fürchten, kichern und scherzen die beiden, zu erkennen an ihren vergnügten Gesichtern zwischen den munter herabbaumelnden Zöpfen. Diese Szene hielt der Künstler wie eine Momentaufnahme fest. Das genügte, denn die Fortsetzung kannte damals jeder: Irritiert fragt der Held seine Gefangenen nach dem Grund der Fröhlichkeit und erfährt, man habe ihnen geweissagt, sie würden einmal in höchster Todesnot von etwas Grossem, Rundem, Schwarzen errettet werden. Und nun, da sie von den Schultern des Herakles herabhängen, erfülle sich die Prophezeiung, denn vor ihren Augen wölbe sich ein nacktes, dunkelhäutiges Hinterteil. Erstaunlicherweise bewies der Halbgott mit der muskulösen Kehrseite angesichts dieser unbestreitbaren Tatsache Humor – und ließ die Kerkopen frei.

Tempel D (um 540 v. Chr., 56 x 24 m): Der etwas jüngere, wenig kleinere Bau hinter dem Tempel C brachte es auf nur 34 Säulen. Wem er geweiht war, weiß man nicht.

Heiligtum der Demeter Malophoros

3 Jenseits des Baches Modione befindet sich die Nekropole der Stadt und ein 50 x 60 m großer Tempelbezirk aus dem 5. Jahrhundert v. Chr. Wie eine große Zahl aufgefundener weiblicher Votivstatuetten beweist, wurde hier vor allem die Fruchtbarkeitsgöttin verehrt. Vielfach halten Demeter-Figürchen einen Granatapfel – Malophoros – in der Hand, weshalb nun das gesamte Areal, auf dem sich u. a. auch ein Zeus-Tempel befunden haben dürfte, diesen Namen erhielt. Der eigentliche Demeter-Tempel (20 x 10 m), heute säulenlos, diente einst vermutlich als Station bei Begräbnisprozessionen. Davor befand sich neben einigen kleinen archaischen Opferstätten auch ein großer Altar, an dem in einer steinernen Rinne das Wasser einer heiligen Quelle vorbei geleitet wurde. An keinem anderen Flecken der Insel wird die Tageszeit zu einem so kostbaren Verbündeten wie zwischen diesen Ruinen am Afrikanischen Meer. Selbst die schlimmste Hitze kann das Staunen vor der monumentalen Größe des Tempeltals von Agrigent nicht völlig auflösen. Die antiken Ausgrabungsstätten von Syrakus bis Tíndari vertragen das gleißendste Licht, auch wenn sie sich nur am Morgen oder gegen Abend zu ihrer wahren Schönheit entfalten können. Doch in Selinunt sollte man die Sonne begrüßen oder verabschieden – nur dann streichelt sie, behutsam die Grenzen zwischen Sein und Schein verwischend, über die Zeugnisse genialen Menschenwerks, die wie ein gigantisches Mikadospiel auf die nächste Berührung der Olympischen warten.

Langsam versinkt der rote Sonnenball im Meer, in seinen letzten Strahlenbündeln tanzen Myriaden winziger Mücken nach ihrer eigenen Choreographie, Hummeln fliegen zur Abendmahlzeit, Bienen summen über duftenden Unkräutern, ein Falter taumelt über die grünen Kugeln der Mastixsträucher, an deren Blättern kleine Schnecken wie weiße Blütenknospen kleben. In den langen Schatten erheben sich die Tempel zu ihrer einstigen Größe. Ihre Farben, die Zeit und Witterung ihnen nahmen, malt das Abendlicht.

Goethe ritt durch diese afrikanisch anmutende Landschaft, durch die hohen, hellen Berge, doch die schönsten Bauwerke der Hellenen sah er nicht, die selbst als Ruinen nichts von ihrer Grazie, ihrer Würde und Kraft eingebüßt haben. Aber zwei Zeilen in seinem »Faust« müs-

Richtig Reisen *Thema*

Angst verleiht Flügel

Daidalos, der geniale Erfinder, floh nach dem Mord an seinem Schüler und Neffen Talos zu König Minos auf Kreta. Diesem dankte er die Gastfreundschaft schlecht, indem er dessen Frau Pasiphae beim Ehebruch half. Er konstruierte für sie eine künstliche Kuh, in der sich die Verliebte dem weißen Stier des Poseidon näherte und von diesem begattet wurde. Das Ergebnis dieser Liebesnacht war das berühmte Stiermensch-Ungeheuer, der Minotaurus, den König Minos in einem von Daidalos konzipierten Labyrinth nahe von Knossos verbergen ließ.

Als der Herrscher von der Beteiligung des Daidalos an der blutschänderischen Freveltat erfuhr, warf er ihn und seinen Sohn Ikaros ebenfalls in das Labyrinth. Doch die beiden Griechen konnten dank der von ihnen konstruierten Flügel aus Wachs und Federn über das Meer entkommen. Ikaros stürzte bei der Flucht in die Fluten, doch Daidalos erreichte sicher das sizilianische Kamikos, wo der Sikanerkönig Kokalos – möglicherweise im heutigen Caltabellotta (s. S. 197f.) – regierte. Ihm baute er eine uneinnehmbare Burg, für die sikanischen Königstöchter erfand er mechanische Puppen. Aus Dankbarkeit für das ungewöhnliche Spielzeug verbrühten die Prinzessinnen König Minos, der Daidalos bis Trinacria verfolgt hatte, im Bad.

Nach dem entsetzlichen Tod seines Feindes lebte Daidalos hoch geehrt und geschätzt auf der Insel, für die er noch so manche Befestigungsanlage errichtet haben soll.

sen ihm die Götter dieser Hügel eingegeben haben, denn für keinen anderen Ort Siziliens scheinen die Worte geschrieben zu sein: »Der Säulenschaft, auch die Triglyphe klingt. Ich glaube gar, der ganze Tempel singt.«

Marinella di Selinunte

Karte: S. 207
Tipps & Adressen: S. 340

Als Standort für eine Erkundung Westsiziliens eignet sich das kleine Fischerstädtchen mit seinen gemütlichen Lokalen und preiswerten Hotels besonders gut, bietet doch der kilometerlange Sandstrand zu Füßen der Akropolis des antiken Selinunt die ideale Kombination von Erholungs- und Kultururlaub. Auch ist eine Reihe von Sehenswürdigkeiten von hier aus in bequemen Halb- und Ganztagestouren erreichbar, die in der Folge bei der Weiterfahrt beschrieben werden.

Nicht an der über Marsala führenden Strecke nach Trápani, sondern an der Direttissima nach Palermo aber liegt der einsame Tempel von Segesta, der nicht nur Goethe als das schönste Heiligtum der Griechenzeit auf Sizilien galt.

Segesta: Schein oder Wirklichkeit

Karte: S. 211
Tipps & Adressen: s.Trápani, S. 370

■ Von Marinella di Selinunte bis zur Autobahnauffahrt Castelvetrano Richtung Palermo, nach etwa 60 km, an einem Autobahnkreuz, zweigt man Richtung Trápani ab und erreicht 10 km weiter die Abfahrt Calatafimi/Segesta.

Im äußersten Westen Siziliens lagen die Hochburgen der Elymer, ein Volk, von dem man bis heute nur sehr wenig weiß. Fest steht nur, dass seine Ursprünge in Kleinasien lagen, doch das ist auch schon alles, was sich mit dem Mythos ihrer Herkunft deckt. Demnach waren sie Nachkommen der Trojaner, die nach der Zerstörung ihrer Stadt in Sizilien eine neue Heimat gefunden hatten. Mit dieser – durch nichts bewiesenen – Legende konnten sie weder den sikanischen Ureinwohnern noch den zugewanderten Griechen sonderlich imponieren, wohl aber später den Römern. Diese berufen sich ja selbst auf ihre trojanische Abkunft, weshalb sie nach ihrer Machtübernahme (3. Jh. v. Chr.) den beiden elymischen Zentren – Segesta und Érice – allerlei Privilegien zugestanden.

Vorerst aber ließen sich die Elymer in weit größerem Ausmaß als die Sikaner von der griechischen Kultur beeinflussen, wozu sie offenbar auch das Intrigenspiel der Hellenen untereinander rechneten. So kam es, dass sie beim entsetzlichen Bruderkrieg zwischen den sizilianischen Griechen und dem Mutterland (415–413 v. Chr.) eine verhängnisvolle Rolle spielten: Segesta, 416 vom befeindeten Selinunt bedroht, rief Athen (!) zu Hilfe, das nun endlich einen Grund hatte, gegen die reichen Stadtstaaten der Insel, allen voran Syrakus, vorzugehen. In Wahrheit war den damals in den Peloponnesischen Krieg verwickelten Athenern das Schicksal der Elymer völlig gleichgültig, ihnen ging es um eigene, machtpolitische Interessen. Mit der Eroberung der Getreidekammer Sizilien hätten sie nicht nur ihre Wirtschaft saniert, sondern in ihrem nun schon jahr-

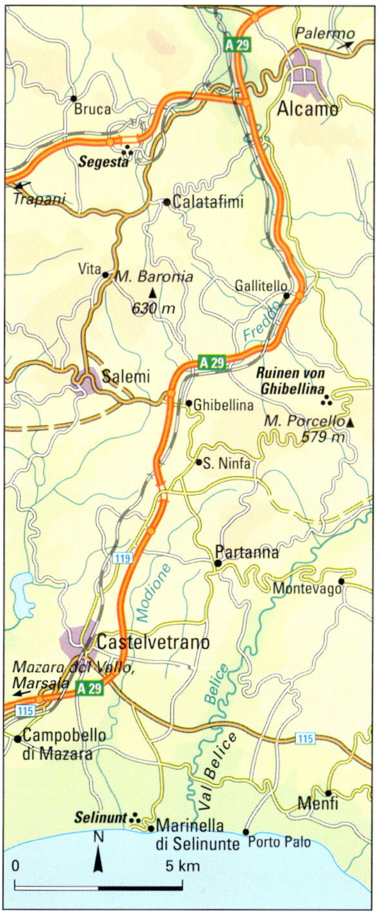

Von Marinella di Selinunte nach Segesta

◁ *Bukolische Idylle bei Segesta*

zehntelangen Kampf mit Sparta um die Vormachtstellung in Griechenland endgültig die besseren Karten gehabt.

Segesta versprach seinerseits Unterstützung, und weil so viel auf dem Spiel stand, reisten Kundschafter aus Athen an, um sich höchstpersönlich von dem angeblichen Reichtum der elymischen Bundesgenossen zu überzeugen. Soweit die historischen Tatsachen über die Vorgeschichte des Krieges, der laut Thukydides mit der Entsendung der teuersten Flotte überhaupt – 250 Schiffen und 25 000 Mann – begonnen und in einem Desaster für die Angreifer geendet hatte. In den Bereich der Legende aber gehören die Erzählungen über die Täuschungsmanöver der Segestaner: So sollen diese nicht nur mit geborgtem Tafelgeschirr aus schwerem Gold den athenischen Diplomaten unermessliche Reichtümer vorgespiegelt haben, sogar die Bauarbeiten für einen mächtigen Tempel seien nur des hohen Besuchs wegen begonnen und nach deren Abreise sofort wieder eingestellt worden.

Der dorische Tempel von Segesta wurde nie fertig gestellt.

Diese Fabeleien, so interessant sie auch sein mögen, kümmerten uns Heutige wohl kaum mehr, wenn nicht dadurch eine abstruse, aber noch immer existente Hypothese aufgekommen wäre: Der Tempel von Segesta sei lediglich so etwas wie ein Potemkinsches Dorf gewesen, ein Scheinbau, den man in aller Eile nur zur Täuschung der Athener errichtet und deswegen unvollendet gelassen habe. Die ins Treffen geführten Argumente: Das steinige Fundament zeigt keine Spuren einer Cella, es gab nie ein Dach, an den Seitenfronten des Unterbaus sind noch die Transportzapfen zu sehen und an den Säulen fehlen die Kanneluren.

Das alles ist richtig, dieser dorische Tempel, der als einziger auf Sizilien ohne jegliche Veränderung die Jahrtausende aufrecht durchgestanden hat, ist nie vollendet worden. Doch dafür – und auch für das Fehlen der Cella, dem Allerheiligsten der Griechen – gibt es mittlerweile weit plausiblere Erklärungen. Nachweislich stand Segesta bereits 450 v. Chr. mit Athen in Verbindung und es ist durchaus denkbar, dass sich die Elymer, seit der Niederlage Karthagos in die Isolation geraten, einen Architekten oder zumindest das Know-how für die Errichtung eines Tempels der klassischen Ära aus Attika geholt haben. Für ihr Prestige war eine Imitation der ihnen überlegenen Kultur äußerst wichtig, nur bei ihrem Kult, der keine Cella benötigte, bewahrten sie ihre Eigenständigkeit. Dass der um 430 v. Chr. entstandene Bau nie fertig wurde, mag viele, nicht zuletzt wirtschaftliche Gründe gehabt haben.

Während die großen Stadtstaaten Siziliens unter den Römern bis zur Bedeutungslosigkeit herabsanken, blieb Segesta bis in die Spätantike weitgehend unbehelligt. Aus hellenistischer Zeit stammt ein kleines, großteils aus Stein

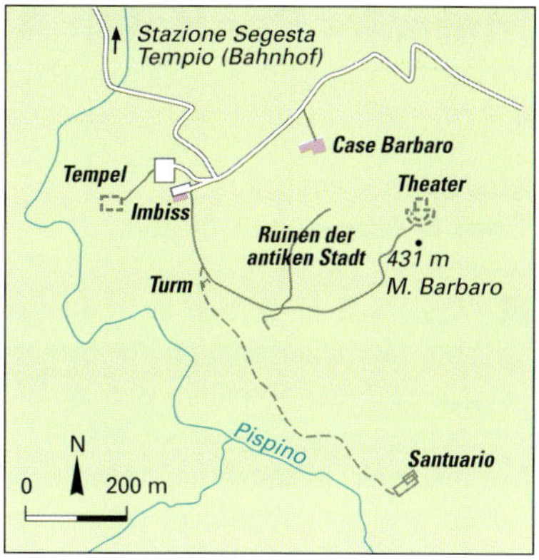

geschlagenes Theater (Mitte 3. Jh. v. Chr., s. S. 36) auf einem Hügel oberhalb eines heiligen Bezirks, in dem nur noch die Grundmauern von zwei Tempeln (6./5. Jh. v. Chr.) gefunden wurden. Nicht freigelegt wurden bisher die Wohnviertel und die Nekropole der Stadt, die sich auf der großen Hochebene zwischen zwei Gipfeln des Monte Barbaro erstreckte. Eine Besiedlung Segestas gab es nachweislich bis zum Ende des Mittelalters, danach geriet der Ort in Vergessenheit.

Besichtigung

Die Eintrittskarten sind bei der Kasse unterhalb des Parkplatzes erhältlich. In dem gut sortierten Souvenirladen mit Bar und angeschlossenem Restaurant erhält man die Tickets für den Bus, der in kurzen Intervallen (in der Nebensaison nach Bedarf) in nur wenigen Minuten zum griechischen Theater fährt. Für den Aufstieg per pedes ist etwa eine halbe Stunde einzurechnen. Empfehlenswert für alle, die fotografieren möchten, ist es, zumindest den Rückweg zu Fuß zu unternehmen (20 Minuten), da sich der Tempel aus der Perspektive der Panoramastraße als ideales Motiv präsentiert.

Marsala: Der Hafen Allahs

Stadtplan: siehe unten
Tipps & Adressen: S. 341f.

■ Welche Scherze sich doch die Geschichte bisweilen erlaubt: Ausgerechnet jener Ort, der nach dem Gott der auf Alkoholabstinenz eingeschworenen Mohammedaner benannt ist, brachte es seines Weines wegen zu Weltruhm. *Marsal Allah*, Hafen Allahs, tauften die Araber im 9. Jahrhundert die heute größte und bedeutendste Handelsstadt der Provinz Trápani, die freilich auch mit einem für Italien schicksalhaften Ereignis in die Annalen einging: Hier landete am 11. Mai 1860 Garibaldi mit seinen Tausend, um seinen Siegeszug in den Norden anzutreten. Als Pikanterie am Rande sei noch der antike Name Marsalas erwähnt: *Lilybaeum*, was übersetzt nichts anderes als »Ort der Stotterer« bedeutet. Die wenig schmeichelhafte Be-

Marsala – Sehenswürdigkeiten: *1 Dom 2 Museo degli Arazzi 3 Palazzo Pretorio 4 Porta Nuova 5 Chiesa San Giovanni 6 Museo Archeologico Baglio Anselmi*
Hotels: *7 New Palace 8 CAP 3000 9 President 10 Villa Favorita*
Restaurants: *11 Delfino 12 Garibaldi 13 Mamma Caura*

zeichnung dürfte der Hafen dem damaligen Völkergemisch aus Sikanern, Elymern und Karthagern verdankt haben. Eine Mixtur barbarischen Gestammels in den Ohren der Griechen, denen jede andere Sprache als die eigene in tiefster Seele zuwider war.

Bevor sich Besucher in den diversen Kellereien an die Verkostung der verführerischen Tropfen machen, ein kurzer Rundgang im Zentrum der schachbrettartig angelegten Stadt:

Der **Dom** **1** auf der Piazza della Repubblica, im 17. und 18. Jahrhundert auf den Fundamenten eines normannischen Vorgängerbaus errichtet und dem hl. Thomas von Canterbury geweiht, beherbergt u. a. kostbare Renaissanceskulpturen von Antonello und Domenico Gagini. Im anschließenden kleinen Museum in der Via Garaffa, dem **Museo degli Arazzi** **2**, befinden sich acht herrliche Wandteppiche aus Flandern, 1589 vom Erzbischof von Messina zur Ausschmückung des Domes gestiftet. Die über den spanischen Hof nach Sizilien gelangten Teppiche illustrieren Ereignisse des römisch-judäischen Krieges.

Auf dem Domplatz erhebt sich auch der **Palazzo Pretorio** **3** (ebenfalls 16. Jh.), wegen seiner doppelstöckigen Arkadenfront auch »La Loggia« genannt. Einen Steinwurf entfernt liegen das aus der gleichen Ära stammende **Kloster San Pietro** mit seinem spitzen Turm und wenige Schritte weiter das ehemalige Jesuitenkollegium **Ex Collegio Gesuitico**, heute Sitz der **Städtischen Pinakothek** für zeitgenössische Kunst.

Die Via XI Maggio endet an der barocken **Porta Nuova** **4** beziehungsweise der Piazza della Vittoria, die drei strahlenförmig auseinanderstrebende Straßen Richtung Meer eröffnet.

Am Ende der nach links führenden Viale N. Sauro findet sich oberhalb der **Grotte der lilybaeischen Sibylle**, bei der es sich vermutlich um eine frühchristliche Taufkapelle mit römischen Mosaikverzierungen handelt, die kleine **Chiesa San Giovanni** **5**, die nur der Grotte wegen von Interesse ist. Schräg gegenüber wartet das **Museo Archeologico Baglio Anselmi** **6** mit einem Sensationsfund erster Güte auf, der freilich durch die Art der Präsentation unter einem Kunststoffzelt mit nur kleinen Gucklöchern viel von seinem Reiz verliert: Ein erst in den 70er Jahren aus dem Meeresschlamm nördlich von Marsala gehobenes, 35 m langes phönizisches Kriegsschiff aus dem 3. Jh. v. Chr.

Umgebung von Marsala

Mozia

Tipps & Adressen: siehe Marsala, S. 342

Nördlich von Marsala liegen die Ruinen der ältesten sizilianischen Phönizierstadt Motye auf der Laguneninsel San Pantaleo, die zu den teilweise zum Naturschutzgebiet erklärten *Isole dello Stagnone* (»Inseln des großen Teiches«) gehört. Von Marsala sind es rund 5 km über die Küstenstraße bis zum Anlegeplatz des Fährbootes (Salina Infersa), das je nach Bedarf übersetzt; hier gibt es auch ein hübsches **Salzmuseum**.

Motye, bereits etwa 1000 v. Chr. nicht nur als Handelsniederlassung, sondern auch als Textilien verarbeitendes Zentrum gegründet, wurde 397 v. Chr. von Dionysios I. von Syrakus zur Gänze zerstört. Allerdings mit unglaublichem Aufwand, traut man den Zahlenangaben antiker Quellen. 8000 Infantristen, 3000 Reiter, 200 Kriegs- und weitere 500 Transportschiffe sollen laut dem Geschichtsschreiber Diodorus (1. Jh. v. Chr.), aus-

Lebensgroß: der »Jüngling von Mozia«

gerüstet mit den modernsten Waffen, im Einsatz gewesen sein. Auch von diesen Kriegsmaschinen – kurz zuvor erfundene Katapulte, von denen man Brandpfeile gleich bündelweise abschoss, und bis zu sechs Stockwerke hohe, bewegliche Wehrtürme – wissen wir nur aus Chroniken. Zuerst aber galt es, die Lagune zu überbrücken. Der Damm vom Festland bis zur Nordspitze der Insel, den Dionysios I. eigens für den Transport seiner Wunderwaffen anlegte, ist heute noch knapp unter der Wasseroberfläche zu sehen. Nach übereinstimmenden Berichten muss das Gemetzel bei der Einnahme von Motye grauenhaft gewesen sein. Die wenigen Überlebenden flohen auf das Festland und gründeten das heutige Marsala.

Besichtigung

Die knapp 1 km vom Festland entfernte Insel befindet sich in Privatbesitz (Stiftung Whitaker). Den Besuch der **Ausgrabungen** – bescheidene Überreste von Stadtmauern, Wohnquartieren, Färbereien, Webereien, Töpfereien sowie vom Tempelbezirk und dem Hafen – kann man mit einem Spaziergang zwischen Weingärten und Schatten spendenden Bäumen verbinden. Prunkstück des kleinen, aber feinen **Museums** ist die lebensgroße Marmorstatue des **Jünglings von Mozia** (5. Jh. v. Chr.), die 1979 bei Grabungsarbeiten auf der Insel freigelegt wurde. Die Skulptur, eine meisterhafte griechische Arbeit, stellt einen Priester oder hohen Beamten dar. Das anschmiegsame Plisseegewand verschleiert den perfekten Körperbau des jungen Mannes so raffiniert, dass seine Schönheit noch transparenter wird.

Trápani: Das weiße Gold der Salinen

Stadtplan: S. 218/219
Tipps & Adressen: S. 369f.

■ Ein altes Sprichwort besagt: »Fremder, erst dann bist du wirklich daheim auf Sizilien, wenn du sieben Handvoll Salz zu dir genommen hast!« Gar nicht so einfach, Wahl-Sizilianer zu werden mit dieser im wahrsten Sinne des Wortes gesalzenen Vorgabe. Dafür bekam man Salz schon zu einer Zeit frei erhältlich in jedem Supermarkt, als der italienische Staat den Handel mit dem »weißen Gold« noch kontrollierte und den Verkauf in ganz Italien nur in Tabakläden erlaubte. Von den nach EU-Recht nicht mehr geduldeten Monopolen künden noch die alten *Sali-e-Tabacchi*-Schilder, die man auf der Insel nie benötigt hatte. Denn als einzige Region des Landes besaß Sizilien bereits seit dem frühen 19. Jahrhundert ein Salzprivileg, eine Vergünstigung des Bourbonen Ferdinand IV., die man geschickt zu nutzen verstand.

Nahezu das gesamte auf der Insel verkaufte Salz stammt aus den Salinen von Trápani, die nach wie vor alljährlich etwa 200 000 Tonnen des einstmals so kostbaren Gutes produzieren. Bereits im Mittelalter lebte die westlichste Hafenstadt der Insel recht gut vom »weißen Gold«, bis zum Zweiten Weltkrieg belieferte Trápani ganz Norditalien, aber auch Frankreich, England und Nordeuropa mit Meersalz, nach 1945 ging es mit den Salinen ebenso bergab wie mit dem Thunfischfang in den Gewässern rund um die vorgelagerten Isole Égadi. Seit Mitte der 90er Jahre steckt auch Trápani im Aufbruch, staatliche Unterstützungen kurbelten die Produktion des qualitativ hochwertigen Salzes an, das mittlerweile euopaweit als Exportartikel wieder gefragt ist.

Stadtbesichtigung

Vorbei sind die Zeiten, als Trápani mit seinem verblichenen Glanz immer wieder als Kulisse für blutige Mafia-Filme herhalten musste. Heute funkelt es nicht nur wieder in den vielen Juwelierläden, die mit besonders schön verarbeitetem Korallenschmuck zu einem tiefen Griff in die Brieftasche verführen. Elegante Boutiquen und gepflegte Restaurants säumen die am Abend zu Fußgängerzonen erklärten Straßen des Zentrums: Rund um den Corso Vittorio Emanuele, **La Loggia** 1 genannt, gibt sich ganz Trápani tagtäglich ein Stelldichein. Nicht minder lebendig geht es an der nahen Hafenpromenade zu, wo man sich in gemütlichen Trattorien an Spezialitäten aus der Küche des nahen Nordafrika – Kuskus-Gerichte in vielen Variationen – delektiert.

Zu den sehenswerten Gotteshäusern der Altstadt zählen der 1635 errichtete und dem hl. Lorenzo geweihte **Dom** 2 mit seinem prachtvollen Barockportal, die bereits Renaissanceelemente aufweisende spätgotische Franziskanerkirche **S. Maria del Gesù** 3 (frühes 16. Jh.) sowie die **Fegefeuerkirche** (*Chiesa del Purgatorio*, 17. Jh.), in der sich die 20 Figurengruppen für die in Trápani besonders eindrucksvolle Karfreitagsprozession befinden.

In der erst um 1900 in 3 km Distanz zum Zentrum entstandenen Neustadt wartet das **Museo Regionale Pepoli**

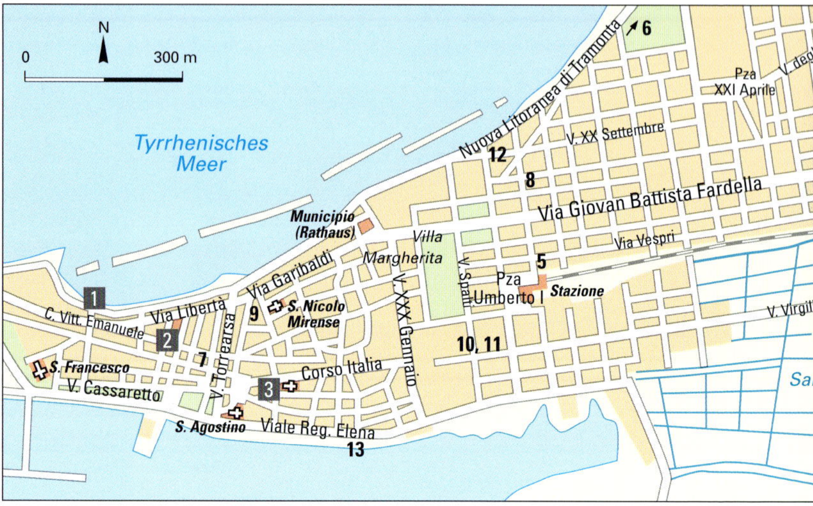

4 in der Via Pepoli 200 (erreichbar über die Via Fardella) mit einer archäologischen Sammlung, einer interessanten Pinakothek sowie mit schönen Beispielen traditioneller Korallenverarbeitung auf. Beachtenswert ist auch der anmutige Kreuzgang aus dem 16./17. Jahrhundert neben dem Eingang des Museums, das in dem ehemaligen Karmeliterinnenkloster der Annunziata neben der Kirche untergebracht wurde.

Érice

Karte: S. 222
Tipps und Adressen: S. 331f.

1 Die kaum 2000 Einwohner zählende Bergstadt in 750 m Höhe im Rücken von Trápani ist über eine Panoramastraße in wenigen Minuten erreichbar.

Nach jahrelangen Irrfahrten steckten die Trojanerinnen hier die Schiffe ihrer Männer in Brand, um diese endlich zur Sesshaftigkeit zu zwingen. Schluss mit Krieg und Abenteuern! Jahrtausende später, im August 1982, veröffentlichten drei Wissenschaftler das Manifest von Érice, das in der Folge von mehr als 10 000 ihrer Kollegen in aller Welt unterzeichnet wurde. Schluss mit dem atomaren Wettrüsten!

Érice, die Stadt der Friedensinitiativen. Kein anderer Ort wäre wohl geeigneter dafür. Denn wo einst der Tempel der Venus und ihrer griechischen und punischen Vorfahrinnen Aphrodite und Astarte stand, hat sich bis heute ein sogleich spürbarer Zauber von Sage und Geschichte, Kunst und Kultur, Landschaft und Umwelt, Phantasie und Wirklichkeit erhalten. Im Heiligtum der Liebesgöttin sollte die Stimme des Friedens nicht ungehört verhallen.

Die Gründung Érices wird entweder Aeneas oder dem Elymer-König Eryx zugeschrieben, beide Söhne der Aphrodite, allerdings von verschiedenen Vätern. Schon die Griechen waren sich nicht einig, welcher der beiden seiner schönen Mutter den berühmt-berüchtigten Tempel zum Geschenk gemacht hat. Für Eryx spricht, dass er ein steinreicher,

◁ *Salinen von Trápani*

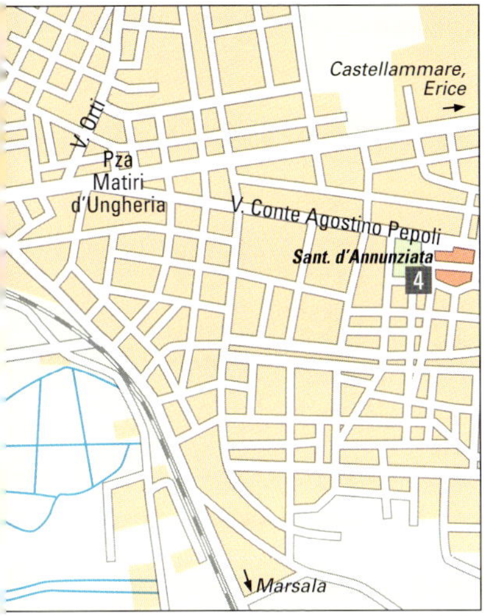

Trápani – Sehenswürdigkeiten:
1 La Loggia 2 Dom 3 S. Maria del Gesù
4 Museo Regionale Pepoli
Hotels:
5 Crystall 6 Tonnara di Bonagia
7 Nuovo Albergo Russo
8 Vittoria 9 Moderno
Restaurants:
10 Da Peppe 11 P. E. G.
12 Taverna Paradiso
13 Trattoria del Porto

grosser König gewesen sein muss. Um seine schneeweißen Viehherden, auf die sogar die Götter begehrlich geblickt haben, geht es nämlich bei der fünften Tat des Herakles, der Bezwingung des erymanthischen Ebers. Andererseits soll der Trojaner Anchises, den sein Sohn Aeneas aus dem brennenden Troja gerettet und bis Sizilien gebracht hatte, am Eryx-Berg gestorben und zu Füßen des Felsens begraben worden sein. Grund genug also für den trojanischen Helden, gleich beide Elternteile an Ort und Stelle zu ehren.

Soweit die Legenden, Tatsache aber ist, dass die Sikaner schon Jahrhunderte zuvor hier eine weibliche Gottheit, identisch mit der Astarte der Phönizier und vergleichbar mit der griechischen Aphrodite, verehrt haben. Und fest steht auch, dass schon früh rund um den Tempel eine befestigte Ansiedlung entstanden ist, die in den Grundzügen dem heutigen Städtchen entspricht.

Der Kult der Liebes- und Schönheitsgöttin blühte über viele Jahrhunderte, und alles, was man jemals vom unzüchtigen Leben antiker Tempelpriesterinnen gehört hat, hier traf es zu. Vorbeireisende Seeleute, vom weithin sichtbaren Heiligtum magisch angezogen, vereinten sich nach entsprechenden Opfergaben mit den ganz und gar nicht jungfräulichen Dienerinnen auf dem Venusberg des Mittelmeeres. Erst als die Freuden der Liebe nicht mehr rituell genossen werden durften, verfiel das wohl prächtigste Bordell der Antike. Nicht einmal eine Spur davon blieb übrig, doch ist anzunehmen, dass an seiner Stelle das Normannenkastell entstand, dessen Türme zu den Wahrzeichen Érices wurden. Lediglich einige Stadtmauern aus elymisch-punischer Zeit (7./6. Jh. v. Chr.) mit zum Teil noch nicht enträtselten Inschriften blieben als letztes Erbe einer Epoche erhalten, in der freie Liebe noch keine Sünde war.

In dem in Dreiecksform angelegten Städtchen, in seiner mittelalterlichen Struktur beinahe unversehrt, befindet sich heute ein Tempel ganz anderer Art: das **Zentrum für Kultur und Wissenschaften »Ettore Majorana«**. Das 1963 gegründete Institut ist ein internationaler Brain-Trust, der Érice weit über seine historische und touristische Bedeutung hinaus bekannt gemacht hat. Hochrangige Wissenschaftler und Forscher aus der ganzen Welt kommen regelmäßig zu Kongressen, Symposien und Kursen in dem ehemaligen Kloster der Klarissinnen zusammen. Von diesen Treffen der Geistesgrößen sind wichtige Impulse auf vielen Gebieten – Physik, Medizin, Biologie, Nuklearforschung, Architektur und Landwirtschaft – ausgegangen. Universitäten aller fünf Kontinente unterhalten mit dem Zentrum Ettore Majorana enge Kontakte.

Das Manifest von Érice verpflichtet die Unterzeichner, alles in ihrer Macht Stehende zu tun, die Regierungen zu einem Umdenken zu veranlassen, das die atomare Bedrohung verringert. Die Wissenschaft, so heißt es in der Erklärung, dürfe nicht der Rüstung dienen, sondern müsse sich in den Dienst der internationalen Friedensbewegungen stellen.

Der Tourist auf Kurzbesuch, der durch die engen, krummen Gässchen mit ihrem buckligen Kopfsteinpflaster schlendert, bekommt von diesen Initiativen nur wenig mit. Er bewundert vielmehr gleich hinter der **Porta di Trápani** auf einem kleinen Platz linker Hand die wunderschöne Fassade der **Chiesa Madre** (1314) im strengen Chiaramonte-Stil. Einen Blick ins Kircheninnere aber kann man sich ersparen, hier hat sich das 19. Jahrhundert mit abgrundtief hässlicher Neugotik verewigt.

Entlang der hübschen Fassaden altehrwürdiger Palazzi und Bürgerhäuser mit bezaubernden Innenhöfen führt die gewundene Straße über den kleinen Hauptplatz zum höchsten Punkt der Stadt, zum **Castello Normanno** (12. Jh.). In einem seiner Innenhöfe ist unter anderem eine Brunnenanlage zu sehen, die gerne als letzter Überrest des Aphrodite-Tempels (*Tempio di Venere*) ausgegeben wird. Linker Hand erheben sich die Türme des **Castello Pèpoli** (19. Jh.), unterhalb der mittelalterlichen Festung liegt ein liebevoll gestalteter kleiner **Stadtpark**.

Die größte Sehenswürdigkeit aber ist der überwältigende Fernblick, der gegen das Landesinnere bis nach Segesta und manchmal sogar bis zum Ätna, in Richtung Meer bis zu den Ägadischen Inseln reicht. An klaren Tagen ist auch die längliche Felsenklippe vor Trápani zu sehen, der Sage nach das versteinerte Schiff des Odysseus. Wer weniger Glück hat, wird aber selbst in der warmen Jahreszeit frierend statt auf Meer und Landschaft auf dichte Wolken und Nebelbänke blicken. Ein frischer Wind weht in dieser Höhe immer, doch das Klima in Érice kann auch extrem rau sein. Um den Stürmen ihre Kraft zu nehmen, wurden die Gassen gewunden angelegt, und manche Durchlässe und Hauseingänge sind so eng, dass gerade eine Person durchschlüpfen kann.

Doch auch bei Schlechtwetter sollte man einen Besuch in dem Bergstädtchen nicht auslassen. Denn sobald der Nebel Érice einhüllt wie ein Tuch den Kopf einer alten Frau, wenn das Städtchen zur Hamlet-Kulisse wird, dann fühlt man ganz deutlich, warum gerade dieser Ort heute noch so reich an Sagen und Erzählungen aus längst versunkenen Zeiten ist. Dann braucht man nicht allzu viel Phantasie, um all die Völker wieder aufleben zu lassen, die sich hier ein friedliches Stelldichein im Banne der Liebesgöttin gegeben haben. Eine Realität, die von den prüden Epochen danach gerne verschwiegen oder ins Bereich der Legenden verwiesen wurde. Und man darf hoffen, dass auch das Manifest von Érice irgendwann einmal mehr als nur ein Mythos aus fernen Tagen sein wird.

Die engen, gewundenen Gässchen von Érice: einst Bremse für anstürmende Feinde, heute nur noch Schutz gegen den Wind

Ägadische Inseln

Karte: siehe unten
Tipps & Adressen: S. 315f.

■ Mehrmals täglich verkehren Fähr- und Tragflügelboote zwischen Trápani und den drei Isole Égadi, von denen Lévanzo die kleinste, Favignana die größte und Maréttimo die am weitesten entfernte ist.

Lévanzo

2 Das Tragflügelboot schlingert bedenklich auf die kleine Mole zu. Hastig befestigen Matrosen eine schmale Schiffsplanke und treiben die wenigen Fahrgäste, die auf Lévanzo an Land wollen, zur Eile an. Wenn der Schirokko über die Ägadischen Inseln fegt, nützt oft die ganze Kunst der Seeleute nichts. Bis sich das Meer wieder beruhigt hat, bleiben die Eilande vor der Haustüre der Hafenstadt Trápani vom »Festland« Siziliens abgeschnitten.

Auch an diesem Tag wird wegen der meterhohen Wellen keine weitere Fähre mehr auf Lévanzo anlegen können. Die 200 Inselbewohner und ein Dutzend Dauergäste – vielfach Aussteiger, die für ein Butterbrot in schlichten Privatzimmern überwintern und erst in der kurzen Sommersaison besser gestellten Touristen Platz machen müssen – berührt diese Tatsache nicht weiter. Was ist schon Zeit? Nicht mehr als ein anderer Tag in Gesellschaft von einigen Hundert Schafen und ein paar Eseln. Hektik, Trubel, Terminplan, Stress – das sind Fremdwörter aus einer anderen Welt.

Die Menschen auf den drei Isole Égadi sind ein ganz besonderer Schlag. Rotblonde, sommersprossige Hünen, Nachfahren der Normannen, werfen in die-

Ägadische Inseln

Höhlenzeichnungen aus der Altsteinzeit – die Grotta dei Genovesi bietet einzigartige Bilder.

sem Meer ihre Netze aus und kratzen ihren Lebensunterhalt aus der kargen Erde. Aber auch griechische, römische und arabische Ahnen hinterließen auf dem unbedeutenden Archipel sichtbarer als anderswo ihr Erbe. Samtäugige Jünglinge und schwarzlockige Mädchen mit olivfarbenem Teint sind ihre Urenkel.

Die aufgebrachte See verhindert den geplanten Bootsausflug an die andere Seite der Insel, wo 1952 die Entdeckung der **Grotta dei Genovesi** für eine archäologische Sensation sorgte. Glücklicherweise wurden die durch Zufall gefundenen 33 Höhlenzeichnungen – 29 Tier- und vier Menschendarstellungen – aus der Altsteinzeit niemals so bekannt wie jene in Südfrankreich oder Nordspanien, auch wenn sie ihnen an Bedeutung um nichts nachstehen. Die Franzosen mussten mittlerweile den Zugang zu den unersetzbaren Funden für die Öffentlichkeit sperren, die Sizilianer dagegen erlauben – noch – eine Besichtigung.

Bald hat es sich herumgesprochen, dass wieder einmal Fremde zur Grotte wollen. Giuseppe Castiglione, ein kleiner, säbelbeiniger Bauer, stellt sich als Kustode der einzigen Inselattraktion in der Hafenbar vor. Er bittet um ein wenig Geduld, lässt sich zu keinen weiteren Erklärungen herab und kehrt wenig später mit zwei gesattelten Maultieren zurück. Sein eigenes Reittier wird er sich unterwegs auf einer Weide einfangen. Vorerst aber hilft er einmal seinen überraschten Gästen auf die Rücken der Tragtiere.

Über Stock und Stein führt der Weg stetig bergauf. Auf der höchsten Erhebung des Eilands weitet sich der Blick nach allen Seiten hinaus aufs Meer. Schmal und gefährlich steil schlängeln sich auf dem Weiterritt enge Serpentinen bergab, doch die Tiere setzen trittsicher einen Huf vor den anderen. Der letzte Teil des Weges ist aber selbst für sie zu abschüssig, jetzt kommt man nur noch zu Fuß weiter. Wenige Meter oberhalb des Klippenstrandes endet der Pfad bei der Höhle.

Der bisher schweigsame Giuseppe macht auch nun nicht viele Worte. Aus einem verborgenen Spalt zieht er eine Karbidlampe hervor und sperrt das schwere Schloss der rostigen Gittertüre auf, hinter der sich der Eingang zur Grotte befindet. Zwischen feuchtkalten Felsen gelangt man tief gebückt ins überraschend geräumige Innere. Im flackernden Gaslicht offenbart sich die urzeitliche Galerie.

Anmutig streckt eine Hirschkuh ihre zarten Glieder. Vor mehr als 10 000 Jahren ritzte ein Künstler diese etwa 20 cm hohe Zeichnung in den Stein. Delphine und Thunfische schmücken die Wände, aber auch Rinder, Stiere, pferdeartige Wesen und ein Tier, mit dem möglicherweise eine Katze gemeint war. Stumm steht man vor den meisterhaften Darstellungen und kann auf einmal mit Begriffen wie Zeit und Ewigkeit nichts mehr anfangen. Wie lebendig die sitzende Menschengestalt wirkt, gemalt bereits und nicht graviert, wie intensiv leuchten Rot und Schwarz, die Farben aus der Palette der Altsteinzeit!

Gleichmäßig kühle Temperaturen haben die Kunstwerke über die Jahrtausende unversehrt erhalten. Jeder Atemzug eines Menschen aber wirkt wie ein Pesthauch, jedes Blitzlicht einer Kamera trägt den Keim der Zerstörung. Auf dem Rückweg ist man dankbar für alle Schwierigkeiten, die verhindern, dass jemals Horden von Touristen das nur wenige Zentimeter große Menschlein aus Rötel auslöschen könnten.

Nach drei Stunden im Sattel und einer weiteren auf allen Vieren kletternd, wird Signore Castiglione am Ende der Tour nun doch etwas gesprächiger. Für seine Dienste verlangt er nicht viel. Die Geldscheine in der schwieligen Hand, erzählt er von der Zeit, in der die Grotta dei Genovesi ihre Geheimnisse preisgab. Er selbst war damals noch ein junger Mann und kann sich nicht mehr daran erinnern, welche Fügung des Schicksals Regie geführt hatte. Für Lévanzo war der Fund jedenfalls ein Glück, denn seither verirren sich doch ab und zu ein paar Interessenten auf die karge Insel. Und manchmal müssen sie dann sogar einen oder mehrere Tage bleiben, wenn der heiße Wind aus Afrika zu stark weht.

Das Fort Monte Santa Catarina auf Favignana

Favignana

3 In nur einer Viertelstunde schwebt der *aliscafo*, das im Liniendienst verkehrende Tragflügelboot, von Lévanzo über die wenigen Seemeilen zur großen Schwester Favignana, die selbst nicht viel mehr ist als eine Sommersprosse im Mittelmeer. Doch nach der Einsamkeit von Lévanzo erscheint sogar dieser kleine Hafen von hektischer Betriebsamkeit erfüllt.

3500 Bewohner sind offiziell registriert, gut die Hälfte jedoch lebt fern der Heimat. Die meisten Männer der Insel sind gezwungen, sich im Norden eine Beschäftigung zu suchen oder auf Schiffen anzuheuern. Seitdem ein Großteil der Tuffsteinbrüche stillgelegt wurde und auch die Thunfisch-Konservenfabrik 1968 ihre Pforten schließen musste, avancierte neben dem »Arbeitgeber« Haftanstalt der Tourismus zur wichtigsten Einnahmequelle. Das moderne, hauptsächlich unterirdisch angelegte Gefängnis braucht niemanden zu irritieren. Nur vereinzelte Justizbeamte in ihren Uniformen erinnern beim Feierabendtrunk daran, dass der italienische Staat nach antiker Tradition seine Verbrecher gerne

Auf der Via Vittorio Emanuele in Favignana

auf Inseln einsperrt. Heute in einem Neubau, einst in dem Kastell auf der Spitze des Berges, der wie ein Schmetterlingskörper zwischen flach ausgebreiteten Flügeln emporragt. Auf Favignana gibt es außer ihm keine Erhebung. Das Land ist flach, ideal zum Radfahren, was auch jeder tut, der sein Auto in Trápani zurückgelassen hat. Rennen wird man mit den Leihrädern zwar keine gewinnen, dafür aber täglich einen anderen menschenleeren Badeplatz entdecken.

Und damit ist schon der erste einer Reihe guter Gründe genannt, weshalb Favignana ein wahres Paradies, ein echter Geheimtipp ist. Sieht man von der verrückten Zeit um Ferragosto ab, wenn nichts und niemand vor der Völkerwanderung erholungssüchtiger Italiener sicher sein kann, findet jeder auf dieser zauberhaften Insel einen exklusiven Platz an der Sonne. Glasklares Wasser, von dem andere Mittelmeerküsten nur noch träumen können – die Isole Égadi werden von einem solchen umspült. Zwischen scharfzackigen Klippen tummeln sich bunte Fischschwärme, Seepferdchen und anderes sonst kaum noch zu erblickendes Meeresgetier.

Wem die ständige Brise selbst im Schatten eines Sonnenschirms zur Kühlung nicht genügt, für den hält Favignana eine wohl einmalige Erfrischung parat. Das gesamte Eiland gleicht nämlich dank der früher in großem Stil betriebenen Tuffsteingewinnung einem gigantischen Maulwurfsbau. Nahezu jede Bucht verfügt über ein eigenes Höhlenlabyrinth, in dem man sich selbst bei 40 °C im Schatten die gewünschte Temperatur aussuchen kann: Je tiefer man eindringt, desto angenehmer wird das Klima.

Im Hochsommer brütet die große Hitze über den würfelförmigen, weißgekalkten Häusern inmitten verdorrter Felder. Afrikas Nähe ist zu spüren, sobald in den Nächten die Luft zu stehen scheint. Dann wird es Zeit, sich den Sternenhimmel als Decke und eine Luftmatratze als Lagerstatt zu wählen. So mancher verwöhnte Bürger verwandelt sich in einen späten Hippie, verlässt sein Bett und übernachtet einfach am Strand. Wenn dann die Morgenröte – ja, die rosenfingrige Eos eines Homer – nach den Schläfern greift, tauchen die ersten Sonnenstrahlen den goldgelben Tuff der Abhänge in eine Symphonie aus Pastelltönen. Nackt wie im Garten Eden in die seidenweichen, warmen Fluten des Afrikanischen Meeres springen, auf denen das Licht Myriaden glitzernde Diamanten zaubert, während die Schatten ein letztes Mal sanft über die Klippen streichen – welches Fünf-Sterne-Hotel der Welt kann mit dem Luxus einer Felsensuite unter dem Himmel von Favignana mithalten?

Für das Frühstück sorgt irgendeine der kleinen Bars, die sich mittlerweile auch in Strandnähe etabliert haben. Erbaut mit den Ersparnissen als Gastarbeiter im fernen Deutschland, das für die meisten Insulaner niemals zur Heimat werden sollte. Wer es sich leisten konnte, kehrte zurück und investierte sein schwer verdientes Geld in einen Kiosk, ein Cafè oder einen Fahrradverleih. Wie Pietro Planeta, dem die Mieter seiner Vehikel immer wieder begegnen. Unkompliziert und freundlich ist er, herzlich und offen – ein typischer Repräsentant seiner Insel. »Deutschland gefällt mir gut. Ich habe mir viel angesehen. München, Berlin, Hamburg, das kenne ich alles. Aber einmal im Jahr kam ich immer nach Hause.« Auch ihn hat das Sonnenband, das jeden Sizilianer festhält, nicht freigegeben.

Einmal gerät ihm beim Aufräumen seiner kleinen Garage ein rostiger Pickel in die Hände. »Damit hat man früher in den Steinbrüchen den Tuff herausgebrochen. Selbst ich kann mir das kaum mehr vorstellen. Der Staub, der sich in die Lungen fraß, die mörderische Hitze. Man starb damals jung auf dieser Insel.« Die mühsam gewonnenen Quader wurden auf steinerne Rutschen gehievt, über die sie direkt auf die darunter ankernden Schiffe glitten, denn einen Hafen gab es noch nicht. Die primitiven Anlagen, oft 20 bis 30 m lange Rinnen, sind überall noch zu finden. Tuff wird heute nur noch in geringer Menge im Inselinneren abgebaut. Die maschinell aus dem weichen Gestein geschnittenen Blöcke benötigt man lediglich für Restaurierungsarbeiten an historischen Palästen und Kirchen. Hohlziegel oder Beton haben dem klassischen Baumaterial den Rang abgelaufen. An vielen Stellen stehen verlassen steinerne Türme in tiefen Schluchten, auf die man wie auf eine Spielzeugausgabe der Wolkenkratzer Manhattans herabschaut.

Erst am frühen Abend füllt sich die Piazza von Favignana. Tagesbesucher nehmen noch rasch eine Erfrischung zu sich, bevor die Fähre anlegt, Ladenbesitzer stellen ihre Straßenständer mit Postkarten, Sonnenhüten und Badeschuhen auf, die Glocken der spanisch anmutenden Kirche läuten zur Messe. Bald wird kein Stuhl vor den Kaffeehäusern mehr frei sein, kein Mann ist zu alt, um nicht immer noch gerne die Parade der vorbeiflanierenden Touristinnen zu betrachten.

Einst entging dem zierlichen, dunkelhäutigen Pietro und seinem hünenhaften blonden Freund Pasquale keine Schöne, die ihren Fuß auf die Insel setzte. Heute sind es jüngere, die so wie sie in längst vergangenen Tagen den Mädchentraum von einer Ferienliebe wahr werden lassen. Wenn die jungen Männer nicht in der Sonne liegen, tauchen oder ihren Müttern zur Hand gehen, von denen viele das schmale Familienbudget durch Zimmervermietung aufbessern, dann kurven sie mit ihren Motorrädern auf den staubigen Straßen über die Insel. Die schweren Maschinen sind ihr ganzer Stolz, diesen Luxus haben sie sich sauer als Kellner, Pizzabäcker oder Köche in der Fremde verdient. Von dort stammen auch Sprachkenntnisse – Deutsch sprechen die meisten und manche überdies Englisch und Französisch. Und das ist auf Dauer auch das einzige Kapital der Inselsöhne, denen in ihrer Heimat außer einem Job im Tourismusgeschäft nur wenige andere Chancen für eine berufliche Zukunft bleiben.

Maréttimo

4 Schläfrig rekelt sich ein großer, bunter Hund im windgeschützten Winkel der Hafenbar zur Begrüßung der wenigen Passagiere des aliscafo, das ein wenig Leben in die Abgeschiedenheit der entlegensten Insel des Archipels bringt. Bunt ist er wahrlich – und sein Stammbaum ein Querschnitt durch die vierbeinige Inselbevölkerung. Doch der Dalmatiner-Schäfer-Jagd-und-wer-weiß-was-noch-Mischling ist kein Unikat, seine Mutter, Schwester, Cousine oder Tante biegt eben um die Ecke. Alle Hunde von Maréttimo sind unverkennbar miteinander verwandt. So wie auch die meisten Menschen, denen erst ihr Aufbruch zu anderen Ufern eine Blutauffrischung beschert hat. So mancher Auswanderer heiratete in Norditalien,

Im Hafen von Maréttimo

Deutschland oder gar in der Neuen Welt und kehrte mit seiner Familie zurück auf die Insel. Nur deswegen konnte sich die Einwohnerzahl seit Jahrzehnten konstant bei etwa 800 halten.

Auch Maréttimo lebt heute nicht mehr von Landwirtschaft und Fischfang allein, wenn auch der Anteil am Tourismuskuchen vorerst noch sehr klein ist. Es hat weder Steinzeitmalereien wie Lévanzo noch eine Infrastruktur wie Favignana zu bieten, dafür aber einen Schatz, der sich in Zukunft in klingende Münze verwandeln könnte: Eine unter Naturschutz stehende Fauna und Flora zu Lande und zu Wasser, ein Paradies für Wanderer, Segler und Taucher gleichermaßen. Der Frühling überzieht das Eiland mit einem Blütenteppich aus Wildblumen und aromatisch duftenden Kräutern, bis weit in den Herbst hinein speichert das Afrikanische Meer die Hitze des Sommers. Ideale Bedingungen für Unterwassersportler, die in tief eingeschnittenen Grotten und Höhlen eine solche Vielfalt an Meeresbewohnern vorfinden, wie es sie im Mittelmeer sonst kaum noch gibt.

Mattanza – Corrida im Meer

Hemingway war nie dabei – und so blieb ein Buch der Weltliteratur ungeschrieben. Sicherlich hätte die Mattanza von Favignana den Großwildjäger, Hochseefischer und Bewunderer des Stierkampfes, der Männerschweiß zum Aphrodisiakum stilisierte, noch einmal mit Leidenschaft zur Feder greifen lassen. Wo die Gewässer Europas und Afrikas vor dem westlichen sizilianischen Archipel einander begegnen, wird der Thunfischfang zu einer Corrida im Meer.

Seit Tagen signalisieren unzählige kleine Bojen, die wie weiße Tennisbälle auf den Wellen tanzen, dass eine »Tonnara«, wie der Fang ganz allgemein bezeichnet wird, im Gange ist. Alljährlich schlagen die Tragflügelboote und Fähren Ende Mai, Anfang Juni auf ihrer Fahrt von Trápani zu den Inseln eine andere Route ein, damit sie nur ja nicht den nach einem komplizierten System ausgelegten Netzen ins Gehege kommen.

Rund 300 Fische befinden sich bereits in dieser mehrere Kilometer langen geflochtenen Konstruktion aus aneinandergereihten rechteckigen Kammern, deren ausgeklügelter Mechanismus auf der Erfahrung von Generationen beruht. Allein der Aufbau der tonnenschweren, durch Anker am Meeresboden festgehaltenen Netze erfordert bis zu zwei Monate Schwerstarbeit. Mythen und Riten erleichtern die kräfteraubenden Vorbereitungen, mit rhythmisch skandierten Sätzen lassen sich die Götter gnädig stimmen. Vor dem Auslegen werden die Netze bei einem großen Fest gesegnet, damit sie, ohne sich zu verwickeln, sanft ins Wasser gleiten.

Gesänge, arabisch oder afrikanisch anmutend und den meisten Italienern nicht verständlich, begleiten von nun an alle Handlungen, die mit einer *cialoma* – auf Arabisch »Gruß« – eingeleitet werden. Danach wird der blumengeschmückte Pfahl des Heiligen Petrus mit einer Figur des Schutzpatrons der Fischer vor jener Netztüre, durch die der Thunfischschwarm in die Kammern schwimmen soll, ins Meer gerammt. Tagtäglich pilgert nun der Rais, die von den Petrijüngern aus ihren Reihen zum Chef gewählte Autorität, mehrmals zum Stellvertreter Gottes, um zu beten. Und jeden Abend spricht er die Worte: »Gute Nacht, viel Glück, einen guten Fang, gute Nacht, heiliger Petrus!«

Drei pechschwarze Boote, jedes gut und gerne 40 m lang, haben seit den frühen Morgenstunden in einem offenen Karree Aufstellung genommen. Bedächtig gibt der Rais von einem winzigen Kahn aus seinen 80 Männern, die in einer Entfernung von 300 m auf der vierten Barke darauf warten, das Viereck zu vervollständigen, die traditionellen Handzeichen. Zwei Dutzend Einheimische – hauptsächlich Kinder – und kaum mehr als eine Handvoll Touristen harren ebenfalls auf das Startsignal. Plötzlich kommt Bewegung in die Fischer: *Aja mola, aja mola*, das uralte arabische Lied erklingt. Im Gleichklang mit dem Rhythmus der Töne holen die Männer die Netze ein und rücken dadurch immer näher, bis sich die camera della morte, die Todeskammer, um die gefangenen Tiere schließt.

Es ist ein archaisches Bild: Im Gegenlicht der Sonne heben sich die muskulösen Gestalten schicksalhaft und unerbittlich vom glitzernden Wasser ab. Gleichförmig sind die Bewegungen, auch sie Bestandteil eines uralten Rituals, das mehr als alles andere das Gemeinschaftsdenken eines Stammes zum Ausdruck bringt. *Lina, Lina*, ruft der Vorsänger, *Eee, Lina Lina*, fällt der Chor ein. Nun sind die Fischer schon recht nahe, wenige Meter noch, dann stoßen Bug und Heck ihrer Barke an die postierten Boote. Plötzlich beginnt das Meer zu kochen. Eine riesige Schwanzflosse peitscht die Wellen, eine zweite, zehn, zwanzig. Hunderte Thunfische schießen als glänzende Torpedos durch die aufgewühlte See.

Wie ein Trampolin liegt das gespannte Netz jetzt wenige Meter unter der Wasseroberfläche, den riesigen Fischen wird der Platz zu eng. Immer wieder bäumen sie sich auf, um erneut im seicht gewordenen Meer unterzutauchen, das ihnen keinen Schutz mehr bietet. Der Rais schaukelt mit zwei Helfern auf seinem kleinen Kahn inmitten des Infernos. Die Zuschauer verkriechen sich hinter wasserdichten Planen, was ihnen allerdings wenig nützt. Offenbar ahnen die Fische, was ihnen bevorsteht, denn sie toben wie von Sinnen in ihrem Gefängnis und gießen salzige Fontänen über ihre Häscher.

Der Rais hebt die Hand: Für einen Moment wird es still, nur die Schlachtopfer ziehen verzweifelt ihre Kreise. Mit dem Schrei *Una* schlagen die Männer gewaltige Haken – in der Seemannssprache »Gaffs« genannt – in die glatten Leiber. Zwei, drei, vier und noch mehr metallene Greifer krallen sich in einem Körper fest, aus vielen Wunden fließt Blut. Manchmal kann sich ein Thunfisch losreißen, eine Chance zu entkommen hat er nicht. Denn von allen Seiten zielen seine Jäger mit kurz- oder langstieligen Gaffs nach dem Tier, das eine blutige Spur zieht.

Bald ist auch diese nicht mehr zu erkennen, das Wasser färbt sich rot, rosafarben ist die Gischt. Es gehören gewaltige Körperkräfte dazu, die durchschnittlich 200 kg schweren Fische hochzuhieven. Ein blondlockiger Hüne zuckt mit schmerzverzerrtem Gesicht zusammen, als eine Schwanzflosse seinen Oberarm trifft. So mancher seiner Kollegen wurde schon schwer verletzt heimgebracht, eine Mattanza ist kein Kinderspiel. Auch wenn sich die Zuschauer in sicherer Distanz befinden, so mussten sie dennoch zuvor unterschreiben, dass sie für einen Unfall niemanden zur Rechenschaft ziehen können.

Anders als ein Stierkampf artet die Corrida im Meer zu keinem wohlfeilen Touristenspektakel aus. Fremde werden gerade noch geduldet, aber für sie stirbt kein einziger Fisch. Und das ist der große Unterschied zu den widerwärtigen Schauspielen in den Arenen, wo mittelprächtige Stiere von drittklassigen Toreros zur Massenbelustigung abgeschlachtet werden. Mit nichts anderem als den primitivsten Fanggeräten erlegen die Fischer von Favignana ihre Beute. Sie töten, weil sie leben wollen, aus keinem anderen Grund.

Das Fleisch der Thunfische, die auf diese Weise erlegt werden, gehört zum Schmackhaftesten, was das Meer dieser Region zu bieten hat. Weil der Todeskampf nur Sekunden währt, platzen weder die Blutgefäße im Inneren, noch setzen die Tiere – wie bei der langen

Qual des auf den Ägadischen Inseln nicht praktizierten Köder- oder Schleppnetzfangs – Giftstoffe frei. Zugegeben, es braucht gute Nerven, wenn man einer Mattanza zusehen will. Eine abscheuliche Angelegenheit, eine grausame Abschlachtung oder gar ein blutrünstiges Spektakel, wie manche Tierschützer ins Treffen führen, ist sie nicht.

Wenn ein Fischer von Favignana heutzutage Appetit auf *tonno* in Dosen hat, dann wird er nicht das Fleisch eines von ihm selbst erlegten Tieres essen. Damit verwöhnen sich Japaner, denen der im Mittelmeer gefangene Fisch weit besser mundet als einer, der vor ihren Küsten ins Netz ging. Japanischer Thunfisch, der aufgrund des Laichzyklus nicht so wohlschmeckend sein kann wie sizilianischer, wird nach Europa exportiert, japanische Feinschmecker hingegen delektieren sich bei ihrem Sushi an rohem Fisch aus mediterranen Gewässern, der nach dem Fang sofort tiefgefroren und in den Fernen Osten zur Weiterverarbeitung geflogen wird.

Um das Gegengeschäft zumindest mengenmäßig auszugleichen, arbeiten die Asiaten mit Echolot-Fischerei und rotten solcherart die Bestände weltweit langsam, aber sicher aus, Nicht die nach uralten Traditionen abgehaltenen Mattanzen, sondern der rücksichtslose Einsatz moderner Techniken trägt die Schuld daran, dass die stolzen Wanderer durch alle Weltmeere in gar nicht so ferner Zukunft vielleicht sogar unter Schutz gestellt werden müssen.

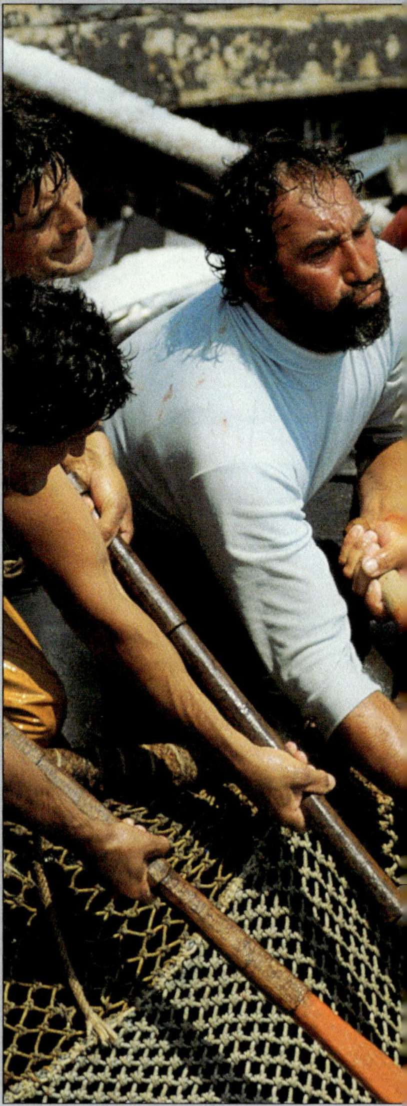

350 Fische haben die nunmehr erschöpften Männer in einer knappen Stunde aus dem Wasser geholt. Japanische Seeleute, die mit ihren mit Tiefkühlanlagen ausgerüsteten Booten hinter den Fangkähnen ankerten, warfen unentwegt ein Salz-Eis-Gemisch auf die noch zuckenden Leiber. Die Fischer springen nun selbst in die leere, blutrote Todeskammer, um sich im flachen Wasser symbolisch zu reinigen – und den Göttern und Heiligen zu danken.

Für dieses Jahr ist die Tonnara vorbei. Während die Schiffe unter japanischer

Flagge, die sizilianischen Fangboote im Schlepptau, Richtung Trápani im Dunst verschwinden, kehren die Männer von Favignana mit leeren Händen heim auf ihre Insel. Früher konnten sie mit einem anderen Empfang rechnen: Das ganze Dorf stand in der mit Blumen geschmückten Fischfabrik bereit, um sofort mit der Verarbeitung der Beute zu beginnen. Heute warten keine jubelnden Frauen mehr am Hafen, wo es keine Arbeit ist, gibt es auch nicht zu feiern. Man verabschiedet sich mit einem Händedruck, das ist alles.

Die Nordküste entlang

Von Castellammare del Golfo bis Milazzo

Weite, weiße Sandbuchten, dann wieder steile Felsklippen, im Hinterland pittoreske Gebirgsdörfer und tiefe Schluchten – Siziliens Küste am Tyrrhenischen Meer hält, was die Klischees der Fremdenverkehrsbüros versprechen – und noch ein bisschen mehr. Denn wer weiß schon, dass man in den dichten Eichen- und Edelkastanienwäldern zwischen Palermo und Milazzo im Herbst die köstlichsten Pilze findet? Oder dass auf den Hochalmen entlang der »sizilianischen Höhenstraße« von Cefalù über Nicosía bis zum Fuß des Ätna der Nordländern vertraute Klang von Kuhglocken die alpinen Impressionen akustisch untermalt? Bukolische Szenerien und weltstädtischer Flair der Metropole Palermo sorgen für Kontraste, wie sie akzentuierter nicht sein könnten. Nicht zuletzt deswegen kommt auf dieser Route jeder auf seine Kosten: Kulturreisende, auf die

Höhepunkte wie die schönsten Beispiele normannisch-sizilianischer Architektur warten, ebenso wie Erholungssuchende, die bloß die Qual der Wahl haben, ob sie einem der vielen hübschen Badeorte entlang der Nordküste oder einem der verträumten Bergdörfer inmitten weitgehend unberührter Natur den Vorzug geben sollen.

Streckenlänge und -verlauf
Insgesamt rund 380 km; von Trápani nach San Vito Lo Capo 40 km, dann weitere 40 km bis Castellammare del Golfo; von hier bis Palermo auf der Autobahn 66 km und weitere 74 km bis Cefalù. Dann sollte man wegen der schönen Landschaft besser die Küstenstraße als die Autobahn (bis Milazzo weitere 160 km) nehmen, auch kleinere oder größere Abstecher ins Landesinnere (die beiden Naturschutzgebiete Nebrodi und Madonien) sind sehr zu empfehlen.

San Vito Lo Capo

Karte: S. 240
Tipps & Adressen: S. 361f.

1 Der hübsche Badeort, im Hochsommer wie alle Plätze an der Küste laut und überlaufen, in Vor- und Nachsaison dagegen ein Ferienparadies, liegt am Ende einer kleinen Halbinsel zu Füßen des Kalksteinberges *Monte Mónaco* an einer weiten Bucht mit sanft ins Meer abfallendem Sandstrand, der sich für Familien mit Kindern besonders gut eignet. Die gehobene touristische Infrastruktur bedeutet nette Cafés und Restaurants, gut sortierte Läden und Märkte, aber keine riesigen Hotelburgen, sondern gemütliche Häuser der mittleren Kategorie und jede Menge Privatquartiere.

Eine ungewöhnliche Form hat das **Santuario di San Vito:** Die Kirche, mit ihren dicken Mauern nach außen abweisend, wurde im 17. Jahrhundert als Wallfahrtsstätte zu Ehren des hl. Vitus in eine viereckige Festung integriert, die mehr als 100 Jahre zuvor zum Schutz gegen sarazenische Piraten errichtet worden war. 10 km außerhalb des Ortes befindet sich der Nordeingang zum **2** **Naturreservat Zingaro** (s. S. 19).

Blick auf Castellammare del Golfo

Giuliano: Siziliens letzter Bandit

Für die einen ist er ein Volksheld, Beschützer der Entrechteten und ein Guerillakämpfer für die Unabhängigkeit Siziliens, für die anderen ein eiskalter Bandit und Verbrecher, ein Arbeitermörder und willfähriges Werkzeug der Mafia. Die Wahrheit über Salvatore Giuliano dürfte irgendwo in der Mitte liegen. Fest steht, dass der 1922 im Bergstädtchen Montelepre im Hinterland von Palermo geborene Bauernsohn eines der blutigsten Kapitel der sizilianischen Nachkriegsgeschichte geschrieben hat. Und dass der höchst umstrittene »Held« eine nostalgische Renaissance erlebt.

Jedes Kind kennt die Geschichte des Rebellen aus den Moritatenballaden, die allerorts gesungen und natürlich auch auf CDs und Kassetten verbreitet werden. Italiens Meisterregisseur Francesco Rosi hat das Schicksal von »Turi«, wie man Salvatore liebevoll nennt, in einem viel beachteten Leinwandopus verewigt. Und der amerikanische Autor Mario Puzo scheute sich nicht, dem Bandenführer in seinem Roman »Der Sizilianer« einen romantisch verbrämten Kranz zu flechten.

Spätestens seit Puzos Bestseller-Verfilmung ist Giulianos weißer Steinsarkophag am Friedhof von Montelepre zum Pilgerziel geworden: Ein »Gästebuch« enthält Eintragungen von Besuchern aus der ganzen Welt. Den Sarg im ganz und gar nicht bescheidenen Mausoleum der Familie Giuliano bedeckt die Trinacria-Fahne der sizilianischen Separatisten, die mit gelben und roten Querstreifen den Stars and Stripes der USA unverkennbar nachempfunden ist. Darauf ein Foto des schönen Salvatore, der seine pathetische Grabinschrift angeblich selbst verfasst haben soll: »Meine armen Träume von Liebe, ihr seid entschwunden, als meine Freude an euch am größten war. Meine stolzen, feurigen Phantasien, dazu verurteilt, gewaltsam zu sterben«. Nur wenige Meter entfernt befindet sich das Mausoleum der Familie Pisciotta, in dem Gaspare, Cousin und Mitkämpfer Giulianos, ruht. Aus Eifersucht soll er Giuliano, den Freund aus Kindertagen, verraten oder, nach einer anderen Version, sogar selbst erschossen haben. Vier Jahre nach »Turi« starb auch Gaspare – im berühmt-berüchtigten Ucciardone-Gefängnis von Palermo an vergiftetem Essen.

Das 5000 Einwohner zählende Städtchen Montelepre zeigt heute ein ganz anderes Gesicht als in den Tagen der Banditen, die Not – Puzo schreibt – »Das Dorf war so tief in das Tal eingebettet wie seine Armut« – ist bescheidenem Wohlstand gewichen. Doch die Legende lebt weiter, noch immer nennt man das raue Bergland um Montelepre, das Gebiet zwischen Monreale, Partinico und Piana degli Albanesi, Zona Giuliano. Einer, der jederzeit und gerne über den »Unabhängigkeitskampf Siziliens« plaudert, ist Giuseppe Sciortino, ein geschäftstüchtiger Neffe »Turis«, der das Andenken an seinen Onkel lebendig hält. Am Ortsrand wirbt das hochtrabende Restaurant-Schild »Castello Giuliano« – sinnigerweise auch gleich mit der englischen Übersetzung »Giuliano's Castle« – um Gäste. Das Lokal zieren eigens dafür angefertigte Ölgemälde des »Helden« in attraktiven Posen. Auch gibt es Postkarten mit dem Foto Giulianos hoch zu Ross und einer Landkarte der Insel mit der damaligen Separatisten-Parole: »Sizilien den Sizilianern«.

Bei all dem Giuliano-Kult sollte jedoch nicht vergessen werden, dass hier ein Mann verklärt wird, der sich die Unabhängigkeitsbestrebungen des Nachkriegs-Sizilien zunutze gemacht hatte. Mord und Gewalt waren seine Waffen, die er rücksichtlos einsetzte – nicht für einen Freiheits-Kampf, sondern für Raubzüge und Entführungen. Die »Los-von-Rom-Bewegung« diente dem blutjungen Salvatore als ideologisches Mäntelchen, deshalb schrieb er sogar an den amerikanischen Präsidenten Harry Truman, dem er Sizilien als damals 49. Bundesstaat der USA – später wurde dies Alaska – offerierte. Eine Antwort aus dem Weißen Haus blieb freilich aus, dafür interessierte sich die internationale Presse für den sizilianischen »Robin Hood«. Und die bittersüße Love-Story einer schwedischen Journalistin, die sich zu den Banditen in die Berge durchgeschlagen hatte, ging durch alle Herz- und Schmerzblätter der westlichen Welt.

Die Realität war allerdings wenig romantisch: Nachdem der beim Schmuggeln erwischte Salvatore Giuliano am Nachmittag des 2. September 1943 – sechs Tage vor dem Waffenstillstand, der den Zweiten Weltkrieg auf Sizilien beendete – einen Carabiniere erschossen hatte, zog er durch den Westen der Insel eine Blutspur, die schließlich zum Strom anschwoll. Wer Giuliano und seiner Bande, die skrupellos raubte, plünderte und kidnappte, im Weg stand, wurde beseitigt. Am 1. Mai 1947 kam es schließlich zu einem grauenhaften Massaker: Im Auftrag der Mafia, die den Linksparteien eine Lektion erteilen wollte, feuerten die Banditen in eine friedliche Arbeiter-Versammlung. Die Bilanz: elf Tote und mehr als 50 Schwerverletzte – unter ihnen auch Frauen und Kinder.

Das Maß war voll. Für die Verbrecherjagd im »Wilden Westen« Italiens warf Rom nun Tausende Carabinieri und Soldaten in die Schlacht, doch die perfekt organisierte Bande des letzten großen Banditen Siziliens entkam immer wieder. Erst drei Jahre später, am 5. Juli 1950, war der Spuk endlich vorbei. Nach der offiziellen, von vielen aber bezweifelten Version, kam Giuliano in Castelvetrano bei einem Schusswechsel mit den Carabinieri um. Ob es jedoch tatsächlich Gaspare Pisciotta war, der seinen Cousin an die Polizei verraten oder zuletzt nicht doch die Mafia ihre Hände im Spiel gehabt hatte, wird wohl für immer ein Geheimnis bleiben.

Castellammare del Golfo

Karte: siehe unten
Tipps und Adressen: S. 323f.

3 Nicht zufällig sprach Giuseppe Tomasi di Lampedusa, der wohl jeden Winkel seines leidenschaftlich geliebten Siziliens kannte, vom »Zauber mancher Sommernächte im Anblick der Bucht von Castellammare, wenn sich die Sterne im schlafenden Meer spiegeln«. Auch wenn es nicht zu greifen, nicht zu erklären ist, es liegt eine ganz besondere Atmosphäre über dem kleinen Städtchen, ganz so, als würden die Sonne über dem herrlichen Golf strahlender und der Mond heller leuchten als anderswo.

Reisende, die das nahe Segesta besucht haben, konnten bereits von Ferne einen Blick auf Castellammare erhaschen. Als zartes »Bühnenbild« hebt sich nämlich an klaren Tagen das von einer Aragonesenburg aus dem 14./15. Jahrhundert überragte Seebad im Hintergrund des griechischen Theaters am Horizont ab.

Umgebung

Zum Heilkurort **Terme Segestane** **4** fährt man 7 km Richtung Süden. Die salz- und schwefelhaltige, 45° C heiße Quelle des Thermalbades hilft gegen rheumatische Beschwerden, Neuralgien und Frauenleiden.

Tempel und Theater von **Segesta** liegen 25 km entfernt (s. S. 210f.), Siziliens erstes Naturschutzreservat, der **Parco Naturale Zingaro**, ist nach 12 km (bis Scopello) erreicht.

Catellammare del Golfo und Umgebung

Palermo: Morgenluft in Allahs Garten

Stadtplan: S. 246/247
Tipps und Adressen: S. 350–355

■ Erwartungsvoll greift Zeus nach dem Handgelenk der schönen Frau mit dem zurückgeschlagenen Gesichtsschleier. Hera steht ein wenig ängstlich vor ihrem mächtigen Gott, dennoch bereit für die Umarmung. Gleich wird der halbnackte Mann die Gemahlin auf seinen muskulösen Körper herabziehen. Prickelnde Erotik, festgehalten vor zweieinhalb Jahrtausenden.

Im Archäologischen Museum von Palermo, in einem anmutigen Klosterbau des 17. Jahrhunderts, geben die Tempelruinen von Selinunt ihre Geheimnisse preis. Und doch wirken jene faszinierenden Reliefs der Götter und Giganten fern ihrer Heiligtümer am Afrikanischen Meer seltsam fehl am Platz. Denn die Stadt an der »Goldenen Muschel« – *Conca d'Oro* – war niemals eine helle, heitere Ansiedlung der Griechen, sondern eine phönizische Handelsniederlassung, ein eher unbedeutender Marktflecken an der Nordküste. Man weiß wenig über die Phönizier, jenes geheimnisvolle Volk, das immer im Schatten der Griechen stand. Erst neuerdings beginnt man sich für diejenigen zu interessieren, denen wir immerhin das Alphabet verdanken. Die seltenen Funde, nur bruchstückhaft erhaltene Bildwerke, Grabsteine und Sarkophage, geben kaum Aufschluss über die Gedankenwelt jener Menschen, die sich im 8. Jahrhundert v. Chr. hier niederließen.

Ziz – »Blume« – nannten sie die kleine Hafenstadt, und über viele Generationen lebte man in Frieden, tauschte Waren und kümmerte sich im Übrigen kaum um die Nachbarn. Bloß aus einem verzerrten Blickwinkel der Geschichte erscheinen Griechen und Phönizier als ewige Erz- und Erbfeinde. Erst als die Stadtstaaten Magna Graecias reich und mächtig geworden waren, interessierten sie sich für das von ihnen »Panhormos« (Ganz-Hafen) genannte Handelszentrum, das sich jedoch erfolgreich zur Wehr zu setzen wusste.

Gegen die Weltmacht vom Tiber aber nutzte kein Widerstand. Das Imperium Romanum radierte alle Unterschiede auf der Insel aus, das nunmehr römische Panormus musste ebenso wie die stolzen Griechenstädte dem Reich dienen. Doch sprach man immerhin neben Lateinisch und Griechisch auch weiterhin Punisch, und selbst die Münzen trugen eine Doppelbeschriftung: »Ziz« auf der einen und »Panhormos« auf der anderen Seite.

Nach einem Sizilien der Antike wird man in Palermo außerhalb des Archäologischen Museums vergebens Ausschau halten, dafür aber auf Wunder der Christenheit stoßen, die der Zauberstab des Orients berührte. Fassungslos standen nach der ersten Jahrtausendwende die normannischen Eroberer im islamischen »Balerm«, in dem bis zu 200 000 Araber, Juden, Griechen, Perser, Langobarden sowie die Nachkommen der Sikaner, Sikuler, Karthager und Römer lebten. Die Kuppeln von mehr als 200 Moscheen glänzten in der Sonne wie das Gold in den Palästen und Lustschlössern. Auf den Märkten türmten sich fremdartige Früchte, exotische Gewürze verströmten betäubende Düfte, und in Allahs Gärten schmückten subtropische Blumen kunstvoll angelegte Fischteiche.

Viel zu schön, um auf die Dauer wahr zu bleiben. Nur kurz, wie ein flüchtiger Traum, währte die Zeitspanne, die den Normannen vergönnt war, dieses Paradies zu pflegen und ihm dennoch ihren eigenen Stempel aufzudrücken. In Sternstunden ihrer kaum mehr als 100 Jahre währenden Herrschaft schufen sie einzigartige Baudenkmäler wie die königlichen Gemächer im Palazzo Reale, die Cappella Palatina, die Martorana-Kirche oder den Dom von Monreale. Dieses wahrlich goldene Erbe des Mittelalters war das einzige, das sich bis vor kurzem in Palermo touristisch versilbern ließ. Die Rundreiseprogramme der Kulturtouristen sahen selten mehr als ein bis zwei Übernachtungen in der sizilianischen Hauptstadt vor. Im Eilschritt absolvierte man unter kundiger Führung die Höhepunkte, um anschließend erleichtert die übel beleumundete Hochburg der Mafia so rasch wie möglich wieder zu verlassen. Dabei bekamen die meisten die zu Slums herabgesunkenen Viertel des historischen Zentrums gar nicht zu sehen.

»Wo einst unser Adel residierte, ist heute Afrika«, kommentierten die Palermitaner lakonisch die verfallenen Barockpaläste ihres Centro Storico, mit 240 ha immerhin eine der größten Alt-

Eine Stadt im Aufbruch – die Palermitaner engagieren sich für eine bessere Zukunft ihrer Stadt.

städte Europas, die 1993 nur noch ein Fünftel der einstmals 125 000 Bewohner zählte. Doch rechtzeitig vor der Jahrtausendwende erfasste die allgemeine Aufbruchstimmung, die schon zuvor Catania ergriffen hatte, auch die Hauptstadt. Zum Symbol für das neue Selbstbewusstsein wurde das Teatro Massimo. Im Mai 1997, pünktlich zum 100. Geburtstag des Hauses, wurde in Palermos grandioser Oper nach mehr als zwei Jahrzehnten endlich wieder musiziert. Korruption und mafiose Ränkespiele hatten die Restaurierung des 1974 »für kleinere Reparaturarbeiten vorübergehend« geschlossenen Opernhauses verhindert. Milliardenbeträge an Subventionen waren in der Zwischenzeit in dubiosen Kanälen versickert, während das Gebäude mehr und mehr verfiel. Doch das Schicksal, endgültig zu einer Ruine zu verkommen, blieb dem prachtvollen Logentheater erspart, dank des Einsatzes von Palermos charismatischem Bürgermeister Leoluca Orlando, einem der engagiertesten Kämpfer gegen die Mafia.

»Heute spricht man nicht mehr von der *omertà*, dem Gesetz des Schweigens, sondern von *riaperti*, den Wiedereröffnungen«, zog Orlando, der sich 2001 nach zwei Amtsperioden nicht mehr zur Wahl stellen durfte, stolz Bilanz. Die Einwohnerzahl in der Altstadt ist um 15 Prozent gestiegen. Allein in seinen letzten vier Regierungsjahren wurden 270 subventionierte private und 120 öffentliche Renovierungsprojekte im Zentrum fertig gestellt. Weitere 400 devastierte Gebäude hat die Stadt wieder aufgebaut, um sie als soziale oder kulturelle Einrichtungen zu nutzen. Ein Musterbeispiel dafür sind die *Cantieri alla Zisa*: 17 ausgediente Fabrikhallen auf einem 55 ha großen Areal dienen jetzt als Musikstudios und Künstlerateliers, auch das Goethe-Institut ist hierher übersiedelt. Nachdem ehemalige Sträflinge tonnenweise Schutt weggekarrt – und damit gleichzeitig ein Einkommen – hatten, entstand inmitten des Elendsviertels *La Kalsa*, das nicht zufällig den Beinamen »Kairo« trägt, das Kulturzentrum *Lo Spasimo*.

Als eine der erfolgreichsten Initiativen entpuppte sich das Unternehmen *Palermo-Anno-Uno* – »Jahr eins nach dem Falcone-Attentat«: Nach dem Vorbild von Neapel, wo das Projekt *La scuola adotta un monumento* erfunden wurde,

Richtig Reisen
Thema

Wo Wagner seinen »Parsifal« vollendete

Am 5. November 1881 trifft Richard Wagner mit Familie, mit dem Schiff aus Neapel kommend, in Palermo ein. Im funkelnagelneuen Grand Hotel delle Palme mietet der Meister eine Suite mit zwei Schlafzimmern und einem Salon als Arbeitszimmer, um seine Oper »Parsifal« zu vollenden.

Er besucht Monreale und schwärmt vom »Dom aller Dome«, begeistert sich am Normannenpalast und genießt die Spazierfahrten zum Schloss *La Favorita* und zur *Villa Flora*. Am 13. Januar 1882 setzt er die letzte Note des »Parsifal«. Jetzt hat Wagner genügend Zeit, in den Salons des Grafen Tasca und des Fürsten Gangi die vornehme Gesellschaft Palermos kennen zu lernen. Am 4. März übersiedelt er in die Villa Gangi auf der Piazza Porrazzi, abseits vom Stadtzentrum. Eine Gedenktafel erinnert dort an den zweimonatigen Aufenthalt des Komponisten. Im Park der Villa dirigiert Wagner eine Militärkapelle, die einige seiner Werke, unter anderem das Siegfried-Idyll, spielt. Anfang Mai reist die Familie Wagner über Catania, Acireale, Taormina und Messina wieder in Richtung Norden. Vom Palast des Grafen Gravina in Acireale aus wird sie Augenzeuge eines Triumphzuges von Giuseppe Garibaldi, der, müde und krank, auf seiner Fahrt von Catania nach Messina vom Volk umjubelt wird.

»adoptiert« gleich eine ganze Schule ein Denkmal, sei es nun ein heruntergekommenes Bauwerk, einen Brunnen oder einen Platz. Unter fachkundiger Anleitung legen Schüler aller Altersstufen selbst Hand an, in Gemeinschaftsarbeit wird das ausgesuchte Objekt gereinigt, restauriert und anschließend der Öffentlichkeit präsentiert. Voll Stolz über ihr Werk führt Palermos Jugend in ihrer Freizeit Einheimischen wie Touristen die von ihnen selbst zurückeroberten Kostbarkeiten ihrer Stadt vor. Mehr als 150 Schulen haben sich bereits an dieser Aktion beteiligt.

Die Kriminalitätsrate ist drastisch gesunken, das mit seinem weiteren Umland beinahe eine Million Einwohner zählende Palermo liegt in der Verbrechensstatistik nicht mehr unter den ersten 15 Städten Italiens. So ist innerhalb des letzten Jahrzehnts vor der Jahrtausendwende die Zahl der Morde von jährlich etwa 200 auf weniger als zehn gesunken. Müllabfuhr und Stadtreinigung, Straßenbeleuchtung und Stromversorgung funktionieren erstmals nach europäischen Standards. Mehr als hundert neue, behindertengerechte Busse verkehren planmäßig, der ultimative Verkehrsinfarkt konnte gerade noch verhindert werden. Bei den italienweit praktizierten und nicht überall populären autofreien Sonntagen macht Palermo begeistert mit. Natürlich liegt noch vieles im Argen, nach wie vor glaubt man sich in vielen Vierteln der Altstadt in die Dritte Welt versetzt. Die Spuren von fünfzig Jahren Untätigkeit und Resignation können nicht von heute auf morgen beseitigt werden, doch jedes der vielen Baugerüste ist ein Aufbruchsignal, ist Ausdruck des Prinzips Hoffnung.

Stadtbesichtigung

Die *Quattro Canti* (offiziell Piazza Vigliena) als Herz des Zentrums sind jeweils der Ausgangspunkt für drei Spaziergänge, von denen jeder mindestens einen halben Tag in Anspruch nimmt, und die sich beliebig untereinander kombinieren lassen. Wichtig ist es, die verschiedenen Öffnungszeiten einzuplanen, weshalb sich die Mittagsstunden für einen Besuch der durchgehend offenen Kathedrale besonders gut eignen. Diese wird zwar aus topographischen Gründen als erster Stopp beim ersten Rundgang angeführt, klüger aber ist es, sich vorerst nur die im Morgenlicht besonders gut zu fotografierende Fassade anzusehen und eine nähere Erkundung auf später zu verschieben.

1. Spaziergang

Quattro Canti – Kathedrale – Normannenpalast mit der Cappella Palatina – Klosterkirche San Giovanni degli Eremiti – Ballarò-Markt – Jesuitenkirche Gesù (Casa di Professa)

Um im Gassenlabyrinth Luft zu schaffen, schlug der spanische Vizekönig Maqueda im 16. Jahrhundert eine Schneise in nord-südlicher Richtung. Der nach ihm benannte Boulevard trifft im rechten Winkel auf die älteste, ost-westwärts verlaufende Straße und spaltet das historische Palermo in vier annähernd gleich große Teile. Der Schnittpunkt der beiden Achsen ist seither nicht nur der Mittelpunkt des Zentrums, sondern auch ein architektonisches Juwel erster Güte: Vier Brunnen zieren die »Vier Ecken«, die **Quattro Canti** 1, zu ebener Erde geschmückt mit den Allegorien der Jahreszeiten, in der Mitte mit den spanischen Königen Karl V., Philipp II., III. und IV., zuoberst mit den Schutzheiligen Ninfa, Agata, Oliva und Cristina.

Das arabische Wort *al Qasr* für »Schloss« – stand Pate für den inoffizi-

Palermo – Sehenswürdigkeiten: *1 Quattro Canti-Brunnen 2 Kathedrale 3 Porta Nuova 4 Normannenpalast mit Cappella Palatina 5 San Giovanni degli Eremiti 6 Ballarò-Markt 7 Jesuitenkirche Gesù 8 Fontana Pretoria 9 Chiesa S. Maria dell' Ammiraglio 10 Chiesa S. Cataldo 11 Chiesa San Francesco di Assisi 12 Oratorio di San Lorenzo 13 Lo Spasimo 14 Palazzo Abatellis 15 Palazzo Chiaramonte 16 Palazzo Comitini 17 Vucciria 18 Oratorium der Rosenkranzbruderschaft 19 Ordenskirche S. Domenico 20 Archäologisches Museum 21 Teatro Massimo 22 Capo-Markt 23 Mercato delle Pulci* ▷
Hotels: *24 Villa Igiea 25 Baglio Conca d'Oro 26 Centrale Palace 27 Excelsior Palace 28 Masssimo Plaza 29 Grande Albergo Sole 30 Villa Archirafi 31 La Noce 32 Cortese*
Jugendherbergen: *33 Albergheria Viaggi 34 Casa Marconi*
Restaurants: *35 Il Ristorantino 36 La Scuderia 37 A Cuccagna 38 Ai Cascinari 39 Trattoria Stella 40 À Vucciria 41 Antica Focacceria San Francesco 42 Antico Caffé 43 Friend's Bar*

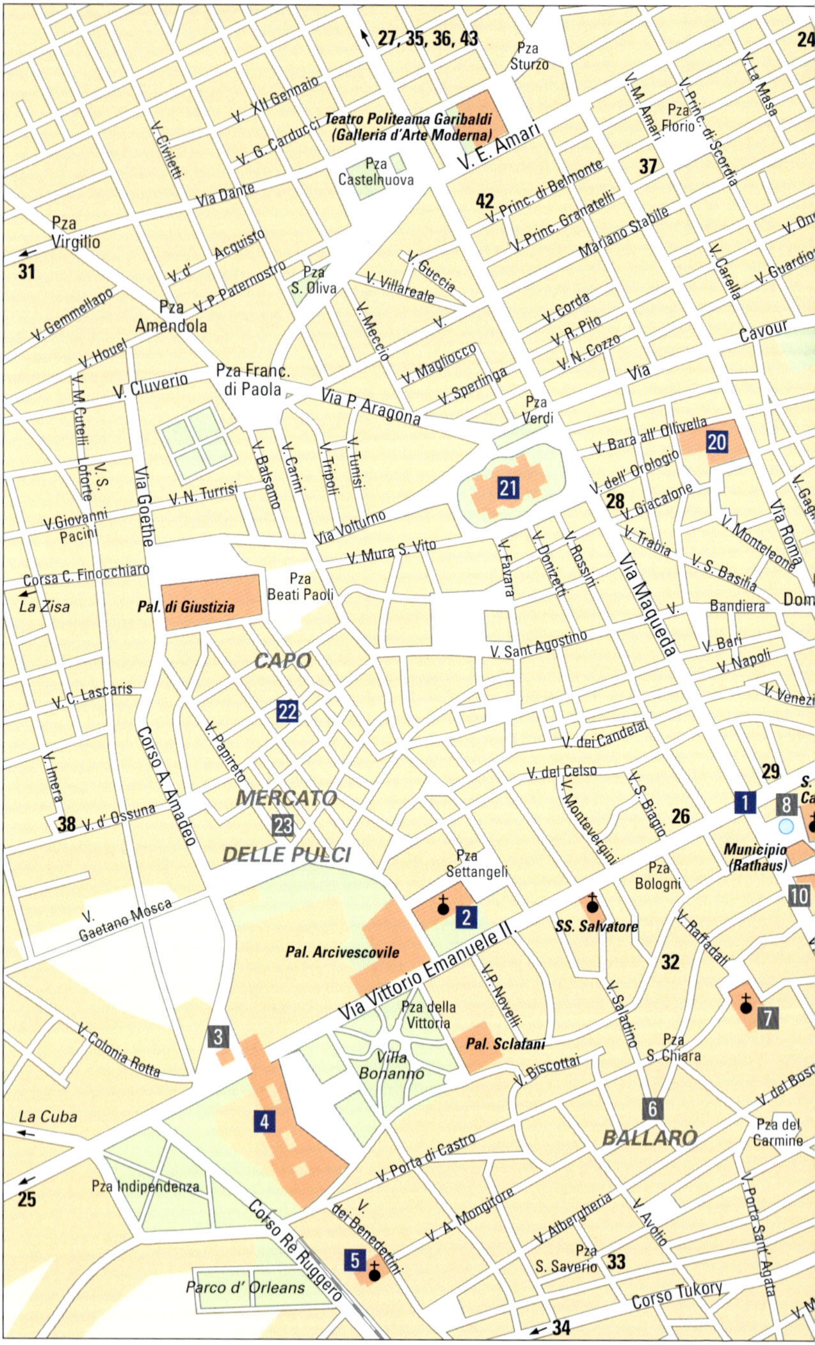
27, 35, 36, 43
Pza Sturzo
24
V. XII Gennaio
Teatro Politeama Garibaldi (Galleria d'Arte Moderna)
V. G. Carducci
V. Civiletti
Pza Castelnuova
V. E. Amari
V. M. Amari
Pza Florio
V. Princ. di Scordia
V. La Masa
37
42
V. Princ. di Belmonte
V. Princ. Granatelli
Mariano Stabile
Via Dante
Pza Virgilio
31
V. d' Acquisto
V. P. Paternostro
Pza S. Oliva
V. Guccia
V. Villareale
V. Carella
V. Guardione
Pza Amendola
V. Gemmellaro
V. Meccio
V. Corda
V. R. Pilo
V. N. Cozzo
V. Magliocco
Cavour
Via
V. Houel
V. Cluverio
Pza Franc. di Paola
Via P. Aragona
V. Sperlinga
Pza Verdi
V. M. Cutelli
V. S. Loforte
Via Goethe
V. Balsamo
V. Carini
V. Tripoli
V. Tunisi
V. Bara all' Ollivella
20
V. dell' Orologio
21
28
V. Giacalone
V. Trabia
V. N. Turrisi
V. Giovanni Pacini
Via Volturno
V. Mura S. Vito
V. Favara
V. Donizetti
V. Rossini
Via Maqueda
V. Monteleone
Via Roma
V. S. Basilio
Corsa C. Finocchiaro
La Zisa
Pal. di Giustizia
Pza Beati Paoli
V. Bandiera
Dom
V. Sant Agostino
V. Bari
V. Napoli
V. Venezia
CAPO
V. C. Lascaris
22
Corso A. Amadeo
V. Papireto
V. dei Candelai
V. del Celso
V. Imera
MERCATO
DELLE PULCI
23
38
V. d' Ossuna
V. Montevergini
V. S. Biagio
26
29
1
8
Municipio (Rathaus)
10
Pza Settangeli
Pza Bologni
2
SS. Salvatore
V. Gaetano Mosca
Pal. Arcivescovile
Via Vittorio Emanuele II.
V. Raffadali
32
V. P. Novelli
V. Saladino
Pza della Vittoria
7
3
Pal. Sclafani
Pza S. Chiara
V. Colonia Rotta
Villa Bonanno
V. Biscottai
V. del Bosco
4
6
La Cuba
BALLARÒ
Pza del Carmine
V. Porta di Castro
Pza Indipendenza
V. Porta Sant' Agata
25
V. dei Benedettini
V. A. Mongitore
V. Albergheria
V. Avolio
Corso Re Ruggero
5
Pza S. Saverio
33
Parco d' Orleans
Corso Tukory
34

0
300 m
N
Porto
Molo Sud
V. Sammuzzo
V. del Mare
Pza
II Vittime
V. Patti
V. dei Barilai
La Cala
Porta Felice
S. Maria
della Catena
Pza S.
Spirito
Via Cala
VUCCIRIA
Museo della
Marionette
(Teatro dei Pupi)
V. Cassari
17
40
Via Vittorio Emanuele II.
V. Butera
Pza
Garafello
Pza
Marina
15
Foro Italico
V. Bottai
11
12
V. Merlo
Pza Cassa
Risparmio
41
V. Torremuzza
14
Pza Kalsa
V. Lugarini
Pza
S. Francesco
V. Alloro
V. della Vetreria
V. P. Paternostro
V. Alloro
39
V. Spasimo
V. Cervello
Via Ponte di Mare
V. Scavuzzo
Pza
Magione
13
V. del Pallone
Pza Rivoluzione
Pal.
Aiutamicristo
Chiesa della
Magione
Villa Giulia
Via Roma
V. Garibaldi
Via Lincoln
V.
Monte Santo
V. Divisi
30
V. Gorizia
V. Milano
Botanischer Garten
(Orto Botanico)
V. Rosalia
Via Lincoln
V. Torino
V. Trieste
V. A. Ugo
V. Archirafi
Maqueda
Pza
G. Cesare
V. Balsamo
Corso dei Mille
Stazione
Centrale
Via Oreto

ellen Namen der schnurgerade zum Meer führenden Via Vittorio Emanuele: Der *Cassaro* war bereits in der Araberzeit die direkte Verbindung des alten Hafens – *Cala* – mit dem Regierungssitz. Von Ferne glänzt richtungsweisend das Pyramidendach der *Porta Nuova*, ein zu Ehren Karls V. erbautes Prunktor. Das Standbild des spanischen Habsburgers kommt schon nach wenigen Schritten auf der linken Seite in Sicht: Mit ausgestrecktem Arm grüßt der Monarch von der Piazza Bologni oder, wie die Palermitaner spöttisch sagen, er zeigt bloß, wie hoch der Schmutz in der Stadt liegt.

Die aus dem Jahr 1185 stammende und mehrmals mit nicht eben glücklicher Hand umgestaltete **Kathedrale** 2 wurde von den Normannen an der Stelle des geistigen Zentrums der Mohammedaner errichtet. Nur ein einziger Stein der Moschee, der islamischen Universität und der Bibliotheken blieb erhalten: Ganz links ist auf einer Säule der gotischen Vorhalle ein Vers aus der siebenten Sure des Korans in arabischen Schriftzeichen zu lesen: »Euer Gott hat den Tag geschaffen, dem die Nacht folgt, und der Mond und die Sterne sind dem Werk beigefügt nach seinem Be-

Die Kathedrale von Palermo – ein Schmelztiegel der Epochen und Kulturen

fehl. Ist nicht sein die Schöpfung und nicht sein die Herrschaft? Gelobt sei Gott, der Herr der Jahrhunderte.« Glaubenssätze aus dem Islam an der Pforte einer christlichen Kirche! Wie passend, dass in diesem Ambiente der deutsche Kaiser Friedrich II., der wie kein anderer die Welt des Orients verstanden und geliebt hat, seine letzte Ruhestätte fand.

Wer sich im Kircheninneren, das in dem kühlen, wenig einnehmenden Stil des Klassizismus gehalten ist, nach links zum stets geschlossenen Hauptportal wendet, stößt auf die Doppelkapelle mit den kaiserlichen und königlichen Gräbern: Unter mosaikverzierten Baldachinen sind in der hinteren Reihe Roger II. und seine jüngste Tochter Konstanze bestattet, ihr Ehemann Heinrich IV. und ihr Sohn Friedrich II. ruhen in prachtvollen Porphyrsarkophagen unmittelbar davor. Wie seine Mutter hieß auch Friedrichs erste, fast drei Jahrzehnte vor ihm gestorbene Frau. Konstanze von Aragon liegt in einem antiken, in die Wand eingelassenen Sarkophag, der in lateinischer Sprache die berührende Inschrift trägt: »Siziliens Königin war ich, Konstantia, des Kaisers Gemahlin. Nun ich hier wohne, bin ich, Friedrich, die deine.«

Die rechte Chorkapelle beherbergt den silbernen Reliquienschrein der hl. Rosalia, gleich daneben befindet sich der Eingang zum Domschatz und zur vorbildlich restaurierten Krypta. Eine hübsche Spielerei stellt auf dieser Kirchenseite ein in den Boden eingelassener so genannter Meridian dar, um den sich beidseitig Darstellungen der zwölf Tierkreiszeichen gruppieren. Durch eine kleine Lücke darüber fällt pünktlich um 12 Uhr mittags ein Sonnenstrahl auf das jeweils regierende Sternbild. Bei einer etwaigen Kontrolle, ob das tatsächlich stimmt, bitte die Sommerzeit beachten!

Ein dekorativer Palmengarten auf der nahen Piazza della Vittoria flankiert den Cassaro bis zur **Porta Nuova** 3, die auf ihrer stadtauswärts gerichteten Schauseite in vier riesigen Halbreliefs gefangene Nordafrikaner zeigt. Sie büßen symbolisch für ihre sarazenischen Brüder, die mit ihren Raubzügen jahrhundertelang das Mittelmeer unsicher gemacht hatten. Erst Karl V. gelang 1535 ein vernichtender Schlag gegen die Piraterie und die Befreiung von nicht weniger als 200 000 Christen aus der Sklaverei. Bei seiner Rückkehr aus Tunis machte der Habsburger Zwischenstation in Palermo, das sich später (1583) mit diesem Triumphtor bedankte. Den besten Blick auf das mit dem palermitanischen Adler geschmückte Majolikadach gibt der unmittelbar vor dem Ein-

Kreuzgang von San Giovanni degli Eremiti

gang zum **Normannenpalast** 4 (*Palazzo Reale*) liegende Parkplatz frei, doch dieser ist Regierungsmitgliedern vorbehalten und dementsprechend streng bewacht. Nach wie vor tagt nämlich das Parlament der autonomen Region Sizilien innerhalb der Mauern des normannischen Königspalastes, der sich auf der höchsten Stelle der Altstadt erhebt. Neuerdings ist sogar eine Besichtigung des Parlamentsaals möglich, auch die Sala del Re Ruggero, das »Zimmer Rogers«, ein zur Zeit Wilhelms I. um 1160 mit Jagd-Mosaiken geschmückter Raum unter einem Kreuzgewölbe, wird bisweilen wieder gezeigt.

Hauptanziehungspunkt aber ist und bleibt die **Cappella Palatina** (1132–1140), die Privatkapelle der Normannenkönige von wahrlich atemberaubender Schönheit. Statt einer detailierten Beschreibung der mit Goldmosaiken verkleideten Wände, deren biblische Motive relativ einfach zu entschlüsseln sind, ein Zitat des Kunsthistorikers Eckart Peterich, der wie kein anderer die unvergleichliche Atmosphäre dieses Ortes einzufangen verstand: »In der Cappella Palatina feiert der normannische Geist alle seine Entdeckungen, alles, womit ihn Italien beschenkt hat. Da sind die römischen Säulen, die cosmatesken Fußböden. Da ist das Gold von Byzanz. Da ist das hintergründige, ja abgründige Märchen der Stalaktitendecke, eine morgenländische Märchenhöhle, sich weitend zu einem goldenen Gotteshaus: Unheimliches, Heimliches, Heiliges. Die Geschichte erklärt uns diese üppige Mischung nur bis zu einem gewissen Grade, weil sie eine magische Mischung ist, ein Zaubertrank. Aus dem Verwunschenen der Tropfsteinhöhle rieselt er glitzernd über das Verwandelte und Verwandelnde der goldenen Schalen herab.«

Nur einen Steinwurf vom Königspalast entfernt liegt an der Via dei Benedettini die Benediktiner-Kirche **San Giovanni degli Eremiti** 5 mit ihren fünf roten Kuppeln. Grabungen brachten schichtenweise die Vergangenheit dieses seit urdenklichen Zeiten heiligen Ortes zu Tage: Auf den Fundamenten eines griechischen Hermes-Tempels stand eine frühchristliche Kirche, die ihrerseits einer Moschee weichen musste. Vom normannischen Klosterkomplex blieb außer dem kleinen Gotteshaus nur noch ein stimmungsvoller Kreuzgang mit unverkennbar arabischen Spitzbögen erhalten. In dieser Oase der Stille lebt noch einmal wie ein flüchtiger Traum die Erinnerung an das längst versunkene arabische Balerm auf, das die Eroberer aus dem Norden verzaubert hatte.

Der Kontrast könnte nicht größer sein, sobald das bunte Treiben des **Ballarò-Marktes** 6 rund um den unteren Abschnitt der Via Porta di Castro in Sicht- und Hörweite kommt. Längst hat dieses Viertel der berühmten Vucciria, einst Synonym für den Pulsschlag Palermos, den Rang abgelaufen. Was immer sich ein Besucher aus dem Norden unter pittoreskem Alltagsleben des Südens vorstellt, auf dem Ballarò wird er es im Übermaß finden. Allein schon die überquellenden Obst- und Gemüsestände bieten ein sinnliches Vergnügen: leuchtende Orangen, duftende Zitronen, dunkelgrüne Zucchini, violettrote Zwiebeln, verschlungene Knoblauchzöpfe, rote, grüne, gelbe Paprika, goldgelbe Melonen, saftige Trauben, frische Feigen, Pfirsiche, Aprikosen, Äpfel, Nüsse, Hülsenfrüchte, Pilze, schwarze und grüne Oliven. Daneben appetitlich arrangierte Fische aller Größen und Arten, Seeigel, Krabben, Schnecken, Austern, Muscheln, Langusten und Meerestiere, deren Namen man nicht einmal kennt. Halbe Lämmer hängen in gefliesten Ladengewölben, Rinderteile, Truthähne, Hühner, Kaninchen und Würste, dazu bieten die Auslagen Kutteln und andere Innereien.

Die Mosaiken der Cappella Palatina zählen zu den schönsten der Welt.

Stundenlang könnte man die unglaubliche Vielfalt des nach Jahreszeiten variierenden Angebots aufzählen. Liebevoll wird hier frisches Eis auf leicht verderbliche Waren gehäuft, sorgfältig dort eine Pyramide aus schwarzen Miesmuscheln aufgeschichtet. Sonnendächer aus Stoff überspannen die engen Gässchen fast zur Gänze, grelle Glühbirnen unter metallenen Schirmen lassen Fischschuppen aufblitzen und die dunklen Leiber der mächtigen Schwert- und Thunfische mit ihren roten, runden Schnittflächen glänzen.

Eine Atmosphäre zum Anfassen und Schmecken wie in einem orientalischen Basar. Heisere und dennoch laute Stimmen versuchen einander zu übertönen, dazwischen dröhnt es ohrenbetäubend aus den Lautsprechern vorbeiziehender Karren mit Musikkassetten, Modeschmuck und allerlei Ramsch. Nicht nur Pop, Rock oder Techno ist zu hören, es gibt offenbar noch immer viele Opernliebhaber unter den Fischhändlern. Verdi, Puccini und Rossini führen die Hitparade der Geräuschkulisse an, bisweilen übertönt Belcantoschmelz sogar den allgegenwärtigen Krach. Überall wird gefeilscht, gestritten, gelacht und auch geflucht, den Dutzenden und Aberdutzenden Konterfeis der beliebtesten Heiligen zum Trotz, die gemeinsam mit der Madonna milde lächelnd über das lustvolle Chaos wachen. Ohne die Muttergottes und ihre Adjudanten geht auch hier nichts, selbst im kleinsten Marktstand hängen von winzigen Lämpchen beleuchtete, geschmückte Heiligenbilder neben verstaubten Plastikblumen. Eigentlich eine Schande, denn auf dem buckeligen Pflaster davor warten in Eimern und Töpfen echte Gladiolen, Margeriten und Rosen in farbenprächtigem Kunterbunt auf Käufer und mischen ihre Düfte mit jenen der würzigen Käselaibe und aromatischen Kräuterbündel.

In diesem Ambiente wuchs im 17. Jh. ein gewisser Giuseppe Balsamo auf, der es als Hochstapler weit bringen sollte. Unter dem Namen *Alessandro Graf von Cagliostro* (1743–1795) reüssierte er als Magier und Wunderheiler an den Fürstenhöfen Europas. Erst der Papst beendete die Karriere des Palermitaners, der Freimaurerei angeklagt, endete das abenteuerliche Leben einer der schillerndsten Persönlichkeiten seiner Zeit im Gefängnis. Die **Casa Caglistro**, von Goethe in seiner »Italienischen Reise« 1787 detailliert beschrieben, ist dank der guten Ausschilderung unschwer zu finden.

Mit mittlerweile feuchten Schuhen bahne man sich durch Gemüse- und Fischabfälle, die ab und zu mit einem Schwall Wasser zur Seite gespült werden, den Weg zur Piazza di Casa Professa mit der **Jesuitenkirche Gesù** 7, auch Chiesa Casa di Professa genannt (16. Jahrhundert, im 17. erweitert). Das vergleichsweise schlichte Äußere lässt die überwältigende barocke Pracht des über und über mit Marmorintarsien geschmückten Innenraumes nicht einmal erahnen. Im dazugehörigen Jesuitenhaus ist die Städtische Bibliothek untergebracht.

2. Spaziergang

Quattro Canti – Fontana Pretoria – Kirche La Martorana – Kirche San Cataldo – Piazza San Francesco – Lo Spasimo (Kulturzentrum) – Palazzo Abatellis (Museum) – Piazza Marina

Auch Städte begehen ihre Modetorheiten. Weil sich im 16. Jahrhundert jede größere Metropole mit Brunnen schmückte, wollte auch Palermo mitziehen. Als Okkasion bot sich ein ursprünglich für einen Schlosspark in Florenz gedachtes Objekt an. Der Auftraggeber war noch vor der Aufstellung gestorben, die Erben suchten einen Käufer, und so gelangte der manieristische Brunnen 1573 auf die eigens dafür eingeebnete Piazza Pretoria

Fontana Pretoria – nicht unbedingt ein Kunstwerk ersten Ranges, dafür eine Kuriosität

vor dem Senatorenpalast (Palazzo Senatorio, 15. Jh.), dem heutigen Rathaus der sizilianischen Hauptstadt. Über Geschmack lässt sich streiten, doch ein Meisterwerk stellt die **Fontana Pretoria** 8 mit ihren recht plump gearbeiteten Flussgöttern und Nymphen keinesfalls dar, dafür aber ein Kuriosum. Während der Inquisition schlugen die Spanier nicht nur Ehebrechern die Nasen ab, auch die steinernen Sünder mussten in ihrer schamlosen Nacktheit daran glauben, wobei auch ihre tieferen Körperregionen nicht verschont wurden. Erst das 20. Jahrhundert gab den Skulpturen ihre abgehackten Zierden wieder zurück – bei näherer Betrachtung sieht man noch deutlich die Bruchstellen. Niemand stößt sich heute mehr an dem jüngst gründlich renovierten Brunnen, nur der volkstümliche Name *Piazza Vergogna* – »Platz der Schande« – blieb und erinnert an das einstmals so keusche und gottesfürchtige Palermo.

Gleich der nächste Platz hinter dem Rathaus macht diesem Ruf alle Ehre. Gleich zwei Normannenkirchen erheben sich über der im 19. Jh. auf das heutige Niveau eingeebneten Piazza Bellini. Georg von Antiochien, Großadmiral Rogers II. und nach dem damaligen Amtsverständnis dieses Titels der zweite Mann im Staat, erteilte 1143 den Auftrag zum Bau seiner Privatkirche: Dass die **Chiesa S. Maria dell'Ammiraglio** 9 – die »Admiralskirche« – vorwiegend **La Martorana** genannt wird, ist auf das im 15. Jahrhundert angebaute, heute nicht mehr existierende Martorana-Kloster zurückzuführen. Barocke An- und Umbauten folgten, doch selbst diese Eingriffe konnten dem normannischen Architektur-Juwel seine Schönheit nicht rauben.

Ein glanzvolleres Sinnbild einer Epoche, in der Rassen und Religionen friedlich nebeneinander leben durften, ist wohl nicht denkbar. In dieser Kirche der Christenheit trägt eine Säule die In-

La Martorana: normannisches Architektur-Juwel mit Mosaiken wie aus 1001 Nacht

schrift mit dem islamischen Glaubensbekenntnis: »Es gibt nur einen Gott, und das ist Allah!« Die Madonna wiederum hält ein Blatt mit griechischen Lettern in Händen, an der Decke ist ein Kindergebet aus Griechenland – in Arabisch – zu lesen, kufische Lettern finden sich auf dem Holzrand rund um die Engeldarstellungen. Und unter den herrlichen Goldmosaiken, die jenen in der Cappella Palatina um nichts nachstehen, wird die Messe nach griechisch-katholischem Ritus gefeiert.

Nur wenige Jahre später errichtete Majo von Bari, Großadmiral des Thronerben Wilhelm I., die **Chiesa S. Cataldo** 10. Wieder sind es rosarote Halbkuppeln, die schon von weitem den Einfluss arabischer Baumeister verraten. Im dreischiffigen, kahl gebliebenen Inneren besticht Architektur pur. 1161 wurde die Kirche erstmals schriftlich erwähnt, heute gehört sie dem Orden der Ritter des hl. Grabes.

Richtung Meer lautet nun die Devise, und zwar am besten durch die volkstümlichen Gassen eines Stadtteils, in dem sich immer wieder die Fassaden barocker Adelspaläste erheben. Nach Überquerung der parallel zur Via Maqueda verlaufenden Via Roma stößt man irgendwann auf die Via Alloro. Linker Hand lohnt ein Abstecher durch die Via A. Paternostro zur **Piazza San Francesco**. Die gotische **Chiesa San Francesco di Assisi** 11 (1255–1277) mit ihrer anmutigen Rosette und dem großzügigen Innenraum ist – nach schweren Bombenschäden von 1943 – ein Beispiel vorbildlicher Restaurierung. Gleich daneben befindet sich das im 17. Jahrhundert mit reichen Stuckdekorationen ausgestattete **Oratorio di San Lorenzo** 12, gegenüber verdient auch die Antica Focacceria S. Francesco mehr als einen flüchtigen Blick. Das vorzugsweise von Studenten frequentierte Lokal mit einer preiswerten Auswahl an kleinen, typischen Gerichten bewahrte sich sein lupenreines Jugenstil-Ambiente bis ins kleinste Detail. In Gesellschaft junger Leute speist man auch in der Via Alloro im Schatten alter Palmen in der »Trattoria Stella« im ehemaligen Hotel Patria – vor kurzem noch eine Ruine, heute ein Studentenwohnheim.

Niemand sollte sich nun von dem nicht eben Vertrauen erweckend wirkenden Winkelwerk rund um die Piazza Magione abschrecken lassen, in das man bei der Via della Vetreria eintaucht. **Lo Spasimo** 13 – wörtlich »die Qual« – heißt das Ziel inmitten eines schäbigen Viertels, seit der Araberzeit Kalsa genannt. Ausgerechnet jene Gemäuer, in denen jahrhundertelang Obdachlose und Sterbende, Pestkranke und Syphilitiker eine letzte Zuflucht fanden, beherbergen heute die schönen Künste. Bis zum Zweiten Weltkrieg diente das aus dem 16. Jahrhundert stammende Kloster *Santa Maria dello Spasimo* als Krankenhaus für die Ärmsten der Armen – und nach dem Bombenhagel als Müllkippe. Seit 1995 sprießt buchstäblich neues Leben aus den Ruinen. Obwohl ihres Daches beraubt, eignet sich die ehemalige Kirche mit ihrer erstaunlichen Akustik vorzüglich für Opern- und Konzertaufführungen. Der Klostergarten ist heute eine liebevoll bepflanzte Oase der Stille, im einstigen Spital zeigen Künstler ihre Werke, in kleinen Studios üben sich Musikstudenten in Klassik, Jazz und Pop. »Das Wunder der Kalsa« tauften die Medien italienweit das täglich bis Mitternacht geöffnete Kulturzentrum *Lo Spasimo* – zu Recht.

Wieder zurück in der Via Alloro findet sich auf Nr. 4 der spätgotische **Palazzo Abatellis** 14 (1490–1495), Sitz der **Sizilianischen Regionalgalerie** (*Galleria Regionale della Sicilia*). Für die hier ausgestellten Werke – hauptsächlich Malereien und Plastiken des 14.–16. Jahrhunderts – reichen Superlative wahrlich kaum aus. Zu den berühmtesten Exponaten gehören der »Triumph des Todes«, das erschütternde Fresko eines unbekannten Künstlers aus dem Jahr 1495, sowie die Verkündigungs-Madonna von Antonello da Messina (1473), ein kleines Madonnenbild von unglaublicher Ausdruckskraft und schlichter Schönheit.

Nur wenige Schritte sind es durch die Via del IV. Aprile bis zu der Parkanlage **Giardino Garibaldi**. Wo heute die wohl größten, im Umfang zehn und mehr Meter dicken Gummibäume Europas mit ihren unzähligen Luftwurzeln wachsen, enthauptete 1392 die Inquisition den letzten Spross der Familie Chiaramonte, der gotische **Palazzo Chiaramonte** 15 – im Volksmund nach dem lateinischen Wort *hosterium* (»Gastfreundschaft«) **Lo Steri** genannt – wurde danach zum Hauptsitz der Ketzerverfolger. Düsteren Gedanken hängt hier aber heute keiner mehr nach, vor allem abends sind die ausgezeichneten Trattorien rund um die Piazza Marina ein beliebter Treffpunkt der Palermitaner.

3. Spaziergang

Quattro Canti – Vucciria – Oratorio del Rosario – Archäologisches Museum – Teatro Massimo – Capo-Markt – Mercato delle Pulci (Flohmarkt)

Renato Guttuso (1911–1987), Siziliens einziger bedeutender Maler der Moderne, verewigte sie in einem hinreißenden Bild, das übrigens abseits dieses Spaziergangs im eleganten **Palazzo Comitini** 16, dem Sitz der Provinzverwaltung, in der Via Maqueda zu sehen ist (Nr. 100, keine Ausstellung, aber jetzt öffentlich zugänglich): Die **Vucciria** 17, Palermos bekanntester Straßenmarkt, der leider nahezu alles von seiner vielgerühmten Atmosphäre eingebüßt hat. Schon längst kaufen die Einheimischen ihre frischen Lebensmittel nicht mehr in dem Gassengewirr zwischen der Via Vittorio Emanuele und der Via Roma, dort sche Stück in den Schaufenstern der kleinen Läden. Als unvermutetes Juwel aber entpuppt sich das **Oratorium der Rosenkranzbruderschaft** 18 (*Oratorio del Rosario*, Via dei Bambinai 2). Giacomo Serpotta (1656–1732), der beste Stukkateur seiner Zeit, hat den kleinen, einschiffigen Saal aus dem 16. Jahrhun-

Jahrhundertelang galten die Fleisch- und Wurstwaren der Vucciria als die besten der Stadt.

sind nämlich heute mehr nordafrikanische Händler mit Waren aller Art als gute Fleischer zu finden. Dabei galt das Viertel rund um die Piazza Garrafello jahrhundertelang als die Gegend mit den besten Metzgern, schließlich waren sie ja die »Paten« dieses Stadtteils: *Vucciria* ist über die Zwischenform *Bocceria* nichts anderes als die sizilianische Version des französischen Wortes *Boucherie* – Fleischerladen.

Nach wie vor ihrem Namen gerecht aber wird die Via Argenteria, vor allem am Ende der »Straße des Silberschmucks« findet sich so manches hübdert auf das Liebenswerteste ausgestattet. Das Altarbild stammt von Anton van Dyck (1628). Als eines der schönsten Beispiele des Palermitaner Barock gilt die **Ordenskirche S. Domenico** 19 (1640) an der gleichnamigen Piazza, die sich zur Via Roma öffnet.

Bei der Kreuzung mit der Via Barra all'Olivella biegt man nach links ab und steht wenige Schritte weiter vor dem **Archäologischen Museum** 20 (*Museo Archeologico Regionale*). Der Klosterbau aus dem 16. Jahrhundert beherbergt unglaubliche Kostbarkeiten wie die wundervollen Metopen der Tempel von Selinunt (6./5.Jh.v.Chr.) oder den »Syrakusanischen Bronzewidder« (4. Jh. v. Chr.). Neues Leben erfüllt die kleinen Gassen, die vom Museum schnurgerade zur Via Maqueda führen: Hier gewährt ein Kunstschreiner den Vorübergehenden Einblick in seine Werkstatt, gleich daneben werden hübsche Keramikarbeiten mit der Hand bemalt, aus jeder Bar duftet es verführerisch nach Kaffee und frischen Brioche, doch vorerst steht ein Besuch des **Teatro Massimo** 21 auf dem Programm.

Majestätisch thront Palermos Opernhaus über einer großzügigen Freitreppe, die zu erklimmen sich auch dann lohnt, wenn man an keiner Führung teilnehmen möchte. Bereits das Foyer vermittelt einen Eindruck von der Eleganz des Gebäudes, das von Giovanni Battista Basile 1875 im historistischen Stil entworfen und von dessen Sohn Ernesto Basile, dem großen Meister des Jugendstils, 1897 fertig gestellt wurde. Das Teatro Massimo bietet 1320 Besuchern Platz, und als noch Größen wie Enrico Caruso oder Maria Callas hier sangen, zählte es neben der Wiener Staatsoper und der Mailänder Scala zu den Spitzenhäusern Europas. Mit dem Glanz von einst kann die 1997 mit dem Gefangenenchor aus Verdis »Nabucco« wieder eröffnete Oper zwar noch nicht aufwarten, dafür gibt es Karten zu erschwinglichen Preisen - und auch der Spielplan kann sich mittlerweile durchaus sehen lassen.

Von der Piazza Verdi an ändert die Via Maqueda ihren Namen in Via Ruggiero Settimo, ab der Piazza Castelnuovo, dem pulsierenden Herzen der Innenstadt, heißt sie dann Via della Libertà. Wem der Sinn nach einem Einkaufsbummel in exquisiten Boutiquen steht, ist ebenso an der richtigen Adresse wie jene, die in ausgesuchten Gourmet-Tempeln aufs Feinste speisen möchten. Im Gegensatz zur historischen Altstadt ist hier die Vergangenheit noch jung, erst nach der Einigung Italiens im Jahr 1860 entstand in Euphorie und Zukunftshoffnung die »Straße der Freiheit« (Libertà). Zwar mussten viele der prachtvollen Jugendstilvillen modernen Hochhäusern weichen, doch noch immer lässt dieses Viertel von Palermo erahnen, was die sizilianische Metropole an der Wende zum 20. Jahrhundert war: Eine der elegantesten, lebenswertesten Großstädte Europas.

Noch aber harrt ein beträchtlicher Teil des uralten Stadtkerns der Erkundung. Von der Hinterseite des Teatro Massimo erstreckt sich die schattige Via Mura S. Vito, in der Nordafrikaner und Asiaten allerlei Krimskrams auf dem Straßenpflaster feilbieten. Wo das Treiben immer lebhafter wird, markiert linker Hand ein Stadttor, die *Porta Carini*, den Beginn des **Capo-Marktes** 22**,** der an Atmosphäre und Vitalität dem Ballarò-Viertel um nichts nachsteht. Wie verwirrend das Winkelwerk auch sein mag, man kann sich ruhig mit dem Menschenstrom treiben lassen und wird mit ein wenig Glück sogar etwas ganz Besonderes entdecken: Wie eine Orchidee auf einem Misthaufen, nicht anders wirkt ein bezauberndes Jugendstil-Mosaik inmitten verfallender Bausubstanz. Kein Geringerer als Ernesto Basile (1857–1932), dem Palermo seine prachtvollsten Jugendstil-Villen wie die zum Fünf-Sterne-Hotel umgestaltete *Villa Igiea* verdankt, schuf diese anmutige Frauengestalt an einer Bäckereifassade.

Allmählich, aber stetig geht es abwärts, was sich aus der topographischen Stadtgeschichte erklären lässt. Im 8. Jahrhundert lag die phönizische Ansiedlung – das heutige Gebiet rund um Kathedrale und Normannenpalast –

Rosalias direkter Draht zum Himmel

Ob einer zum Spitzbuben wird oder sein Leben lang ein ehrlicher Mann bleibt, das ist Schicksal, Zwischentöne existieren nicht, und Gelegenheitsdiebe, die ab und zu einmal etwas mitgehen lassen, muss man mit der Lupe suchen. Himmel oder Hölle – extrem wie das Land selbst ist, denken auch die Menschen. Ein Fegefeuer mag es für andere geben, sicherlich aber nicht für Sizilianer. Ob Sünder oder Heiliger schon auf Erden – von ihrer Überzeugung, in jedem Fall über eine Freifahrt zur ewigen Glückseligkeit verhandeln zu können, wird sie niemand abbringen. An Fürsprechern mangelt es wahrlich nicht. Zu ihnen pflegt man ein sehr persönliches Verhältnis, damit ja nichts schief gehen kann, falls die Madonna selbst für Interventionen vor Gottes Thron gerade dann keine Zeit hat, wenn es einmal so weit kommt, dort erscheinen zu müssen.

Palermos Schutzpatronin Rosalia gehört zu jenen typischen Inselheiligen, die für alle Anliegen zuständig sind. Über ihr Leben weiß man kaum etwas, wohl aber über ihren heißen Draht zum Himmel. Als Vierzehnjährige hatte sich die Nichte des Normannenkönigs Wilhelm II. in eine Einsiedelei zurückgezogen, in der sie jung und von der Welt vergessen um 1170 starb. Vermutlich hätte niemals mehr jemand ihrer gedacht, wäre sie nicht während der furchtbaren Pestepidemie von 1624 einem Fischer im Traum erschienen. Ihm befahl Rosalia, ihre Gebeine zu suchen und diese in einer Bittprozession zum Meer zu tragen. Mehr als 450 Jahre nach dem Tod des Mädchens fand man tatsächlich in einer Grotte des Vorgebirges der Conca d'Oro seine sterblichen Überreste. Nachdem die Palermitaner getan, wie ihnen geheißen, erlosch die Seuche.

Seitdem vergeht kein 15. Juli ohne einen pompösen Gedenkzug für die unerwartete Errettung der Stadt. Sogar die Porta Felice, das barocke Prunktor zum Hafen, durften die Baumeister nicht wie vorgesehen mit einem Bogen zur Gänze überspannen, damit der turmhohe Wagen mit der Statue der Heiligen an ihrem Feiertag ungehindert durchfahren kann. Heute bleiben die Reliquien im Dom, und zwar in einem Silbersarg, der nur während U fistinu vom 11. bis zum 15. Juli enthüllt wird. Doch die Begeisterung der Bewohner Palermos für ihre Rosalia explodiert alljährlich wie eh und je in einem mitreißenden Straßenfest.

Am 4. September erwidert man den Besuch der kleinen Normannin und pilgert mit Autos, Motorrädern und Mopeds, aber auch demütig zu Fuß durch schattige Pinienwälder hinauf zur Grotte im karstigen Felsgestein des **Monte Pellegrino** 6, des Pilgerbergs, wie er seit dem 17. Jahrhundert genannt wird.

Für Rosalia hat man sich noch nie lumpen lassen, und so empfängt sie ihre Gäste mit all dem Reichtum, der ihr im Leben nichts bedeutet hatte. Von funkelndem Geschmeide umgeben, ruht der marmorne lebensgroße Mädchenkörper, gehüllt in einen kostbaren Mantel aus Goldbrokat, in einem gläsernen Schrein. Bittsteller häufen darin ganze Berge von Ringen, Amuletten, Broschen und Ohrgehängen an. Bevor von der Heiligen selbst gar nichts mehr zu sehen ist, entfernen die Mönche des Benediktinerklosters die Votivgaben und verwahren die Schätze. In bleiernen Rinnen sammeln die Klosterbrüder auch das unentwegt von den Felsen tropfende Wasser, dem natürlich wundertätige Wirkung zugeschrieben wird. Eine Tafel in amüsantem Deutsch erinnert an Johann Wolfgang von Goethe, dem das »schöne Frauenzimmer« auf recht weltliche Weise gut gefallen hat.

Schüchtern kniet eine alte Frau vor dem juwelenglitzernden Glassarg. Wenig später beugt die nach Bauernart gekleidete Pilgerin einige Schritte entfernt erneut ihr Haupt. Vor dem billigen Standbild Rosalias in der Vorhalle kommen Gebete leichter über die Lippen. Ihr mildes, ein wenig ziegengesichtiges Antlitz strahlt im Schein Dutzender flackernder Kerzenlichter Zutrauen und Verständnis aus. Mit solch einer Heiligen – mögen andere sie ruhig kitschig nennen – kann man reden. Ihr darf man gipserne Nachbildungen geheilter Arme und Beine bringen, Briefe schreiben oder ganz alltägliche Gegenstände von bloß persönlichem Wert zu Füßen legen. Sie nimmt die Sorgen der Menschen entgegen, nicht das Gold.

Der Rundblick vom Monte Pellegrino ist eine einzige Versuchung, selbst zum Eremiten zu werden. In der Ferne blitzt die Vulkaninsel Ústica auf, schimmernd breitet sich Palermo im satten Grün der Ebene aus, zart zeichnen sich die Konturen von Cefalù und bei klarem Wetter selbst die Bergketten von Tíndari ab, tief unten liegt wie ein dunkler Spiegel das schwarzblaue Wasser des Mare Tirreno.

»Ein weißer Glanz ruht über Land und Meer, und duftend schwebt der Äther ohne Wolken«, so sagte es Goethe.

Rosalia hat für die Sorgen der Kleinen Leute immer ein Ohr.

noch auf einer von zwei Flussmündungen und Fjorden begrenzten Halbinsel. Deshalb fällt das Gelände zu beiden Seiten des Cassaro ab – und die am tiefsten liegenden Viertel Ballarò und Capo befinden sich auf dem einstigen Meeresboden. Entsprechend bergauf führt der Weg am Ende des Marktes zur Rückseite der Kathedrale, wo sich noch am deutlichsten der romanische Baukörper in normannisch-sizilianischem Stil erkennen lässt. Auch ist aus dieser Perspektive die gänzlich unpassende klassizistische Kuppel nicht zu sehen, die im 18. Jh. dem ausgewogenen Bau sinnloserweise aufgepfropft wurde.

Jenseits der Via Matteo Bonello gelangt man zum **Mercato delle Pulci** 23, einem ständigen Flohmarkt, auf dem nur wirkliche Kenner der Materie Antiquitäten erstehen sollten. Angesichts der auf gotisch getrimmten Madonnen und pseudobarocken Kommoden lästern die Palermitaner, dass es hier nichts gibt, was es nicht gibt: Sogar Kruzifixe aus dem 3. Jahrhundert vor Chr. verkaufe man, wenn japanische Touristen es gerne etwas älter hätten. Mag das auch ein wenig übertrieben sein, vor Fälschungen wird an dieser Stelle jedenfalls gewarnt.

Weitere Sehenswürdigkeiten

Karte: S. 261
Tipps & Adressen: La Zisa, La Cuba, Catacombe dei Cappuccini, Mondello s. Palermo, S. 352f., Monreale, S. 346f.

Als weitere Programmpunkte im Anschluss an den Normannenpalast beim 1. Spaziergang oder als Fortsetzung des 3. Spaziergangs bieten sich drei weitere Besichtigungen zu Fuß an: **La Zisa, La Cuba, Catacombe dei Cappuccini**. Für einen Besuch bei der hl. Rosalia auf dem noch zum Stadtgebiet zählenden **Monte Pellegrino** benötigt man ebenso ein Verkehrsmittel wie für die Fahrt nach **Monreale** und **Mondello**.

Lustschloss La Zisa

1 Welch ein Kontrast zu den mittelalterlichen Burgen und Schlössern des Nordens: Nicht in düsteren, kalten Gemäuern, sondern mit all der Pracht des Orients residierten die sizilianischen Normannenkönige des 12. Jahrhunderts. »Weiße Emire« hat man sie genannt, und wie treffend diese Bezeichnung ist, wird spätestens beim Anblick ihres Lustschlosses Zisa, dem einzigen noch zur Gänze erhaltenen ihrer Paläste, deutlich. Das arabische Wort *al-Aziz* – »die Strahlende« – stand Pate für das Lustschloss Wilhelms I., das allerdings erst in seinem Todesjahr 1166 nahezu vollendet war und von seinem Sohn Wilhelm II. als Sommerresidenz genutzt wurde.

In dem heute dicht verbauten Viertel lässt sich die umwerfende Wirkung des einst von einem paradiesischen Garten umgebenen Palastes mit der sich in einem Teich spiegelnden Fassade kaum noch vorstellen. Doch ist sie auch der Wassereffekte beraubt, so »strahlt« *La Zisa* nach wie vor einen einzigartigen Glanz wider: Nur arabische Architekten vermochten einen solchen Bau zu schaffen, in dem alles auf Kühle und Erfrischung der Sinne ausgerichtet war. Noch im 17. Jahrhundert funktionierte das raffinierte Kanalsystem, das im prachtvollen Brunnensaal für einen künstlichen Bachlauf sorgte. Aus der mit Jägern und Pfauen geschmückten Rückwand der *Sala della Fontana* ergoss sich das Wasser über eine schräge Fläche in den gesamten Raum, um anschließend

Umgebung von Palermo

im Fußboden zu verschwinden und erst im Garten wieder hervorzukommen. Unverkennbar ist der arabische Einfluss auch bei den von byzantinischen Künstlern geschaffenen Goldmosaiken, die stark beschädigten Fresken darunter legen Zeugnis davon ab, dass der Palast auch noch in der Barockzeit als Adelssitz diente.

Erst um 1900 gelangte die *Zisa* in den Besitz der Stadt, die sich aber nicht darum kümmerte. Im buchstäblich letzten Moment wurde der Bau nach fast einem Jahrhundert vor dem völligen Verfall bewahrt und so vorbildlich restauriert, dass sich die Bausubstanz aus dem Mittelalter deutlich von dem neuen Mauerwerk abhebt. Bemerkenswert gut erhalten sind die so genannten Muqarnas« Dekorationselemente in Deckennischen und Wölbungen, wie man sie sonst nur in Moscheen findet. Wendeltreppen führen in die beiden oberen Etagen, in denen ausgesuchte Fundstücke wie etwa ein viersprachiger (!) Grabstein aus dem 12. Jh. ausgestellt sind.

Lustschloss Cuba

2 Weniger gut ging die Zeit mit dem von Wilhelm II. um 1180 errichteten Schloss um, von dem noch Boccaccio in seinem »Decamerone« schwärmte. Kaum tausend Meter Luftlinie liegen zwischen Königspalast und *Cuba*, die sich heute neben der Kaserne Tuköry am verkehrsreichen Corso Calatafimi (Nr. 92), der landeinwärts gerichteten Fortsetzung des Corso Vittorio Emanuele, wiederfindet. Damals aber trennten Welten das königliche Lustschloss vom Regierungssitz. Inmitten von Wasserläufen und Teichen ließ der letzte Normannenkönig Siziliens seine Sommerresidenz auf einem künstlich geschaffenen Inselchen anlegen. Von all der Pracht, die jene der *Zisa* sogar noch übertroffen haben soll, blieb allerdings wenig erhalten. Bereits das 16. Jahrhundert nutzte das Schloss als Lazarett, dann nistete sich das Militär ein, bis den Soldaten buchstäblich das Dach über dem Kopf einstürzte.

Zwar reichen die schließlich doch noch restaurierten Überreste der einst von einer Kuppel gekrönten *Cuba* nicht einmal annähernd an die *Zisa* heran. Und trotzdem, es liegt ein seltsamer Zauber über dem vom Himmel bedeckten Schloss, denn selbst im Verfall erzählt es noch von jenem Märchen aus Tausendundeiner Nacht, das die Männer aus dem Norden einmal für eine kurze Weile träumen durften.

Kapuziner-Katakomben

3 Nur wenige Besucher der Via Cappuccini zieht es an das Grab von Giuseppe Tomasi di Lampedusa, der auf dem kleinen Friedhof neben dem Kapuzinerkloster begraben liegt. Wer hierher kommt, der möchte nicht dem Verfasser des großartigen Sizilien-Buches »Der Leopard« die Ehre erweisen, sondern das Gruseln lernen. Als wären sie Brüder des Zerberus, bewachen nicht besonders freundliche Mönche die Pforte zu einer ganz speziellen Unterwelt. Erst nach »freiwilliger« Entrichtung eines energisch eingeforderten Obolus erlauben sie den Eintritt zu den Katakomben des Kapuzinerklosters mitsamt seinen 8000 Mumien.

Vornehme Palermitaner gaben einander vom 17. bis zum 19. Jahrhundert in den endlosen Gängen der knochentrockenen Gewölbe ein makabres Stelldichein. Hätte der Staat den beliebten spanischen Totenbrauch nicht 1881 verboten, dann gäbe es vermutlich bis heute Kämpfe und Interventionen um einen attraktiven Platz fernab der Sonne. Eine Übertreibung? Keineswegs, denn noch im 20. Jahrhundert wurden Einzelgenehmigungen an Protegierte vergeben, die sich partout zu den hier versammelten Vertretern aus Klerus und Adel, zu den Priestern und Patriziern, Ärzten und Juristen gesellen wollten. 1920 machte man sogar eine Ausnahme für ein Kind, seither schläft die blondgelockte Rosalia mit unversehrten Gesichtszügen in den Kapuziner-Katakomben ihren ewigen Schlaf. Bewacht von Abertausenden entsprechend ihres Standes gekleideten Mumien, die – fein säuberlich nach Geschlecht und Berufsstand sortiert – in den Gängen Spalier stehen.

Viele fallen auch aus der Reihe und klammern sich mit skelettierten Fingern genhöhlen starren aus den zu einem lautlosen Schrei zurückgebogenen Köpfen, herabgerollte Totenschädel grinsen zwischen namenlosen Gebeinen hervor.

Die meisten Erkennungsmarken mit Namen und Daten sind schon lange verloren gegangen – so wie uns Heutigen das Verständnis für einen Bestattungsri-

Die Mumien in den Kapuziner-Katakomben bieten heute einen eher schauerlichen Anblick.

an Maschendrähte und Gitterstäbe, andere kippen mit ihren zu Lumpen verrotteten Gewändern schon fast aus ihren verstaubten Wandnischen oder vermorschten Särgen heraus. Schon längst gibt es keine Angehörigen mehr, die wie früher regelmäßig für neue Kleidung sorgen oder herabgesunkene Häupter liebevoll wieder aufrichten. Einst kam man hierher, um von Angesicht zu Angesicht Zwiesprache mit den Verstorbenen zu halten. Seitdem sich nur noch die Mönche um die Toten kümmern, umhüllt grobes Sackleinen die Gerippe, wenn Samt und Seide zerfallen sind. Leere Au-

tus, der unser aller Vergänglichkeit nicht verdrängt, sondern zum Bestandteil des Daseins macht. Bei allem anfänglichen Grauen steckt dennoch viel Tröstliches in dem hier zur Schau gestellten Versuch, den Tod lebendig zu machen. Man kann ihn spüren, sehen, begreifen und damit auf jene Weise materialisieren, wie es seit urdenklichen Zeiten im Mittelmeerraum der Brauch war. Dass es diesem Ort inzwischen an dem ihm gebührenden Rahmen mangelt, dass hässliche Neonröhren Schmutz und Verwahrlosung in den Gewölben überdeutlich machen, muss leider den Klos-

Jede einzelne der mosaikverzierten Säulen des Kreuzgangs von Monreale ist ein Kunstwerk höchsten Ranges.

terbrüdern vorgeworfen werden. Mag es auch löblich sein, die »Eintrittsspenden« für gute Werke an den Lebenden zu verwenden, so könnte bereits ein kleiner Teil davon den Toten ihre Würde zurückgeben.

Monreale

4 Zur Begrüßung hoher Gäste hängt man noch heute im Orient kostbare Teppiche aus den Fenstern. Nichts anderes machten die Baumeister des Doms von Monreale: Mit steinernen Einlegearbeiten zwischen einander überschneidenden Blendarkaden schmückten sie die weithin sichtbare Rückseite im Stil eines arabischen Teppichmusters. Statt der Vorderfront begrüßt die Apsis den Reisenden, der vom Zentrum Palermos lediglich 8 km bis zum »königlichen Berg« – *Mons reale* – zurücklegen muss.

Politisches Machtkalkül und nicht etwa übertriebene Frömmigkeit legten 1174 den Grundstein für einen der großartigsten Bauten des Mittelalters. Weil er den Einfluss von Walter of the Mill, dem ehrgeizigen Erzbischof von Palermo, eindämmen wollte, setzte Wilhelm II. dem Kirchenfürsten kurzerhand ein neues, gleichberechtigtes Bistum vor die Nase. Auf dem Monte Caputo wuchs innerhalb kürzester Zeit ein festungsartig angelegter Baukomplex empor, der nicht nur den Dom, sondern auch ein Kloster, einen Erzbischofspalast sowie eine Königsresidenz umfasste. Nach damaligem Verständnis aber musste es einen göttlichen Auftrag geben. So entstand die Legende, dass die Madonna höchstpersönlich dem Normannenherrscher im Traum erschienen war und nicht nur den Kirchenbau angeordnet, sondern auch gleich die Mittel – einen vergrabenen Schatz – dafür bereit gestellt hatte. Somit wusste der König, wo er zu graben hatte, und dank des vom Himmel gefallenen Goldes gingen die Arbeiten so zügig voran, dass die Kirche bereits 1182 vom Papst zum Erzbistum erhoben wurde.

Wilhelm der Gute, der nur 36-jährig bereits im Jahr 1189 starb und neben seinem Vater Wilhelm dem Bösen im

Dom von Monreale bestattet liegt, erlebte die Vollendung seines Werkes nicht mehr. Doch er sah noch den Großteil der insgesamt 6340 m² mit Gold unterlegten Mosaiken des Gotteshauses und auch den Kreuzgang mit seinen 228 Zwillingssäulen – und somit all das, was wir Heutigen noch bewundern können. Vom Benediktinerkloster selbst blieben lediglich einige Außenwände übrig, vom erzbischöflichen Palais und vom Königspalast nicht einmal das. Doch auch ohne diese Prachtbauten des 12. Jahrhunderts ist das kleine, etwa 25 000 Einwohner zählende Städtchen Monreale eine Schatzkammer des Mittelalters, wie es sie kein zweites Mal gibt.

Vor der Kulisse schroffer Kalkberge thront die Normannen-Kathedrale mit ihren zwei mächtigen Türmen hoch über der *Conca d'Oro*. Zwar musste das Gold der Früchte längst dem Grau der Wohnsilos weichen, der Glanz im Kircheninneren aber überdauerte die Jahrhunderte: Millionen bunter Steine fügen die wichtigsten Ereignisse des Alten und des

Adam und Eva – kostbarster Kapitellschmuck, wie man ihn in ganz Europa nur selten findet.

Neuen Testamentes zu einem goldenen Bilderbogen des Glaubens zusammen. Unter dem allgegenwärtigen Blick des Christus Pantokrator, der als richtender Gott den gesamten Raum in seinen Bann zieht, versammeln sich in der Hauptapsis Propheten, Kirchenväter und Heilige mit ernsten, gütigen Gesichtern zu einer Leibgarde des Herrn. Der jüngste von ihnen ist der grün gewandete Thomas Beckett: Es ist die früheste Darstellung des 1170 ermordeten und bereits drei Jahre später heilig gesprochenen Erzbischofs von Canterbury überhaupt. Die Seitenapsiden erzählen die Schicksale von Petrus und Paulus bis zu ihrem Märytrertod, und ziemlich versteckt findet sich auch die Leidensgeschichte Jesu. Entsprechend dem Ritus der Ostkirche wird Christus nämlich nicht in Erniedrigung und Leid gezeigt, nicht als Lamm Gottes, sondern als Herrscher über Himmel und Erde.

Grelle Sonnenstrahlen brechen sich zu mystischem Licht, und verwirrt, gleichsam entrückt, findet man sich auf dem mit Palmen geschmückten Domplatz mit seinem lauten, sorglosen Treiben wieder. Erst langsam kehrt die Realität zurück – und mit ihr die grenzenlose Bewunderung für jene Architekten und Mosaizisten, die mit diesem Bauwerk wahrlich nach den Sternen gegriffen hatten. Bei allem Respekt vor ihrer Frömmigkeit, sie müssen wahre Hexenmeister gewesen sein, bei jedem Detail wohl wissend um den Effekt. Spätestens beim Verlassen des Gotteshauses sollte man auch den großartigen Bronzetüren Beachtung schenken. Barisano von Trani schuf sie 1179 für das Nordportal, dem heutigen Eingang zur Kirche unter dem erst im 16. Jh. angefügten Portikus. Unter diesem Vorbau zeigen zwei Bronzeskulpturen die moderne Interpretation jenes Motivs, das als Mosaik über dem Königssitz in der Kathedrale und nochmals als Säulenkapitell im Klosterhof dargestellt ist: Wilhelm II. überreicht der Madonna das vollendete Gotteshaus.

Bedauerlicherweise verkleidete das 18. Jahrhundert die Hauptfassade ebenfalls mit einer Vorhalle. Deshalb verstecken sich die einst goldglänzenden Bronzetüren des Bonnanus von Pisa (1186) hinter einem schmiedeeisernen Tor, das sich nur zu besonderen Anlässen öffnet. Gleich daneben befindet sich der Eingang zu einem mittelalterlichen Klosterhof, wie es ihn auf der ganzen Welt kein zweites Mal gibt: Paarweise gruppieren sich insgesamt 228 mosaikgebänderte Marmorsäulen um einen quadratischen Kreuzgang. Ihre aus steinernen Akantusblättern emporwachsenden Kapitelle tragen mit Ornamentbändern verzierte Spitzbogen, wie sie der Islam lange vor der Gotik kannte. Unverkennbar stand ein orientalischer Palastgarten Pate für diesen Hof, in dem sich in einer Ecke ein ebenfalls im Quadrat angelegter Brunnen befindet.

Sizilianische, apulische, byzantinische, arabische und auch französische Steinmetze schufen innerhalb weniger Jahre dieses Wunderwerk der Romanik, in dem jede Säule, jedes Kapitell eine kleine Kostbarkeit für sich darstellt. Nicht vorgegebene Motive mussten die Künstler ausführen, jeder durfte frei seine eigenen Vorstellungen verwirklichen. Das Ergebnis sind die mitunter seltsamsten Kombinationen von Heidnischem und Heiligem, eine unglaubliche multikulturelle Mixtur, wie sie Rom nie wieder zulassen sollte. Nur im Königreich der Normannen war es möglich, in einem christlichen Kloster sogar den altiranischen Lichtgott Mithras mit turbangekröntem Haupt auf seinem Stier reiten zu lassen.

Mondello

5 Wenn die Luft über der Goldenen Muschel vor Hitze flimmert und die Schuhabsätze im Asphalt bereits Abdrücke hinterlassen, flüchtet ganz Palermo in das ehemalige Fischerdorf zu Füßen des **Monte Pellegrino** 6. Stets weht ein sanfter Wind von den Abhängen des 600 m hohen Hausbergs, den Goethe euphorisch das »schönste Vorgebirge der Welt« genannt hat. Erfrischung garantieren aber auch die Sandstrände des Seebades, das mit seinen Relikten aus der Bel Epoque ein wenig an den Lido von Venedig erinnert. Mediterranes Flair und verblichener Glanz verdichten sich zu einer wehmütig-heiteren Atmosphäre, doch auch hier sind die Zeichen der neuen Aufbruchstimmung nicht zu übersehen.

Ein frischer Anstrich hat der altehrwürdigen Badeanstalt ihr schmuckes Aussehen zurückgegeben, und an der Strandpromenade wetteifern gepflegte Restaurants und Trattorien um zahlungskräftige Gäste. Wer weniger ausgeben möchte, verköstigt sich an einer der Fischbuden, wo man frische Austern, Muscheln oder Langustenstückchen gleich im Stehen verspeist.

Von Palermo nach Cefalù

Karte: siehe unten
Tipps und Adressen: Baghería und Solus, siehe Palermo S. 354

Wer weiterhin auf Goethes Spuren wandeln möchte, macht auf seiner Fahrt nach Cefalù schon nach 15 km den ersten Seitensprung und zweigt bei der Autobahnabfahrt **Baghería** 1, der einstigen noblen Sommerresidenz des palermitanischen Adels ab. Die **Villa Butera** von 1658 ist die älteste, die **Villa Valguarnera** von 1721 die interessanteste und die **Villa Palagonia** von 1715 dank der herben Kritik des wortgewaltigen Dichters die berühmteste. »Palagonische Raserei« nannte dieser voll Abscheu die 62 Groteskfiguren, eine fürwahr recht seltsam anmutende Parade verschnörkelter Monster auf der Schlossmauer. Gegen die anmutige Architektur der Landvilla inmitten eines bezaubernden Barockgartens konnte nicht einmal Goethe etwas vorbringen, doch das Interieur überzeugte ihn erneut von der »Tollheit« und »geschmacklosen Denkart« des Fürsten von Palagonia. Von den Stühlen mit ungleich abgesägten Füßen und den in den Sitzflächen verborgenen Stacheln ist ebenso wenig übrig geblieben wie von »zerstückeltem Trödel«. Zu sehen sind seit der Restaurierung herrlich proportionierte, leere Räume und ein Teil des ehemaligen Parks, der wie die meisten Schlossgärten Bagherías in den 70er und 80er Jahren des 20. Jahrhunderts den Bauspekulationen der Beton-Mafia zum Opfer gefallen ist.

Wenn man nun schon vom rechten Weg abgekommen ist, dann sollten die nur 3 km entfernten Überreste des von Phöniziern gegründeten **Solus** (**Solunto**) 2 auf dem Monte Catalfano gleichfalls besichtigt werden. Eine weit ältere Ansiedlung lag in der Ebene, erst im 4. Jh. v. Chr. suchten die Bewohner Schutz auf dem Hochplateau und bauten entsprechend dem Zeitgeschmack im hellenistischen Stil. Eine Griechenstadt aber wurde aus Solus, in dem man weiterhin den phönizischen Göttern opferte, dennoch nie. Spektakuläres gibt es in der archäologischen Zone nicht zu besichtigen, vor allem bezaubert die Aussicht auf die Küste von Capo Zafferano bis Cefalù.

Von Palermo nach Cefalù

Richtig Reisen
Tipp

Auf den Spuren der »Targa Florio« durch die Madonien

Conte Alessandro Federico

Wahrscheinlich könnte er die Strecke mit geschlossenen Augen bewältigen, schließlich hat er sich jede Kurve, jede Unebenheit und jedes Schlagloch des Rundkurses seit vielen Jahren unauslöschlich eingeprägt. Conte Alessandro Federico, ein direkter Nachfahre des Staufer-Kaisers Friedrich II. (s. S. 80f.), ist ein Veteran des berühmten Autorennens »Targa Florio«, das anno 1906 erstmals in den Bergen hinter der tyrrhenischen Küste Siziliens stattfand. Der sportliche Graf flitzte erstmals 1957 mit seinen PS-starken Boliden durch die Madonien, wobei er nicht weniger als 14 Mal auf dem Siegerpodest stand. Heute geht er das alljährlich veranstaltete Rennen mit seinen Oldtimern gemütlicher an, was freilich durchaus relativ ist, erreicht er doch mit seinem schnittigen Fiat-Rennwagen aus den dreißiger Jahren immer noch Spitzengeschwindigkeiten von guten 120 km/h. Dennoch weiß er über die Schönheiten von Natur und Kunst entlang des Kurses einiges zu berichten.

Start und Ziel der seit Jahren befahrenen kleinen Rundstrecke (72 km) befinden sich kurz nach der Abzweigung der SS 120 von der entlang der Küste führenden SS 113 zwischen Termini Imerese und Buonfornello. Nach 10 km erreicht man die Ortschaft Cerda, benannt nach den einstigen spanischen Feudalherren dieses Gebietes. Auf der Strecke nach Caltavuturo lohnt sich ein kurzer Abstecher nach Sclafani Bagni, eine wegen der hervorragenden therapeutischen Eigenschaften seines schwefelhaltigen Wassers beliebte Thermalanlage. Sie liegt am Fuße eines mittelalterlichen Felsennestes mit den Ruinen eines Normannenkastells und einer um 1600 erbauten, alles überragenden Pfarrkirche, die einen griechisch-römischen Sarkophag aus weißem Marmor birgt.

Aus der Gegend um das bescheidene Bauerndorf Scillato wird Palermo mit gutem Gebirgswasser versorgt. Immer wieder öffnen sich atemberaubende Ausblicke auf die raue Berglandschaft der Madonien. Der kleine Rundkurs führt nun über die Ortschaft Collesano inmitten eines wegen seiner reichhaltigen Flora und Fauna interessanten Gebietes. Hier empfiehlt sich für Naturfreunde ein Abstecher (20 km) in den Mufara-Wald, durch den man schließlich das von Buchenwäldern umgebene Wintersportgelände Piano Battaglia auf 1619 m Höhe erreicht. 12 km nach Collesano trifft man bei Campofelice di Roccella wieder auf die SS 113.

Eine reizvolle Variante, die seinerzeit zum großen, knapp 150 km langen Rundkurs der Targa Florio gehörte, folgt über Caltavuturo der SS 120 nach Castellana Sicula und weiter zu den »Petralie«, den größten und von dichten Wäldern und grünen Wiesen umgebenen Gebirgsortschaften der Madonien. Petralia Soprana (1147 m), die ältere der beiden, ist nicht nur wegen des unvergleichlichen Panoramas, sondern auch wegen der kulturellen Schätze – sie reichen von einem alten Stadttor über eine Reihe mit kostbaren Kunstwerken geschmückter Kirchen bis zu den Überresten eines Normannenkastells – einen Besuch wert. Das im 14. Jahrhundert entstandene Bergstädtchen Gangi (1011 m) lädt zu einem Bummel durch seine pittoresken Gässchen ein. Schon vorher jedoch zweigt der Kurs von der SS 120 in Richtung Geraci Siculo ab, dessen alter Ortskern seit seiner Gründung durch die Araber im Jahre 840 äußerlich nur wenig Veränderungen erfahren hat. Rund um ein Kastell und die alte Pfarrkirche aus dem 14. Jahrhundert wuchs das Städtchen Castelbuono. Ebenfalls mittelalterlichen Ursprungs ist Isnello, wo man die aus fein bemalten Paneelen bestehende Holzdecke in der Kirche San Michele nicht versäumen sollte. Über Collesano und Campofelice di Roccella kann man zum Ausgangspunkt zurückkehren.

Das Bergstädtchen Gangi

Cefalù: Stolzes Haupt aus hellem Kalk

Stadtplan: S. 274
Tipps und Adressen: S. 328f.

Die vor Hitze flirrende Luft bringt sogar den mächtigen **Felsen von Cefalù** zum Erzittern, der wie das Haupt eines Riesen das pittoreske Städtchen mit seinen mittelalterlichen Gassen und attraktiven Sandstränden überragt. *Kephale* (»Kopf«) nannten die Griechen den Kalkberg aus Myriaden von Muscheln und Schnecken. Aus ihm schlugen sie die Steine für den Tempel der Diana, den sie anstelle eines archaischen Heiligtums errichteten. Der Berg lieferte ebenso das Baumaterial für die antiken Stadtmauern und das befestigte normannische Kastell. Auch die Architekten Rogers II. liebten den Kalkstein, der geschliffen wie kostbarer Marmor glänzt. Sie verwendeten ihn großzügig in der Kathedrale, die ihre Entstehung einem Gelübde des Herrschers verdankt. Ein gütiges Schicksal hatte ihn 1131 aus höchster Seenot an diese Küste gespült. Schon von weitem beherrschen die beiden viergeschossigen Türme des ersten großen Normannendoms auf Sizilien die Bucht am gischtsprühenden Meer. Seine Fertigstellung erlebte der König nicht mehr, erst Friedrich II. vollendete das Werk seines Großvaters.

Stadtbesichtigung

Unübersehbar erhebt sich die mächtige **Kathedrale** 1 auf der von Palmen flankierten Piazza del Duomo. Eine der schönsten Normannenbauten Siziliens wird freilich noch für einige Jahre durch Restaurierungsarbeiten beeinträchtigt: Immer wieder bleiben Teile des Gotteshauses, das man nach der Kahlschlag-Methode von seinen barocken Schnörkeln radikal befreit hat, hinter Bretterwänden verborgen. Zwar gleicht die Kirche seither eher einem Architekturmuseum, die goldenen Mosaiken der Apsis aber überstrahlen umso glänzender

Die Kathedrale von Cefalù mit ihren wehrhaften Türmen

den überraschend hohen Innenraum. Bereits 1148, noch während der ersten Bauphase, vollendeten byzantinische Künstler ihr Werk, das zu den kostbarsten Hinterlassenschaften des 12. Jahrhunderts zählt. Wieder ist es Christus Pantokrator, der alle Blicke in seinen Bann zieht, doch in Cefalù zeigt der richtende Gott den Sterblichen nicht wie in der Cappella Palatina von Palermo oder im Dom von Monreale sein strenges Gesicht, sondern sein mildes, gütiges Antlitz.

Nachdem man die Seitenfront des modernen Rathauses passiert hat, findet sich etwa in der Mitte der Via Mandralisca das gleichnamige Museum. Allein schon zwei Exponate sind einen Besuch des kleinen, feinen **Museo Comunale Mandralisca** 2 wert: Das »Bildnis eines Unbekannten« von Antonello da Messina (1470) und der »Thunfischverkäufer«, eine antike griechische Vase mit einer köstlichen Alltagsszene (4. Jh. v. Chr.). Ein paar Schritte weiter befindet sich in der Via Vittorio Emanuele das **Lavatoio medioevale** 3, eine Wäscherei aus dem Mittelalter. Bis zur Mitte des 20. Jahrhunderts nutzten die Frauen

Cefalù – Sehenswürdigkeiten: *1 Kathedrale 2 Museo Comunale Mandralisca 3 Lavatoio medioevale* ***Hotels:*** *4 Costa Verde 5 Carlton Riviera 6 Baia del Capitano 7 Kalura 8 Mediterraneo 9 Pink Hotel 10 Garden Beach 11 Plaia d'Himera* ***Restaurants:*** *12 La Brace 13 L'Antica Corte 14 Gabbiano 15 Trappitu 16 Nasca 3*

Cefalùs den Waschplatz aus der Araberzeit.

Nicht nur Kulturreisende und Badeurlauber bezaubert das unumstritten hübscheste Städtchen an der Nordküste, es begeistert auch Wanderer. In etwa einer Stunde erreicht man auf halber Höhe den Befestigungsring, der sich wie ein Stirnreif an das »Haupt« Cefalùs schmiegt (Wegweiser hinter der Kathedrale). Vor einem weiteren Aufstieg wird gewarnt, die Pfade zum Gipfel sind vor allem nach Unwettern gefährlich!

Umgebung von Cefalù

Karte: siehe S. 268
Tipps & Adressen: Santuario di Gibilmanna, siehe Cefalù S. 329

Santuario di Gibilmanna

Jeder Hügel, jeder Pfad, all die Grotten und Höhlen des steil abfallenden Felsmassivs erzählen Geschichten. Die schöne Jagdgöttin Diana strich einst einsam durch das Unterholz, bis ihr beim Bade ein Fremder Gewalt antat. Das Quellgebiet trägt seit der unfreiwilligen Schäferstunde den Namen Presidiana – wo Diana geraubt wurde. Dem Wasser schreiben unglücklich verliebte Mädchen und Frauen magische Kräfte zu: Wer drei Tage hintereinander bei Sonnenaufgang aus einer ganz bestimmten Quelle trinkt, wird den Angebeteten erobern. Und wer sich dreimal vor dem Sonnenuntergang an ihr labt, kann einen Ungetreuen ohne Schmerz vergessen.

Wenn das alles nichts hilft, dann steht immer noch der Weg zur Madonna offen. Inmitten einer bukolischen Landschaft, verborgen in der rauen Bergwelt der Madonien, liegt rund 10 km oberhalb von Cefalù eine der größten Pilgerstätten der Insel: das *Santuario di Gibilmanna*. Bewacht vom *Pizzo Sant'Angelo* (1081 m) erwartet die Muttergottes von Gibilmanna alljährlich am 8. September eine wahre Völkerwanderung zum Manna-Berg unter der Engelspitze. Über Besuchermangel braucht die Madonnenfigur aus der sizilianischen Bildhauerschule Gagini (16. Jh.) auch an allen anderen Tagen des Jahres nicht zu klagen. Allzu gerne flüchtet man von der heißen Küste in die kühlen Wälder der Manna-Eschen, aus deren Rinden Saft wie Honig träufelt. Satt wird von diesem Himmelsbrot allerdings niemand, ganz im Gegenteil, es findet prosaischerweise als Laxativ Verwendung.

Nicht nur die kleine Frauengestalt mit dem Jesuskind, die in ihrem Brokatgewand unter einer goldenen Krone als Gegenstück zur strengen Madonna von Tíndari lieblich vom Barockaltar herabblickt, vor allem ein romanisches Kruzifix macht das Franziskanerkloster aus dem 17. Jahrhundert so interessant. Das aus Holz geschnitzte Bildnis des Gekreuzigten soll in dem ursprünglichen Benediktinerkirchlein vor bald einem Jahrtausend jene Worte gesprochen haben, die den Ruhm Gibilmannas als Marienheiligtum begründeten: *Qui governa – mia madre. Rivolgetevi a lei.* – »Hier regiert meine Mutter. Wendet euch an sie.« An diese göttliche Weisung halten sich alle Sizilianer mit Freuden.

Das Hinterland von Cefalù

Am alten Hafen von Cefalù: Sandstrände buchstäblich vor der Haustüre

Von Cefalù nach Tíndari

Brieftaschen jetzt bitte festhalten! Keine Angst, man gerät nicht unter die Räuber, aber nach nur 24 km ist **Santo Stefano di Camastra** neben Caltagirone der Keramikort Siziliens, erreicht. Rustikal und farbenfroh, feinsinnig und in sorgsam aufeinander abgestimmten Schattierungen, derbes Bauerngeschirr, Souvenirkitsch und Nachschöpfungen altsizilianischer Motive, was auch immer das Töpferhandwerk hervorzubringen vermag,

hier ist es in allen Größen und Formen vertreten und für vergleichsweise wenig Geld am Straßenrand, in Läden oder gar gleich in der Fabrik zu kaufen. Noch eine geraume Weile schlängelt sich die wunderschön angelegte Küstenstraße vorbei an malerischen Buchten auf der einen und bewaldeten Hügeln auf der anderen Seite. Über Sant' Agata di Militello, den beliebten Badeort Capo d'Orlando und Patti (Kathedrale mit Normannen-Sarkophag, gut erhaltene römische Villa) erreicht man nach etwa 100 km die Abzweigung nach Tíndari. Zu dem Wallfahrtsstädtchen in 230 m Höhe führt eine exzellent ausgebaute Höhenstraße.

Tíndari: Wundersames am trockenen Meer

Tipps & Adressen: Tíndari, siehe Patti, S. 356

■ »Auf weitem Wege kam ich, um dich zu sehen – und du bist schwärzer als ich.« Diese nicht eben freundlichen Worte musste sich die Schwarze Madonna von Tíndari nicht lange nach ihrer Ankunft aus Byzanz von einer Sizilianerin sagen lassen, die von der Fremden aus fernen Landen ganz und gar nicht begeistert war. Der Bildersturm im Oströmischen Reich hatte die dunkle Maria mit ihrem Kind irgendwann zwischen dem 8. und 9. Jahrhundert vertrieben. Als Seeleute mit ihr an der tyrrhenischen Küste strandeten, da beschloss sie, für immer zu bleiben, und gab ihren Wunsch unmissverständlich kund. Solange sie sich an Bord befand, konnte das Schiff nicht wieder auslaufen. Ihren Willen hatte sie durchgesetzt, Verehrung aber schlug ihr in der neuen Heimat kaum entgegen. Das sollte sich bald ändern. Der Herr ließ zur Strafe den kleinen Sohn der vorlauten Pilgerin den steilen Felsen von Tíndari hinabstürzen. Da erhoben sich mit einem Mal weiche Sandpolster aus dem Wasser und fingen das Kind auf. Die ungeliebte Gottesmutter war einer irdischen in höchster Not zur Hilfe gekommen. Seitdem thront Tíndari über einem Wunderstrand. Mare secco, das trockene Meer, nennen Einheimische das einzigartige Phänomen der türkisfarbenen Lagunen zwischen rosagelb schimmernden Dünen.

Der byzantinischen Statue bauten die Gläubigen, die aus allen Teilen der Insel

Mare secco bei Tíndari

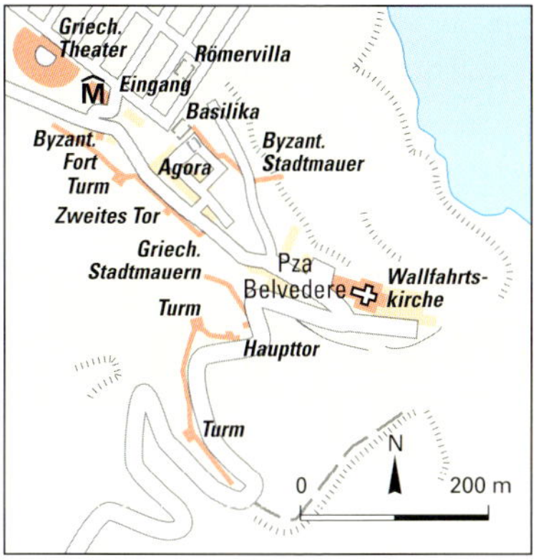

Griechensiedlung Tyndaris

herbeiströmten, zuerst eine Kapelle, die der berüchtigte Pirat Barbarossa 1544 plünderte, bald darauf eine Kirche und in den fünfziger Jahren des 20. Jahrhunderts schließlich das riesige **Santuario della Madonna nera**. Auch wenn die moderne Wallfahrtsstätte mit Sicherheit nicht jedermanns Sache ist, sie bedeutet den Sizilianern unendlich viel. Man darf nämlich nicht vergessen, dass der Grundstein für diese erst 1975 fertiggestellte Basilika zu einer Zeit gelegt wurde, als Sizilien noch zu den ärmsten Entwicklungsgebieten Europas zählte.

Am 8. und 9. September begibt sich die halbe Insel zu der nunmehr Vielgeliebten, deren Heiligtum just dort steht, wo einst die Pilger der Antike Demeter priesen. Und, wer weiß, vielleicht hätte der stolze Satz aus Salomons Hohem Lied, der auf einer Tafel unter der ernst blickenden Madonna zu lesen steht, auch für die erdhafte Göttin der Griechen gelten könnten: *Nigra sum sed formosa* – »Schwarz bin ich, aber schön.«

Touristen finden außer der zauberhaften Aussicht, die bis weit hinüber zu den Äolischen Inseln reicht, eine Reihe guter Gründe, die Küstenstraße für einen Abstecher zu dem kleinen Städtchen »zwischen den weiten Hügeln, hängend über den Wassern« zu verlassen, das Salvatore Quasimodo so euphorisch besang. Von der alten Griechensiedlung Tyndaris, die ein Erdrutsch im ersten Jahrhundert n. Chr. zu einem großen Teil in die Tiefe gerissen hatte, gruben Archäologen außer massiven Stadtmauern und einer Römervilla mit gut erhaltenen Mosaiken auch ein so genanntes Römisches Gymnasium mit beeindruckenden Torbögen aus. Das Glanzstück stellt jedoch unbestritten ein griechisches Theater dar, dem die feuerspeienden nahen Eilande als Kulisse dienen.

Milazzo

Tipps & Adressen: Milazzo, S. 344f.

Milazzo, in erster Linie als Ausgangspunkt für Fahrten zu den Liparischen bzw. Äolischen Inseln von touristischer Bedeutung, kann auf eine bewegte Vergangenheit zurückblicken. Unter dem Namen Mylae wurde die Hafenstadt auf einer Landzunge im 8. Jahrhundert v. Chr. als Festung von Messina gegründet. In den Gewässern vor ihren Mauern spielten sich zahlreiche Schlachten ab. Die berühmteste der Antike: 260 v. Chr. schlugen die Römer ihre Erzfeinde, die Karthager, bei Mylae. 2000 Jahre später erlitten im Juli 1860 die Bourbonen vor Milazzo eine Niederlage gegen Garibaldi.

Während sich die von Mauern aus dem 16. Jahrhundert umgebene Altstadt unterhalb der mächtigen Staufcrburg Friedrichs II. duckt, erstreckt sich das moderne, tiefer liegende Milazzo bis zur großen Hafenmole. In diesem Viertel steht der im vergangenen Jahrhundert erbaute Neue Dom, in dem einige kostbare Altarbilder messinesischer Meister aus dem 15. und 16. Jahrhundert hängen.

Liparische/Äolische Inseln: Sieben über dem Feuer und unter dem Wind

Karte: S. 284
Tipps & Adressen: S. 336–340

Nach König Liparos, der sich vor mehr als dreieinhalb Jahrtausenden auf dem Archipel vor der Nordküste Siziliens niederließ, werden sie Liparische Inseln genannt. Die Italiener ziehen jedoch den griechischen Windgott Äolus als Taufpaten ihrer Isole Eólie vor, die sich aus den Eilanden Vulcano, Lípari, Salina, Filicudi, Alicudi, Panarea und Strómboli zusammensetzen.

Auf diesen sieben Inseln, im Tyrrhenischen Meer in der Form einer Stimmgabel aufgefädelt, singt der Wind noch heute ein anderes Lied als auf dem »Festland Sizilien«. Zwar gehören diese bunten Sommersprossen in der tiefblauen See politisch zur sizilianischen

Provinz Messina, doch verstanden es die Insulaner seit jeher, ihre eigenen (Schifffahrts-)Wege zu gehen. Mit einer gehörigen Portion Selbstbewusstsein verteidigen sie ihre kleine Welt, die vor 600 Millionen Jahren mit gewaltigen Explosionen aus dem Meer aufgestiegen ist. Heute zeigen nur noch Strómboli (ganz offen) und Vulcano (abwartend-verhalten), wie viel Feuer in ihnen steckt, doch einem Tanz auf dem Vulkan gleicht bisweilen auch das Leben auf den anderen fünf Eilanden.

Schwefel und Fumarolen auf Vulcano

Vulcano

1 Erste Station der flinken Tragflügelboote und schwerfälligen Autofähren, die von Milazzo (in den Sommermonaten auch von Messina und Palermo) abfahren, ist Vulcano mit seinem immer noch rauchenden Krater und seinem unverwechselbaren Schwefelgeruch. Tagesgäste genießen ein Bad in dem konstant 34° C warmen, seichten Fango-Tümpel, in den durch Tausende winziger Öffnungen im Boden durch den Druck der Gase aus dem Erdinneren pro Minute ein Liter biologisch reiner, schwefelhaltiger Schlamm gepresst wird. Vergnügt aalen sie sich anschließend im beinahe zu allen Jahreszeiten heißen Meer, das unterirdische Fumarolen in einen Whirlpool der Natur verwandeln. Sie besichtigen den Vulcanello, den jüngsten aller äolischen Vulkane, 183 v. Chr. feuerspeiend aufgetaucht und nach Ansicht der Geologen nach wie vor brandgefährlich. Die Wissenschaftler rechnen mit einem baldigen Ausbruch, was mutige Inselfans jedoch nicht vom Bau weiterer Häuser und Hotels abhält.

Lípari

2 Aus sicherer Distanz beobachten Fachleute die unheimlichen Aktivitäten auf Vulcano, ihr Observatorium steht auf Lípari, dem mit 37,6 km^2 größten Eiland des Archipels. In einer Inselwelt sind Dimensionen freilich relativ – auch Lípari ist bloß 8 km lang und 5 km breit – und somit in wenig mehr als einer halben Stunde mit dem Auto zu umrunden. Allerdings sollte man sich bei diesem Ausflug Zeit lassen, unzählige Belvedere präsentieren Ausblicke, die man nie mehr vergisst.

Blendend weiß gleißen Bimssteinhänge in der Sonne, gesäumt von türkisfarbenem Wasser. Wie Deckweiß auf einer Malerpalette bringt der feine Staub auf dem Meeresgrund die Farben mit unvorstellbarer Intensität zum Leuchten, erst weit draußen schimmern die Wellen im gewohnten Dunkelblau. Bis zu 2000 m tief ist die See rund um die Isole Eólie, die nicht zuletzt deswegen zu den letzten Tauchparadiesen des Mittelmeeres zählen. Bimsstein wird auch heute noch auf Lípari abgebaut und für Scheuermittel, aber auch für die beliebten Stone-washed-Jeans verwendet.

Keine Verwendung hat man jedoch seit Jahrtausenden mehr für jenes vulkanische Glas, das in der Steinzeit den Reichtum dieser Inseln begründete. Obsidian, vor der Bronzezeit begehrtes Material für Werkzeuge oder Waffen und einst der Hauptexportartikel bis nach Ägypten, liegt heute – vor allem rund um das Bimsstein-Abbaugebiet zwischen den Ortschaften Canneto und Acquacalda – unbeachtet in der Landschaft, häufig sogar direkt am Straßenrand. Ein außergewöhnliches Souvenir ist der Stein mit seinen messerscharfen Kanten aber immer noch. Gewitzte Einheimische bieten Obsidiane in allen Größen feil – dabei brauchte man sich eigentlich nur danach zu bücken.

Die Stadt Lípari mit ihrer Festung

Besser man spart sein Geld, denn die Preise auf den Inseln sind hoch, muss doch Süßwasser mit Tankschiffen vom Festland ebenso herangebracht werden wie jeder Tropfen Benzin, von Waren aller Art ganz zu schweigen. Die vulkanische Erde ist zwar fruchtbar und wird auch landwirtschaftlich genutzt, den Bedarf zur Ferienzeit kann sie aber nicht decken. In der Hauptsaison sind nicht einmal die entlegendsten Winkel Italiens vor Urlauberinvasionen sicher. Wenn rund um den 15. August die Sonne auf das kleine Hafenstädtchen Lípari herunterbrennt, dann gesellen sich zu den etwa 8000 Einwohnern gut und gerne noch zweimal so viele Touristen.

Viel gibt es noch zu berichten von der Hauptstadt des Archipels: Von ihrem exzellenten **Museum** auf dem Burgberg, voll mit Funden aus der Steinzeit, mit kostbaren antiken Vasen und einer einzigartigen Maskensammlung aus griechischen Komödien und Tragödien. Von den nahen **Thermen von Calogero** mit einem alten römischen Brunnen und einer Sauna, die bereits vor 2500 Jahren in Betrieb war und somit das älteste Schwitzbad der Welt darstellt (ein Kurhaus ist seit langem im Bau, der Termin seiner Fertigstellung höchst ungewiss); von einem Aussichtspunkt namens Quattrocchi, bei dem man mehr als bloß vier Augen haben müsste, um die gesamte Schönheit der Inselwelt zu erfassen.

Salina

3 Der Apfel des Paris aber gebührt Salina. Für Kenner ist sie unbestritten die schönste und eigenwilligste der sieben Schwestern. Politisch von den anderen sechs – sie werden alle von Lípari aus verwaltet – unabhängig, konnte sich diese grüne Insel ihren ursprünglichen Charakter bewahren. Man lebt von der Landwirtschaft – auf Salina wachsen die besten Kapern und die süßen Trauben des Dessertweins Malvasia –, der Tourismus spielt nur eine sanfte Rolle.

Unverkennbar auch das Profil, zwei an die 900 m hohe Vulkangipfel, deren tiefgrüne Kegel ins Blau des Himmels ragen. Bis auf die unmittelbare Umgebung der Ortschaften Santa Marina Salina, Malfa, Rinella und Pollara sowie einen schmalen Küstenstreifen im Norden und Osten steht die gesamte Insel unter Naturschutz. Wer sich die oft jahrzehntelangen Kämpfe um Schutzzonen andernorts vor Augen führt, kann die Weitsicht der Bewohner Salinas nicht genug preisen, die sich schon in den 80er Jahren mit überwältigender Mehrheit für ein solches Projekt aussprachen.

Wanderer kommen in diesem Paradies auf ihre Rechnung, die unberührte Natur auf dem Monte Fossa delle Felci (962 m), der seinen gegenüber liegenden Zwillingsbruder Monte dei Porri um 102 m überragt, wartet mit mannshohen Farngewächsen, Föhrenwäldern, allerlei duftenden Kräutern, mit schmackhaften Pilzen und einem Blumenmeer auf, wie man es in diesen Breiten kaum mehr findet. Einsame Buchten, flankiert von wild zerklüfteten Felsenspitzen, laden zum Baden und Tauchen ein. Ein gut ausgebautes Straßennetz verbindet die einzelnen Ortschaften, eine Rundfahrt zu Lande ist wegen des gänzlich unberührten Westteils der Insel aber nicht möglich.

Filicudi

4 Die Intellektuellen auf Filicudi wollen ihre Insel mit so wenig Touristen wie möglich teilen. Tatsächlich verirrt sich kaum jemand in die lange Kieselbucht von Filicudi Porto, über der in 174 m Höhe ebenfalls Ausgrabungen eines prähistorischen Dorfes zu besichtigen sind. Wenn die letzte Fähre am frühen Abend wieder abgelegt hat, stört niemand mehr den Frieden der Schauspieler, Regisseure, TV-Stars und Journalisten, die ihre Häuser dann nur noch verlassen, um einander einen Besuch abzustatten.

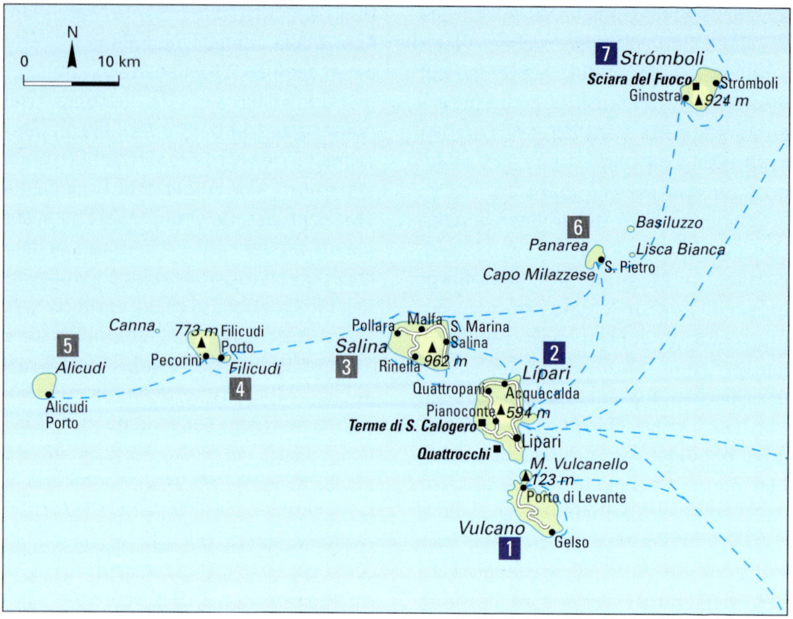

Liparische / Äolische Inseln

Alicudi

5 Inselleben pur? Es gibt noch eine Steigerung namens Alicudi, eine weitere halbe Stunde Fahrt mit dem Schnellboot entfernt. Nun ist man wirklich am Ende der äolischen Welt. Keine Straße verbindet die paar Dutzend Häuser der knapp 100 ständigen Bewohner; der Lungomare mit einer kleinen Herberge an seinem Ende, der einzigen übrigens, misst keine 100 m. Einzig und allein zu Treppen geschichtete Eselpfade verbinden die alten, in die steilen Hänge des Vulkankegels gekrallten Gebäude.

Die letzte große italienische Auswanderungswelle Mitte des 20. Jahrhunderts ließ viele dieser Bauernhäuser und die Weinberge, angelegt in mühseliger Terrassenkultur, verfallen. Bis in die vergangenen 80er Jahre gab es keinen Strom, kein Telefon, ja nicht einmal einen Hafen auf Alicudi. Allmählich kehrt auch hier ein Minimum an Komfort ein. Eine Bastion des Friedens und der Ruhe ist dieses Eiland allerdings noch immer, ohne Autos und Mopeds, ohne Kriminalität und Stress – doch ein Urlaubsziel nur für jene, die sich selbst inmitten einer herben Natur genug sind.

Panarea

6 Geld regiert aufPanarea, der kleinsten und gleichzeitig feinsten der Äolen. Auf nur 3,4 km^2 reiht sich eine strahlend weiß getünchte Luxusvilla an die andere. Vor allem betuchte Mailänder und Turiner bauten sich seit den vergangenen 80er Jahren auf diesem Eiland ihre Feriendomizile, die freilich nur bei oberflächlicher Betrachtung den klassischen

Inselstil – einfache Würfelhäuser, flankiert von säulenumkränzten, schilfgedeckten Terrassen – bewahrt haben. Dennoch, für zwei Monate wird Panarea zum wahr gewordenen Inseltraum, den Rest des Jahres aber gleicht das Millionärsdorado einem Geisterhof, in dem die 300 Einwohner verloren umherwandern und auf den nächsten Sommer warten, der ihnen endlich wieder Arbeit und Einkommen verspricht.

Die Neureichen auf Panarea bleiben am liebsten unter sich und haben für die Tagesbesucher des Steinzeitdorfes auf dem so genannten **Capo Milazzese**, in einem einstündigen Spaziergang vom Hafen aus erreichbar, nur ein mitleidiges Lächeln übrig.

Strómboli

7 Doch wer sich dem Motto »Sieben auf einen Streich« verschrieben hat, der muss weiterziehen – nach Strómboli, das seinen Weltruhm seit den frühen 50er Jahren des 20. Jahrhunderts dem gleichnamigen Rossellini-Film mit Ingrid Bergmann in der Hauptrolle verdankt.

Wer dem antiken *Strongyle* (die Runde) einen Besuch abstattet, darf drei Dinge nicht vergessen: feste Schuhe, eine Taschenlampe und Badesachen. Strómboli verfügt nämlich über die schönsten und längsten Strände aus schwarzem Lavasand der mit großzügigen Buchten nicht eben übermäßig bedachten Inselwelt.

Und gutes Schuhwerk brauchen nicht nur all jene, die den mühevollen und keineswegs ungefährlichen Aufstieg zum fast 1000 m hohen Vulkangipfel wagen, sondern auch die Bequemeren, die sich mit einem Besuch der Aussichtsterrasse Punta Labronzo in 250 m Meereshöhe begnügen, wo zum nächtlichen Feuerzauber ein origineller Padrone exzellente Pizza und vollmundigen Wein serviert.

Insel-Alltag: Hier hat man beim Einkaufen noch Zeit für ein Schwätzchen.

№ 4439250

Regione siciliana
Assessorato dei Beni Culturali
ed Ambientali e della P. I.
Musei, gallerie
ed aree archeologiche
di Sicilia
Tempio di Segesta

Äolische Inselarchitektur: Die weißen, würfelförmigen Häuser mit ihren markanten Säulen bilden einen attraktiven Kontrast zum Schwarz der Lavaklippen.

Von den rustikalen Holztischen des Lokals aus lassen sich die mit schöner Regelmäßigkeit mehrmals pro Stunde erfolgenden Ausbrüche von Europas aktivstem Vulkan ohne die Mühsal einer mehr als vierstündigen Bergtour beobachten. Dennoch: In der Hauptsaison plagen sich tagtäglich bis zu 100 Menschen vor Einbruch der Dunkelheit den steilen, rutschigen Weg hinauf – und allzu häufig geht es bei der Rückkehr in stockdunkler Nacht (Taschenlampe!) nicht ohne kleinere und größere Verletzungen ab. Kinder unter zwölf Jahren sollte man den Gipfelsturm auf keinen Fall zumuten.

Eine dritte Möglichkeit, den Feuerzauber des Strómboli zu bewundern, bietet ein nächtlicher Bootsausflug, denn auch vom Meer aus sind die rotgelben Funkenregen zu sehen, ist das Herabpoltern der glühenden Steinbrocken über die *Sciara del Fuoco*, die 35 Grad steile Feuerrutsche, deutlich zu vernehmen.

Nur ein von einem Erdrutsch devastierter Fußweg verbindet Strómbolis gleichnamiges Hafenstädtchen mit Ginostra, der einzigen anderen Ansiedlung der Insel. Auch hier legen Tragflügelboote an der winzigen Mole an. Pläne zum Bau eines modernen Jachthafens bedrohen freilich die Ursprünglichkeit des aus wenigen Häusern bestehenden Ortes. Noch aber ist dieses Fleckchen ein Refugium der Ruhe und Abgeschiedenheit, Lieblingsziel gewisser Aussteigertypen mit genügend Geld in den Taschen.

Im Insel-zentrum

Quer durch die Insel: Nach Enna und Piazza Armerina

Wenn schon laut Goethe Italien »ohne Sizilien kein Bild von der Seele« macht, dann darf bei einer Spurensuche auch das Herz der Insel nicht fehlen. Nirgendwo lässt sich der Pulsschlag Trinacrias intensiver spüren als inmitten der wogenden Kornfelder rund um Enna, wo seit Beginn der Zeiten Demeter, die Fruchtbarkeitsgöttin der Griechen, regiert. Im touristisch nahezu unberührten Landesinneren bewahrte sich Sizilien sein echtes, sein ewiges Gesicht. Mit den ersten Herbstregen legen die endlosen Hügel ein buntes Kleid an, bis schließlich die Frühlingssonne ihren Glanz an die noch grünen Ähren verschenkt und die fruchtbare Erde in einen goldenen Mantel hüllt. Unter einem vor Hitze flimmernden, weißen Himmel verwandeln sich Wiesen und Felder unter der unbarmherzigen Sommerglut ab Juni in eine Wüstenlandschaft von herber Schönheit. Als hielte die Natur selbst den Atem an, regt sich kein Wind-

hauch über dem ausgedörrten Land, das eins zu werden scheint mit dem Grau der auf Bergkuppen und Hügeln thronenden uralten Ansiedlungen.

Als Oase erscheint dem Reisenden das grüne, schattige Tal unweit des südlich von Enna liegenden Städtchens Piazza Armerina, wie eine Fata Morgana taucht ein zartviolettes transparentes Dach zwischen meterhohen Eukalyptusbäumen auf, das eine der sensationellsten Sehenswürdigkeiten Siziliens schützen soll: die aus spätrömischer Zeit stammende, mosaikgeschmückte Villa Casale – ein Traum aus bunten Steinen.

Welcher Route man zum geographischen Mittelpunkt Siziliens den Vorzug gibt, kommt auf den jeweiligen Standort an. Kilometermäßig bleibt es sich jedenfalls ziemlich gleich, ob man Enna von der Nord-, Süd- oder Ostküste aus erreichen will.

Zeitaufwendig, dafür aber landschaftlich besonders reizvoll ist die Fahrt über Staatsstraßen von Agrigent über die Provinzhauptstadt Caltanissetta (100 km), rascher gelangt man über die gebührenfreie Autobahn von Catania (80 km) bzw. Palermo (120 km, ab Cefalù 100 km) ans Ziel.

Landschaft bei Enna

Die süßen Sünden von Catenanuova

Wenn Reiseleiter Alessandro Brullo, Spross einer sizilianisch-deutschen Ehe und daher in beiden Welten und Sprachen absolut zu Hause, mit seinen Gästen von Catania in Richtung Enna unterwegs ist, dann legt er, so es die Zeit erlaubt, in Catenanuova gerne eine kurze Pause ein. Der überraschende Stopp in einem eher hässlichen Ort hat süße Gründe.

Papst Johannes Paul II. hat sich an ihren Köstlichkeiten delektiert, für die Hochzeit der weltberühmten Sopranistin Katia Ricciarelli mit dem TV-Star Pippo Baudo lieferte sie die mehrstöckige Torte. Auch amerikanische Schleckermäuler erfreuen sich an ihrem Konfekt, den unvergleichlichen Torroncini aus Mandeln, Honig und Schokolade: Die Konditorei Daidone an der Hauptstraße (Via Vittorio Emanuele 51, Tel: 0935 75 261, Di Ruhetag), ein 1945 gegründeter Familienbetrieb, der aus einem kleinen Laden zu einem führenden Unternehmen seiner Art gewachsen ist. Dass das schmucke Haus mit seinem stilvollen Teesalon und einem Restaurant im 1. Stock nur bei Einheimischen kein Geheimtipp ist, liegt wohl an seiner Lage in einer kulinarischen Wüste. Dabei ist es von der Autobahnabfahrt Catenanuova in wenigen Minuten zu erreichen, ein kleiner Umweg, der sich immer lohnt. Streng wacht Familienoberhaupt Antonio Daidone über die Einhaltung der zum Teil sehr alten Rezepte, mit denen Naschereien von höchster Qualität gezaubert werden: Torten, Kuchen, Häppchen und anderes süßes Backwerk, Eis, Granita, alles aus frischen Naturprodukten und daher der Saison angepasst. Wer Salziges und Saures bevorzugt, findet u.a. mit gefüllten Blätterteig-Täschchen (Zwiebel, Schinken, Käse, Tomaten) eine wohlschmeckende Alternative.

Enna: Der Nabel Siziliens

Karte: S. 295
Tipps & Adressen: Enna S. 329f., Pergusa-See und Calascibetta, siehe Enna, S. 330, Piazza Armerina, S. 358f.

1 Seit jeher siedelten Menschen auf dem Hochplateau in knapp 1000 m Höhe: Den Ureinwohnern aus der Steinzeit folgten die Sikuler, die ihrerseits von den Griechen aus dem strategisch wichtigen Bergnest vertrieben wurden. Doch nicht nur aus Verteidigungsgründen kam dem antiken Henna große Bedeutung zu. Wer über die Stadt im Zentrum des Weizenanbaus regierte, besaß die Kontrolle über die größte Kornkammer des Altertums. Innerhalb kürzester Zeit machten die riesigen, nur mit Sklaven bewirtschaftbaren Getreidefelder die griechischen Stadtstaaten Siziliens unendlich reich.

Als Rom zur führenden Macht im Mittelmeer aufstieg, begehrte es das Gold der Äcker noch mehr als jenes der Tempel. Was die Herren vom Tiber aus der fruchtbaren Erde im Inselinneren herauspressen konnten, benötigten sie nämlich bitterlich zur Verpflegung der Heerscharen ihres Weltreiches. Von der unbarmherzigen Ausbeutung zeugt der Sklavenaufstand des Syrers Eunus, der sich mit seinen Gefolgsleuten vier Jahre lang vor den Römern im militärisch uneinnehmbaren Enna verschanzen und erst durch Verrat besiegt werden konnte (135–132 v. Chr.). An den Freiheitskampf des afrikanischen David gegen den römischen Goliath erinnert übrigens eine moderne Skulptur an der Außenmauer der von den Byzantinern errichteten Festung. Auch die Araber benötigten einen Verrä-

Sizilianischer Frühling in Rotgelb

ter, um das nunmehrige Castrum Hennae einzunehmen, das sie *Casr Jani* nannten. Daraus wurde unter den Normannen »Castrogiovanni«, erst in der Mussolini-Ära erhielt Enna so wie viele andere Städte Italiens 1927 die antike Bezeichnung zurück.

Stadtbesichtigung

Ausgangspunkt ist das **Castello Lombardia**, eine der größten und beeindruckendsten Burgen Siziliens, die byzantinische, normannische, staufische und aragonesische Bauelemente aufweist. Von den ursprünglich 20 Türmen überdauerten nur sechs. Einer der drei Innenhöfe, *Corte degli Armati*, dient nunmehr als Freilichttheater, im anschließenden Hof lassen sich noch Spuren der von Friedrich II. von Aragon im 14. Jahrhundert gebauten Wohntrakte erkennen. Vom **Torre Pisana**, auch als **Torre delle Aquile** (Adlerturm) bekannt, genießen Besucher nicht nur Ennas vielgerühmte Aussicht am besten, sondern können auch gleich einen Blick auf die **Rocca di Ceres**, den Ceresfelsen, werfen.

An dieser exponierten Stelle hoch über dem fruchtbaren Hügelland erhob sich einst einer der mächtigsten Tempel Siziliens. Wo sonst, wenn nicht hier verehrten die Griechen ihre Korngöttin Demeter, von den Römern Ceres genannt, mit allem nur denkbaren Prunk. Von dem gewaltigen Heiligtum blieb nicht ein Stein auf dem anderen, die letzten Augenzeugenberichte, die sich bei der Schilderung des Bauwerks in Superlativen geradezu überschlugen, zeichnete Cicero auf.

Schnurgerade führt die Via Roma vom Kastell zu dem 1301 von Eleonora von Aragon, Gemahlin Friedrichs II. von Aragon, gestifeten Dom mit barocker Fassade und einem später beigefügten **Glockenturm** (17. Jh.). Im Kircheninneren verdienen die kunstvoll gearbeiteten Basaltsäulen sowie die herrliche Holzkassettendecke (16. Jh.) Beachtung. Auf der zentralen **Piazza Crispi** befindet sich ein **Brunnen** mit der Nachbildung des »Raubs der Persephone« von Bernini, im etwas abseits liegenden Stadtpark erhebt sich der achteckige **Torre di Federico II.** (13. Jh.), ein vom Stauferkaiser kaum genutzter Wohnturm, exakt an jener Stelle errichtet, die seit dem Altertum als der Nabel Siziliens galt.

Umgebung von Enna

Lago di Pergusa

2 Wie in jeder großen Kultur findet sich auch bei den Griechen das Thema der Wiedergeburt. Nach dem Mythos verliebte sich Hades, Gott der Unterwelt, in Persephone, die Tochter seiner Schwester Demeter. Wohl wissend, dass die Korngöttin ihr einziges Kind ihm niemals zur Frau gegeben hätte, entführte der Herrscher über das Schattenreich seine schöne Nichte. Niemand außer dem Sonnengott Helios sah zu, als das Blumen pflückende Mädchen – kurz auch Kore genannt – mit Gewalt dem Kreis ihrer Gespielinnen entrissen wurde. Verzweifelt machte sich Demeter auf die Suche nach der Verschwundenen, während die Feldfrüchte verdorrten und die Menschen verhungerten. Das Schicksal der Sterblichen kümmerte die Olympischen zwar wenig, doch dass sie keine Opfer mehr erhielten, missfiel ihnen sehr.

Erst jetzt berichtete Helios von dem Raub – und Göttervater Zeus saß in der Zwickmühle. Seine Schwester Demeter forderte ihr Kind zurück, sein Bruder Hades pochte auf das ungeschriebene

Gesetz, dass es keine Rückkehr aus der Unterwelt geben dürfe. Die diplomatische Lösung: Drei Monate des Jahres muss Persephone bei ihrem Gemahl ausharren, für neun Monate aber darf sie wieder zu ihrer Mutter, die dann vor Freude die Erde wieder grünen und blühen lässt. Leben, sterben, wiederkehren, alles ist in dieser Geschichte, mit der sich die Griechen den Wechsel der Jahreszeiten erklärten, enthalten.

Schauplatz des Ereignisses war der **Lago di Pergusa**, ein ovales, etwa fünf Meter tiefes Gewässer, das man nach 10 km Richtung Süden erreicht. In den umliegenden Wäldchen gibt es einige hübsche Picknick-Plätze, die besonders an jenen Tagen von Einheimischen genutzt werden, wenn auf der fast 5 km langen Straßenellipse rund um den einst blumenumkränzten See prosaischerweise Autorennen stattfinden.

Calascibetta

3 Jede Eroberung des fast uneinnehmbaren Enna begann mit einer Belage-

Inselzentrum – von Enna bis Caltagirone

Im Reich der Korngöttin

Seit der promovierte Tourismus-Manager Gian Paolo Galipò in die Familie Grimaldi eingeheiratet hat, zieht es den gebürtigen Palermitaner immer öfter ins Inselinnere. Hier, im Herzen Siziliens, liegt das Landgut »Manca di Geracello«, das sich seit Generationen im Besitz des sizilianischen Zweiges des durch Monaco weltweit berühmt gewordenen Adelsgeschlechtes befindet.

»Ein Agrarexperte bin ich noch nicht, aber das kann vielleicht noch kommen«, erklärt der polyglotte Wirtschaftsfachmann, für den seit einem Studienjahr in den USA und einem anschließenden Semester in Belgien eine Konversation in Englisch und Französisch kein Problem ist. Tatsächlich beweist Dottore Galipò bei einem Rundgang durch das sich über acht Kilometer Feldwege erstreckende Gut seiner Schwiegerfamilie in der Provinz Enna für einen Großstädter erstaunliches Fachwissen über den Anbau jenes Getreides, das in dieser Qualität ausschließlich auf Sizilien gedeiht: Hartweizen, *grano duro* genannt, ließ die Insel bereits vor Jahrtausenden zur begehrten Kornkammer werden.

Neu sind lediglich die biologischen Anbauweisen, mit denen man auf dem

Grimaldi-Gut konkurrenzfähig bleiben will. Weil sich das Erbe auf vier Geschwister aufteilt, konnte die Familie auch nach der Landreform Grund und Boden zusammenhalten. Ein seltener Glücksfall, denn nur auf einem entsprechend großen Anwesen ist auch ein wirtschaftliches Überleben bei gleichzeitigem Erforschen zukunftsweisender Agrarmethoden garantiert.

»Unsere Zukunft liegt in unserer Vergangenheit«, sinniert Galipò angesichts der für argrarwissenschaftliche Studien genutzten Anbauflächen, die von den Universitäten Catanias und Perugias hier angelegt wurden und sich auf »Manca di Geracello« ausbreiten. »Ob in der Landwirtschaft oder im Fremdenverkehr, wer innovativ sein will, muss erst einmal zu den Wurzeln zurückkehren. Sizilien, seine Geschichte und seine Kultur, kann man nur in der Einsamkeit dieser Landschaft verstehen. Kein Dorf

Gian Paolo Galipò

weit und breit, kein noch so winziger Weiler, nur die sanften Wellen der Hügel südlich von Enna, das wie eine Krone in der Höhe thront, sind zu sehen. Erst hier begreift man unser architektonisches Erbe, die Kuppeln der Moscheen und barocken Gotteshäuser. Spitze, himmelstrebende Gotik blieb uns Sizilianern stets ebenso fremd wie alles Eckige, Kantige und Spröde.« Wer bereit ist, inmitten der wogenden Kornfelder der Göttin Demeter ein wenig von der Seele Siziliens aufzuspüren, sollte spätestens bei Enna die Autobahn verlassen und nach dem Pergusa-See über gewundene Nebenstraßen in Richtung Süden fahren. Er wird mit einer lieblichen Kulturlandschaft belohnt, leicht hügelig, überschaubar und in perfekter Ausgewogenheit zwischen ursprünglicher Natur und den Eingriffen unzähliger Generationen von Landbesitzern. Zugegeben, das Reich der Korngöttin ist weniger pathetisch und überwältigend als manche Küstenabschnitte oder Bergregionen Siziliens, aber es verleiht einem in seiner erhabenen Stille das Gefühl, hier die Zeit berühren zu können.

Blick auf eine typische Kleinstadt im Landesinneren: Piazza Armerina

rung von dem nahezu auf gleicher Höhe gegenüberliegenden Ort aus, der seinen Namen vom Arabischen *kalat scibet* ableitet (*kalat* = »Kastell«, *scibet* = »*Name des Berges*«). Auch wenn es in dem Städtchen – außer der Aussicht und malerischen Gässchen – nicht viel zu bestaunen gibt, an klaren Tagen wird allein schon eine Fahrt über die 7 km lange Panorama-Straße zum Erlebnis.

Piazza Armerina

4 Von Enna kommend erreicht man nach 35 km Piazza Armerina, eine typische Provinzstadt, die man nicht unbedingt gesehen haben muss. Zu erwähnen wären die Überreste eines **Kastells** (14. Jh.) und der barocke **Dom SS. Assunta**. Einmal im Jahr aber erinnert sich der eher schäbige Ort an glanzvollere Tage: In historischen Kostümen und hoch zu Ross wird Mitte August der *Palio dei Normanni* zelebriert, ein farbenprächtiges Spektakel in Erinnerung an die Normannenzeit. Trotz der Nähe zu einer der meistbesuchten Sehenswürdigkeiten der Insel lässt die touristische Infrastruktur nach wie vor zu wünschen übrig. Gute Trattorien und Restaurants sind rar gesät und nur wenige Hotels bieten sich als Standquartier für einen Besuch der nur 6 km entfernt liegenden Villa Casale an.

Kulinarische Höhepunkte darf man auch rund um die Ausgrabungszone nicht erwarten, reichhaltig ist dafür das Angebot an Informationsmaterial an den Souvenirständen. Fotografen sei empfohlen, nicht selbst Filmmaterial an die stets verstaubten Mosaiken zu verschwenden. Die professionellen, farbenprächtigen Diapositive und Buchillustrationen wurden natürlich nach entsprechender Reinigung aufgenommen. Informativ sind die graphischen Rekonstruktionen des Bauwerks in den lokalen Reiseführern, aber Achtung: So mancher Autor beharrt entweder nach wie vor auf der überholten Kaiser-Theorie oder interpretiert die Mosaik-Motive allzu kühn. In einigen Neuerscheinungen finden sich mitunter die abstrusesten Theorien über den Bauherren oder die Verwendungszwecke der einzelnen Räume.

Villa Casale: Traum der bunten Steine

Tipps & Adressen: siehe Piazza Armerina S. 359

■ Piazza Armerina an einem strahlend wolkenlosen Tag Anfang Oktober. Der Sommer, müde und kurzatmig geworden, hat sich noch nicht vom Herbst verdrängen lassen, aber viel früher am Tag wirft der Ätna jetzt seinen Schatten, und morgens hängen schon weiße Schleier an seinen Flanken. Kostbar sind diese Tage des reifen Weines, wenn laue Luft und bunte Blüten vortäuschen, es wäre erst Frühling. Ein letztes Durchatmen der Natur vor neuem Anlauf. Reisetage in Sizilien.

Von dem Städtchen, das nach vielen Zerstörungen ein barockes Gepräge erhielt, windet sich die Straße durch eine sanfte Hügellandschaft bergab. Haselnusssträucher, Zypressen, Eukalyptus, Pinien und Eichen im Spalier, bisweilen ein grüner Triumphbogen. Das passende Entree zu einem der größten Schätze der Insel – der Villa Casale 5.

Kaiservilla wird das Jagdschloss aus spätrömischer Zeit oft genannt, weil die 3500 m² Fußbodenmosaiken nur eines Kaisers würdig scheinen und manche Historiker in dem Bauherrn Maximianus Herkulius, den Mitregenten Kaiser Diokletians, zu erkennen glaubten. Ein ewiger Rabauke war Maximian, ehrgeizig, rastlos und intrigant. Die Harmonie von Landschaft und Bauwerk will einfach nicht zu seinem Charakter passen. Eher wird es ein kunstsinniger Milliardär seiner Zeit gewesen sein, der an der Wende zum 4. Jahrhundert n. Chr. unweit der wichtigen Straßenverbindungen von Agrigent nach Catania die Villa am Hang des Monte Magone erbauen ließ.

Wie auch immer, der Rache der Natur verdankt es die Nachwelt, dass eines der schönsten Zeugnisse elitären römischen Wohnens erhalten geblieben ist. Durch übermäßige Rodungen oben am Berg geriet das Erdreich in Bewegung und deckte im 12. Jahrhundert die bereits beschädigten Mauern schützend zu. 1929 stießen Archäologen auf die von den Überresten des Araberdorfes Casale bedeckte Villa, die jedoch erst 1950 ausgegraben und nach einigen Adaptierungen – Treppen und Laufstege über den Mosaikböden – dem Publikum zugänglich gemacht wurde. Nicht einmal das aus Kunststoff gefertigte, längst schäbig gewordene Regendach stört den Gesamteindruck. Der Originalkonstruktion in Höhe und Größe geschickt nachempfunden, vermittelt es eher den Eindruck, es fehlte nicht viel und der Römerpalast wäre wieder bewohnbar.

Der Vergleich mit der Villa Casale degradiert selbst Protzbauten des 20. Jahrhunderts zu bescheidenen Wohnstätten. Daran ändert auch die beständige Patina aus grauem Staub auf den Mosaiken nichts, die wie viele andere Nachlässigkeiten die Handschrift einer lieblosen Denkmalverwaltung verrät – eine Schande für ein von der Unesco zum Weltkulturerbe erklärtes Juwel! In einer Ecke sind beim letzten Regen ein paar Tropfen durchs undichte Dach gefallen, und dort leuchten die bunten Steine auf einmal atemberaubend auf. Farben werden zum Rausch.

Nordafrikanische Künstler schufen diesen Bilderbogen aus Stein mit Bildern von zarter Poesie, aber auch derber Sinneslust. Als Mächtiger in einer zu Ende gehenden Epoche ist der Hausherr, wer

immer es auch gewesen sein mag, vorstellbar. Das Riesenreich West-Rom wird noch knapp 200 Jahre bestehen, in einem quälenden Todeskampf, der nur deshalb so lange dauert, weil mit Diokletian und Konstantin ein letztes Mal bedeutende Kaiser an der Macht sind. Aufteilung des Reiches, Söldnerheere, pedantische Administration, Zwangsdeflation gepaart mit orientalischer Prunksucht, um den Herrschaftsanspruch zu legitimieren – das sind, vereinfacht gesagt, die Methoden Diokletians. Der herrschenden Oberschicht, durch 300 Jahre kaiserlicher Exzesse dekadent geworden, speichelleckerisch und intrigant, kommt das entgegen. Knapp 50 Friedensjahre sind dem römischen Mutterland noch beschert – und sie werden schlecht genutzt. Sie machen die Ausbeuter noch härter, die Schlemmer weicher. Eine solche Zeit baut Landsitze wie die Villa Casale.

Längst sind die traditionellen Werte verloren gegangen, kein gebildeter Römer glaubt noch an die alten Götter. Die

Erotische Antike: das berühmte Liebespaar in der Villa Casale

Verehrung Jupiters, Apolls und Vestas ist eine Alibihandlung, ihre Standbilder in Privathäusern sind optischer Zierrat geworden – genau so wie die gotischen Madonnen in den Wohnungen der Neureichen von heute. Und wie die mythologischen Motive der Mosaiken in der Villa Casale. Zur Schau gestellter Reichtum findet sich auch in den Bildern der nur der Oberschicht vorbehaltenen Treibjagden, womit der eigentliche Verwendungszweck des luxuriösen Sommersitzes als Jagdschloss klar wird. Die Darstellungen einer Großwildjagd im 70 m langen und 5 m breiten Wandelgang hingegen lassen sich als Schlüssel zur Klärung der Identität des Auftraggebers dieses musivischen Meisterwerks interpretieren. Wie man heute annimmt, hat sich der Patron selbst inmitten der exotischen Tiere verewigen lassen. Gekleidet in prächtige Gewänder und flankiert von zwei Adjudanten ist es unverkennbar der Chef des Unternehmens, der höchstpersönlich das Einfangen von Elefanten, Tigern, Löwen, Büffeln und anderem Großwild überwacht.

An einen kaiserlichen Bauherrn, wie der Villa-Casale-Ausgräber Vinicio Gentili in der ersten Euphorie über den wundervollen Fund angenommen hatte, glaubt längst kein ernst zu nehmender Kunsthistoriker mehr. Niemals hätte sich ein Herrscher des römischen Reiches in der tiefsten Provinz – und nichts anderes war Sizilien – einen Sommersitz errichten und schon gar nicht als Chef einer professionell betriebenen Tierfängerei darstellen lassen. Weshalb Maximianus Herkulius überhaupt ins Spiel kam, erklärt sich aus den Mosaiken des Speisesaals, wo dem vergötterten Helden seines Namens gehuldigt wird: Kraftvolle Bilder zeigen die so genannten zwölf Arbeiten des Herkules – vom Einfangen der Hirschkuh bis zum Kampf mit dem schlangenköpfigen Höllenhund. Besonders beeindrucken die besiegten Giganten, die schon brechenden Auges in einer letzten verzweifelten Anstrengung versuchen, die Pfeile aus ihren Körpern zu ziehen. Ein schauriger Realismus, zu dem man vergnügt tafelte.

Doch weder die grandiosen Jagdszenen noch die bemerkenswerte Odysseus-Darstellung, der listigen Auges

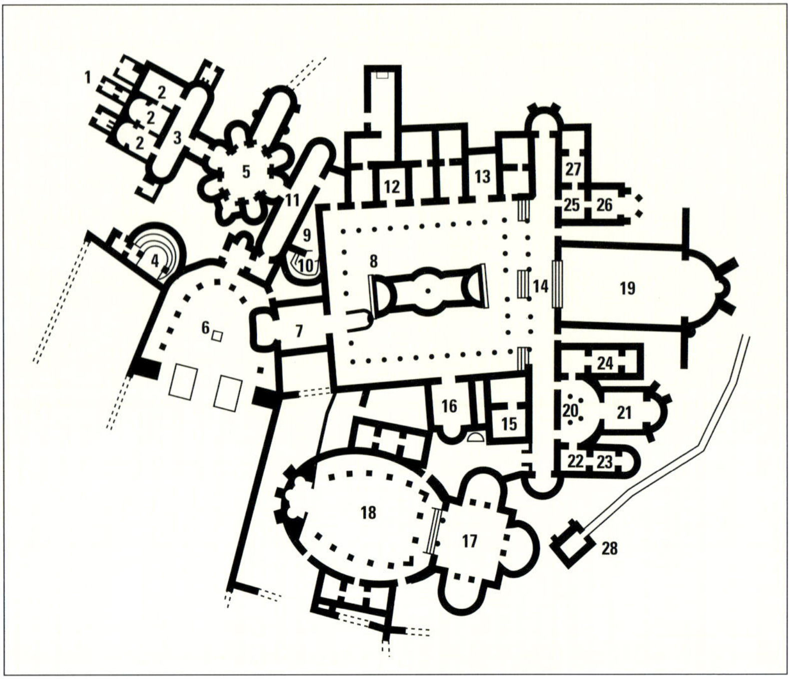

Villa Casale: *1 Praefurnia 2 Caldarium 3 Tepidarium 4 Männerlatrinen 5 Frigidarium 6 Innenhof mit Brunnen 7 Vestibül 8 großes Peristyl mit Wasserbecken 9 kleiner Innenhof 10 Damenlatrinen 11 Gymnastiksaal 12 Gästezimmer 13 Mosaik der »Kleinen Jagd« 14 Ambulacrum / Mosaik der »Großen Jagd« 15 Mosaik mit Ball spielenden Mädchen 16 »Orpheussaal« 17 Triclinium 18 elliptisches Peristyl 19 Basilika 20 halbkreisförmiges Atrium 21 Aufenthaltsraum mit Atrium 21 Aufenthaltsraum mit Apsis 22 Spielzimmer 23 Schulraum 24 Cubiculum 25 Vestibül 26 Studierzimmer 27 Schlafzimmer mit Vorraum 28 Äquadukt mit Zisterne*

dem menschenfressenden Zyklopen Polyphem den Weinbecher reicht, haben die Villa Casale berühmt gemacht. Ausgerechnet das kunstlerisch am wenigsten wertvolle, erst Jahrzehnte später als die anderen gelegte Mosaik, kennt alle Welt: die so genannten Bikini-Mädchen. In zwei Reihen zeigen sich je fünf Schönheiten, von denen eine bereits als Siegerin ausgezeichnet ist, bei Ballspiel und Gymnastik. Allesamt tragen die nach Ansicht von Lästerzungen etwas verbauten Grazien trägerlose, sehr knappe Bikinis im Tangaschnitt – selbst im 4. Jahrhundert, der Ära der dekadenten Spätantike, eine veritable Sensation. Der staunende Besucher mag sich daran erinnern: 1996 wurde der 50. Geburtstag des Zweiteilers gefeiert. Eine Momentaufnahme der Villa Casale vor mehr als anderthalb Jahrtausenden, ein Mosaik aus wissenschaftlichen Erkenntnissen und Spekulationen ergibt ein höchst lebendiges Bild:

Die schmale Steinbank rechts vom Eingangsatrium bietet sich für eine kurze

Rast an. Dort saßen einst die Bittsteller und warteten darauf, vom Patron empfangen zu werden. Was haben jene Menschen erhofft, die vor 1600 Jahren an der Haustür des Reichen warteten? Was gesehen? Wen bestaunt? Phantasien auf einer steinernen Brücke zwischen Illusion und Wirklichkeit:

Ein kleiner Bauer, Pächter eines winzigen Grundstücks auf den Latifundien des Herrn. Mürrisch hat ihm der Haushofmeister bedeutet, er möge hier ausharren, was er geduldig tut, schwankend zwischen Furcht und Neugier. Ringsum ein sorgsam gepflegtes Blütenmeer, der betörende Duft des Reichtums. Aus der offenen Säulenhalle, Peristyl genannt, ist das sanfte Plätschern des Brunnens zu hören, der angenehme Kühle verbreitet.

Der Herr des Hauses und seine Gäste schlafen noch, doch es herrscht bereits rege Betriebsamkeit an diesem frühen Morgen. Die Jagdgesellschaft im Haus bedarf zu ihrem Vergnügen vieler fleißiger Hände. Diener gehen eilends ihren Pflichten nach. Die Bäder müssen angeheizt, die Gewänder gereinigt werden und ein Frühstücksmahl ist auch noch zu richten. Dann gilt es, die Pferde zu satteln und die Waffen zu prüfen, ob die Pfeile wirklich spitz und die Dolche scharf sind.

Trotz seiner Müdigkeit sieht der Bauer dem Treiben der Sklaven interessiert zu. Er ist heute früh aufgestanden, weil er weiß, wie zeitig Jäger ans Werk zu gehen pflegen. Sein Anliegen ist dringlich: Der Sommer war heiß und trocken dieses Jahr, die Ernte reicht kaum für die hungrigen Mäuler daheim. Wie soll er da noch die Pacht abliefern für einen, der ohnehin im Überfluss schwelgt?

Sie leben schon wie die Götter, die hohen Herren, oder doch beinahe wie diese! Die Säulenhalle aus weißem Marmor, die Haus und Garten eins werden lässt. Selbst bei Regen kann man promenieren, einen Becher Wein schlürfen und sich an den Fischen im Wasserbecken erfreuen. Müßiggang und Jagd, das ist ihr Leben! Den auf ihn zukommenden graubärtigen, freundlichen Alten kennt er: Quintus, der Gärtner. Er trägt einen Korb mit frischen Schnittblumen für die Dame des Hauses, die bald aus ihrem Schlaf erwachen und sich in die Bäder im Westflügel des Palastes begeben wird. Wie sich auf den Mosaiken Gott Okeanos in der Gesellschaft von Nereiden und Kentauren im Meer tummelt, wird sie nach dem heißen Bad im dreigeteilten Caldarium ins Frigidarium steigen, um sich schwimmend abzukühlen und sich dann in einem eigenen kleinen Raum, dessen Steinbilder schon zeigen, wofür er da ist, massieren und salben lassen. Im großen, langgestreckten Ruheraum, dem Lauwarmbad, wird die Herrin dann ausruhen und auf ihren Gemahl warten, bis auch ihm die kräftigen Hände des Masseurs den Schlaf aus den Gliedern getrieben haben.

Quintus ist ein geschwätziger Mann, der gern mit den Wundern der Villa prahlt, als gehöre sie ihm. Viel hat er seinem Freund vom Land schon gezeigt. Das raffinierte System der Bäderbeheizung, die unzähligen kleinen Pfeiler und Säulen, auf denen das Fundament ruht und zwischen denen die erhitzte Luft zirkuliert. Oder die drei Latrinen. Auf Marmorsitzen nimmt man Platz und kann sich mit seinem Nachbarn unterhalten, während man sein Geschäft verrichtet. Unfassbar für einen Bauern, der für solche Zwecke nur in den Wald geht. Der Prunkraum im Norden des großen Vestibüls ist ihm schon vertrauter. Saal der kleinen Jagd nennt ihn Quintus. Links davon der Saal der vier Jahreszeiten. Das anmutige Mädchen verkörpert den

Frühling, der Jüngling den Sommer, die nachdenkliche, reife Frau den Herbst und der Greis den Winter. Im Raum dahinter sind geflügelte Eroten in bunten Kähnen zu sehen, die mit Harpunen, Angeln und Netzen den Fischen nachstellen.

Nebenan wird getanzt, so zeigen es die bunten Bilder auf dem Boden. Über drei weitere Zimmer mit Blumen, Blättern, Sternen, Kreisen und Quadraten sowie ein trapezförmiges Vestibül mit dem Familienbild des Patrons – er selbst als junger Mann in einer gelben Tunika neben Mutter und Schwester – eröffnet sich in dem ovalen Gymnastiksaal neben den Thermen ein wahres Wunderland: eine Vorstellung im Circus Maximus in Rom! Auch im großen, ovalen Hof der Villa ist der Bauer schon gewesen. Schattig-kühl sind die Säulengänge mit den lustigen Tierbildern: Löwen, Gazellen und Hyänen. Trinkstuben an den beiden Längsseiten, zwei mit fischenden Eroten und zwei, in denen das Lesen und Keltern von Wein gezeigt wird. An den Hof schließt der große Speisesaal mit drei halbkreisförmigen Apsiden an, dem Herkules gewidmet. Götter- und Kaiserbüsten sind dort aufgestellt, und an den Wänden leuchten bunte Fresken.

Von den anderen, sehr privaten Zimmern im Palast hat ihm Quintus nur erzählt. Von der Basilika, dem luxuriösen Empfangssaal im Osten des Gartenvestibüls, in der bei Festen hunderte Lichter erstrahlen und die Düfte des Orients aufsteigen. Auf einem Thron aus Marmor und Gold pflegt der Hausherr seine Gäste zu begrüßen, und nur die Cubicularii, ausgewählte Kammerdiener, deren Mund verschlossen ist, haben dann Zutritt, denn oft geht es hoch her. Wenn der sizilianische Wein die Gäste zu Paaren treibt, benehmen sich auch hochadelige Damen und Herren nicht anders als liebestolle Bauern, hat Quintus gemeint, der sich gern ein bisschen geziert ausdrückt und die Sprache seiner Herrschaft nachzuahmen pflegt.

Eine dicke Mauer und ein offener Gang schirmen deshalb die Basilika von den Wohn- und Kinderzimmern im Ostflügel der Villa ab. Vom Schlafzimmer der Herrin, die von ihrem Bett auf einen Zweikampf zwischen Eros und Pan herabblickt, von den Kinderzimmern mit einem üppigen Rosengarten und kindlichen Jagdspielen. Da wird ein vorwitziger Knabe von einem Hahn gezwickt, dort lauert ein zweiter Minijäger mit der Lanze einem Hasen auf. Allerliebst die Mosaiken in den Spielzimmern der jungen Herren. Kinder als Zirkusakteure. Von Phantasievögeln gezogene Wagen jagen um die Wette, während im Schulraum ein Wettstreit von Musikanten gezeigt wird, mit griechischen Buchstaben als Musiknoten.

Alle diese Gemächer umschließen ein halbkreisförmiges Atrium mit fischenden Eroten und einen weiteren Prunkraum der Villa. Der sagenhafte Sänger Arion ist dort zu sehen, der nach einem Schiffbruch durch Gesang sein Leben rettete. Ein Delphin soll ihn auf seinem Rücken zur Küste getragen haben. Die Macht der Musik beweisen die Mosaiken: Fischwesen, Meeresungeheuer, Drachen, Tiger, Löwen und Wölfe lauschen hingerissen Arions Stimme.

Sehr anschaulich hat Quintus alles berichtet und seinem Freund ein großes Geheimnis anvertraut, über das alle Diener tuscheln: Im Schlafgemach des Herrn soll auf dessen besonderen Wunsch ein Liebespaar in inniger Umarmung dargestellt worden sein, die schöne Frau noch dazu fast nackt. Tief und sehnsüchtig seufzt das Bäuerlein auf. Ob eines der Mädchen mit den goldenen Haaren dafür Modell gestanden

Mythologischer Bilderbogen in Mosaikform – Halbgötter und Meeresgetier

hat? Sklavinnen sind es nur, aber in den Augen des einfachen Mannes Geschöpfe aus einer anderen Welt. Verschwenderisch gekleidet, so wie die Diener auf den Mosaiken, die Tuniken nach neuester Mode mit Emblemen bestickt.

Harte Schritte lassen den Bittsteller aufschrecken. Drei Offiziere sind angekommen und marschieren ins Haus. Repräsentanten der Allmacht Rom. Mit keinem Blick würdigen sie den zerlumpten Bauern auf der Wartebank, der sich ängstlich duckt. Der martialische Gleichklang verweht zwischen marmornen Fliesen und Säulen, wie ferner Donner verhallen die harten Tritte auf Stein. Resignierend verlässt der müde Sizilianer seinen Platz. Nach der Ankunft der Reiter in den Purpurmänteln wird der Patron heute kein Ohr mehr für seine Sorgen haben.

Vorbei der Traum der bunten Steine. Die Sonne wärmt mild an diesem Oktobertag – auch sie eine Verführerin zum Träumen. Der Bauer, Quintus, all die anderen, fast schon vergessen im Erwachen. Verführte Phantasie durch das Echo einer fernen Zeit ... (*Willi Haunold*)

Morgantina

Karte: S. 295
Tipps & Adressen: siehe Enna, S. 359

6 Siziliens Zeitmaschine macht es möglich: Eine Autofahrt von kaum 25 km und schon kehrt man aus der Welt der Römer zurück zu den Griechen, die nordöstlich von Piazza Armerina bemerkenswerte Überreste ihrer Baukunst hinterlassen haben. Einen Vorgeschmack auf die hochinteressante Ausgrabungszone geben die Fundstücke im Archäologischen Museum von Aidone, wo das mehr als dreitausendjährige Erbe von **Morgantina** sorgfältig gehütet wird. Um 1035 v. Chr. nahmen ausonische Er-

Stufe für Stufe wird hier die Geschichte Siziliens in bunten Bildern erzählt.

oberer vom italienischen Festland unter der Führung ihres Königs Morges die 200 Jahre zuvor gegründete Sikulersiedlung ein. Mehr als ein halbes Jahrtausend später interessierte sich der Tyrann von Gela für das Landstädtchen, das nach erfolglosem Widerstand ausgelöscht und von Syrakus neu besiedelt wurde. Vergeblich begehrten 460 v. Chr. die vorgriechischen Völker unter dem Sikulerkönig Duketios in einem zehn Jahre währenden Aufstand gegen die Inselherren auf. Morgantina blieb bis zur Übernahme durch die Römer (240 v. Chr.) ein bedeutendes griechisches Agrarzentrum. Als Schauplatz von Sklavenaufständen und Rebellionen sank es jedoch noch vor der Zeitenwende zur Bedeutungslosigkeit herab.

Ausgrabungen förderten die Fundamente von so gut wie allem zu Tage, was unabdingbar zu einer Griechenstadt des 4. Jahrhunderts v. Chr. gehörte: Zentraler Treffpunkt war eine rechteckig angelegte **Agorà**, die Straßen stießen weitgehend nach dem üblichen »hippodamischen System« rechtwinkelig aufeinander, es durfte weder das **Gymnasion** mit Rennbahn, Umkleide-, Wasch- und Gymnastikräumen noch das **Bouleuterion** oder das **Ekklasterion** als Schauplätze der Rats- und Volksversammlungen fehlen. Natürlich gab es auch ein **Theater** – mit Sitzplätzen für etwa 5000 Zuschauer. Lediglich steinerne Altäre und zehn beschriftete Tontäfelchen blieben vom **Sakralbezirk** erhalten, umso mehr dafür von den **Wohnvierteln** mit einem Kornspeicher, Bäckereien und Atriumhäusern, von denen manche mit mehrfarbigen **Mosaiken** – mythologischen Szenen wie dem Raub des Ganymed – geschmückt waren.

Caltagirone

Karte: S. 295
Tipps & Adressen: Caltagirone, S. 319

7 Silbriggrüne Artischockenfelder und Kaktusfeigen-Plantagen säumen immer wieder die gut ausgebaute Straße und setzen auch im Sommer Farbakzente ins Grau des abgeernteten Weizenlandes. Etwa 35 km von Piazza Armerina entfernt liegt in südöstlicher Richtung Siziliens »Hauptstadt der Keramik«, die sich dekorativ in 600 m Höhe über den fruchtbaren Hügeln des Inselinneren erhebt: Caltagirone, Synomym für Majolika-Kunst in höchster Vollendung.

Der Name des bereits in der Bronzezeit bewohnten Ortes leitet sich – so wie alle mit »Ca« oder »Cal« beginnenden Städtenamen – vom Arabischen ab. Aus *qalat al-ghi-ran* wurde Caltagirone – die »Burg über den Höhlen«. Das Erdbeben von 1693 zerstörte das Städtchen zur Gänze, weder von der Festung der Mohammedaner noch vom architektonischen Erbe der Normannen ist nach dem barocken Wiederaufbau etwas zu sehen. Überlebt aber hat die Tradition der Keramikherstellung, wie sie in Caltagirone seit mehr als einem Jahrtausend gepflegt wird. Dementsprechend groß ist die Verführung, die eine oder andere zerbrechliche Kostbarkeit zu erwerben - exquisite Stücke, die natürlich auch am Ort der Herstellung ihren Preis haben. Wer jetzt zögert, bereut es jedoch spätestens in den Nobelläden von Taormina, wo man die schönsten Keramiken aus Caltagirone um einiges teurer wiederfindet.

Im Herzen des Zentrums (zugleich Ausgangspunkt eines Stadtbummels) liegt **La Scalinata**, eine im 17. Jahrhundert angelegte, 1954 erneuerte und an ihrer Schauseite mit sehenswerten Keramikfliesen verzierte Freitreppe mit 142 Stufen, die zum höher liegenden Stadtteil mit der **Kirche Santa Maria del Monte** führt (12. Jh., im 18. Jh. faktisch neu erbaut). Ganz im Zeichen der Keramikkunst stehen auch der **Palazzo Corte Capitanale**, ein sehenswerter Stadtpalast (17. Jh.) mit einer Verkaufsaustellung des örtlichen Keramik-Konsortiums (Piazza Municipio) sowie das **Keramik-Museum** (Museo Regionale della Ceramica), italienweit nach Faenza das größte dieser Art mit einer beachtlichen Sammlung sizilianischer Keramiken von den Anfängen bis zum 21. Jahrhundert (Via Giardino Pubblico, Eingang vom 1792 errichteten Freilichttheater **Teatrino**).

Information

Unterkunft

Restaurant

Sehenswert

Museen

Einkauf

Nachtleben

Unterhaltung

Feste

Aktivitäten

Strand

Verkehr

Tipps & Adressen

Inhalt

Tipps & Adressen von Ort zu Ort

Reiseinformationen von A bis Z

Tipps & Adressen von Ort zu Ort

Preiskategorien Unterkünfte
Preise pro **Doppelzimmer** oder 2-Personen-Apartment **mit Frühstück** in der Hauptsaison, alle Steuern inklusive. Außerhalb der Monate Juli und August liegen die Preise bis zu 30% niedriger.
sehr preiswert: 20 – 70 €
günstig: 70 – 110 €
moderat: 110 – 180 €
teuer: 180 – 280 €
sehr teuer: ab 280 €

Preiskategorien Essen und Trinken
Maßstab war der Preis für ein durchschnittliches Menü (Antipasti, Pasta, Hauptgericht: Fisch oder Fleisch mit Salat) plus 1/2 l Hauswein:
günstig: 10 – 20 €
moderat: 20 – 35 €
teuer: ab 35 €

Abkürzungen der Provinzen
AG – Agrigento, **CL** – Caltanissetta, **CT** – Catania, **EN** – Enna, **ME** – Messina, **PA** – Palermo, **RG** – Ragusa, **SR** – Syrakus, **TP** – Trápani.

Fremdenverkehrsämter
Provinzbehörde Azienda Autonoma Provinciale per l'Incremento Turistico (**AAPIT**), Stadtamt Azienda Autonoma di Cura, Soggiorno e Turismo (**AAST**), lokale Tourismusinfo **Pro Loco**

Aci Castello (CT)

Lage: Vordere Umschlagkarte J4
15 m ü. d. M.
PLZ: 95020
Einwohner: 14 000 (mit Aci Trezza und Cannizzaro)
Atmosphäre: lebendig, ein typischer Ausflugsort

AAST für Catania und **Aci Castello**, 95129 Catania, Corso Italia 302, Tel. 0 95 37 30 84, Fax 0 95 37 30 72.

President Park Hotel, Via Litteri 88, Tel. 09 57 11 61 11, Fax 0 95 27 75 69, moderat.
Komfortables Haus mit schönem Garten.
I Faraglioni, Aci Trezza, Lungomare dei Ciclopi 115, Tel. 0 95 27 67 44, Fax 0 95 27 66 09, günstig.
Zimmer mit Blick auf Meer und Lavafelsen.
I Malavoglia, Aci Trezza, Via Provinciale 3, Tel. 0 95 27 67 11, Fax 0 95 27 68 73, günstig.
Einfaches Mittelklasse-Hotel im Ortszentrum.

Galatea, Via Livorno 146a, Tel. 0 95 27 79 13, Mo und im Nov. geschl., moderat.
Frische Meeresfrüchte.
I Malavoglia, Aci Trezza, Lungomare dei Ciclopi 167, Tel. 0 9 57 11 65 56, Di Ruhetag, moderat.
Ausgezeichnete lokale Küche, Fischspezialitäten.

Normannenkastell, 1076 aus Lavastein erbaut, mit Museo

Civico (Mineralogie, Archäologie), Tel. 0 95 27 10 26; geöffnet tägl. außer Mo 9–13, im Winter auch 15–17 Uhr, Juni–Sept. 16–20 Uhr.
Pittoresker Hafen von Aci Trezza mit Lavafels-Inselchen.

Discothek Banacher, Via Vampolieri 6, 95026 Aci Castello, Tel. 0 95 27 12 57
Eine der größten Freiluft-Diskotheken Siziliens

24. Juni: Festa di S. Giovanni Battista mit malerischen Wasserspielen im kleinen Hafen von Aci Trezza.

Im Hafen von Aci Trezza **Bootsverleih** und Angebote für **Bootsrundfahrten**.

Acci Trezza: kein typischer Badeort mit schönem Strand; felsige Küste, wildes Baden nicht zu empfehlen. **Gepflegte Badeanstalt** Lido dei Ciclopi, Via Provinciale 2, Tel. 0 95 27 66 01.

Bahn: Liegt an der Bahnlinie Messina–Catania (nächste Schnellzugstation: Acireale)
Bus: Verbindungen mit Catania tagsüber im 1–2 Stunden-Takt.

Acireale (CT)

Lage: Vordere Umschlagkarte J4
161 m ü. d. M.
PLZ 95024
Einwohner: 50 000
Barockstädtchen – großzügige, lebhafte Atmosphäre

AAST, Corso Umberto 179, Tel. 0 95 60 45 21, Fax 0 95 60 43 06.
Kurinfo: Via delle Terme 47, Tel. 0 95 60 15 08, Fax 0 95 60 64 68.

Maugeri, Piazza Giuseppe Garibaldi 27, Tel. 0 95 60 86 66, Fax 0 95 60 87 27, moderat.
Bequemes Stadthotel in zentraler Lage, anno 2000 von Grund auf modernisiert.
Santa Tecla, Loc. Santa Tecla, Via Balestrate 100, Tel. 0 95 76 30 15, Fax 0 95 60 77 05, günstig.
500-Betten-Haus in Meernähe, ruhige Lage.
La Perla Ionica, Loc. Capomulini, Via Unni 10, Tel. 09 57 66 11 11, Fax 0 95 66 22 22, günstig.
Große Hotelanlage im Grünen mit allem Komfort.
Hotel delle Terme, Via A. de Gasperi 20, Tel. 0 95 60 44 80, Fax 0 95 60 51 27, sehr preiswert.
Einfaches Kurhotel, mit den Thermalanlagen verbunden.

Camping:
Panorama, Via Santa Caterina 55, Tel. 09 57 63 41 24 und Handy 3 36 61 15 37, ganzjährig geöffnet.
Traumlage.

La Brocca, Corso Savoia 49/A, Tel. 0 95 60 71 96, So abends und Mo geschl., moderat.
Große Auswahl lokaler Gerichte, Fleisch wie Fisch; elegantes Ambiente.
La Grotta, Loc. S. Maria La Scala, Via Scalo Grande 46, Tel. 09 57 64 81 53, Di Ruhetag, moderat.
Uriges Fischlokal in einer Lavagrotte, unübertroffener Meeresfrüchtesalat.

Biblioteca e Pinacoteca Zelantea (mit Museo Archeologico und Museo del Risorgimento), Via Marchese di San Giuliano 17, Tel. 0 95 60 44 88. Hier werden 160 000

Bücher und das historische Archiv der Stadt sowie Bilder des 16.–19. Jh. und archäologische Funde aufbewahrt (derzeit wegen Renovierung geschlossen!).
Dom, der Annunziata und der Santa Venera geweiht (14.–17. Jh. mit neugotischer Fassade). Kirche S. Sebastiano (2. Hälfte des 17. Jh. mit schöner Barockfassade).
Museo del Palmento, Santa Venerina (10 km), Via Palombaro 56, Tel. 0 95 95 36 78, tägl. außer So 16.30–19 Uhr und gegen Voranmeldung (alte bäuerliche Geräte, geschmackvolle Keramiken von Cristina Amblard, zeitgenössische Bilder von Nino Carnabuci).

Das lebendige, für einen Einkaufsbummel ideale Barockstädtchen mit seinem bemerkenswerten Dom ist berühmt für seine Süßigkeiten, ein Konditoreibesuch lohnt sich daher immer.

20. Januar: Festa di San Sebastiano, Schutzpatron der Stadt.
Februar: Karneval, gilt als der schönste und farbenprächtigste Siziliens.
24.–27. Juli: Festa di S. Venera.

Thermalbad: Terme di Acireale, Via delle Terme 47, Tel. 0 95 60 15 08, Fax 0 95 60 64 68, www.termeacireale.com; ganzjährig geöffnet. Gegen Hautkrankheiten, Rheuma und Atemwegserkrankungen.

Bahn: Liegt an der Bahnlinie Messina–Catania, die meisten Schnellzüge halten hier. Bahnhof auf der Piazza Pennisi.
Bus: Der Bahnhof (täglich zahlreiche Verbindungen nach Catania, Taormina und Messina) befindet sich auf der Piazza Duomo.

Adrano (CT)

Lage: Vordere Umschlagkarte H4
550 m ü. d. M
PLZ 95031
Einwohner: 34 000
Atmosphäre: streng, verschlossen

In der ursprünglichen Sikuler-Siedlung stand einst der Tempel des Hadranus, eines als Berggeist des Ätna verehrten Feuer- und Kriegsgottes. Das Heiligtum wurde von tausend Hunden bewacht, deren Nachkommen heute noch in diesem Gebiet zu finden sind.

Pro Loco, Via Roma 56, Tel. 09 57 69 47 03.

Keine Unterkunftsmöglichkeit und keine Restaurants zu empfehlen.

In der **Normannenburg** (von Roger I. im 11. Jahrhundert begonnen, im 14. Jahrhundert erweitert) ist ein **Archäologisches Museum** mit interessanten prähistorischen Funden untergebracht, Piazza Umberto 1, Tel. 09 57 69 26 60, tägl. außer Mo 9–13 und 14/15–18/19 Uhr.
Außerhalb der Stadt (Richtung Nordwesten) am Fluss Simeto befindet sich die in kühnem Bogen angelegte sog. **Sarazenenbrücke** (wahrscheinlich 14. Jh.).

In der landwirtschaftlichen Genossenschaft »L'Ulivo« gibt es **Oliven** in vielen Variationen und **Olivenöl** (Via C. Collodi 11, Tel. 09 57 69 24 94).

Ostersonntag: Aufführung der »Diavolata«, eines religiösen Dramas aus dem Jahr 1728, das den

Kampf des Teufels mit den himmlischen Mächten zum Inhalt hat.
Erste Augustwoche: Fest des Stadtpatrons San Nicolo Politi.

Bahn: Liegt an der *Ferrovia Circumetnea* (FCE) zwischen Giarre/Riposto und Catania, an Werktagen vier bis sechs Zugverbindungen.
Bus: Täglich FCE-Busse von und nach Catania (FCE-Bahnhof, Corso delle Provincie 13, Tel. 0 95 54 12 44).

Ägadische Inseln (TP)

Lage: Vordere Umschlagkarte A5–B5
Karte: S. 222
PLZ 91023
Favignana: 19 km², Einwohner: 3500
Lévanzo: 5 km², Einwohner: 200
Maréttimo: 12 km², Einwohner: 800

AAPIT Trapani, 91100 Trapani, Piazza Saturno 1, Tel. 0 92 32 90 00, Fax 0 92 32 40 04, www.apt.trapani.it und www.egadi.com
Auf Favignana: **Pro Loco**, Piazza Matrice 8, Tel. 09 23 92 16 47.

Informationen über Bootsausflüge von allen drei Inseln aus bei AAPIT Trápani oder Pro Loco Favi-gnana (s.oben).

Schiff: Mehrmals täglich Tragflügelboote und Autofähren (Autotransport nur nach Favignana möglich) von Trápani nach allen drei Inseln.
Auskünfte: Schiffsgesellschaften Siremar (Tel. 0 92 32 77 80), Ustica Lines (Tel. 0 92 32 22 00) und Alilauro (Tel. 0 92 32 40 73).

Favignana

Approdo di Ulisse, Loc. Calagrande, Tel. 09 23 92 13 80, Fax 09 23 92 15 11, geöffnet Mitte Mai bis Anf. Okt., moderat.
Nettes Bungalow-Hotel in einem Piniewäldchen nahe am Meer.
Tempo di Mare, Via Frascia, Tel. 09 23 92 24 74, Fax 09 23 92 16 21, Apr.–Okt. geöffnet, günstig.
Ruhige Apartmentanlage (76 Betten) nahe Zentrum mit jeweils 1–3 Zimmern.
Aegusa, Via Garibaldi 11–17, Tel. 09 23 92 24 30, Fax 09 23 92 24 40, ganzjährig geöffnet, günstig.
Kleines, sauberes Haus im Ortszentrum mit gutem Restaurant.
Egadi, Via Colombo 17, Tel./Fax 09 23 92 12 32, ganzjährig geöffnet, sehr preiswert.
Einfaches Hotel mit einem der besten Restaurants Siziliens.
4 Rose, Contr. Mulino a Vento, Tel. 09 23 92 12 23, Mai–Sept. geöffnet, sehr preiswert.
Kleine, einfache Bungalow-Anlage mit angeschlossenem Campingplatz, Restaurant und Disco.

Egadi, Via Colombo 17, Tel. 09 23 92 12 32, tägl. geöffnet vom 15.4.–30.10., moderat/teuer.
Berühmter Feinschmecker-Treff, geleitet von den Schwestern Guccione, Tische oft Wochen im Voraus ausgebucht.
El Pescador, Piazza Europa 34, Tel. 09 23 92 10 35, Mai–Okt., kein Ruhetag, moderat.
Gemütliche Trattoria mit Schwerpunkt Meeresfrüchte.
Nautilus, Via Giovanni Amendola 5, Tel. 09 23 92 16 71, Mai–Sept. kein Ruhetag, moderat.
Köstliche Fischspezialitäten.

Thunfisch-Spezialitäten und andere **Naturprodukte** bei »Antica Tonnara« (Via Nicotera 6).

Disco Mulino Rosso, Via M. di Canossa (in der Saison tägl. ab 22 Uhr).

Ende Mai: Woche der Ägadischen Inseln mit viel Folklore.
14. September: Festa del SS. Crocifisso (Inselpatron).

Fahrräder und **Mofas** preisgünstig bei Pietro (Via Garibaldi 10, Handy 34 73 71 68 41, spricht perfekt deutsch.
Bootsverleih und -rundfahrten: Sea Taxi, Contrada Calamoni, Tel. 09 23 92 10 11.
Mit Fischern unterwegs: Egadi Mare, Favignana, Piazza Madrice 46, Tel. 09 23 92 25 50, Coop. S. Giuseppe,
Tauchmöglichkeiten: Egadi Mare (s. oben), Blumarina, Handy 3 30 96 78 87 oder 34 76 69 45 77.
Reiten: Residence Campo, Via Manin 10, Tel. 09 23 92 13 15.

Lévanzo

Pensione dei Fenici, Via Calvario 18, Tel./Fax 09 23 92 40 83, Sehr preiswert.
Paradiso, Via Lungomare, Tel. 09 23 92 40 80, sehr preiswert.
Kleine Pensionen, die auch für Speis und Trank sorgen.

Grotta dei Genovesi (Führer Giuseppe Castiglione, Tel. 09 23 92 40 32).

Bootsverleih und -rundfahrten: Taxi a Mare, Handy 3 30 38 59 38.

Maréttimo

Marettimo Residence, Via Tel.egrafo, Tel. 09 23 92 32 02, Fax 09 23 92 33 86, Ostern bis Okt. geöffnet, moderat.
1999 errichtete kleine Ferienanlage (75 Betten).

Hiera, Via G. Maiorana 8, Tel. 09 23 92 30 17, günstig.
Hausmannskost, abends auch Pizzeria.
Il Veliero, Via Umberto 22. Tel. 09 23 92 31 95, günstig.
Frische Fischspeisen, der Wirt Giuseppe Bevilacqua vermittelt auch Privatquartiere.

Bootsrundfahrten bucht man bei Simmar, Tel. 09 23 92 30 76 oder Handy 36 83 78 48 01.
Mit Fischern unterwegs: Egadi Mare, Coop. S. Giuseppe, Tel. 09 23 92 32 90, Handy: 3 39/4 66 09 67.
Tauchmöglichkeiten: Circolo Nautico Big Game, Handy 3 68 28 29 85, Diving Center, Handy 3 68 61 99 10, Stella Marina Sub, Tel. 09 23 92 31 44 oder Handy: 36 87 80 90 53
Wandern: Touren (bis zu 6 Stunden und von einfach bis schwierig) organisiert Pietro, der Besitzer der Bar »Torrente«, Via S. Francesco d'Assisi 2, Tel. 09 23 92 30 30.

Äolische Inseln

siehe Liparische Inseln

Agrigent (AG)

Lage: Vordere Umschlagkarte E3
230 m ü. d. M. – Provinzhauptstadt
Stadtplan: S. 181
PLZ 92100
Einwohner: 52 000
Atmosphäre: gemütlich, elegant mit internationalem Flair

Provinz Agrigent: AAPIT, Viale della Vittoria 255,Tel. 09 22 40 13 52, Fax 0 92 22 51 85.
Stadt Agrigent: AAST, Via Empedocle 73, Tel. 0 92 22 03 91, Fax 0 92 22 02 46, Via Cesare Battisti 15, Tel. 0 92 22 04 54.

Concordia, Piazza S. Francesco 11, Tel. 09 22 59 62 66, sehr preiswert.
Einfaches Haus im Zentrum der Neustadt.
Baglio della Luna, Contrada Maddalusa, Tel. 0922 51 10 61, Fax 09 22 59 88 02, bagliodl@oasi.it, teuer.
Exquisites Hotel (24 Zimmer) in einem Jahrhunderte alten Patrizierhaus mit stimmungsvollem Hof und schönem Garten sowie hervorragendem Restaurant »Il Dehor«.
Dioscuri Bay Palace, San Leone, Lungomare Falcone e Borsellino 1, Tel. 09 22 40 61 11, Fax 09 22 41 12 97, dioscuri@framon-hotels.com, moderat.
Modernes Haus am Meer.
Kaos, Contrada Pirandello, Tel. 09 22 59 86 22, Fax 09 22 59 87 70, moderat.
Großer Hotelkomplex am Meer, direkt neben dem Geburtshaus des Dichters Luigi Pirandello.
Tre Torri, Villaggio Mosè, Tel. 09 22 60 67 33, Fax 09 22 60 78 39, günstig.
Hotel der Touristenklasse, Spezialbetreuung für Radfahrer.
Villa Eos, Villaggio Pirandello, Tel. 09 22 59 71 70, Fax 09 22 59 71 88, günstig.
Familiäres Hotel (23 Zimmer) in ruhiger Lage beim Pirandello-Geburtshaus.

Agriturismo:
Fattoria Mosè, Villaggio Mosè, Via M. Pascal 4, Tel./Fax 09 22 60 61 15, sehr preiswert.
12 Betten in modernen Zimmern auf schönem Landgut, 4 km vom Tal der Tempel entfernt.

Camping:
Internazionale San Leone, Contrada **Le Dune**, Via Lacco Ameno 4, Tel. 09 22 41 61 21, ganzjährig geöffnet.

Dei Templi, Via Panoramica dei Templi 15, Tel. 09 22 40 31 10, Do und im Nov. geschl., moderat.
Früchte von Meer und Garten, stets frisch und schmackhaft zubereitet.
Kalo's, Piazzetta San Calogero, Tel. 0 92 22 63 89, So Ruhetag, moderat.
Pasta- und Fischspezialitäten im historischen Zentrum.
Le Caprice, Via Panoramica dei Templi 51, Tel. 0 92 22 64 69, Fr und im Juli geschl., moderat.
Feine lokale Küche in rustikal. Ambiente.
Leon d'Oro, S. Leone, Viale Emporium 102, Tel. 09 22 41 44 00; Mo und im Nov. geschl., moderat.
Spezialitäten: Fisch, Lamm und Gemüse.
Pescatore, San Leone, Lungomare Falcone e Borsellino 20, Tel. 09 22 41 43 42, Mi (Winter) Ruhetag, moderat.
Meeresfrüchte in vielen Variationen.

Museo Archeologico Regionale, Contrada S. Nicola, Tel. 09 22 40 15 65; tägl. 9–13 Uhr, Di–Sa auch 14–17.30 Uhr.
Kirche S. Nicola mit **Phaedra-Sarkophag**.
Tal der Tempel, tägl. 9 Uhr bis eine

Stunde vor Sonnenuntergang (Kassen befinden sich bei allen Eingängen).
Historische Altstadt. Pirandello-Geburtshaus, Fraz. Villaseta, Contrada Kaos, Tel. 09 22 44 41 11; Führungen »Auf den Spuren Pirandellos« (Parco Letterario Pirandello), Info: Tel. 09 22 40 28 62.

Das Nachtleben ist im Winter inexistent, im Sommer hingegen tummelt sich die Szene in **San Leone,** die Betuchten feiern im exklusiven **Club La Focetta** (Via Ischia, Tel. 09 22 41 21 31).

Anfang Februar: Sagra del mandorlo in fiore, Mandelblütenfest mit internationaler Folklore.
Karfreitag: eindrucksvolle Prozession durch die Stadt.
Juli: Fest von S. Calogero mit Umzügen; Sagra del grano, Weizenerntefest; Pirandello-Woche mit Konferenzen und Theateraufführungen.
Juli/August: Feste di Persefone, klassische Theateraufführungen im Tempeltal; Estate Agrigentina, internationale Musik- und Show-Veranstaltungen.
Weihnachten: Natale Agrigentino mit Folklore-Darbietungen an allen Ecken der Stadt.

Bahn: Bahnhof (Züge von und nach Catania und Palermo) auf der Piazza Marconi unterhalb der Altstadt.
Bus: Busbahnhof auf der Piazza Roselli, Linienverkehr mit Catania, Caltanissetta, Palermo, Ragusa, Syrakus, Trápani.
Die städtischen Busse (ab Piazza Marconi) fahren u. a. zum Tal der Tempel sowie nach Porto Empédocle und San Leone, dem Lido von Agrigent.
Schiff: Ab Porto Empedocle im Hochsommer täglich Tragflügelboot-Verbindungen (Ustica Lines) mit den Pelagischen Inseln Lampedusa und Linosa.
Mietwagen: Sixt, Via Esseneto 103, Tel./Fax 09 22 59 65 00.

Bronte (CT)

Lage: Vordere Umschlagkarte H5
760 m ü. d. M.
PLZ 95034
Einwohner: 20 000
Atmosphäre: provinziell, etwas schäbig

Einst Hauptstadt des Herzogtums, mit dem Ferdinand IV. 1799 Admiral Nelson für dessen Hilfe bei der Unterdrückung der Aufstände gegen die Bourbonen belehnte. Zentrum des Pistazienanbaus.

Pro Loco, Via G. D'Annunzio 8, Tel. 09 57 72 28 56.

La Cascina, Contrada Piana Cuntarati, Tel. 09 57 72 19 91, Fax 09 57 72 10 35, sehr preiswert. Schlichtes Haus für Anspruchslose.
Parco dell'Etna, Contrada Borgonova, Via Gen. Dalla Chiesa 1,Tel. 0 95 69 19 07, Fax 0 95 69 26 78, sehr preiswert. Kleines, 1990 erbautes, einfaches Hotel mit gutem Restaurant (Hausmannskost).

Kirchen und Paläste aus der Spätrenaissance.
In 13 km Entfernung liegt die **Abtei Santa Maria di Maniace**, auch **Castello** oder **Nelson-Villa** genannt; kleine spätnormannische Kirche und Nelson-Ausstellung (Tel. 0 95 69 00 18, geöffnet tägl. 9–18 Uhr).

Pistazien-Spezialitäten (Torten, Kuchen, Creme, Pesto, etc.) in der Konditorei Crystal (Via Bottego, Ecke Viale della Regione).

1. **Hälfte Oktober:** Sagra del Pichacchio, Fest der Pistazienernte.

Caccamo (PA)

Lage: Vordere Umschlagkarte E5
521 m ü. d. M.
PLZ 90012
Einwohner: 9 000
Atmosphäre: verwunschen, Bergstädtchen 50 km von Palermo

Pro Loco, Piazza Duomo, Palazzo Monte di Pietà, Tel. 09 18 12 13 93.

La Spiga d'Oro, Via Margherita 74, Tel. 09 18 14 89 68, sehr preiswert.
Modernes, schlicht möbliertes Haus nahe dem historischen Zentrum mit empfehlenswertem Restaurant (lokale Fleischspezialitäten).

Mittelalterliches Kastell auf steil abfallendem Felsen (Tel. 09 18 10 32 48, tägl. 9.30–12.30 und 15.30–16.30 Uhr)
Historisches Zentrum mit Pfarrkirche S. Giorgio (1090, Umbauten 15./17. Jh.)
Kirche S. Benedetto della Badia mit schönem Majolikaboden (18. Jh.).

Mitte August: Castellana di Caccamo, Burgfest mit historischen Kostümen.

Caltagirone (CT)

Lage: Vordere Umschlagkarte G3
608 m ü. d. M.
PLZ 95041
Einwohner: 37 000
Atmosphäre: im Zentrum heiter, sonst eher verschlafen

Eines der zwei Zentren des sizilianischen Keramik-Kunsthandwerks (neben S. Stefano di Camastra an der Nordküste).

AAST, Via Volta Libertini 3, Tel. 0 93 35 38 09, Fax 0 93 35 46 10.

Villa S. Mauro, Via Porto Salvo 10, Tel. 0 93 32 65 00, Fax 0 93 33 16 61, moderat.
Anno 2000 neu gestaltetes Hotel der guten Mittelklasse.
Monteverde, Via delle Industrie 11, Tel. 0 93 35 36 82, Fax 0 93 35 35 33, sehr preiswert.
Schlichtes Quartier für Durchreisende.

Agriturismo:
Casa degli Angeli, 8,5 km auf der SP (Strada Provinciale) 29 von Caltagirone in Richtung Niscemi, Tel. 0 93 32 53 17, ganzjährig geöffnet, kürzlich renoviertes Haus aus dem 19. Jh., rustikale Küche, **Verkauf von Orangen, Olivenöl und Wein**.

San Giorgio, Via Altobasso S. Luigi 2, Tel. 0 93 35 52 28, Di Ruhetag, moderat.
Stimmungsvolles Lokal in ehemaligem Kloster, regionale Spezialitäten.
Nonsolovino, Via Vittorio Emanuele 1, Tel. 0 93 33 10 68, Mo Ruhetag, moderat.
Einfache sizilianische Küche, mehr Fleisch als Fisch.
San Francisco, Piazza Risorgimento 29, Tel. 0 93 35 29 04, So Ruhetag, günstig.
Restaurant mit Selbstbedienung.

Museo Regionale della Ceramica, Via Roma, Giardino

Publico, Tel. 0 93 32 16 80, tägl. 9–18.30 Uhr.
Marionetten-Museum und -Theater (*Teatro Stabile dell'Opera dei Pupi*), Via Verdumai 4, Tel. 0 93 35 40 85, tägl. 9.30–12.30 und 16–19 Uhr, Vorstellungen So nachm. auf Anfrage.
Dom S. Giuliano, normannischen Ursprungs, mit überraschender Jugendstilfassade.
Treppe S. Maria del Monte, geschmückt mit farbigen Majoliken.
Das 1965 eröffnete **Keramikmuseum** (*Museo Nazionale della Ceramica*) befindet sich in einem gepflegten Park aus dem 19. Jahrhundert. In dem Gebäude aus dem Jahr 1792, wegen seines ausladenden Portals *Teatrino* (»Kleines Theater«) genannt, wird anhand kostbarer Exponate die Geschichte der Keramikkunst auf Sizilien von der Antike bis zur Gegenwart dokumentiert. Geöffnet tägl. 9–18.30 Uhr bei freiem Eintritt.

Keramiken u.a. auf dem Keramik-Markt (Via V. Emanuele 7/9) sowie bei Giacomo Alessi (Via Principe Amedeo 9), Francesco Boria (Scala S. Maria del Monte 41), Pierfrancesco Incarbone (Via Roma 16/18), Giacomo Lo Bianco (Via Luigi Sturzo 75), Francesco Navanzino (Via Stazione Isolamento 47), Pasquale Pedilarco (Via V. Emanuele 6), Salvatore Sasso (Via San Bonaventura 6/10) und Riccardo Varsallona (Via Roma 88).

Februar: Karnevalsumzüge.
Karfreitag: Prozession.
Juli/August: Internationale kulturelle und folkloristische Darbietungen mit dem Fest S. Giacomo (24./25. Juli) als Höhepunkt (»La Luminaria« – Lichtermeer auf der Treppe S. Maria del Monte).
Dezember: Krippen-Ausstellung.

Bahn: Station der Bahnlinie Catania – Gela am Stadtrand (Piazza Stazione), Züge mehrmals tägl.
Bus: Busbahnhof Piazza della Repubblica, Verbindungen mit Catania, Palermo, Syrakus, Messina.

Caltanissetta (CL)

Lage: Vordere Umschlagkarte F4
568 m ü. d. M. – Provinzhauptstadt
PLZ 93100
Einwohner: 62 000
Atmosphäre: ein wenig langweilig, aber freundlich und nett.

AAPIT, Corso Vittorio Emanuele 109, Tel. 09 34 53 04 11, Fax 0 93 42 12 39.
Informationsbüro, Viale Conte Testasecca 20, Tel. 0 93 42 10 89.

San Michele, Via Fasci Siciliani, Tel. 09 34 55 37 50, Fax 09 34 59 87 91, moderat. Modernes, komfortables Mittelklasse-Hotel.
Plaza, Via B. Gaetani 5, Tel./Fax 09 34 58 38 77, sehr preiswert. Schlichtes 40-Betten-Haus im historischen Zentrum.
Ventura, Contrada Gurra Pinzelli, SS 640 Caltanissetta-Agrigento, Tel. 09 34 55 37 80, Fax 09 34 55 37 85, günstig. Übernachtungsquartier mit gutem Restaurant.

Cortese, Viale Sicilia 166, Tel. 09 34 59 16 86; Mo und im August geschl., moderat. Traditionsreiche regionale Küche.

Museo Civico, Via Colajanni 3, Tel. 0 93 42 59 36, tägl. 9–13 und 15.30–19 Uhr (archäologische Exponate)

Museo Mineralogico, Viale della Regione 71, Istituto Tecnico Industriale, Tel. 09 34 59 12 80, Mo–Sa 9–13 Uhr, So gegen Voranmeldung (bedeutende paläontologische Sammlung und Mineralien-Kollektion). Dom (16./17.Jh.). Abtei Santo Spirito, urspr. 11. Jh., spätere Umbauten (SS 112 Richtung Enna). Zona Archeologica di Sabucina (5 km außerhalb): Überreste einer sikulischen, später griechischen Siedlung (Mo–Sa 9 Uhr bis eine Stunde vor Sonnenuntergang, So 9–13 Uhr, Tel. 09 34 56 69 82).

In der **Karwoche:** eindrucksvolle Prozession am Gründonnerstag (Processione delle Vare).
September: Mineralienbörse und Fest des Erzengels Michael, Schutzpatron der Stadt.

Bahn: Bahnhof auf der Piazza Roma, täglich mehrere Züge nach Agrigent, Enna und Palermo).
Bus: Bushaltestelle Piazza Repubblica (Linien von und nach Agrigent, Catania, Enna, Palermo, Piazza Armerina).

Capo d'Orlando (ME)

Lage: Vordere Umschlagkarte G/H6
8 m ü. d. M.
PLZ 98071
Einwohner: 12 000
Atmosphäre: fröhlich; in der Hochsaison Jubel, Trubel, Heiterkeit.

Badeort an der tyrrhenischen Küste westlich vom Kap Orlando.

AAST, Via Piave 71, Tel. 09 41 91 27 84, Fax 09 41 91 25 17.

La Meridiana, Via Trassari 2, Tel./Fax 0941 95 77 13, moderat.
Modernes Haus, 500 m zum Strand, bequeme Zimmer und gute Freizeiteinrichtungen.
Il Mulino, Via A. Doria 46, Tel. 09 41 90 24 31, Fax 09 41 91 16 14, moderat.
Wenige Schritte vom Zentrum und vom Strand entfernt, moderne Einrichtung.
La Tartaruga, Lido S. Gregorio 70, Tel. 09 41 95 50 12, Fax 09 41 95 50 56, moderat.
Direkte Strandlage, empfehlenswertes Restaurant.
Amato, Via Consolare Antica 150, Tel. 09 41 91 14 76, Fax 09 41 91 27 34, günstig.
Mittelklasse-Hotel, 150 m zum Strand.
Residence Baia Verde, Loc. Testa di Monaco, Tel./Fax 09 41 95 53 25, sehr preiswert.
Einfaches Ferienquartier mit eigenem Strand.

Agriturismo:
Livari, Via Messina 59, Tel. 09 41 90 10 15, Apr.–Sept. geöffnet.
Landgut inmitten eines mediterranen Gartens, vegetarische Küche.
Milio, Contrada San Gregorio, Tel. 09 41 95 50 08, Fax 09 41 95 52 81, ganzjährig geöffnet.
Unterkunft in geschmackvoll eingerichteten Häuschen inmitten eines Olivenhains.
Villa Nazareth, Contrada Certari-Crocevia, Tel. 09 41 91 20 45 oder Handy 33 95 46 73 16, Fax 09 41 91 19 27, ganzjährig geöffnet.
Traum-Panorama 200 m über dem Meer.

Camping:
Santarosa, Loc. Tavola Grande Metallica, Via T. Marina, Tel. 09 41 90 17 23, Fax 09 41 91 23 84, Mitte Apr. bis Mitte Sept. geöffnet.

La Tartaruga, Lido San Gregorio 70, Tel. 09 41 95 50 12, im Nov. geschl., moderat/teuer.
Terrasse inmitten eines Zitronenhains, Meeresfrüchte in vielen Variationen.
Ostaria, Via XXVII Settembre 8, Tel. 09 41 91 23 79, im Sommer kein Ruhetag, günstig/moderat.
Typisch sizilianische Trattoria.
Da Matteo, Lido S. Giorgio, Tel. 09 41 95 50 29, günstig.
Warme Imbisse, Pizze, Fisch.
Pizzeria Odeon, Via Piave, Tel. 09 41 90 14 67, günstig.
Im Zentrum des Ortes.

15. Aug.: Fest Madonna di Porto Salvo mit Bootsprozession entlang der Küste.

Windclub Capo d'Orlando, Via Minghetti 14, Tel. 09 41 91 28 86
Verleih von Booten und Surfbrettern, Surfschule.

Sand- und Klippenstrand im Vorort S. Gregorio, langer und breiter Kiesstrand im Zentrum.

Bahn: Station der Hauptbahnlinie Messina–Palermo (Piazza Stazione).
Bus: Spärliche Verbindungen mit Messina, Palermo und ins Landesinnere.

Castelbuono (PA)

Lage: Vordere Umschlagkarte F5
423 m ü. d. M.
PLZ 90013.
Einwohner: 10 000
Atmospäre: lebhaft, sauber, gepflegt

Bergsommerfrische in den Madonien, Ausgangspunkt für Wanderungen.

Pro Loco, Corso Umberto I. 57, Tel. 09 21 67 34 67.

Milocca, Contrada Piano Castagna, Tel. 09 21 67 19 44, Fax 09 21 67 14 37, sehr preiswert.
Bequeme Zimmer, Panoramalage.
Villaggio dei Fauni, Loc. S. Guglielmo, Tel. 09 21 67 15 92, sehr preiswert.
Anspruchsloses Quartier.

Agriturismo:
Villa Levante, Via Isnello, Tel. 09 21 67 19 14, Fax 09 57 46 23 78, geöffnet März-Okt. und Weihnachten.
Zauberhaftes Landgut mit Apartments der Spitzenkategorie in Schlösschen aus dem 19. Jh.

N**angalarruni**, Via delle Confraternite 5, Tel. 09 21 67 14 28, Mi Ruhetag, moderat.
Lage im historischen Zentrum, Spezialitäten: Pilze und Wildschwein.
Romitaggio, Loc. S. Guglielmo, Tel. 09 21 67 13 23, Mi Ruhetag, moderat.
Lokal in altem Kloster, Spezialitäten: Ravioli mit wildem Spargel, Ferkel, Lamm oder Ziege vom Grill.
Vecchio Palmento, Via Failla 2, Tel. 09 21 67 20 99, Mo und zweite Septemberhälfte geschl., moderat.
Zur Pilzsaison bietet die Küche eine Reihe wahrer Köstlichkeiten.

Chiesa Matrice Vecchia (1350). Imposantes mittelalterliches Kastell Ventimiglia (tägl. 9–13 und 15–18 Uhr, Mo nachm. geschl., Info: 09 21 67 11 24).
Stadtmuseum mit archäologischen Fundstücken (Museo Palumbo, Via Roma 52, Tel. 09 21 67 65 96, tägl. außer Mo 9–13 Uhr).

August: »L'Arrucata di li Ventimiglia« (historisches Kostümfest).

Ausflug: 10 km Richtung Süden zum Schutzhaus Rifugio Crispi (1400 m) über eine gut ausgebaute Straße.
Wandern: Ausgangspunkt zahlreicher Touren ist die 11 km vom Ort entfernte Schutzhütte Rifugio Crispi (1187 m) auf dem Piano Sempria. Hier erhält man auch weitere Informationen.

Bus: Mehrmals täglich Verbindungen mit Palermo und Cefalù (ab Piazza Margherita).

Castellammare del Golfo (TP)

Lage: Vordere Umschlagkarte C5
63 m ü. d. M.
PLZ 91014
Einwohner: 14 000
Atmosphäre: angenehmer Badeort, im Hochsommer laut

Ufficio Turistico, Via Marconi 133, Tel. 0 92 43 12 21 (Rathaus).

Al Madarig, Piazza Petrolo 7, Tel. 0 92 43 35 33, Fax 0 92 43 37 90, günstig.
Mittelklasse-Hotel im historischen Zentrum mit gutem Restaurant.
Punta Nord Est, Viale L. da Vinci 67, Tel. 0 92 43 05 11, Fax 0 92 43 07 13, günstig.
2001 renoviertes Haus in Meernähe, beliebtes Restaurant.
Belvedere, SS 187, Km 37, Tel. 0 92 49 10 14, Fax 0 92 43 33 30, sehr preiswert.
Kleines Haus, rund 1 km zum Meer.
La Tavernetta, Loc. Scopello, Via Armando Diaz 3, Tel./Fax 09 24 54 11 29, sehr preiswert.
Sieben-Betten-Pension im Ortszentrum von Scopello (10 km von Castellammare).
Torre Bennistra, Loc. Scopello, Via Armando Diaz 3 und Via Natale di Roma 19, Tel./Fax 09 24 54 11 28, sehr preiswert.
Die kleine Familienpension und ihre Dependance sind auch für ihre gute Küche bekannt.

Agriturismo:
Marmora, Loc. Scopello, Contrada Marmora 22, Tel./Fax 0 92 43 92 54.
Ruhige Lage 1 km vom Meer, moderne Apartments, Verkauf von eigenem Olivenöl und Wein.

Camping:
Baia di Guidaloca, Loc. Guidaloca, Tel. 09 24 54 12 62, Fax 0 92 43 04 43, Apr.–Sept. geöffnet.
Lu Baruni, Loc. Barone 27, Tel./Fax 0 92 43 91 33, Apr. bis Sept. geöffnet.
Nausicaa, Loc. Forgia, Tel. 0 92 43 30 30, Fax 0 92 43 51 73, Apr. bis Mitte Okt. geöffnet.

(siehe auch Unterkunft)
La Terrazza (Tel. 09 24 54 11 16) und **Il Baglio** (Tel. 09 24 54 12 00), beide in Scopello, bieten in rustikalem Ambiente deftige lokale Speisen.

In der Hauptsaison sind eine Reihe von Open-Air-Discos in Betrieb, z. B. das **Exodus**, Via Galileo Galilei 12, Tel. 0 92 43 28 24).

Ausflüge: Terme Segestane (7 km): Kurbad (Wassertemperatur 45° C) gegen Frauenleiden und Rheuma.
Scopello: Kleines Fischerdorf, Badeort mit günstigen Pensionen und Zimmern.
Wandern: Naturschutzgebiet Zingaro: 1 km nach Scopello (Richtung

Norden) beginnt ein wunderschöner Wanderweg (bis zu 4 Stunden) durch ein Stück unberührter Natur (1600 ha) mit seltener Flora und Fauna (Info: Direzione della Riserva Naturale dello Zingaro, Castellammare, Via Segesta 197, Tel. 0 92 43 51 08, Fax 0 92 43 57 52, www.riservazingaro.it).

Der **Lido Plaja**, ein langer, breiter und flach ins Meer abfallender Sandstrand mit lebhaftem Badebetrieb, erstreckt sich östlich der Stadt; etwas ruhiger geht es an den Kiesstränden westlich des Zentrums zu – Petrolo, Marina Grande, Guidaloca. Richtung Scopello wird die Küste zunehmend felsiger.

Bahn: Station der Bahnlinie Palermo–Trápani (Piazza Stazione, 3 km außerhalb).
Bus: Mehrmals täglich Verbindungen mit Palermo und Trápani (ab Via Verdi).

Castelvetrano (TP)

Lage: Vordere Umschlagkarte C4
190 m ü. d. M.
PLZ 91027
Einwohner: 32 000
Atmosphäre: provinziell

AAPIT, Via Garibaldi 50, Museo Civico, Tel. 09 24 90 49 32.

Hotels und Campingplätze siehe unter **Marinella di Selinunte**.

Stadt mit 40 (!) Kirchen. Mittelpunkt ist die Piazza Garibaldi mit zahlreichen Baudenkmälern, u.a. **Chiesa Madre** (1520), **Nymphenbrunnen** (17. Jh.), **Purgatorio-Kirche** (18. Jh.) und **Rathaus**. Im **Museo Civico** befinden sich interessante archäologische Objekte aus Selinunt (Via Garibaldi 50, Tel. 09 24 90 49 32, tägl. 9.30–18.30 Uhr).

Ausflüge: Normannenkirche SS. Trinità di Delia (3 km) von 1100; Grundriss in Form eines griechischen Kreuzes, mit drei Apsiden und einer von Säulen gestützten Kuppel im arabischen Stil.
Gibellina Nuova (27 km): Die nach dem Erdbeben von 1968 im Belice-Tal etwa 15 km vom ursprünglichen Ort wieder aufgebaute Stadt wurde – anfänglich zum Missvergnügen der überwiegend bäuerlichen Bevölkerung – dank eines aufgeschlossenen Bürgermeisters mit Werken moderner Kunst geschmückt. Auf liebevoll gestalteten Plätzen des zwar auf dem Reißbett entstandenen, aber keineswegs gesichtslosen Ortes, der mittlerweile als städtebauliches Vorbild für ganz Italien gilt, erheben sich unter freiem Himmel Skulpturen von Künstlern aus aller Welt. Als Zeichen des Überlebenswillens nach einer Katastrophe und als Signal der Hoffnung auf eine bessere Zukunft (Info: AAPIT, Piazza XV, Tel./Fax 0 92 46 78 77). Im **Museo Civico d'Arte Contemporanea** (Viale Segesta, Tel. 0 92 46 74 28, tägl. außer Mo 10–13 und 16–19 Uhr) hängen Bilder bedeutender zeitgenössischer Maler aus ganz Europa. Die **Ruinen von Ghibellina Vecchia** wurden vom Künstler **Alberto Burri** mit Beton bedeckt, sie sind heute ein viel beachtetes Land-Art-Denkmal.

Bahn: Station der Nebenlinie Palermo–Alcamo–Marsala–Trápani mit mehreren Zügen täglich (Piazza G. Amendola).
Bus: Gute Verbindungen nach Mari-

nella di Selinunte, Agrigent, Marsala, Palermo und Trápani.

Castiglione di Sicilia (CT)

Lage: Vordere Umschlagkarte J5
620 m ü. d. M.
PLZ 95012
Einwohner: 4000
Atmosphäre: pittoreskes Bergstädtchen, das Mittelalter lässt grüßen.

Ufficio Turistico, Via Regina Margherita, Tel. 09 42 98 02 43.

Ostello della Gioventù (Jugendherberge) Istituto R. Margherita, Via Abate Coniglio 7, Tel. 09 42 98 40 56 (nur im Sommer).

Da Salvatore, Contrada Arzilla, Via R. Cimino 45, Tel. 09 42 98 45 33 und **Belvedere dell' Alcantara**, Via Abate Coniglio 44, Tel. 09 42 98 43 97, beide günstig/moderat, wechselnde Ruhetage.
Lokale Küche.

Castel Leone, 1283 am höchsten Punkt des Ortes auf griechischen Ruinen errichtet.
Chiesa Madre SS. Pietro e Paolo (1105, bis ins 19. Jh. immer wieder umgebaut, original noch Außenmauern und Apsis).
Chiesa S. Antonio Abate (schöne Barockfassade).
Chiesa Santa Domenica (Reste eines byzantinischen Kuppelbaus).

Februar: Karneval
Erster Sonntag im Mai: Fest der Madonna della Catena
Oktober: »Golf Open«

Golf: Il Picciolo Golf Club (18 Loch) mit Restaurant und kleinem Hotel, Contrada Rovittello, Tel. 09 42 98 62 52.

Catania (CT)

Lage: vordere Umschlagkarte H4
10 m ü. d. M. – Provinzhauptstadt
Stadtplan: S. 132/133
PLZ 95100
Einwohner: 450 000
Atmospäre: vital, laut, hektisch

AAPIT, Via Domenica Cimarosa 10, Tel. 09 57 30 62 11, Fax 0 95 31 64 07, www.apt.catania.it
Weitere Informationsstellen am Bahnhof und Flughafen.

Excelsior, Piazza Giovanni Verga 39, Tel. 09 57 47 61 11, Fax 0 95 53 70 15, teuer.
Das führende Haus der Stadt, 2000 von Grund auf renoviert, internationaler Spitzenstandard.
Central Palace, Via Etnea 218, Tel. 0 95 32 53 44, Fax 09 57 15 89 39, moderat.
Komfortables Hotel in zentraler Lage nahe den wichtigsten Sehenswürdigkeiten.
Jolly Trinacria, Piazza Trento 13, Tel. 0 95 31 69 33, Fax 0 95 31 68 32, moderat.
Großhotel im Stadtzentrum.
Nettuno, Viale Ruggero di Lauria 121, Tel. 09 57 12 52 52, Fax 0 95 49 80 66, günstig/moderat.
Haus der Mittelklasse, Meerlage außerhalb des Zentrums.
Poggio Ducale, Via Paolo Gaifami 5, Tel. 0 95 33 00 16, Fax 0 95 58 01 03, moderat.
Kleines Hotel mit Jugendstil-Interieur und gutem Restaurant.

Europensione, Piazza dei Martiri 8, Tel. 0 95 53 11 52, Fax 0 95 53 10 07, sehr preiswert, sowie
Rubens, Via Etnea 196, Tel. 0 95 31 70 73, Fax 09 57 15 17 13, sehr preiswert.
Einfache Pensionen im Zentrum.

Umgebung:
Villa Paradiso dell'Etna, 95030 S. Giovanni La Punta, Via per Viagrande 37, Tel. 09 57 51 24 09, Fax 09 57 41 38 61, teuer.
Liebevoll eingerichtete Gartenvilla mit gutem Restaurant »La Pigna«, 15 Autominuten außerhalb der Stadt.

Agriturismo:
Bagnara, Contrada Cardinale (2 km außerhalb der Stadt), Handy 33 33 30 46 23, Fax 0 95 33 64 07, ganzjährig geöffnet.
50-Hektar-Landgut, vier moderne Apartments, Reitmöglichkeit.

Camping:
Jonio, Via Villini a Mare 2, Tel. 0 95 49 11 39, Fax 0 95 49 22 77, ganzjährig geöffnet.

Poggio Ducale, Via Paolo Gaifami 5, Tel. 0 95 33 00 16, So abends und Mo mittags geschl., teuer.
Phantasiereiche Spitzenküche auf traditioneller lokaler Basis.
La Siciliana, Viale Marco Polo 52a, Tel. 0 95 37 64 00, sonn- und feiertags abends sowie Mo und im Aug. geschl., teuer.
Fleisch- und Fischgerichte mit Pfiff.
Cantine del Cugno Mezzano, Via Museo Biscari 8, Tel. 09 57 15 87 10, So Ruhetag, nur abends geöffnet, moderat/teuer.
Sizilianische Küche für Feinschmecker, eindrucksvolle Weinauswahl.
Il Carato, Via Vittorio Emanuele 81, Tel. 09 57 15 92 47, Mo Ruhetag, moderat/teuer.
Enothek mit kleinen und großen Speisen.
Antica Marina, Via Pardo 29, Tel. 0 95 34 81 97, Mi Ruhetag, moderat.
Trattoria mit lokalen Spezialitäten nach traditionellen Rezepten.
Costa Azzurra, Ognina-Porto Ulisse, Via Cristofaro 2/4, Tel. 0 95 49 78 89, Mo und im August geschl., moderat.
Eines der interessantesten Fischrestaurants der Stadt.
Nino, Via Biondi 19, Tel. 0 95 31 13 19, nur Mittagstisch, So Ruhetag, moderat.
Beste sizilianische Hausmannskost.
Vico San Barnaba, Via Santa Barbara 67, Tel. 09 53 11 00 68, So, Mo und im Aug. geschl., moderat.
Raffiniert zubereitete sizilianische Spezialitäten, serviert in einem der ältesten Gebäude der Stadt.
Al Caprice, Via Etnea 30, Tel. 0 95 32 05 55, So Ruhetag, günstig.
Neben dem Dom Riesenauswahl großer und kleiner Snacks, kalt oder warm.
Ciao, Via Firenze 88, Tel. 0 95 37 54 55, So Ruhetag, günstig.
Im Erdgeschoss Snacks, im 1. Stock Restaurant.

Historisches Zentrum mit Domplatz, Via Etnea und Bellini-Park. Fischmarkt hinter dem Domplatz.
Museo Belliniano (Erinnerungen an den Komponisten V. Bellini), Piazza S. Francesco 3, Tel. 09 57 15 05 35, tägl. 9–13, Di, Do auch 15–18 Uhr.
Casa Museo G. Verga (hier verbrachte der Dichter die letzten 20 Jahre seines Lebens), Via Sant'Anna 8, Tel. 09 57 15 05 98, Di–So 9–14, Mi auch 15–17.45 Uhr.
Museo Civico di Castello Ursino (wechselnde Ausstellungen und Stadt-

geschichte), Piazza Federico di Svevia, Tel. 0 95 34 58 30, Di–Sa 9–13 und 15–18, So 9–13 Uhr.
Diözesanmuseum (sakrale Kunstschätze), Piazza Duomo/Via Etnea 8, Tel. 0 95 28 16 35, tägl. außer Mo 9–12.30 und 16–19.30 Uhr.
Odeon und Römisches Theater, tägl. 9–13 und 14 Uhr bis eine Stunde vor Sonnenuntergang.

Märkte: Fischmarkt (auch Fleisch, Käse, Obst und Gemüse) hinter dem Domplatz, tägl. außer So und Feiert. bis Mittag. Großer Textil- und Lebensmittelmarkt in den Gassen hinter der Piazza Stesicoro (Via Etnea, Bellini-Denkmal), tägl. außer So und Feiert. bis Mittag, Parkhaus.
Keramik und Terrakotta: L'Arte Antica, S. Gregorio di Catania, Viale Europa 5.
Zu einem ergiebigen Einkaufsbummel mit Warenhäusern und Läden aller Art verführen die Viertel um die **Via Etnea** sowie um den **Corso Italia**.

Zahlreiche Restaurants, Pubs und schicke In-Lokale gibt es in den **Vierteln um das Teatro Bellini**, die **Piazza Università**, die **Via Crociferi**, die **Via Coppola** sowie die **Viale Africa** und am **Lungomare**. Als heiße Disco-Tipps gelten **The Original Cucaracha** in der Viale Kennedy 47 (Tel. 0 95 34 08 80), das **McIntosh** in der Via Principe Nicola (nur im Winter, Tel. 0 95 37 17 67) und das **La Thuja Dancing** in der Via Galermo 276 (Tel. 0 95 51 62 89).

Opern- und Konzertsaison im Teatro Massimo Bellini, Via Perrotta 12, Tel. 09 57 15 09 21, Fax 0 97 30 61 04 (Konzerte von Oktober bis April, dazwischen Opern- und Ballettaufführungen im Blocksystem). Wechselnde **Ausstellungen, Konzerte, etc. im Kulturzentrum »Le Ciminiere«**, einer 1957 stillgelegten Schwefelfabrik, die vorbildlich mit neuem Leben gefüllt wurde (Viale Africa, Tel. 09 57 34 99 11).

3.–5. Februar: Fest der hl. Agathe mit großen Prozessionen.

Umgebung: Safaripark (Parco Zoo di Sicilia), mit Dinosaurierpark und anderen Vergnügungseinrichtungen, 15 km außerhalb von Catania auf Autobahn Richtung Palermo, Ausfahrt Gerbini. Im Sommer tägl. außer Mi ab 9 Uhr geöffnet, im Winter auf Anfrage (Tel. 09 57 91 33 33).

Bahn: Direkte Verbindungen in die wichtigsten norditalienischen Städte.
Bus: Zentraler Busbahnhof auf der Piazza Giovanni XXIII. vor dem Hauptbahnhof. Von hier aus gibt es beinahe jede Stunde Schnellverbindungen nach Palermo und Messina sowie mehrmals täglich nach Caltagirone, Giardini Naxos, Syrakus, Taormina und zu anderen wichtigen Zielen der Insel. Einige Linien (u.a. der direkte Bus nach Giardini Naxos und Taormina) werden über den Flughafen Fontanarossa geführt.
Flughafen Fontanarossa (7 km vom Zentrum, Tel. 0 95 34 05 05): Regelmäßige Direkt-Flugverbindungen mit Bari, Bologna, Mailand, Neapel, Pisa, Rom, Turin, Verona und Venedig sowie mit München und Malta; von März–Okt. Charterflüge aus ganz Europa.
Flughafenbus: Linie 457 (Alibus) alle 20 Minuten von und bis Stazione Centrale (Hauptbahnhof).
Schiff: Tragflügelboote nach Malta (auch von Pozzallo/RG, Virtu Ferries,

Tel. 0 95 31 67 11, Fax 0 95 31 23 03); Autofähren nach Malta (MA.RE.SI, maresi@sms. com.mt).

Cefalù (PA)

Lage: Vordere Umschlagkarte F5
16 m ü. d. M.
Stadtplan: S. 274
PLZ 90015
Einwohner: 14 000
Atmosphäre: elegant, traditionsreicher Badeort

AAST, Corso Ruggero 77, Tel. 09 21 42 10 50, Fax 09 21 42 23 86.

Costa Verde, Loc. S. Nicola (5 km zum Zentrum), Tel. 09 21 93 11 33, Fax 09 21 42 01 08, moderat/teuer.
Große Hotelanlage außerhalb der Stadt.
Carlton Riviera, Loc. Capo Plaia (6 km zum Zentrum), Tel. 09 21 42 02 00, Fax 09 21 42 02 64, moderat/teuer.
Gartenhotel, alle Zimmer mit Balkon und Meerblick, Meerwasserpool.
Baia del Capitano, Loc. Mazzaforno (5 km zum Zentrum), Tel. 09 21 42 00 03, Fax 09 21 42 01 63, moderat.
Mittelklasse-Hotel, einige hundert Meter vom Strand entfernt.
Kalura, Loc. Caldura, Via Vincenzo Cavallaro 13 (2 km zum Zentrum), Tel. 09 21 42 13 54, Fax 09 21 42 31 22, günstig/moderat.
Ferienhotel mit Pool und eigenem Strand.
Mediterraneo, Via A. Gramsci 2, Tel./Fax 09 21 92 26 06, sehr preiswert.
Simples 25-Betten-Haus in Bahnhofsnähe.
Pink Hotel, Loc. Caldura, SS 113 Bivio Ferla (2 km zum Zentrum), Tel. 09 21 42 22 75, Fax 09 21 42 31 22, sehr preiswert.
Einfaches Quartier in Strandnähe.
Umgebung: 90010 Campofelice di Roccella (16 km von Cefalù Richtung Palermo)
Garden Beach, Viale Imera, Tel. 09 21 93 50 44, Fax 09 21 93 37 71, moderat.
Moderne, kinderfreundliche Hotelanlage an Flachstrand, viele Sportmöglichkeiten.
Plaia d'Himera, Contrada Pistavecchia, Tel. 09 21 93 38 15, Fax 09 21 93 38 43, Apr.–Okt. geöffnet, moderat.
Moderner Hotelkomplex an Sandstrand, 3 Pools, Sporteinrichtungen.

Agriturismo:
Fattoria Pianetti, Contrada Pianetti, Gratteri (14 km nach Cefalù), Tel. 09 21 42 18 90, Fax 0 91 34 99 11, ganzjährig geöffnet.
Landgut auf 800 m Höhe im Wald von Gibilmanna, einfache Zimmer, rustikale Küche, Reitstall.

Camping:
Costa Ponente Internazionale, Contrada Ogliastrillo, Tel. 09 21 42 00 85, Fax 09 21 42 31 22, ganzjährig geöffnet.

La Brace, Via XXV Novembre 10, Tel. 09 21 42 35 70, Mo und 15.12.–5.1. geschl., moderat.
Traditionslokal im historischen Zentrum, gute Fisch- und Fleischspezialitäten.
L'Antica Corte, Corso Ruggero 193/Cortile Pepe, Tel. 09 21 42 32 28, Do und im Nov. geschl., moderat.
Klassische Trattoria mit sizilianischer Küche im Herzen der Altstadt.
Gabbiano, Lungomare Giardina 17, Tel. 09 21 42 14 95, Mi (im Winter) und zu Weihnachten geschl., moderat.
Familiäre Atmosphäre in rustikalem

Ambiente, vorwiegend Meeresfrüchte, aber auch Pizza.
Trappitu, Via Bordonaro 96, Tel. 09 21 92 19 72, Mo Ruhetag, moderat. Ausgezeichnete Fischspezialitäten, schöne Terrasse am Meer.
Nasca 3, Via Roma/Via Bellini, Tel. 09 21 42 49 46, Di Ruhetag, günstig/moderat.
Artischocken in allen Variationen, Deftiges vom Grill.

Dom (tägl. 8–12 und 15.30–17 Uhr).
Mittelalterlicher Waschplatz (Via Vitt. Emanuele, immer geöffnet).
Museo Comunale Mandralisca, Via Mandralisca 13, Tel. 09 21 42 15 47, tägl. 9–12.30 und 15.30–18/19 Uhr.

Kulinarische Spezialitäten aus Sizilien: Torrefazione, Corso Ruggero 120.

In der **Altstadt** ist immer reger Betrieb, Restaurants, Pubs und Weinlokale sorgen für das leibliche Wohl.
Die **Open-Air-Discos** sind nur in der Saison geöffnet. Die besten DJ's sind im **Tropical** (Lungomare G. Giardina), im **Il Mulino** (Via Bellini 3) und im **Ogliastrillo** (Loc. Ogliastrillo) am Werk.

Juli–Sept.: »Cefalù incontri« (Musik, Folklore, Theater)
4.–6. August: Fest zu Ehren des Stadtpatrons S. Salvatore.

Ausflüge: Wallfahrtskirche Gibilmanna (15 km), Kapuzinerkonvent, tägl. 7.30–13 und 15–20 Uhr.
Naturpark Madonien (s. S. 18f.)
Archäolog. Park Himera mit Antiquarium (16 km, Richtung Palermo, Buonfornello SS 113, Tel. 09 18 14 01 28, Mo-Sa 9–18.30, So 9–13.30 Uhr).
Barakuda-Tauchbasis unter professioneller deutscher Leitung (Hotel Kalura). Info bei Wolfgang Törmer (Handy 34 76 85 30 51, Büro Deutschland: 0221/5 10 32 13).

Unmittelbar westlich der Stadt feiner, flach ins Wasser abfallender **Sandstrand**, dahinter eine **gepflegte Uferpromenade**. Einige Kilometer weiter westlich liegt mit dem **Lido di Mezzaforno** die schönste Badebucht des Ortes. **Capo Caldura** (2 km östlich der Altstadt) weist eine bizarre Klippenküste und schmale Schotterstrände auf, die zumeist zu Hotels gehören.

Bahn: Schnellzugsstation (Piazza Stazione) der Hauptlinie Messina–Palermo (zahlreiche Direktzüge vom Festland).
Bus: Vom Bahnhofsplatz lokale Verbindungen mehrmals täglich in die Orte der Madonien (Gibilmanna, Castelbuono) sowie nach Palermo.
Schiff: Mitte Juni bis Mitte September mehrmals pro Woche Tragflügelboote (*aliscafi*) nach Vulcano und Lípari.

Enna (EN)

Lage: Vordere Umschlagkarte F4
931 m ü. d. M. – Provinzhauptstadt
PLZ 94100
Einwohner: 30 000
Atmosphäre: stolz, zurückhaltend

AAPIT, Via Roma 411/413, Tel. 09 35 52 82 88, Fax 09 35 52 82 29.

Demetra, Contrada Misericordia 1, Tel. 09 35 50 23 00,

Fax 09 35 50 21 66, günstig.
Modernes Gartenhotel an der Staatsstraße 121.
Grande Albergo Sicilia, Piazza N. Colajanni 7, Tel. 09 35 50 08 50, Fax 09 35 50 04 88, günstig.
Zentrale Stadtlage.
Park Hotel La Giara, Villaggio Pergusa (10 km von Enna), Via Nazionale 125, Tel. 09 35 54 16 87, Fax 09 35 54 15 21, günstig.
Schöne Lage am Pergusa-See, ruhig, wenn es kein Autorennen gibt.

Ariston, Via Roma 365, Tel. 09 35 26 038, So und im Aug. geschl., moderat.
Rathausnähe, ein sicherer Tipp im nicht gerade üppigen kulinarischen Angebot der Stadt.
Centrale, Piazza IV Dicembre 9, Tel. 0935 50 09 63, Sa Ruhetag, moderat.
Sizilianische Küche mit Tradition.
La Fontana, Via Volturo 6, Tel. 0 93 52 54 65, Fr. Ruhetag, moderat.
Rustikale Gerichte im historischen Zentrum.

Umgebung:
La Brace, Calascibetta, Contrada Longobardi, Tel. 0 93 53 46 99, Mo und 2. Augusthälfte geschl., moderat.
Pasta, Fisch oder Fleisch, alles liebevoll zubereitet in dem alten Städtchen gegenüber Enna.
Trattoria Da Carlo, Villaggio Pergusa, Via Nazionale 34, Tel. 09 35 54 11 94, wechselnde Ruhetage, günstig/moderat.
Deftiges vom Grill am Pergusa-See.

Dom, **Lombardia-Kastell** und **Friedrich-Turm**.
Museo G. Alessi, Via Roma 465, Tel. 09 35 50 31 65, Di–So 9–13 Uhr (Ausstellung des Domschatzes und archäologischer Fundstücke der Sammlung Alessi).
Museo Archeologico di Palazzo Varisano, Piazza Mazzini, Tel. 09 35 52 81 00, tägl. 9–18 Uhr.

Karfreitag: Eindrucksvolle, die ganze Nacht dauernde Prozession.
Sommer: Theatervorstellungen und Konzerte im Hof des Castello di Lombardia.

Ausflüge: Calascibetta (9 km): Uraltes Städtchen auf einer Erhebung gegenüber Enna, pittoreskes Zentrum.
Pergusa-See (10 km): Kleiner, fast kreisrunder und von Schilf umgebener See, an dem sich der Raub der Persephone zugetragen haben soll (s. S. 120). Einige Hotels und Restaurants, rund um den See führt eine Auto-Rennstrecke, die diesem Ort den letzten Zauber raubt. Mehr für die Seele liefert eine Fahrt durch das Weizenland (s. S. 290ff.).
Assoro (30 km): Bereits von Sikulern, Griechen und Römern besiedeltes Bergdorf mit schöner Aussicht; Pfarrkirche San Leone mit kostbaren sakralen Objekten, Palazzo della Signoria (14. Jh.).

Bahn: Station der Linie Catania–Palermo bzw. Agrigent, nur wenige Züge täglich (Bahnhof 5 km außerhalb der Stadt mit Busanschluss ins Zentrum).
Bus: Gute Verbindungen zum Bahnhof und zum Pergusa-See, nach Piazza Armerina, Agrigent, Catania und Palermo (ab Piazza Scelfo im unteren Teil der Altstadt).

Érice (TP)

Lage: Vordere Umschlagkarte B5
751 m ü. d. M.
PLZ 91016
Einwohner: 26 000
Bergstädtchen, romantische Atmosphäre

AAST, Viale Conte Agostino Pepoli 11, Tel. 09 23 86 93 88, Fax 09 23 86 95 44.

(Siehe auch unter Trápani)
Elimo, Via Vittorio Emanuele 75, Tel. 09 23 86 93 77, Fax 09 23 86 92 52, moderat/teuer.
Komfortables kleines Hotel im historischen Zentrum.
Moderno, Via Vittorio Emanuele 63, Tel. 09 23 86 93 00, Fax 09 23 86 91 39, günstig/moderat.
40 schöne Zimmer in einem Gebäude von 1800, gutes Restaurant.
Edelweiss, Cortile P. Vincenzo 5, Tel. 09 23 86 94 20, Fax 09 23 86 91 58, sehr preiswert.
Familiäres Quartier im Zentrum, Restaurant mit sizilianischer Küche.
Ermione, Via Pineta Comunale 43, Tel. 09 23 86 91 38, Fax 09 23 86 95 87, günstig.
Nettes Haus, wenn auch ohne große Ansprüche.

Agriturismo:
Pizzolungo, Contrada S. Cusumano, Loc. Casa Santa, Tel. 09 23 56 37 10, Fax 09 23 56 97 80, ganzjährig
Landgut am Fuß des Ésrice-Berges, 50 m zum Meer, 2 bequeme Apartments (Mindestaufenthalt eine Woche).

Jugendherbergen:
Ostello per la gioventù C.S.I., Via delle Pinete, Tel./Fax 09 23 56 78 88, geöffnet Juli–Sept.
Ostello per la gioventù »G. Amodeo«, Contrada Raganzili, Tel./Fax 0923 55 29 64, ganzjährig.

Monte San Giuliano, Vicolo S. Rocco 7, Tel. 09 23 86 95 95, Mo und einige Wochen im Nov. und Jan. geschl., moderat.
Rustikales Ambiente, Spezialität: Kuskus mit Fisch.
La Pentolaccia, Via Gian Filippo Guarnotti 17, Tel. 09 23 86 90 99, Di und Jan., Febr. geschl., moderat.
Klassische Küche Westsiziliens mit einem Hauch von Nordafrika.
Ulisse, Via Chiaramonte 45, Tel. 09 23 86 93 33, Do Ruhetag, moderat.
Suppen, Kuskus, Pasta und Pizza im historischen Zentrum.

Historische Altstadt mit mittelalterlichen Toren, Normannenkastell, Kastell Pèpoli (19. Jh.), Dom dell'Assunta (im Inneren leider im 19. Jh. auf neugotisch getrimmt), Kirche S. Martino und verschiedenen Palästen.
Museo Comunale A. Cordici, Piazza Umberto I., Tel. 09 23 86 91 72, Mo–Fr. 8.30–13.30, Mo, Do auch 14.30 –17.30 Uhr, Sa, So, Feiertage geschlossen (kostbare archäologische Exponate sowie religiöse Kunstwerke).

Objekte des **lokalen Kunsthandwerks: Keramikarbeiten** (z.B. bei Ceramica Ericina, Via Guarnotti 42) und **Teppiche** (bei Anna Angelo, Via Vittorio Emanuele, und bei Parisi, Via Pepoli). Außerdem: Das köstliche **Mandelgebäck** und andere **süße Spezialitäten** sollte sich niemand entgehen lassen (u.a. bei »Maria Grammatico« und bei »Il Tulipano« in der Via Vittorio Emanuele sowie bei »San Carlo« in der Via Guarnotti).

Karfreitagsprozession der Mysterien.
Juli/August/September: Estate Ericina (Musik, Tanz, Theater, Film, Ausstellungen sowie prächtiger Blumenschmuck in den Höfen).
Letzter Mittwoch im August: Fest der Madonna von Custonaci.
Dezember: »Zampogna d'oro« (Festival der Volksmusik).

Bus: Lokale Verbindung mit Trápani (Piazza Malta), vormittags und am späten Nachmittag beinahe im Stundentakt.

Gela (CL)

Lage: Vordere Umschlagkarte F2
45 m ü. d. M.
PLZ 93012
Einwohner: 77 000
Industriestadt (Petrochemie)

AAPIT, Via Palazzi 1, Tel. 09 33 82 31 07, Fax 09 33 93 99 32.
AAST, Via Giacomo Navarra Bresmes 48, Tel. 09 33 91 37 88, Fax 09 33 92 32 68.

Sileno, SS 117 bis, Loc. Giardinelli, Tel. 09 33 91 11 44, Fax 09 33 90 72 36, günstig.
Guter Standard, bei Geschäftsreisenden beliebt.
Stella del Mediterraneo, Butera (21 km Richtung Agrigento), Loc. Falconara, SS 115, Tel. 09 34 34 90 04, Fax 09 34 34 90 07, sehr preiswert.
Modernes kleines Hotel direkt am Meer neben dem Castello Falconara, man spricht deutsch.

Casanova, Via Venezia 89, Tel. 09 33 91 85 80, Mo Ruhetag, moderat.
Sizilianische Küche in angenehmem Ambiente.
Il Delfino, Via Giulio Siracusa 12, Tel. 09 33 92 45 13, Mo und Ende Aug. geschl., moderat.
Ideenreiche Gerichte, mit Pfiff serviert.

Museo Archeologico Regionale, Corso Vittorio Emanuele 1, Tel. 09 33 91 26 26, www.museodigela.com, tägl. 9–13 und 15–18.30 Uhr, letzter Mo im Monat geschl.
Fortificazioni di Capo Soprano: Gut erhaltene Befestigungsanlagen (4.Jh. v. Chr.), tägl. 9 Uhr bis eine Stunde vor Sonnenuntergang.
Vogelschutzgebiet Biviere di Gela, 8 km südöstlich, Straße nach Scoglitti, tägl. geöffnet, Anmeldungen für Führungen: Via Venezia 91, Tel./Fax 09 33 92 60 51: Feuchtgebiet als Raststation von Zugvögeln zwischen Afrika und Nordeuropa.

Bahn: Knotenpunkt einiger spärlich befahrener Nebenlinien von Agrigent und Ragusa (Piazzale Stazione).
Bus: Vom Bus-Terminal am Bahnhofsplatz dichter Lokalverkehr und gute Schnellverbindungen nach Agrigent, Catania, Enna, Palermo und Syrakus.

Giardini-Naxos (ME)

Lage: Vordere Umschlagkarte J5
5 m ü. d. M.
PLZ 98030
Einwohner: 8500
Atmosphäre: freundlich, beschwingt, international

AAST, Via Tysandros 54, Tel. 0 94 25 10 10, Fax 0 94 25 28 48, www.aast-giardini.naxos.it

Hellenia Yachting, Via Januzzo 41, Tel. 0 94 25 17 37, Fax 0 94 25 43 10, moderat/teuer. Modernes, komfortables Hotel mit Pool und Meerterrasse.
Sant'Alphio Garden, Via Recanati, Tel. 0 94 25 13 83, Fax 0 94 25 39 34, moderat/teuer.
Gut geführtes Haus der Spitzenklasse, gepflegter Garten mit Pool, hervorragende Küche.
Nike, Via Calcide Eubea 27, Tel. 0 94 25 12 07, Fax 0 94 25 63 15, günstig.
Ruhige Traumlage am Meer.
Sabbie d'Oro, Via Lungomare 12, Tel. 0 94 25 12 27, Fax 0 94 25 69 13, im Winter geschl., günstig.
Mittelklassehotel an der Strandpromenade im Ortszentrum.
Villa Mora, Via Naxos 47, Tel./Fax 0 94 25 18 39, sehr preiswert.
Nette Familienpension unter deutscher Leitung, Lage im Ortszentrum.

Agriturismo:
Galimi, 95011 Calatabiano (8 km von Giardini), Via Pasteria 19/E, Tel./Fax 0 95 64 17 56, ganzjährig geöffnet.
Moderne Apartments in 6 ha großem Landgut, 2 km zum Meer.
Privatapartments:
Christina Sarlo, Via Lungomare 10, Tel. 0 94 25 24 07. Schöne Räumlichkeiten in zentraler Ortslage am Meer, man spricht deutsch.

Camping:
Maretna, Loc. Cretazzi, Tel. 0 94 25 27 94; geöffnet 15.3.–15.10.
Castello di San Marco, 95011 Calatabiano, Via S. Marco 6, Tel. 0 95 64 11 81, Fax 0 95 64 26 35, ganzjährig geöffnet (7 km von Giardini, Anlage im Park, Strandnähe).

(siehe auch unter Taormina):
Seasound, Via Januzzo 37a, Tel. 0 94 25 43 30, von Nov.–Apr. geschlossen, teuer.
Speisen wie Fürsten im Privatgarten des Malers Gianni Pennisi di Floristella direkt am Meer.
Angelina, Via Calcide Eubea 2, Tel. 09 42 55 14 77, Mo Ruhetag, moderat. Fischrestaurant am malerischen Hafen.

Umgebung:
A Casitta, Contrada Missa (6 km Richtung Gole Alcantara), Ponte per Graniti, Tel. 0 94 24 70 47, Di Ruhetag, moderat. Gemütliches Landgasthaus mit überraschender Vorspeisen-Vielfalt.
Mare Kambo, Fiumefreddo, Marina di Cottone (7 km auf SS 114 Richtung Catania, dann nach Abzweigung links 3 km), Tel. 0 95 64 16 02, Di Ruhetag (nur im Winter), moderat.
Gepflegtes Strandrestaurant (Fisch und Fleisch), bei Einheimischen sehr beliebt.

Museo Archeologico im Parco Archeologico, Lungomare Schisò, Tel. 0 94 25 10 01, Mo 9–14, Di–So 9–14 und 15–19 Uhr. **Archäolog. Park** tägl. 9 Uhr bis eine Stunde vor Sonnenuntergang.

Markt für Textilien, Gemüse und Käse; jeden Samstag Vormittag im Stadtteil Recanati.
Kunsthandwerk, **Bilder** und **Malutensilien** in der »Galleria Arte Aretusa«, Lungomare, Via Tisandros 20.

Lady Godiva (Via Stracina, Tel. 0 94 25 33 06) und **Marabù** (Via Januzzo, Tel. 0 94 25 40 76, nur im Sommer) sind die heißesten Discos am Platz.

Karnevalsumzug. Juli/August: wöchentliche Parade sizilianischer Pferdekarren.
8. September: Fest der Madonna (Umzüge, Musik, Feuerwerk).

Bootsverleih: Molo Saja, Handy 36 83 46 17 92.
Golf: siehe **Castiglione di Sicilia**.
Kanufahren: Circolo Nautico Teocle, Via IV Novembre 1, Tel. 0 94 25 60 32.
Mountainbike-Ausflüge mit Dario Virga (alle Schwierigkeitsgrade, Radverleih): Tel. 0 94 22 87 82, Handy 34 70 03 96 06, virgadario@yahoo.it oder sudigiribike@yahoo.it
Tennis: Europa Tennis Club, Via Nazionale, Tel. 0 94 25 27 20.
Tauchen: Naxos Diving Center bei der Isola Bella, Alex und Lucia Lentini, Tel. 0 94 24 75 34, Handys 3 60 76 49 71, 3 60 28 95 55 oder 34 95 20 01 53.
Ausflüge: Gole Alcantara (14 km auf der SS 185 in Richtung Francavilla): eindrucksvolle Basaltschlucht.
Francavilla di Sicilia (18 km auf der SS 185): **Kapuzinerkloster** mit interessanter Kirche und Museum (Öffnungszeiten erfragen: Tel./Fax 09 42 98 10 17).
Naturschutzgebiet Fiumefreddo (8 km SS 114 Richtung Catania bis Abzweigung Marina di Cottone): Seltene Vögel und Pflanzen (Papyrusgras) im Mündungsgebiet des Flusses. Tgl. außer Mo 9–18 (Mai–Sept.) bzw. 8.30–16.30 Uhr (Okt.–Apr.).

Bahn: Schnellzugsstation der Hauptlinie Messina–Catania, hier halten auch alle Züge vom Festland. Schöner Jugendstil-Bahnhof (gemeinsam mit Taormina) an der SS 114 in Richtung Capo Taormina.
Bus: Ab Bahnhof (mit mehreren Haltestellen im Ort) Schnellverbindungen nach Messina und Catania (auch Flughafen) sowie dichter Lokalverkehr.
Mietwagen: Autos, Motorräder und Motorroller bei JetCar, Via Nazionale 8 (100 m vom Bahnhof entfernt), Tel. 0 94 25 61 90 oder Handy 38 04 03 38 11.

Letojanni (ME)

Lage: Vordere Umschlagkarte J5
8 m ü. d. M.
PLZ 98037
Einwohner: 3000
Atmosphäre: fröhlich, unbeschwert

Pro Loco, Piazza Municipio, Tel. 09 42 65 71 11.

Park Hotel Lido Silemi, Loc. Silemi, Via Silemi 1, Tel. 09 42 36 228, Fax 09 42 65 20 94, März bis Okt. geöffnet, moderat. Mediterranes Sommerhotel am Meer.
Da Peppe, Via Vittorio Emanuele 345, Tel. 0 94 23 61 59, Fax 0 94 23 68 43, März–Nov. geöffnet, günstig. Originelles Haus mit originellem Wirt, Strandrestaurant mit guter Küche, Peppe und sein Sohn Tomas sprechen deutsch.

Camping:
Paradise International (2 km nördlich des Ortes), Tel. 0 94 23 63 06. Zeltplatz mit Bungalows am Meer – teilweise Schatten; leider an der Bahnlinie, Apr.–Okt. geöffnet.

Il Corsaro, Loc. Silemi, Via Silemi 7, Tel. 0 94 23 65 70, Mo Ruhetag, moderat. Fisch und Pizza in rustikalem Ambiente.
Noemi, Gallodoro, 3 km auf der Provinzstraße, Via A. Manzoni, Tel. 0 94 23 73 38, moderat, Mo Ruhetag.

Landgasthaus in Bergdorf mit schöner Aussicht, deftige bäuerliche Küche.
A Campagnola, 1 km auf der Provinzstraße nach Gallodoro, Tel. 0 94 23 68 51, Mi Ruhetag, im Sommer nur abends geöffnet, günstig.
Einfache Trattoria und Pizzeria.

Ausflüge: Forza d'Agrò (5 km auf der SS 114, dann Abzweigung und 4 km bergauf): Bergstädtchen mit atemberaubenden Ausblicken, mittelalterlichem Kern und den Ruinen einer normannischen Burg.
Sávoca und **Kirche SS Pietro e Paolo** (9 km auf der SS 114 bis S. Teresa Riva, dann Abzweigung 5 km bis Sávoca (Mumienbesichtigung wegen Restaurierungsarbeiten für unbestimmte Zeit nicht möglich); weiter 3 km bis Casalvecchio Siculo, etwa 1 km nach Ortsende Abzweigung nach links auf Güterweg steil bergab bis zur Kirche): Normannische Burgruine, Kapuzinerkloster mit Mumien in Sávoca, Kirche SS Pietro e Paolo aus dem 12. Jh.
Antillo (7 km auf der SS 114 bis S. Alessio Siculo, am Ortsende Abzweigung und 16 km über Provinzstraße 19): Sizilien unverfälscht und abseits der Touristenströme, ein Dorf inmitten einer wilden Berglandschaft.
Restaurant-Tipp: »Il Frantoio« am Ortseingang, Tel. 09 42 72 33 97, beste rustikale Küche (auch Lamm, Wildschwein auf Bestellung), Wirtsleute sprechen deutsch.

Mehrere Kilometer langer, breiter und relativ schnell ins Meer abfallender **Strand aus feinem Kies** mit größtenteils freien Abschnitten, aber auch **gepflegten Badeanlagen** mit Duschen, Liegestühlen und Sonnenschirmen

Linguaglossa (CT)

Lage: Vordere Umschlagkarte H5
550 m ü. d. M.PLZ 95015
Einwohner: 5500
Atmosphäre: etwas verschlafen

Ausgangsort der Straße Etna Nord, die zu großen Pinienhainen, Kastanienwäldern und einem beliebten Wintersportgebiet führt.

Pro Loco, Piazza Annunziata 5, Tel. 0 95 64 30 94.

Le Betulle, Loc. Piano Provenzana, Tel./Fax 0 95 64 34 30, sehr preiswert.
La Provenzana, Loc. Piano Provenzana, Tel. 0 95 64 33 00, Fax 0 95 64 71 83, sehr preiswert.
Berggasthöfe ohne Komfort in rund 1900 m Höhe.
Happy Day, Via Mareneve 9, Tel./Fax 0 95 64 34 84, sehr preiswert.
35-Betten-Haus der einfachen Art.

Für Naschkatzen: **Konditoreien** Pino Azzuro am Domplatz und Donna Peppina, Via Roma 220 (süße Verführungen in Form von **Mandel-, Pistazien- und Pinien-Nuss-Gebäck**)

1. September: Fest des Schutzheiligen S. Rocco mit Folklore-Umzügen und Feuerwerk.
Anfang Oktober: Kastanien- und Weinfest.

Ätna-Ausflüge: Bergführer vermittelt Gruppo Guide Alpine Etna Nord, Piazza Santa Caterina 24, Tel. 0 95 64 78 33 und Handy 3 37 95 61 24, Fax 0 95 64 78 77.

Lage: Vordere Umschlagkarte G J8/7
Karte: S. 284
PLZ Lípari 98055, alle anderen 98050
Lipari: 37,6 km^2, Einwohner: 11 000
Vulcano: 21 km^2, Einwohner: 450
Salina: 26,8 km^2, Einwohner: 2500
Filicudi: 9,5 km^2, Einwohner: 160
Alicudi: 5,2 km^2, Einwohner: 100
Panarea: 3,4 km^2, Einwohner: 300
Stromboli: 12,6 km^2, Einwohner: 400

AAST, 98055 Lípari (ME), Corso Vittorio Emanuele 202, Tel. 09 09 88 00 95, Fax 09 09 81 11 90, www.netnet.it/aasteolie

Fährverbindungen: mehrmals täglich Tragflügelboote und Autofähren von Milazzo nach allen sieben Inseln.
Im Sommer auch regelmäßiger **Schiffsverkehr** von Neapel, Reggio di Calabria, Messina, Cefalù und Palermo nach Lípari.

Auskünfte bei folgenden Schiffsgesellschaften in Milazzo:
Siremar, Ag. Alliatour, Via dei Mille , Tel. 09 09 22 18 12, Fax 09 09 28 32 43; SNAV; Ag. Catalano, Via L. Rizzo 17, Tel. 09 09 28 78 21, Fax 09 09 28 76 42; N.G.I., Via dei Mille 26, Tel. 09 09 28 40 91, Fax 09 09 28 34 15.
Achtung: Fahrzeuge (Pkw, Motorräder) von nicht ständigen Bewohnern der Inseln dürfen in der Zeit von Ostern bis Ende Oktober (Alicudi, Strómboli, Panarea) bzw. Anfang Juli bis Ende September (Lípari, Vulcano, Filicudi) nur eingeführt werden, wenn man für mindestens 7 Tage ein Quartier gebucht hat (Nachweis!). Nähere Informationen erteilt das Fremdenverkehrsamt.

Lípari

Villa Meligunis, Via Marte 7, Tel. 09 09 81 24 26, Fax 09 09 88 01 49, ganzjährig geöffnet, teuer.
Spitzenhotel der Insel, höchster Komfort.
Augustus, Via Ausonia 16, Tel. 09 09 811 2 32, Fax 09 09 81 22 33, März–Okt. geöffnet, moderat.
Sympathisches Stadthotel in zentraler, aber ruhiger Lage.
Carasco, Porto delle Genti, Tel. 09 09 81 16 05, Fax 09 09 81 18 28, Apr.–Okt. geöffnet, teuer.
Panoramahotel im mediterranen Stil.
Rocce Azzurre, Via Maddalena 69, Tel. 09 09 81 32 48, Fax 09 09 81 32 47, ganzjährig geöffnet, moderat.
Traumlage am Meer.
Mocambo, Loc. Canneto, Via C. Battisti 192, Tel. 09 09 81 14 42, Fax 09 09 81 10 62, Apr. bis Ende Sept. geöffnet, günstig.
Nettes 25-Betten-Haus in Strandnähe.
Pensione Enzo il Negro, Via Garibaldi 29, Tel. 09 09 81 24 73, Fax 09 09 81 31 63, ganzjährig geöffnet, günstig/sehr preiswert.
Einfaches, sauberes Quartier, wenige Schritte zum zauberhaften kleinen Hafen Marina Corte.

Ferienapartments:
Costa Residence Vacanze, Loc. S. Leonardo, Tel. 09 09 88 07 40, Fax 09 09 81 18 70.
U zu Peppino, Loc. Pianoconte, Via Quattropani 21, Tel. 09 09 82 23 91, Fax 09 09 82 23 30, Mai–Okt. geöffnet. Zwei Apartments und fünf Zimmer, alle mit Bad.
Tivoli, Loc. Quattropani, Via Quartara 17, Tel. 09 09 88 60 31, Mai–Okt. geöffnet. Drei nette Zimmer mit Bad, Verkauf von Wein, Gemüse, Kapern.

Camping:
Baia Unci, Loc. Canneto, Tel. 09 09 81 19 09, Fax 09 09 81 17 15, geöffnet Mitte März bis Mitte Okt.

Filippino, Piazza Municipio, Tel. 09 09 81 10 02, außerh. der Saison Mo sowie Mitte Nov. bis Mitte Dez. geschl., teuer.
Das klassische Spitzenrestaurant des Archipels.
A Sfiziusa, Via Roma 29, Tel. 09 09 81 12 16, im Sommer kein Ruhetag, moderat. Typische Insel-Trattoria, Wirt Pino kocht nach alten Rezepten.
Da Lauro, Loc. Acquacalda, Tel. 09 09 82 10 26, Fr. Ruhetag, moderat. Kulinarisches Erlebnis auf gemütlicher Terrasse über dem Meer, Gäste werden auf Wunsch von Lipari-Stadt abgeholt.
Ritrovo Sottomonastero, Via Vitt. Emanuele 232, Tel. 09 09 88 07 20, im Sommer kein Ruhetag, günstig.
Kleine und große Snacks, süße Verführungen.

Museo Archeologico Regionale Eoliano, Zona Castello, Tel. 09 09 88 01 74, tägl. 9–13 und 15–19 Uhr.

Kapern: Genossenschaft Italiana Capers Sud, Via Mendolita, Tel. 09 09 81 12 02.
Souvenirs (Produkte der Insel: Keramiken, Wein, Kapern, Süßess etc.) bei Essepiù, Via Garibaldi 33.

Karwoche: Palmsonntag (Palmweihe und Prozession), Karfreitag (Prozession).
22.–24. August: Fest des Inselpatrons S. Bartolomeo (Marina Corta).

Fahrrad-, Motorroller und Moped-Verleih: Aveden, Via Cappuccini, Tel. 09 09 81 10 26, Fax 09 09 81 18 35. Marcello Caruso, Via Ten. Amendola, Porto Sottomonastero, Tel. 09 09 81 12 34. Roberto Foti (auch **Autoverleih**), Via F. Crispi, Marina Lunga, Tel. 09 09 81 23 52, Fax 09 09 81 16 27 und Loc. Canneto, Marina Garibaldi, Tel. 09 09 88 08 25.
Segeln/Surfen: Centro Nautico Eoliano, Marina Corte, Salita S. Giuseppe 8, Tel. 09 09 81 26 91 oder Handy 3 68 68 55 30.
Tauchen: Diving Center »La Gorgonia«, Marina Corte, Salita S. Giuseppe, Tel. 09 09 81 20 60 oder Handy 3 60 86 34 55.
Wandern: Geführte Wanderungen veranstaltet die Cooperativa »Il Sentiero«, Tel. 090 98 86 000 oder Handy 33 87 47 99 94 bzw. 33 94 38 51 88.
Schiffsrundfahrten: Insel-Hüpfen am preiswertesten mit den Tragflügelbooten (*aliscafi*) der Gesellschaften Siremar und Snav. Rundfahrten mit den Motorschiffen Viking (Marina Corte, Tel. 09 09 81 25 84, Fax 09 09 81 32 13, Handy an Bord: 3 30 69 58 86) und Lady M. (Taranto Navigazione, Milazzo Porto, Tel. 09 09 22 36 17, Fax 09 09 28 52 10, Handys an Bord: 3 30 84 90 48, 33 95 90 71 82, 34 83 00 58 39, www.minicrociere.com).

In Lípari-Stadt selbst nur Steilküsten mit betonierten Badeplätzen von Hotels. **Schöner Kiesstrand** in Canneto, am nördlichen Ortsende Fußweg (10 Min.) zum **idyllischen Strand Spiaggia Bianca**, der wegen seiner Kieselsteine aus Lava schwarz ist. **Einsame Badebuchten** rund um die Insel sind nur per Boot erreichbar.

Vulcano

Les Sables Noirs, Loc. Porto Ponente, Tel. 0 90 98 50, Fax 09

09 85 24 54, Apr.–Okt. geöffnet, teuer.
Komfortables Urlaubshotel mit guter Infrastruktur am Meer.
Arcipelago, Loc. Vulcanello, Tel. 09 09 85 20 02, Fax 09 09 85 21 54, Apr.–Okt. geöffnet, moderat.
Schöne Lage auf Vulcanello, hoher Komfort.
Conti, Loc. Porto Ponente, Tel. 09 09 85 20 12, Fax 09 09 85 20 64, Mai–Okt. geöffnet, moderat.
Freundlicher Familienbetrieb, schönes Haus am Meer.
Agostino, Loc. Porto Levante, Via Favaloro 1, Tel. 09 09 85 23 42, Mai–Okt. geöffnet, sehr preiswert.
16-Betten-Haus, sehr einfach möblierte Zimmer mit Bad oder Dusche.

Maria Tindari, Loc. Piano, Via Provinciale 38, Tel. 09 09 85 30 04, kein Ruhetag in der Saison, moderat.
Hausgemachte Pasta und schmackhafte Fleischgerichte.
Vincenzino, Porto Levante, Tel. 09 09 85 20 16, kein Ruhetag in der Saison, moderat.
Rustikales Lokal, auch für große Gruppen, Touristenmenüs.

Auto-, Motorroller- und Fahrradverleih: Campisi Vulcano Car, Via Comunale Levante, Tel. 09 09 85 24 66 und Handy 34 87 22 03 33, Paolo Romeo, Porto Levante, Tel. 09 09 85 21 12 und Handy 33 81 39 28 09.
Wanderungen: Aufstieg zum Gran Cratere (391 m) rund 60–90 Minuten, gutes Schuhwerk unbedingt erforderlich.
Bootsverleih: Centro Nautico in Porto Levante und Porto Ponente, Tel. 09 09 82 23 78 und Handy 36 83 46 95 45, Vulcano Boat Rent Service, Porto Ponente, Tel. 09 09 85 23 79.
Bootsrundfahrten: siehe Lípari.

Meist überlaufen ist der felsige **Fumarolenstrand** bei Porto di Levante, **schwarzer Lavasand** bedeckt die Bucht von Porto Ponente, eine Klippenküste lädt rund um die Halbinsel Vulcanello zum Sprung ins Wasser ein, ein ruhiger Kiesstrand breitet sich an der Südspitze der Insel bei Gelso aus.

Salina

Signum, Loc. Malfa, Via Scalo 11 b, Tel. 09 09 84 42 22, Fax 09 09 84 41 02, ganzjährig geöffnet, moderat.
Eines der schönsten, intimsten Häuser der gesamten Inselwelt, Lage inmitten eines Weingartens, perfekte Gastlichkeit, exzellente Küche.
Punta Scario, Loc. Malfa, Via Scalo 8, Tel. 09 09 84 41 39, Fax 09 09 84 40 77, Mitte März bis Okt. geöffnet, moderat.
Einfaches Urlaubsquartier.
La Marinara, S. Marina Salina, Loc. Lingua, Via Alfieri, Tel. 09 09 84 30 22, Fax 9 84 33 43, Juni–Sept. geöffnet, sehr preiswert.
14 spartanische Zimmer mit Dusche.

Camping:
Tre Pini, Loc. Leni Rinella, Tel. 09 09 80 91 55, geöffnet Mai–Sept.

A Cannata, S. Marina Salina, Via Umberto 13, Tel. 09 09 84 31 61, März–Okt. geöffnet, moderat.
Spezialitäten: Maccheroni und gefüllte Calamari.
Da Franco, S. Marina Salina, Via Belvedere, 09 09 84 32 87, Mo (im Winter) geschl., moderat.
Zauberhaftes Panorama, frische Meeresfrüchte.

Tauchen: Centro Nautico Salina, Leni, Loc. Rinella, Via Rotabile 2, Handy 33 84 72 89 21.

Filicudi

La Canna, Via Rosa 43, Tel. 090 98 89 956, Fax 090 98 89 966, Mitte Nov. bis Mitte Dez. geschl., moderat/teuer.
Jüngst renoviertes Mittelklassehaus in schöner Panoramalage mit Pool und gutem Restaurant.
Phenicusa, Via Porto, Tel. 09 09 88 99 46, Fax 09 09 88 99 55, Juni–Sept. geöffnet, günstig.
Modernes Hotel mit angeschlossenem Feriendorf.
La Sirena, Via Pecorini Mare, Tel. 09 09 88 99 97, Fax 09 09 88 92 07, Nov.–Febr. geschl., günstig.
Nette kleine Pension am Meer mit beliebtem Restaurant.
Villa La Rosa, Via Rosa 24, Tel. 09 09 88 99 65, Fax 09 09 88 92 91, im Nov. geschl., günstig.
Winzige Pension (6 Betten) mit gemütlicher Trattoria und Pizzeria.

siehe Unterkunft

Botanische Wanderungen durch das Naturschutzgebiet der Insel veranstaltet der Schweizer Schriftsteller Roland Zoss, Info unter Tel./Fax 0 04 13 13 71 53 50, www.rolandzoss.com

Alicudi

Einziges Hotel und Restaurant: **Ericusa**, Loc. Perciato, Tel. 09 09 88 99 02, Fax 09 09 88 96 71, Juni–Sept. geöffnet, sehr preiswert.
Einfache Zimmer, gute Küche.

Panarea

Albergo La Piazza, Via San Pietro, Tel. 0 90 98 31 54, Fax 0 90 98 30 03, Apr.–Okt. geöffnet, teuer. Elegante Anlage im typischen Inselstil inmitten eines Parks.
Tesoriero, Via C. Lani, Tel. 0 90 98 30 98, Fax 0 90 98 30 07, Apr.–Okt. geöffnet, moderat.
Intimes Hotel der guten Mittelklasse.
Roda, Via San Pietro, Tel. 0 90 98 30 06, Fax 0 90 98 32 12, Apr.–Okt. geöffnet, günstig.
Kleines Haus, sehr einfache Zimmer.

Hycesia, Via S. Pietro, Tel. 0 90 98 30 41, nur in der Saison geöffnet, moderat.
Gutes Hotel-Restaurant in Hafennähe, Fischspezialitäten.
Da Tindaro, Via San Pietro, Tel. 0 90 98 32 62, nur in der Saison geöffnet, moderat.
Alle Schätze der Inselküche, serviert bei Kerzenlicht auf Traumterrasse.

Überreste des Bronzezeit-Dorfes Capo Milazzese
(etwa halbstündige Küstenwanderung)

Strómboli

La Sciara Residence, Via Soldato Cincotta, Tel. 0 90 98 60 04, Fax 0 90 98 62 84, Mai–Sept. geöffnet, teuer.
Modernes Feriendorf.
La Sirenetta, Via Marina 33, Tel. 0 90 98 60 25, Fax 0 90 98 61 24, Apr.–Okt. geöffnet, teuer.

Komfortable Hotelanlage am Meer.
Ossidiana, Via Picone 18,
Tel. 0 90 98 60 06, Fax 0 90 98 62 50, Apr.–Okt. geöffnet, moderat.
Gutes Mittelklasse-Hotel in Strandnähe.
Miramare, Via Vito Nunziante 3, Tel. 0 90 98 60 47, Fax 0 90 98 63 18, Apr.–Okt. geöffnet, günstig.
Familiäres Hotel direkt am Strand, einfache Zimmer.

Punta Lena, Via Marina 8, Tel. 0 90 98 62 04, im Sommer kein Ruhetag, moderat/teuer.
Zauberhaftes Ambiente auf weißer Panorama-Terrasse, Inselküche vom Feinsten.
La Locanda del Barbablù, Via Vittorio Emanuele 17/19, Tel. 0 90 98 61 18, Nov.–Febr., ausgenommen Weihnachten, geschl., kein Ruhetag, nur abends geöffnet, moderat/teuer.
Phantasievoll zubereitete Speisen, inspiriert von den frischen Angeboten des Tages.
Da Luciano, Via Roma 15, Tel. 0 90 98 60 88, im Sommer kein Ruhetag, moderat.
Hausgemachte Pasta, Fisch vom Grill.
Da Zurro, Via Picone 18, Tel. 0 90 98 62 83, im Sommer kein Ruhetag, moderat.
Fischspezialitäten in urigem Lokal am Hafen.

Tauchen: La Sirenetta Diving Center, Via Marina 33, Tel. 090 98 60 25 oder Handy 34 73 53 47 14.
Vulkanbesteigung (nur mit Führer zu empfehlen): Guide Alpine, Ufficio Informazioni, Piazzale S. Vincenzo, Tel. 0 90 98 62 63 oder 0 90 98 62 11.

Marinella di Selinunte (TP)

Lage: Vordere Umschlagkarte C4
15 m ü. d. M.
PLZ 91022
Einwohner: 700
Atmosphäre: bezaubernder kleiner Fischerort zu Füßen der Tempel von Selinunt

AAPIT, 91100 Trápani, Via San Francesco d'Assisi 27, Tel. 09 23 54 55 11, Fax 09 23 54 55 17.

Garzia, Via Pigafetta 6, Tel. 0 92 44 60 24, Fax 0 92 44 61 96, ganzjährig geöffnet, günstig.
Gepflegter Familienbetrieb in unmittelbarer Nähe des Archäologischen Parks, Strandlage.
Paradise Beach Hotel, Contr. Belice di Mare (10 km von Marinella), Tel. 0 92 44 63 33, Fax 0 92 44 64 77, März–Okt. geöffnet, günstig.
Große Ferien-Hotelanlage (500 Betten) an weitem Sandstrand, einsame Lage.
Lido Azzurro, Via Marco Polo 98, Tel./Fax 0 92 44 62 56, sehr preiswert.
Schlicht möblierte Zimmer mit Bad an der Strandstraße.

Privatapartments:
Il Pescatore, Via Castore e Polluce 31, Tel. 0 92 44 63 03, sehr preiswert.
Sauberes Quartier mit Kochmöglichkeit.

Umgebung/Agriturismo:
Villa Maddalena, 92013 Porto Palo (10 km von Marinella), Via Calabria 27, Tel./Fax 0 92 57 82 79, Handy 34 88 07 26 31.
Gemütliches Anwesen in ruhiger Panoramalage, saubere Zimmer, großer Pool, gute Küche.

Camping:
L'Oasi di Selinunte, SS 115,
Tel. 0 92 44 68 85, Fax 09 24 94 11 07, ganzjährig geöffnet, auch Bungalows

Baffo's Lido Azzurro, Via Marco Polo 53, Tel. 0 92 44 62 11, kein Ruhetag, Wintermonate geschl., moderat.
Einfaches Strandrestaurant mit ausgezeichneter sizilianischer Küche.
Calannino, Via Marco Polo 51, Tel. 09 24 94 10 25, kein Ruhetag, Ende Nov.–März geschl., moderat.
Frische Meeresfrüchte, gut sortiertes Büfett, Terrasse am Meer.
Caffetteria Essia, Via Marco Polo 93, Tel. 0 92 44 60 57, kein Ruhetag, im Winter geschl., sehr preiswert.
Snacks, Süßes, Kaffee und Eis, serviert auf einer Terrasse über dem Meer.

Umgebung:
Il Vignetto, Bivio Porto Palo – Menfi (10 km von Marinella), Tel. 0 92 57 17 32, Juli/Aug. kein Ruhetag, sonst Mo geschl., 15.10.–15.5. nur mittags, Fr., Sa auch abends, moderat.
Eines der besten Restaurants der Insel, jeden Umweg wert.
Vittorio, Porto Palo (10 km von Marinella), Via Friuli Venezia Giulia 9, Tel. 0 92 57 83 81, Mo Ruhetag, moderat.
Pasta- und Fischspezialitäten, schöne Lage an goldenem Sandstrand, auch Zimmervermietung.

Archäologischer Park, tägl. 9 Uhr bis eine Stunde vor Sonnenuntergang.
An Werktagen, so es das Meer zugelassen hat, findet frühmorgens am kleinen Hafen eine **Fisch-Versteigerung** statt, die man sich nicht entgehen lassen sollte.

Marsala (TP)

Lage: Vordere Umschlagkarte B5
12 m ü. d. M.
Stadtplan: S. 212
PLZ 91025
Einwohner: 80 000
Atmosphäre: freundlich, turbulent

AAPIT, Via XI Maggio 100, Tel./Fax 09 23 71 40 97.

New Palace, Lungomare Mediterraneo, Tel. 09 23 71 94 92, Fax 09 23 71 94 96, teuer.
Von Grund auf modernisiertes, intimes Haus mit höchstem Komfort.
CAP 3000, Via Trápani 161, Tel. 09 23 98 90 55, Fax 09 23 98 96 34, günstig.
Mittelklassehotel, 2 km zum Bahnhof.
President, Via Nino Bixio 1, Tel. 0923 99 93 33, Fax 09 23 99 91 15, günstig.
Modernes Haus gehobenen Standards.
Villa Favorita, Via Favorita 27, Tel. 09 23 98 91 00, Fax 09 23 98 02 64, günstig.
Ruhiges Gartenhotel nahe Messegelände mit beliebtem Spezialitäten-Restaurant (moderat).

Camping:
Biscione, 91020 Petrosino (13 km südlich von Marsala), Loc. Biscione, Tel./Fax 09 23 73 14 44.
Gepflegte Anlage am Meer (35 000 m^2) mit guter Infrastruktur, ganzjährig geöffnet.

Delfino, Lungomare Mediterraneo 672, Tel. 09 23 99 81 88, 1.9.–1.5. Di Ruhetag, moderat.
Raffinierte Küche in schlichtem Ambiente.
Garibaldi, Piazza dell'Addolorata 35, Tel. 09 23 95 30 06, Sa mittags und

So abends geschl., moderat.
Sizilianische Gerichte mit nordafrikanischem Einschlag.
Mamma Caura, Contrada Salina Infersa, Tel. 09 23 96 61 33, Mai bis Okt. tägl. geöffnet, moderat.
Speisen mit Piff, auch Snacks und Süßes, in der Nähe des Salzmuseums und der Mozia-Fähre.

Museo Archeologico, Lungomare Boeo 34, Tel. 09 23 95 25 35, tägl. 9–13.30 Uhr, Mi, Fr., Sa und So auch 16–18.30 Uhr: Punier-Schiff und andere kostbare Fundstücke.
Museo degli Arazzi, Via Garaffa 57, Tel. 09 23 71 29 03, tägl. außer Mo 9–13 und 16–18 Uhr: Museum der flämischen Wandteppiche.
Museo Whitaker, Isola di Mozia, Tel. 09 23 71 25 98; tägl. 9–13, März–Sept. auch 15–18.30 Uhr: Zeugnisse punischer Kultur.
Salzmuseum Mulino Salina Infersa, Contrada Ettore Infersa, Tel. 09 23 96 69 36, tägl. 9–16/19 Uhr: Salzgärten in Betrieb, Dokumentation und kleiner Verkaufsraum.

»Enoteca La Ruota«, Lungomare Boeo 36/A (neben Archäologischem Museum): **Weinverkostung und -verkauf**.

Im Sommer spielt sich das nächtliche Treiben am **Lungomare** mit seinen Bars, Pubs und Discos ab, im Winter (Okt.–Mai) trifft man sich in der Großdisco (Platz für 1800 Personen!) **Octopus** beim Hafen (Piazza Piemonte e Lombardo, Tel. 09 23 71 30 20).

Karfreitag: Prozession der Mysterien.

Bootsrundfahrten nach Mozia, zu den Salinen und in das Naturschutzgebiet der Isole dello Stagnone veranstalten Arini e Pugliese (Piazza Piemonte e Lombardo 10, Handy 34 77 79 02 18 und 34 73 43 03 29, Fax 09 23 71 38 80).

Bahn: Nebenlinie mit Verbindungen nach Palermo – entweder über Trápani oder über Mazara del Vallo und Castelvetrano (länger). Nur wenige Züge täglich (Bahnhof in der Viale A. Fazio).
Bus: Neben lokalen Linien Schnellverbindungen nach Agrigent und Palermo (ab Piazza del Popolo).
Stadtbusse: Die Linie 4 (ab Piazza del Popolo) verkehrt regelmäßig zur Anlegestelle der Boote zur Insel Mozia.
Schiff: In der Hochsaison mehrmals wöchentlich (vorwiegend am Wochenende) Fähren und Tragflügelboote auf die Ägadischen Inseln.

Mazara del Vallo (TP)

Lage: Vordere Umschlagkarte B4
8 m ü. d. M.
PLZ 91026
Einwohner: 45 000
Atmosphäre: sehr lebendig

Hübsches Hafenstädtchen mit arabischem Kern.

AAPIT, Piazza Santa Veneranda 2, Tel./Fax 09 23 94 17 27.

Hopps, Via G. Hopps 29, Tel. 09 23 94 61 33, Fax 09 23 94 60 75, günstig.
Großer Hotelkomplex in mediterranem Stil, umgeben von Palmen.

Pescatore, Via Castelvetrano 191, Tel. 09 23 94 75 80; Mo Ruhetag, moderat.
Meeresfrüchte in allen Varianten.

Kathedrale SS Salvatore (1093, im 17. Jahrhundert umgebaut, neue Fassade von 1906), Normannenkapelle S. Nicolò Regale (11./12. Jahrhundert), **Normannenkastell**, Reste spätbarocker Kirchen und Paläste; größte Fischereiflotte Italiens.
Museo Civico Comunale, Piazza del Plesbiscito, Tel. 09 23 94 17 77, tägl. 9–13, Di und Do auch 15–18, Sa, So auch 16–19 Uhr: archäologische Funde bis moderne Malerei.
Museo Diocesano, Via dell'Orologio, Tel. 09 23 90 94 31, Mo–Fr 9–12 Uhr: Prachtstücke sakraler Kunst.

3. Augustwoche: »Padellata«, Sagra del mare (Fest des Meeres und der Fische).

Wasserpark »Acqua Splash«, Campobello di Mazara, Lungomare Est, Tre Fontane, Tel. 0 92 48 08 80, Juni– Sept. tägl. 9 Uhr bis Mitternacht. 2 ha große Freizeitanlage mit Wasserrutschen, Spielplätzen, Restaurants und einem schönen Strand.

Messina (ME)

Lage: Vordere Umschlagkarte J6
3 m ü. d. M. – Provinzhauptstadt
Stadtplan: S. 94
PLZ 98100
Einwohner: 260 000
Atmosphäre: träge, etwas langweilig

Für die Provinz: AAPIT, Via Calabria isol. 301, Tel. 0 90 67 42 36, Fax 09 06 41 10 47.
Für die Stadt: AAST, Piazza Cairoli 45, Tel. 09 02 93 52 92, Fax 0 90 69 47 80.

Grand Hotel Liberty, Via I Settembre 15, Tel. 09 06 40 94 36, Fax 09 06 40 93 40, teuer.
Nach Totalrenovierung höchster Komfort, zentrale Lage in Bahnhofsnähe.
Jolly Hotel dello Stretto, Via Garibaldi 126, Tel. 0 90 36 38 60, Fax 09 05 90 25 26, moderat.
Gutes Mittelklassehotel mit schönem Blick auf die Meerenge.
Europa Palace, Loc. Pistunina, SS 114 Km 5,470, Tel. 0 90 62 18 01, Fax 0 90 62 17 68, günstig.
Guter Standard, gedecktes Schwimmbad, Tennisplätze, Vorortlage.
Villa Morgana, Loc. Ganzirri, Via C. Pompea, Tel. 0 90 32 55 75, Fax 0 90 32 55 77, günstig.
Kleines Gartenhotel in nettem Vorort, rund 10 km vom Zentrum.
Cairoli, Viale S. Martino 63, Tel./Fax 0 90 67 37 55, sehr preiswert.
Zentrale Lage in einer der Hauptgeschäftsstraßen.

Camping:
Il Peloritano, Fraz. Rodia, Tel. 0 90 34 84 96, ganzjährig geöffnet.

Anselmo, Loc. Ganzirri, Via Lago Grande 29, Tel. 0 90 39 32 25, Mo Ruhetag, moderat.
Frische Meeresfrüchte in gemütlicher Trattoria am Ganzirri-See.
Da Piero, Via Ghibellina 121, Tel. 0 90 71 83 65, So und im August geschlossen, moderat/teuer.
Klassische sizilianische Küche in elegantem Innenstadt-Ambiente.
Savoia, Via XXVII Luglio 36/38, Tel. 09 02 93 48 65, kein Ruhetag, moderat.
Zentrumslage, lokale Spezialitäten, vor allem Meeresfrüchte.

Le Due Sorelle, Piazza Municipio 4, Tel. 090 44 720, So Mittag und Mo geschl., moderat.
Winziges Lokal, große Küche mit französischem Einschlag.
Alberto Sporting, Lido Mortelle, Via Nazionale, Tel. 0 90 32 10 09; Mo und im Jan. geschl., moderat.
Panorama-Terrasse am Meer.

Dom mit **Glockenturm** (großes mechanisches Uhrwerk, Glockenspiel mit Figuren tägl. um 12 Uhr.
Normannenkirche Annunziata dei Catalani. Orionbrunnen (Domplatz), **Neptunbrunnen** (gegenüber Präfektur).
Museo Regionale di Messina, Viale della Libertà 465, Tel. 0 90 36 12 92, tägl. außer Mo 9–13.30, Di, Do, Sa auch 16–18.30 Uhr.

Oktober bis Mai: Theater- und Konzertsaison im Teatro di Messina (Via Garibaldi 114, Tel. 0 90 34 52 33).

Februar: Karnevalsumzug.
Settimana Santa: Karfreitagsprozession.
13./14. August: Umzug der Riesen Mata und Grifone.
15. August: Marienprozession »Vara«.

Ausflüge: Reggio di Calabria (30 Min. mit Tragflügelboot): **Regionalmuseum** mit den berühmten Bronzestatuen der Krieger von Riace (5. Jh. v. Chr.).
Panoramafahrt durch die Peloritani-Berge (55 km): Über die N 113 Richtung Palermo erreicht man nach etwa 6 km **Scala** (Reste der gotischen Kirche Santa Maria della Scala).
In **Portella di San Rizzo** (450 m Höhe, schöner Ausblick auf zwei Meere, das Ionische und das Tyrrhenische) geht es links ab zur Wallfahrtskirche Dinnammare (1120 m Höhe). Zurück führt der Weg wieder in Richtung N 113; man überquert diese, fährt durch eine idyllische Berglandschaft nach **Spartà**, erreicht über die Küstenstraße **Ganzirri** und schließlich wieder Messina.

Bahn: Bahnlinie Messina – Taormina–Catania–Syrakus mit zahlreichen Schnell- und Bummelzügen.
Schmalspurbahn rund um den Ätna (*Circumetnea* von Giarre-Riposto über Randazzo nach Catania).
Bus: Dichtes Autobusnetz, das auch fast sämtliche Ausflugsziele umfasst. Mehrmals täglich direkte Autobusverbindung Messina–Taormina–Fontanarossa.
Schiff: Tragflügelboote nach Reggio di Calabria (tagsüber fast stündlich) und auf die Liparischen Inseln.
Autofähren rund um die Uhr nach Villa San Giovanni und Reggio di Calabria.

Milazzo (ME)

Lage: Vordere Umschlagkarte J6
1 m ü. d. M
PLZ 98057
Einwohner: 32 000
Atmosphäre: eher gesichtslos

Ausgangshafen für Fähren und Tragflügelboote zu den Liparischen Inseln.

AAST, Piazza C. Duilo 20, Tel. 090 92 22 865, Fax 090 92 22 790.

Eolian Inn Park, Via Cappuccini 25, Tel. 09 09 28 61 33, Fax 09 09 28 28 55, moderat.
Moderner Hotelkomplex in ruhiger Lage.
Silvanetta Palace, Via Mangiavacca 1, Tel. 09 09 28 16 33, Fax 09 09 22 27 87, moderat/günstig.

Neubau in mediterranem Stil, guter Standard, Pool, Tennisplätze.
La Bussola, Via XX Luglio 29, Tel. 090 92 21 244, Fax 090 92 82 955, sehr preiswert.
Kleines Hotel in Hafennähe.
Mendolia, Via Grazia 8, Tel. 090 92 95 566, sehr preiswert.
12-Betten-Pension.

Camping:
Camping Park Agricoltecnica, Contrada Baronia, Via Capo, Tel. 09 09 28 28 38, Fax 09 09 22 94 57, Juni–Sept. geöffnet. Zelten im Olivenhain eines Landgutes am Meer, auch Zimmer mit Bad werden vermietet.

Il Covo del Pirata, Via San Francesco 2, Tel. 09 09 28 44 37, Mi Ruhetag, moderat/teuer.
Feine Meeresküche in elegantem Ambiente.
Salamone a Mare, Strada Panoramica 36, Tel. 09 09 28 12 33, Mo und im Jan. geschl., moderat/teuer.
Schöne Terrasse am Meer, frische Fischspezialitäten, tolle Weinkarte.
La Vecchia Cucina, Via Nino Riolo 17, Tel. 09 09 22 30 70, Mo Ruhetag, moderat/teuer.
Sizilianische Küche von gehobenem Niveau.
L'Ugghiularu, Via Acquaviole 137, Tel. 09 09 28 43 84, im Winter Mi Ruhetag, moderat.
Pfiffige Hausmannskost in rustikaler Trattoria.

Neuer Dom (20. Jh. erbaut, mit schönen Altarbildern messinischer Meister des 15. Jh.). **Kirche S. Francesco di Paola** (18. Jh.). **Historischer Kern** mit Altem Dom (17. Jh.) und Aragonesen-Kastell (13. Jh.).

Bahn: Schnellzugsstation auf der Hauptstrecke Messina-Palermo. Der Bahnhof (Piazza Marconi) ist 5 km vom Hafen entfernt (Stadtbusse im Halb- bzw. Stundentakt).
Bus: Täglich zahlreiche Verbindungen mit Messina, Cefalù und Palermo, April-Sept. einmal pro Tag Direktbus von und zum Flughafen Catania (ab Via Luigi Rizzo/Hafen).
Schiff: Ausgangshafen für Fähren und Tragflügelboote auf die Liparischen Inseln sowie eine regelmäßige Fährverbindung mit Neapel (Angaben über Schiffsgesellschaften siehe unter Liparische Inseln, S. 336).

Módica (RG)

Lage: Vordere Umschlagkarte H2
296 m ü. d. M.
PLZ 97015
Einwohner: 50 000
Atmosphäre: heiter, offen

Ufficio turistico Comunale, Corso Umberto 72, Tel. 09 32 75 92 04.

Bristol, Via Risorgimento 8 b, Tel. 09 32 76 28 90, Fax 09 32 76 33 30, sehr preiswert.
Kleines Hotel aus den 90er Jahren, mit Garten.
Motel di Modica, Corso Umberto I 281, Tel. 09 32 94 10 22, Fax 09 32 94 10 77, sehr preiswert.
Mittelklasse-Innenstadthotel mit gutem Restaurant.
I Tetti di Siciliando, Via Cannata 24, Tel./Fax 09 32 94 28 43, sehr preiswert.
Intimes Haus im Zentrum, betrieben von jungen Leuten, die auch Wanderungen, Radtouren organisieren und Kunsthandwerkskurse anbieten.

Agriturismo:
Il Granaio, Contrada Palazzella 2/c, Tel. 09 32 90 90 81 und Handy 33 82 28 91 21, ganzjährig geöffnet.
Komfortable Zimmer, rustikales Restaurant.

Camping:
La Perla di Sicilia, 97010 Marina di Modica, Via dei Mare, Tel./Fax 09 32 90 24 90, ganzjährig geöffnet.

Fattoria delle Torri, Vico Napoletano 14, Tel. 09 32 75 12 86, Mo Ruhetag, moderat/teuer.
Hervorragende, kreative Küche, die ihresgleichen sucht; elegantes Ambiente in altem Palazzo.
Fidone, Fraz. Frigintini, Via Gianforma 6, Tel. 09 32 90 11 35, Mo Ruhetag, moderat.
Kleiner Familienbetrieb mit leckeren Pasta- und Fleischspezialitäten.
Antica dolceria Bonaiuto, Corso Umberto 159, Tel. 09 32 94 12 25, Mo Ruhetag. Verführerische Schokolade-Spezialitäten nach alten Rezepten der Araber und Spanier.

Malerischer Stadtkern. Kirchen S. Giorgio (18. Jh., eindrucksvoller Treppenaufgang), S. Pietro (18. Jh., Marmorstatuen von Gagini).
Literarischer Park Salvatore Quasimodo (Nobelpreisträger) mit Wohnhaus des Dichters (Via Posterla).
Info: 09 32 75 38 64.
Museo Ibleo delle Arti e Tradizioni Popolari, Palazzo dei Mercedari, Via Mercè, Tel. 09 32 75 27 47, tägl. 10–13 Uhr: interessante volkskundliche Sammlung.

Ausflüge: Cava d'Ispica (8 km): Rund 13 km langes Tal, von einem Fluss tief in das Kalkgestein gegraben, mit Höhlen aus prähistorischer Zeit. Den Sikulern dienten die oft mehrstöckigen Felsbehausungen als **Nekropole**. Später **Katakomben** der Christen, im Mittelalter wieder Wohnstätten. (Apr.–Sept. tägl. 9–13 und 16–20 Uhr; Okt.–März tägl. 9–13 und 15–17 Uhr, geführte Exkursionen von 2–6 Stunden, Infos bei Cooperativa Etnos, Tel. 09 32 75 27 47 und 09 32 75 38 64, www.cavaispica.it).

Bahn: Selten befahrene Nebenlinie mit Verbindungen nach Ragusa und Syrakus (Bahnhof Piazza Stazione).
Bus: Vorwiegend Lokalverkehr, Schnellbus nach Syrakus (ab Corso Umberto I.).

Monreale (PA)

Lage: Vordere Umschlagkarte D5
310 m ü. d. M.
PLZ 90046
Einwohner: 25 000
Atmosphäre: je nach Tageszeit weltentrückt oder Tummelplatz

AAST, Piazza Vittorio Emanuele 14, Tel. 09 16 56 45 70.

Carrubella Park, Via Umberto 233, Tel. 09 16 40 21 88, Fax 09 16 40 21 89, günstig.
Wenige Minuten vom Dom entfernt, prächtige Aussicht über ganz Palermo, etwas verblichener Glanz, aber durchaus komfortabel.
Ai Pini, Loc. San Martino delle **Scale**, Villaggio Montano, Tel. 0 91 41 81 98, sehr preiswert.
Sehr einfaches Quartier in ruhiger Lage.

La Botte, SS 186 km 10, Contrada Lenzitti 20, Tel. 0 91 41 40 51,

nur Fr., Sa, So und Feiert. sowie vom 20.9.– 20.6. geöffnet, moderat/teuer.
Traditionsreicher Feinschmecker-Tempel, beste sizilianische Küche.
Taverna del Pavone, Vicolo Pensato 18, Tel. 09 16 40 62 09, Mo und im Oktober geschl., moderat.
Intime Trattoria in unmittelbarer Domnähe, sizilianische Spezialitäten, mit Fantasie neu gekocht.
Baby O, Piazza Guglielmo 8/9, Tel. 09 16 40 57 67, wechselnde Ruhetage, sehr preiswert.
Kleine Snacks und Getränke gegenüber dem Dom.

Dom (Tel. 09 16 40 44 13) tägl. 8–18 Uhr, **Domschatz** tägl. 9.30–12.30 und 15.30–17.30 Uhr.
Kreuzgang im Benediktinerkloster (Tel. 09 16 40 44 03) an Werktagen 9–18 Uhr, So und Feiertage 9–13 Uhr.

Schönes **Kunsthandwerk** aus Terrakotta (Gefäße, Lampen, Tel.ler etc.): Rorò, Via Ritiro 6/16.

Puppentheater: Munna (Cortile Manin 15, Tel. 09 16 40 45 42), Sanicola (Via Torres 1, Tel. 0 9 16 40 94 41).

3. Mai: Fest des hl. Kreuzes mit Umzügen, folkloristischen und künstlerischen Darbietungen.
November: Woche der sakralen Musik.

Acqua-Park Monreale, Spiel und Spaß für Kinder und Erwachsene auf einem Gelände von 22 000 m², riesige Wasserrutschen, Restaurant, Pizzeria. Geöffnet Mitte Juni bis Mitte Sept. tägl. von 9.30–18.30 Uhr (Contrada Fiumelato, Via Pezzingoli 172, Tel. 09 16 46 02 46).

Bus: Palermos innerstädtische Linie 389 verkehrt im Halbstundentakt zwischen dem Domplatz von Monreale und der Piazza Indipendenza vor dem Normannenpalast.

Nicolosi (CT)

Lage: Vordere Umschlagkarte H4
698 m ü. d. M.
PLZ 95030
Einwohner: 5000
Atmosphäre: beschaulich, ruhig

Ausgangsort für Fahrten auf die Südseite des Ätna.

AAST, Via Giuseppe Garibaldi 63, Tel. 0 95 91 15 05, Fax 09 57 91 45 75.

Biancaneve, Via Etnea 163, Tel. 0 95 91 11 76, Fax 0 95 91 11 94, günstig.
Angenehmes Mittelklassehotel am Rande eines Wäldchens.
Gemmellaro, Via Etnea 160, Tel. 0 95 91 13 73, Fax 0 95 91 10 71, günstig.
Modernes Haus in ruhiger Lage.
Montirossi, Via Etnea 177, Tel. 09 57 91 43 93, sehr preiswert.
Einfaches Quartier.

Agriturismo:
Azienda Trinità, 95030 Mascalucia (8 km von Nicolosi, 9 km von Catania), Contrada Trinità, Tel. 09 57 27 30 01, Fax 09 57 27 21 56, ganzjährig geöffnet.
Gepflegtes Landgut in prachtvollem botanischen Garten, stilvolle Apartments, hervorragende Küche.
Man spricht deutsch.

Jugendherberge:
Ostello della Gioventù Etna, Via della Quercia 5, Tel. 09 57 91 47 01.

Camping:
Etna, Pineta dei Monti Rossi, Via Goethe, Tel. 0 95 91 43 09, ganzjährig geöffnet.

Grotta del Gallo, Via Madonna delle Grazie 40, Tel. 0 95 91 13 01, Mo Ruhetag, moderat.
Gartenrestaurant mit rustikaler sizilianische Küche, Pilzspezialitäten.
Le Tartarughe, Via G. Marconi 45, Handy 3 60 39 92 54, Mo Ruhetag, nur abends geöffnet, günstig.
Pizzen mit ungewöhnlichem Belag.

Umgebung:
Uliveto, 95039 Trecastagni, Via Perni 4, Tel. 09 57 80 69 88, Mo Ruhetag, nur abends geöffnet, moderat.
Alte Rezepte, meisterhaft neu kreiert; stilvolles rustikales Ambiente.

Jeden Sonn- und Feiertag **Markt** für landwirtschaftliche Produkte. Jeden 2. Sonntag im Monat **Antiquitätenmarkt** in Mascalucia (8 km).

Oktober: Pilzfest Sagra dei funghi.

Ätna-Ausflüge: Bergführer Gruppo Guide Alpino Etna Sud, Via Etnea 49, Tel. 09 57 91 47 55. Ätna-Parkverwaltung »Ente Parco dell' Etna«, Via Etnea 107/A, Tel. 0 95 91 45 88. **S.I.T.A.S.** (Ätna-Seilbahngesellschaft), Piazza Vittorio Emanuele 45, Tel. 0 95 91 11 58.

Bus: Lokalverkehr mit zahlreichen Ätna-Dörfern und mit Catania (ab Via Etnea 117/Hotel Monti Rossi), einmal täglich morgens Linie Catania (ab Bahnofsplatz)–Nicolosi–Ätna/Rifugio Sapienza und am späteren Nachmittag retour.

Noto (SR)

Lage: Vordere Umschlagkarte H2
80 m ü. d. M.
Stadtplan: S. 163
PLZ 96017
Einwohner: 23 000
Atosphäre: verwunschen, verträumt

AAPIT, Piazza XVI Maggio, Tel. 09 31 57 37 79, Fax 0931 83 67 44.

Eloro, Noto Marina, Loc. Pizzuta, Tel. 09 31 81 22 44, Fax 09 31 81 22 00, moderat.
Modernes Strandhotel mit vielen Sportmöglichkeiten.
Villa Canisello, Via Pavese 1, Tel. 09 31 83 57 93, Fax 09 31 83 77 00, günstig.
Komfortable Zimmer in ehemaligem Landhaus aus dem 19. Jh., 10 Minuten zu Fuß vom Stadtzentrum.
Villa Mediterranea, Noto Marina, Viale Lido, Tel./Fax 09 31 81 23 30, günstig.
Kleines Villenhotel mit Garten am Meer.
Villa Teresa, Contrada Baronazzo, Tel. 09 31 81 30 65, sehr preiswert.
Kleine Pension (5 Zimmer mit Bad) in gepflegter Gartenanlage mit Pool.

Jugendherberge:
Il Castello, Via Fratelli Bandiera 1, Tel. 09 31 57 15 34.
Neue Herberge im Herzen der barocken Stadt.

Trattoria del Carmine, Via Ducezio 1/a, Tel. 09 31 83 87 05, Mo Ruhetag, günstig/moderat. Familiäre Atmosphäre, liebevoll zubereitete sizilianische Gerichte.
Café Sicilia, Corso Vittorio Emanuele 125, Tel. 09 31 83 50 13, Mo geschl. Konditorei, berühmt für ihre Granita, ein sizilianisches Sorbet aus Kaffee, Mandeln, Zitronen oder frischen Früchten der Saison.

Barockes Zentrum (Via Cavour und Via Vittorio Emanuele mit Plätzen und Seitengassen).
Museo Civico, Corso Vittorio Emanuele 124, Tel. 09 31 83 64 62; derzeit wegen Renovierung geschlossen.

Ende Juli bis Mitte August: Internationales Festival der klassischen Musik.
Weihnachten: Krippenausstellung in der Chiesa del Carmine.

Karfreitagsprozession.
3. Sonntag im Mai: Primavera Barocca, das berühmte Blumenfest, für das die Via Nicolaci von einheimischen Künstlern mit riesigen Blumen-Mosaiken geschmückt wird (bereits ab Donnerstag zuvor). Rund um dieses Fest gibt es im Mai Barockmusik-Konzerte in verschiedenen Kirchen, Ausstellungen und eine Antiquitätenmesse.
16. Juli: Fest und Prozession zu Ehren der Madonna del Carmine.
8. Dezember: Fest und Prozession zu Ehren der Madonna Immacolata.

Ausflüge: Ruinen von Eloro (tägl. 9–14 Uhr): Reste einer antiken Stadt am Lido von Noto, einst Vorposten von Syrakus.
Villa Romana di Tellaro, Contrada Caddeddi (Straße Richtung Pachino), Tel. 09 31 57 38 83, tägl. 9 Uhr bis eine Stunde vor Sonnenuntergang: Ruinen einer römischen Villa mit Mosaiken.
Noto Antica (10 km): Reste der im 5. Jh. v. Chr. von Sikulern gegründeten Stadt, die 1693 durch ein Erdbeben zerstört wurde. Sehenswert sind die in Felsen gehauenen rund 500 Sikulergräber.
Wandern: Der WWF, Sektion Monti Iblei, veranstaltet geführte Wanderungen in den Ibleischen Bergen (Anapo-Tal mit der einzigartigen Felsennekropole **Pantálica** sowie **Cava Grande** bei Cassibile, ein 10 km langes Naturschutzgebiet mit bis zu 30 m tiefem Canyon, Wasserfällen und kleinen Seen), außerdem durch das **Vogelparadies von Vendicari**. Infos: Ufficio Turistico, 96010 Sortino, Via Carmine 5, Tel. 09 31 91 74 33 oder beim WWF-Wanderführer: Giuseppe Silluzio (spricht gut deutsch) unter Tel. 09 31 95 42 14 oder Handy 0 17 55 39 26 94.

Bahn: Selten befahrene Nebenlinie mit Verbindungen nach Syrakus und Ragusa (Bahnhof Via Stazione, 1,5 km südlich).
Bus: Lokalverkehr, Haltestelle am Largo Pantheon.

Palazzolo Acréide (SR)

Lage: Vordere Umschlagkarte H2
670 m ü. d. M.
PLZ 96010
Einwohner: 9300
Atmosphäre: angenehm

Nach dem Erdbeben von 1693 wieder aufgebaut.

Pro Loco, Via d'Albergo 70, Tel. 0931 88 13 54.

Senatore, Largo Senatore Italia, Tel. 09 31 88 34 43, Fax 09 31 88 34 44, sehr preiswert.
Mittelklassehotel aus den 90er Jahren, zweckmäßig möbliert.
Santoro, Via S. Sebastiano 21, Tel. 09 31 88 38 55, Fax 09 31 88 36 92, sehr preiswert.
Kleines Hotel (12 Zimmer), guter Standard, anno 2000 eröffnet.

Il Camino, Via Martiri di Via Fani 13, Tel. 09 31 88 18 60, Di Ruhetag, moderat.
Lokale Spezialitäten (Pilze, Wild), je nach Saison.
Il Portico, Largo Senatore Italia, Tel. 09 31 88 15 32, Di Ruhetag, moderat/teuer.
Klassische sizilianische Küche in nüchternem Ambiente.
La Trota, Loc. Pianette, SS 287 (7 km), Tel. 09 31 88 34 33, Mo Ruhetag, moderat.
Forellen und deftige sizilianische Hausmannskost.
Valentino, Ronco Pisacane 7, Tel. 09 31 88 18 40, Mi und im Okt. geschl., moderat.
Traditionelle Gerichte, vorwiegend auf fleischlicher Basis, im historischen Zentrum.

Kirchen S. Paolo und **Annunziata** in der Unterstadt sowie **S. Sebastiano** in der Oberstadt sind überzeugende Beispiele für prächtige Barockfassaden.
Die Chiesa dell'Immacolata (am Ende des Corso Vittorio Emanuele) beherbergt ein Meisterwerk von Francesco Laurana, Muttergottes mit Kind (1470).

Archäologische Zone: Überreste des antiken Akrai, griechisches Theater aus dem 3. Jh. v. Chr., tägl. außer Mo 9 Uhr bis eine Stunde vor Sonnenuntergang.

Bus: Verbindungen mit Catania, Noto, Ragusa und Syrakus, Haltestelle Piazzale Marconi.

Palermo (PA)

Lage: Vordere Umschlagkarte D5/6
14 m ü. d. M. – Hauptstadt der Region Sizilien
Stadtplan: S. 246/247
PLZ 90100
Einwohner: 700 000
Atmosphäre: je nach Stadtviertel einerseits großstädtisch, international, andererseits schäbig und deprimierend

AAPIT, Piazza Castelnuovo 35, Tel. 09 16 05 81 11, Fax 0 91 58 27 88, www.palermotourism.com
Informationsbüros Piazza Castelnuovo 34, Tel. 0 91 58 38 47, Fax 0 91 58 63 38, info@aapit.pa.it sowie am Flughafen und am Bahnhof.

Villa Igiea, Salita Belmonte 43, Tel. 0 91 63 12 111, Fax 0 91 54 76 54, teuer.
Spitzenhotel in Panoramalage außerhalb des Zentrums.
Baglio Conca d'Oro, Loc. Borgo Molara, Via Aquino 19, Tel. 09 16 40 62 86, Fax 09 16 40 87 42, moderat.
Elegantes Hotel in altem Gemäuer am Stadtrand, gute Busverbindungen ins 10 km entfernte Zentrum.
Centrale Palace, Corso Vittorio Emanuele 327, Tel. 0 91 33 66 66, Fax 0 91 33 48 81, moderat.
Höchster Komfort in altem Patrizierhaus, zentrale Lage.

Excelsior Palace, Via Marchese Ugo 3, Tel. 0 91 62 56 176, Fax 0 91 34 12 39, moderat.
Sympathisches Haus in angenehmer Lage nahe der Viale della Libertà.
Massimo Plaza, Via Maqueda 437, Tel. 0 91 32 56 57, Fax 0 91 32 57 11, moderat.
Intimes Hotel beim Opernhaus.
Grande Albergo Sole, Corso Vittorio Emanuele 291, Tel. 09 16 04 11 11, Fax 09 16 11 01 82, moderat/günstig.
Älteres Mittelklassehotel neben den Quattro Canti.
Villa Archirafi, Via Abramo Lincoln 30, Tel. 09 16 16 88 27, Fax 09 16 16 86 31, günstig.
Kleines Hotel in Villa aus dem 19. Jh. beim Botanischen Garten.
La Noce, Via Giovanni Evangelista Di Blasi 12, Tel. 09 16 81 79 41, Fax 09 16 82 01 18, sehr preiswert.
Saubere Herberge der Waldenser, alle Zimmer mit Bad, Aufenthaltsräume, Küchenbenutzung.
Cortese, Via Scarparelli 16, Tel./Fax 0 91 33 17 22, sehr preiswert.
Einfaches Quartier beim Ballarò-Markt in der Altstadt.

Jugendherbergen:
Albergheria Viaggi, Piazza S. Francesco Saverio 3, Tel./Fax 0 91 21 83 44, studenti@ipamat.math.unipa.it
Zentrale Lage in Univiertel nahe Altstadt.
Casa Marconi, Via Monfenera 140, Tel. 09 16 57 06 11, Fax 09 16 57 03 10.
Moderne Struktur, saubere Zimmer, Restaurant, Internet-Café.

Camping:
Trinacria, Loc. Sferracavallo, Via Barcarello 23, Tel./Fax 0 91 53 05 90, ganzjährig geöffnet.

Man isst in Palermo im Vergleich zu reinen Touristenzentren relativ preiswert und eigentlich überall gut. Hier nur eine kleine Auswahl von Luxuslokalen bis zu Imbissstuben:
Il Ristorantino, Piazzale A. De Gasperi 19, Tel. 0 91 51 28 61, Mo und im Aug. geschl., teuer.
Pippo Anastasio ist schon seit längerem Garant für kulinarische Überraschungen – von den Antipasti bis zu den Süßspeisen.
La Scuderia, Viale del Fante 9, Tel. 0 91 52 03 23, So und 2. Augusthälfte geschl., teuer.
Meeresspezialitäten vom Feinsten im Belle-Epoque-Ambiente.
A Cuccagna, Via Principe Granatelli 21, Tel. 0 91 58 72 67, im Aug. geschl., teuer/moderat.
Edel-Trattoria im Zentrum, lokale Gerichte nach alten Rezepten.
Ai Cascinari, Via D'Ossuna 43–45, Tel. 09 16 51 98 04, Mo und im Aug. geschl., moderat.
Schmackhafte, bodenständige Küche.
Trattoria Stella, Via Alloro/Via Aragona 6, Tel. 09 16 16 11 36, So abends und Mo geschl., moderat.
Altstadtlokal mit romantischem Hof, gute palermitanische Küche.
À Vucciria, Via dei Chiavettieri 7, Tel. 09 16 11 83 47, Ruhetag wechselnd, moderat/günstig.
Deftige Hausmannskost beim Vucciria-Markt.
Antica Focacceria San Francesco, Via Alessandro Paternostro 58, Tel. 0 91 32 02 64, Mo Ruhetag, günstig.
Schmackhafte kleine Speisen in lupenreinem Jugendstil-Lokal.
Friend's Bar, Via F. Brunelleschi 138, Tel. 0 91 20 14 01, Mo und drei Augustwochen geschl., moderat.
Gediegenes Restaurant mit sizilianischen Spezialitäten.

Umgebung:
Al Gabbiano, Mondello (10 km), Via Piano di Gallo 1, Tel. 0 91 45 03 13, Mi und im Nov. geschl., teuer/moderat. Schöne Terrassen am Meer, mediterrane Küche.
Il Delfino, Sferracavallo (13 km), Via Torretta 80, Tel. 0 91 53 02 82, Mo Ruhetag, moderat.
Einfaches Ambiente, dafür geradezu unglaublich gute und reichhaltige Meeresfrüchte-Menüs.

Cafés und Konditoreien:
Antico Caffé, Via Principe di Belmonte 111: Snacks und Mehlspeisen in gemütlichem Café in der Fußgängerzone.
Bar Gazebo, Piazza A. Gentile (Kiosk): Hervorragende Cremolate (Eis mit 80% Fruchtanteil).
Bar-Pasticceria Costa, Via G. D'Annunzio: Spezialität Melonentorte.
Pasticceria Rosanero, Piazza Porta Reale 6 sowie Pasticceria Oscar, Via M. Migliaccio 39: Mandelparfaits und Fruchttorten.

Kathedrale, Corso Vittorio Emanuele, Tel. 0 91 33 43 76, an Werktagen 7–19, So und Feiert. 8–13 und 16–19 Uhr. Krypta und Domschatz an Werktagen 9.30–17.30 Uhr, So nur für angemeldete Gruppen.
Kirche und Kloster S. Giovanni degli Eremiti, Via dei Benedettini, Tel. 09 16 51 50 19, an Werktagen 9–18.30, So und Feiertage 9–13 Uhr.
Kirche Martorana (S. Maria dell'Ammiraglio), Piazza Bellini, Tel. 09 16 16 16 92, an Werktagen 8–13 und 15.30–17.30 Uhr, So und Feiertage 8.30–13 Uhr.
Kirche S. Cataldo, Piazza Bellini, Mo–Fr. 9–15, Sa, So 9–12.30/13 Uhr.
Normannenpalast mit Cappella Palatina, Piazza Indipendenza, Tel. 09 17 05 48 79, Mo– Fr. 9–11.45 und 15–16.45 Uhr, Sa 9–11.45 Uhr, So 9–9.45 und 12–12.45 Uhr. tägl. 9–12 Uhr; ganztägig geschl. am Ostermontag, 25.4., 1.5. und 26.12.; mit langen Wartezeiten muss gerechnet werden.
Orto Botanico, Via Lincoln 2b, Tel. 0 91 61 73 211, Mo–Fr. 9–17/18, Sa, So 9–13 Uhr,
Catacombe dei Cappuccini, Via Cappuccini 1, Tel. 0 91 21 21 17, tägl. 9–12 und 15–17 Uhr.
La Cuba (ehemaliger Normannenpalast), Corso Calatafimi 100, Tel. 0 91 59 02 99, an Werktagen 9–18, So und Feiertage 9–13 Uhr.
Villa Garibaldi, Piazza Marina, tägl. 8 Uhr bis kurz vor Einbruch der Dunkelheit: Parkanlage mit den größten Gummibäumen Europas.

Museen und Galerien:
Castello della Zisa, Piazza Zisa, Tel. 09 16 52 02 69, an Werktagen 9–18.30, So und Feiertage 9–13 Uhr: Normannenpalast aus dem 12. Jh. mit Exponaten islamischer Kunst.
Galleria d'Arte Moderna, Via Filippo Turati 10, Tel. 091 58 89 51, Di–Sa 9–19 Uhr, sonn- und feiertags 9–13 Uhr, Mo geschlossen.
Galleria Regionale Siciliana, Via Alloro 4, Tel. 09 16 23 00 11, an Werktagen 9–14 Uhr, Di und Do auch 15–19.30 Uhr, So 8–12.30 Uhr.
Museo Archeologico Regionale Salinas, Piazza Olivella 24, Tel. 09 16 11 68 05, tägl. 9–13 Uhr, Di, Mi, Do und Fr. auch 15–18 Uhr.
Museo Etnografico G. Pitrè, Palazzina Cinese, Via Duca degli Abruzzi 1, Tel. 09 17 40 48 93, tägl. außer Fr. und an Feiertagen 9–20 Uhr.
Eine der größten ethnographischen Sammlungen Italiens.
Museo Fondazione Mormino,

Via Libertà 52, Tel. 09 16 25 95 19, Mo–Fr. 9–13 und 15–17, Sa 9–13 Uhr, So, Feiert. geschl.: Keramiken, Drucke (17.–19. Jh.), Münzen (13.–19. Jh.) und Werke sizilianischer Maler des 19. und 20. Jh.
Museo Internazionale delle Marionette, Via Butera 1, Tel. 0 91 32 80 60, an Werktagen 9–13 und 16–19 Uhr (mit Puppentheater-Vorstellungen).
Palazzo Mirto, Via Merlo 2, Tel. 09 16 16 47 51, tägl. 9–13 Uhr: Adelspalast mit Interieur aus dem 17. und 18. Jh.
Palazzo Ziino, Via Dante 53, Tel. 09 16 11 75 59, tägl. außer Mo 9.30–19 Uhr: ständige Gipsothek (Skulpturen 8./19. Jh.), Mediathek sowie wechselnde Kunstausstellungen.
Villa Malfitano, Via Dante 167, Tel. 09 16 81 61 33, Mo–Sa 9–13 Uhr: Exotischer Garten um eine Jugendstil-Villa mit etwas verstaubtem Interieur.

Die schönsten Einkaufsstraßen sind die **Via Maqueda** (stundenweise Fußgängerzone), die Via Roma und der **Corso Vittorio Emanuele**.
Antiquitäten: Trionfante, Via Altofonte 80 (Ecke Viale Reg. Siciliana), Tel. 09 16 68 71 00: Riesenauswahl an großen und kleinen Objekten auf mehreren Stockwerken.

Märkte:
Ballarò (im alten Albergheria-Viertel zwischen Piazza Carmine und Piazza Ballarò): Lebensmittel bis Textilien.
Capo (zwischen Via Sant'Agostino, Via Cappuccinelle und Porta Carini): Obst, Gemüse, Fleisch, Fisch, Schuhe, neue und gebrauchte Textilien.
Lattarini (Piazza Sant'Anna – Piazza Santa Cecilia): Kleidung, Haushalts- und Eisenwaren.
Vucciria (Piazza Caracciolo und Umgebung): Der einstige Vorzeige-Markt ist ziemlich heruntergekommen; Lebensmittel, Textilien.
Flohmarkt auf der Piazza Peranni (an Werktagen bis abends, So bis mittags) sowie auf der Piazza Marina (nur So vormittags).

Palermos Szene trifft sich in den Restaurants, Pubs, Bars und Discos rund um die **Piazza Marina** und die **Piazza Politeama**, im Viertel zwischen Teatro Massimo und dem Archäologischen Museum und in der Fußgängerzone **Via Principe di Belmonte**. In der Hochsaison und an den Wochenenden verlagert sich das Geschehen bis in die Morgenstunden vorwiegend nach **Mondello**.
Infos: Über die aktuellen Lokale und Events informieren die Tageszeitung »Giornale di Sicilia« und die Info-Broschüren des Fremdenverkehrsamtes, »Agenda« und »Lapis Palermo«.

Infos: Den aktuellen **Veranstaltungskalender** findet man in den Tageszeitungen sowie in der Informationsbroschüre »Agenda« von AAPIT Palermo.
Kulturzentren: Cantieri Culturali alla Zisa, Via Paolo Gili 4, Tel. 09 16 52 49 42, tägl. 9–13 und 16–20 Uhr, bei Veranstaltungen länger: ehemaliges Industriegelände (55 000 m²) mit Ausstellungen, Konzerten, Theater, Film und Kunst-Workshops.
Lo Spasimo, Via Spasimo, Tel. 09 16 16 48 66, tägl. 8–24 Uhr: Konzerte, Ausstellungen, Workshops in ehemaliger Kirche und Nebengebäuden.
Teatro Massimo, Piazza Verdi 9, Tel. 09 16 05 31 11: Nov. bis Mai Opern- und Ballettaufführungen. Führungen durch das Haus tägl. außer Mo 10–

15.30 Uhr (nicht während der Proben). Sommersaison im Park der Villa Castelnuovo (**Teatro di Verdura**), Viale del Fante 70b, Tel. 09 16 05 33 01.
Teatro Golden, Via Terrasanta 60, Tel. 0 91 30 52 17: Nov.–Mai Konzerte des Orchestra Sinfonica Siciliana sowie internationaler Gastensembles und -künstler.
Puppentheater: Teatri dell'Opera dei Pupi): Cuticchio (Via Bara all'Olivella 95, Tel. 0 91 32 34 00)
Teatro Ippogrifo (Vicolo Ragusi 4, Tel. 0 91 32 91 94),
Museo delle Marionette (Via Butera 1, Tel. 0 91 32 80 60).

Für Kinder:
Città dei Ragazzi, Viale Duca degli Abruzzi, Tel. 09 16 71 43 73, Apr.–Sept. tägl. außer Mo 10–20 Uhr: Die »Stadt der Kinder« ist kein Lunapark und kein Disneyland, sondern ein Spiel- und Erlebnisplatz mit pädagogisch wertvollen Programmen für alle Altersstufen.

Fest der hl. Rosalia (10.–15. Juli) mit spektakulärem Umzug. Am 4. September, dem Geburtstag der Heiligen, findet eine Wallfahrt zur Kapelle der hl. Rosalia auf dem Monte Pellegrino statt – hat nur lokale Bedeutung.

Ausflüge: Baghería, einst Sommerresidenz des Adels, heute ziemlich heruntergekommen. Sehenswert sind die **Villa Palagonia** mit ihren Groteskfiguren (Piazza Garibaldi 3, Tel. 0 91 93 20 88, tägl. 9–13 und 16–19/ Apr.–Okt. bzw. 15.30–17.30 Uhr/Nov.–März) und das
Renato-Guttuso-Museum, das auch Werke anderer zeitgenössischer sizilianischer Künstler zeigt (Villa Cattolica, Via Consolare 9/Strada Statale 113, Tel. 0 91 93 33 15, tägl. außer Mo 9.30–19/Winter bzw. 10–20 Uhr / Sommer).
Solunto (tägl. außer Mo 9 Uhr bis eine Stunde vor Sonnenuntergang): **Archäologischer Park**.

Bahn: Eisenbahnverbindungen mit den wichtigsten norditalienischen Städten sowie mit den Inselstädten Trápani, Agrigent, Messina, Catania und Syrakus (Info: 84 88 80 88).
Bus: Ein dichtes Busnetz erfasst von Palermo aus praktisch die gesamte Insel. Die wichtigsten Schnellverbindungen (u.a. nach Catania, Cefalù, Messina) starten von der Via P. Balsamo beim Hauptbahnhof. Fahrpläne mit Adressen, Tel.efonnummern und Abfahrtstellen der verschiedenen Autobusunternehmen findet man im »Giornale di Sicilia« und in der Info-Broschüre »Agenda« des Fremdenverkehrsamtes
Flughafenbus (Firma Prestia & Comandè) und **Schnellbahn** (Trinacria-Express) von und bis Hauptbahnhof (Stazione Centrale).
Flugzeug: Internationaler Flughafen Falcone-Borsellino (30 km vom Zentrum, Fluginfo: 8 48 86 56 43): Zahlreiche Direktverbindungen innerhalb Italiens (Rom, Mailand, Neapel, Bologna, Turin, Pisa, Verona, Venedig sowie auf die Inseln Pantelleria und Lampedusa), Charterflüge aus ganz Europa in der Feriensaison.
Schiff: Fährschiffe nach Genua, Livorno, Neapel, Tunis, Cagliari und zu den Inseln Ústica, Pantelleria, Lampedusa und Linosa.
Innerstädtischer Verkehr (Info: AMAT, Tel. 09 16 90 26 90): Fahrkarten in Tabak- und Zeitungsläden sowie in den AMAT-Verkaufsstellen am Hauptbahnhof und an der Piazza Verdi.
U-Bahn Metropolitana alle 25 Minu-

ten zwischen Brancaccio über Hauptbahnhof nach Tommaso Natale.
Stadtbusse, u.a. Linie 327 zum Kapuzinerkloster (Mumien) und Linie 389 nach Monreale/Domplatz (beide ab Piazza Indipendenza), Linie GT (ab Politeama/Via Paternostro) und 544 (ab Piazzale John Lennon) nach Mondello und Linie 812 (ab Politeama/ Piazza Sturzo) auf den Monte Pellegrino (Santuario).
Taxis: Cooperative Radio Taxi, Tel. 0 91 51 33 11 oder 0 91 51 27 27.

Fremdenführer:
Exzellente Stadtführer mit perfektem Deutsch sind Milena Visconti (Tel./Fax 09 16 68 77 24) und Antonio Trápani (Tel./Fax 0 91 68 2 52 19).

Pantelleria (TP)

Lage: Vordere Umschlagkarte A1/2
Größte Insel vor der Südküste Siziliens, 83 km²
Einwohner: 7800

Die höchste Erhebung ist mit 836 m der alte Vulkankrater der Montagna Grande, ihn umgeben 24 kleinere Krater; Felsspalten mit 100° C heißem Wasserdampf, Thermalquellen; Unterwasserparadies.

Pro Loco, Piazza Cavour 1, Tel. 09 23 91 18 38, www.pantelleria.it

Punta Fram, Loc. Punta Fram, Tel. 09 23 91 80 75, Fax 09 23 91 82 44, Juni-Sept. geöffnet, moderat.
Ferien-Clubanlage mit guter Infrastruktur.
Cossyra, Loc. Cuddie Rosse – Mursia, Tel. 09 23 91 11 54, Fax 09 23 91 10 26, Apr.–Okt. geöffnet, günstig.
Einfaches Ferienhotel mit guter Küche.
Miryam, Corso Umberto 1, Tel. 09 23 91 13 74, Fax 0 91 17 77, Juni–Sept. geöffnet, sehr preiswert.
Zentrale Lage.

Il Cappero, Via Roma 31, Tel. 09 23 91 26 01, Mo (nur außerhalb der Saison) Ruhetag, moderat.
Stets frische Ingredienzen sind der Trumpf dieser gemütlichen Trattoria im Ortszentrum.
I Mulini, Contrada Tracino, Tel. 0923 91 53 98, Di (nur außerhalb der Saison) Ruhetag, moderat.
Schmackhafte Gerichte der Inselküche.
La Nicchia, Contrada Scauri Basso, Tel. 09 23 91 63 42, Mi Ruhetag, nur abends geöffnet, moderat.
Traditionelle Küche vom Feinsten, große Pizza-Auswahl.

Tauchen: Tauchzentren: Green Divers, Mursia & Cossyra Hotel, Tel. 09 23 91 82 09, Fax 09 23 91 10 26, Handy 33 96 46 65 04. Centro Subacqueo Pantelleria, Via Milano, Tel. 09 23 91 24 03, Handy 3 60 95 37 97.
Bootsexkursionen: Cala Levante, Tel. 09 23 91 51 74, Handy 36 87 55 26 52.
Reiten, Bootsausflüge: Quelli di Pantelleria (8 km außerhalb des Ortes), Tel. 09 23 91 83 06, quellidipantel leria@pantelleria.it (auch Unterkunft in Dammusi, den traditionellen, mit Kuppeln bedeckten Steinhäusern der Insel).
Thermalquellen steigen im Kratersee Specchio di Venere (Spiegel der Venus) auf (**schwefeliger Schlamm**, der als Schönheitsmittel gilt) sowie u. a. in der Grotta di Sateria.
Wandern: Infos über geführte Touren im **Parco Naturale della Montagna Grande**, dem nur schwer zugänglichen Naturschutzgebiet im Herzen der Insel, im Touristenbüro Pro Loco.

Vorwiegend **Steilküsten** und **flache Felsenklippen**, in kleineren Buchten Sand und Kies. Die beliebtesten Küstenabschnitte sind Cala Tre Denti, Cala Bue Marino und Punta Fram in Norden, Punta Tre Pietre im Westen und Punta Tracino mit den Promi-Treffs Cala Levante und Cala Tramontana – auch Madonna war schon da! – im Osten der Insel.

Schiff: Fährverbindungen von Trápani: Im Winter dreimal wöchentlich, im Sommer tägl. außer So (5 Stunden und 40 Minuten); im Sommer außerdem tägl. Tragflügelboote (3 Stunden).
Bus: Da die **lokalen Busse** eher selten die Insel umrunden (etwa 40 km), ist man auf ein Fahrzeug angewiesen. **Mietwagen** gibt es bei Teresa Busetta (Sixt-Partner) in der Via Punta Croce (Tel. 09 23 91 28 36, Handy 3 36 61 27 56, lagenzia@pantelleria.it), bei New Serving Touring in der Via Napoli 29 (Tel. 09 23 91 10 30) auch **Motorroller und Fahrräder**.
Flugzeug: Flugverkehr: tägl. Rom–Palermo–Trápani–Pantelleria (Info Aeroporto di Pantelleria, Tel. 0923 91 11 72).

Patti (ME)

Lage: Vordere Umschlagkarte H6
76 km von Messina, 160 km von Palermo, 157 m ü. d. M.
PLZ 98066
Einwohner: 13 000
Atmosphäre: fröhlich, unbeschwert

Landwirtschaftliches Zentrum an den Nordhängen der Nebrodi-Berge.

AAST, Piazza G. Marconi 11, Tel./Fax 09 41 24 11 36. Tíndari: Via Teatro Greco 15, Tel./Fax 09 41 36 91 84.

Park Philip, Marina di Patti, Via Zuccarello 55, Tel. 09 41 36 13 32, Fax 09 41 36 11 84, sehr preiswert. Bequemes Quartier in Strandnähe.
Villa Romana, Via Playa, Tel. 09 41 36 12 68, Fax 09 41 36 23 63, sehr preiswert.
Einfache Zimmer ohne viel Komfort.

Camping:
Marinello, Loc. Marinello, Tel. 09 41 31 37 02, Fax 09 41 34 91 95, Apr.–Okt. geöffnet.

Normannische Kathedrale, nach dem Erdbeben 1693 wiederaufgebaut, mit dem Sarkophag der Königin Adelasia, Mutter Roger II.
Gut erhaltene Reste einer römischen Villa (4./5. Jahrhundert) mit Mosaikböden und Thermalbad (Loc. Marina di Patti, Via Papa Giovanni XXIII, Tel. 09 41 36 15 93, tägl. 9 Uhr bis eine Stunde vor Sonnenuntergang).

Februar: Karnevalsumzug.
13. Juni: Fest des hl. Antonius von Padua mit Prozession u. Feuerwerk.

Ausflüge: Tíndari (14 km): Heiligtum der Schwarzen Madonna (20. Jh.).
Archäologischer Park mit Antiquarium, griechisch-römischem Theater, Basilika und Überresten von Thermen und anderen Gebäuden (Via Omero, Tel. 09 41 36 90 23, tägl. 9 Uhr bis eine Stunde vor Sonnenuntergang).

Pelagische Inseln (AG)

PLZ 92010
Einwohner: 5800

Südlichste Ausdehnung Italiens, näher an Nordafrika als an Sizilien

Lampedusa: Hauptinsel, 20,2 km², höchste Erhebung 133 m; karg, Trinkwasser rar; Dorado für Sporttaucher.
Linosa: 5,43 km²; keine Süßwasserquellen, felskahl.
Lampione: 1,2 km², unbewohnt.

Pro Loco Lampedusa (auch für Linosa), Via Vittorio Emanuele 30, Tel. 09 22 97 13 91 und 09 22 97 14 77, www.isoladilampedusa.it

Medusa, Via Rialto Medusa, Tel. 09 22 97 01 26, Fax 09 22 97 00 23, teuer.
Komfortables 20-Zimmer-Hotel in arabischem Stil.
Guitgia Tomasino, Via Lido Azzurro 13, Tel. 09 22 97 08 79, Fax 09 22 97 03 16, Nov.–Febr. geschl., moderat.
Gemütliches Haus im Mittelmeerstil direkt am Strand.

Linosa:

Algusa, Via Alfieri, Tel. 09 22 97 20 52, günstig.
Einfache Zimmer mit Dusche.

I Gemelli, Lampedusa, Via Cala Pisana 2, Tel. 09 22 97 06 99, kein Ruhetag in der Saison (Ostern bis Okt.), teuer.
Das Spitzenrestaurant des Archipels, auch von Kritikerpapst Veronelli gewürdigt; Fisch-Spezialitäten.
Lampedusa in Bocca, Via G. Mazzini 38, Tel. 09 22 97 08 77, Mi Ruhetag (im Winter), nur abends geöffnet, moderat.
Alle Früchte des Meeres rund um die Insel kommen hier auf den Tisch.

Tauchen: Pelagos Diving Center, Contr. Guitgia, Tel. 09 22 97 01 30, Handy 3 35 68 89 89 97, lampedusa-diving@lampedusa.to
Mediterraneo Immersion Club, Via A. Volta 8, Tel. 09 22 97 15 26, Fax 09 22 97 16 96. Diving Lo Verde, Via Sbarcatoio, Tel. 09 22 97 19 86.

Flache Klippen mit glasklarem Wasser gibt es u.a. bei der Cala Creta, der Cala Francese und der Cala Pisana. **Traumhafte weiße Sandstrände** finden sich in der Cala Croce, vor der Isola dei Conigli und in Guitgia, dem Hauptstrand der Insel.

Schiff: Autofähren von Porto Empédocle (täglich ab 23 Uhr), 7 Stunden nach Linosa und mehr als 9 Stunden nach Lampedusa, bei starkem Schirokko oftmals keine Verbindung von und nach Sizilien (Info bei Siremar in Porto Empédocle 09 22 63 66 83 oder Lampedusa 09 22 97 00 03).
Bus: Der öffentliche Inselbus tuckert nur drei- bis viermal pro Tag über die holprigen Straßen, doch haben die meisten Hotels ein Shuttle-Service organisiert.
Flugzeug: Flugverbindungen mehrmals wöchentlich, immer aber Sa, So von Palermo, Rom oder Mailand nach Lampedusa (Info: Aeroporto di Lampedusa, Tel. 09 22 97 02 99).
Mieten von Autos, Motorrollern und Motorbooten: Noleggi Licciardi, Via Siracusa, Tel. 09 22 97 06 78, Fax 09 22 97 14 68, nunatoli@tin.it

Piana degli Albanesi (PA)

Lage: Vordere Umschlagkarte D5
720 m ü. d. M.
PLZ 90037
Einwohner: 6000
Atmosphäre: herb, aber nicht unfreundlich; sehr sauber

Wichtigste albanische Ansiedlung Siziliens am Stausee Lago Piana degli Albanesi. 1488 von Christen aus dem südlichen Albanien gegründet, die vor den Türken geflohen waren. Man spricht altalbanischen Dialekt, pflegt volkstümliche Bräuche, trägt alte Trachten und begeht den Gottesdienst im griechisch-katholischen Ritus.

Pro Loco, Via Guzzetta 11, Tel. 09 18 57 43 31.

Agriturismo:
Argomes, Contrada Dingoli, Tel. 09 18 56 10 08, Fax 09 18 56 12 54, ganzjährig geöffnet. Acht klimatisierte Zimmer, Restaurant, Tennisplatz, Pool, Reitstall.

La Montagnola, Contrada Brigna, Tel. 09 18 57 18 31, Mo Ruhetag, moderat.
Gute sizilianische Hausmannskost, auch Pizzeria.

Pfarrkirche S. Demetrio, dreischiffiges Kirche aus dem 16. Jh., innen mit grazilen Säulen und Bögen, Apsis und Halbkuppel mit Fresken verziert.
Museo Antropologico, Corso Castriota 210, Tel. 09 18 57 17 87, tägl. außer Mo 9–13, Di, Do, Sa, So auch 15–19 Uhr.

Ostersonntag: Osterfeier nach griechisch-katholischem Ritus, Trachtenumzug der Frauen und Mädchen, Segnung der rot gefärbten Eier.

Mehrmals täglich **Busverbindungen** ab Palermo-Hauptbahnhof (mit Gesellschaft Prestia e Commandé, Tel. 0 91 58 04 57).

Piazza Armerina (EN)

Lage: Vordere Umschlagkarte G3
697 m ü. d. M.
PLZ 94015
Einwohner: 22 000
Atmoshäre: dank der nahen Villa Casale sehr lebendig

AAST, Via Camillo Cavour 15, Tel. 09 35 68 02 01, Fax 09 35 68 45 65.

Park Hotel Paradiso, Contrada Ramaldo, Tel. 09 35 68 08 41, Fax 09 35 68 49 08, günstig.
Ruhige Lage im Grünen, Pool, Bar, Restaurant.
Villa Romana, Via A. de Gasperi 18, Tel./Fax 09 35 68 29 11, sehr preiswert.
Betagtes Haus in zentraler Lage, gute Küche.
Mosaici da Battiato, Contrada Paratoro 11, Tel./Fax 09 35 68 54 53, sehr preiswert.
Einfaches Hotel (24 Betten) nahe Villa Casale.

Agriturismo:
Agricasale, Contrada Ciavarini, Tel./Fax 09 35 68 60 34, ganzjährig geöffnet. 40 ha großes Landgut, umgeben von Wäldern, 13 Zimmer mit Bad, Pool, Sportmöglichkeiten, gute Küche.

Il Glicine, Contrada Vallegrande, Tel./Fax 09 35 68 41 19, ganzjährig geöffnet.
Schöne, rustikal eingerichtete Apartments auf 10 ha großem Landgut, Pool, Kinderspielplatz.

Al Fogher, Contrada Bellia 1, Tel. 09 35 68 41 23, So abend und Mo Ruhetag, Ende Juni bis Mitte Juli Ferien, moderat.
Qualitätvolle lokale Küche.
Pepito, Via Roma 140, Tel. 09 35 68 57 37, Di Ruhetag, moderat.
Bürgerliches Restaurant in der Nähe der Altstadt, auch vegetarische Küche.
La Ruota, Contrada Paratore-Casale, Tel. 09 35 68 05 42, kein Ruhetag, Okt.–Mai nur mittags geöffnet, moderat.
Rustikale Speisen, schmackhaft zubereitet.

Villa Romana del Casale, Tel./Fax 09 35 68 00 36, tägl. 9 Uhr bis eine Stunde vor Sonnenuntergang (Achtung, bisweilen mittags geschlossen).
Dom (17. Jh.) mit schönem Glockenturm, interessante sakrale Kunstwerke (16./17.Jh.) im Inneren.

13./14. August: Palio dei Normanni (Ritterspiele).

Ausflüge: Morgantina (16 km): Ruinen der antiken Stadt in der heutigen Ortschaft **Sessa Orlando**. Zu sehen sind Reste der Stadtmauer und von Wohnhäusern aus dem 6. Jh. v. Chr. sowie **Ruinen der hellenistischen Stadt**, sehenswert vor allem das »Haus des Ganymed« mit **Mosaikboden**, das **Theater**, ein **Gymnasium** und die **Agorà** (Tel. 09 35 60 00 08, tägl. 9 Uhr bis eine Stunde vor Sonnenuntergang). Die kostbarsten Funde werden im **Archäologischen Museum von Aidone** (10 km von Piazza Armerina) aufbewahrt (Museo Archeologico Aidone, Convento dei Cappuccini, Largo Torres Trupia, Tel. 0 93 58 73 07, tägl. 9–13 und 15–18 Uhr).

Bus: Täglich mehrere Verbindungen mit Catania und Enna (ab Piazza G. Cascino).

Ragusa (RG)

Lage: vordere Umschlagkarte H2
502 m ü. d. M. – Provinzhauptstadt
Stadtplan: S. 170/171
PLZ 97100
Einwohner. 65 000
Atmosphäre: wohlhabend, bürgerlich

AAPIT, Ragusa Ibla, Via Cap. Bocchieri 33, Tel. 09 32 62 14 21, Fax 09 32 62 34 76.

Mediterraneo Palace, Via Roma 189, Tel. 09 32 62 19 44, Fax 09 32 62 37 99, moderat.
Gehobener Standard in zentraler Lage.
Kroma, Via G. D'Annunzio 60, Tel./Fax 09 32 62 28 00, günstig.
Nettes Stadthotel im historischen Zentrum.
Montreal, Via S. Giuseppe 14, Tel. 09 32 62 11 33, Fax 09 32 62 10 26, sehr preiswert/günstig.
Gute Mittelklasse im Zentrum.

Nicht gerade überwältigend in diesem Provinzstädtchen, wenn etwas los ist, dann eher im **Zentrum von Ragusa-Ibla** und vor allem im Sommer am Strand von **Marina di Ragusa**. Hier ist das **Koala Maxi** (4 km Richtung Donnalucata auf der SP 18) eine viel besuchte Großdisco.

Marina di Ragusa (24 km):
Eremo della Giubiliana, Contrada Giubiliana, Tel. 09 32 66 91 19, Fax 09 32 66 91 23, teuer.
Exklusives 28-Betten-Haus mit allem Komfort in ruhiger Hügellage, Spitzenrestaurant.
Terraqua, Via delle Sirene 35, Tel. 09 32 61 56 00, Fax 09 32 61 55 80, Apr.–Okt. geöffnet, moderat.
Bequemes Ferienhotel mit Pool und eigenem Strand.

Agriturismo:
Il Gelso, Piazza G.B. Odierna 5, Handy 3 36 64 36 03, geöffnet 15.6.–30.9.
Gepflegtes Landhaus im Schatten eines Jahrhunderte alten Maulbeerbaumes, familiäre Atmosphäre, gute Küche.
Capo Scalambri, Marina di Ragusa, Punta Secca, Via Cagliari 38, Tel. 09 32 91 56 00, Juni–Okt. geöffnet.
5 ha großes Landgut am Meer, umgeben von Sanddünen und Pinenwäldchen. Kleine Bungalows und Apartments im Grünen, auch Campingplatz.

Camping:
Baia dei Sole, Marina di Ragusa, Lungomare A. Doria, Tel. 0 93 23 98 44, ganzjährig geöffnet.
Hervorragende Ausstattung mit perfekter Infrastruktur, Pool, Tennis und vielen Wassersportmöglichkeiten.

Antica Macina, Ragusa Ibla, Via Giusti 129, Tel. 09 32 24 80 96, moderat.
Im Sommer Fisch, im Winter Fleisch, alles liebevoll zubereitet.
La Ciotola, Via Archimede 23, Tel. 09 32 22 89 44, Mo und im Aug. geschl., moderat.
Schmackhaftes aus Siziliens Traditionsküche, Fisch oder Fleisch in gleichermaßen hoher Qualität.
La Pergola, Piazza Luigi Sturzo 6, Tel. 09 32 25 56 59, Di Ruhetag, moderat.
Spezialitäten: Risotto mit wildem Fenchel, frischer Fisch vom Grill.
U Saracinu, Ragusa Ibla, Via del Convento 9, Tel. 09 32 24 69 76, Mi Ruhetag, moderat.
Gepflegte Küche und gute Weine im historischen Zentrum von Ibla.

Kirche S. Maria delle Scala (17. Jh., am Ende einer Treppe von 242 Stufen) und Dom (18. Jh.) mit reich verzierter Fassade.
Stadtteil Iblea mit Basilika S. Giorgio und Kirchen S. Giuseppe und S. Antonio.
Museo Archeologico Ibleo, Via Natalelli 11, Tel. 09 32 62 29 63, tägl. 9–13.30 und 16–19.30 Uhr.
Castello di Donnafugata (17 km südöstlich, Loc. Donnafugata, tägl. außer Mo 9–12.30 und 15.30–17/19 Uhr): Schöner Schlosspark mit Irrgarten, prunkvolle Räumlichkeiten.

25. April: Fest des hl. Georg mit Kostümprozession.
September: Internationales Reitturnier.

Bahn: Station einer wenig frequentierten Nebenlinie mit Verbindungen nach Syrakus und Gela (Bahnhof an der Piazza del Popolo).
Bus: Lokaler Verkehr in die Umgebung und täglich mehrere Verbindungen mit Catania, Enna und Syrakus.

Randazzo (CT)

Lage: Vordere Umschlagkarte H5
765 m ü. d. M.
PLZ 95036
Einwohner: 12 000
Atmosphäre: lebhaft, provinziell
Nur 15 km vom Hauptkrater des Ätna

entfernt, dennoch blieb die Stadt von Ausbrüchen bisher verschont.

Ufficio Turismo Comune, Piazza Municipio, Tel. 09 57 99 00 64 oder 0 95 92 38 41.

Scrivano, Via Bonaventura, Tel. 0 95 92 11 26, sehr preiswert. Schlichte Zimmer, gutes Restaurant.

Agriturismo:
L'Antica Vigna, Contrada Montelaguardia, Tel. 0 95 92 40 03, Fax 0 95 92 33 24, ganzjährig geöffnet. Schönes Weingut 4 km außerhalb von Randazzo, bequeme Apartments, rustikale Küche.

Arturo, Via Umberto 73, Tel. 095 92 10 68, Mi Ruhetag, moderat. Kleines Restaurant mit familiärer Atmosphäre.
San Giorgio e il Drago, Piazza S. Giorgio 28, Tel. 0 95 92 39 72, Di Ruhetag, moderat.
Rustikale Trattoria mit Schwerpunkt Fleisch vom Grill.
Trattoria Veneziano, Via del Roman 8, Tel. 09 57 99 13 53, So abend und Mo geschl., moderat.
Verfeinerte bäuerliche Speisen wie z. B. Pilzsuppe, Pasta mit Pistazien oder Stockfisch.

Drei große Kirchen: **Chiesa di Santa Maria** (13. Jh., Apsiden und Seitenmauern noch original aus Lavastein), San Nicolò (14. Jh.) und San Martino (13./14. Jahrhundert).

Jeden Sonntagvormittag großer **Markt** für Textilien, Haushaltsgeräte, Kunsthandwerk und Lebensmittel.

Karneval mit Umzügen.
19. März: Fest S. Giuseppe, Schutzpatron der Stadt (mit vielen eigens dafür hergestellten Süßigkeiten).
1. Mai: Sagra del Vino mit Wein- und Lebensmittelverkostungen.
Juli/August: Festa Medievale: Musik, Tanz und Küstüme aus dem Mittelalter.
15. August: Fest Mariä Empfängnis mit farbenprächtiger Prozession.

San Vito Lo Capo (TP)

Lage: Vordere Umschlagkarte C6
6 m ü. d. M.
PLZ 91010
Einwohner: 3600

Beliebter Badeort, wegen seiner großen, sanft abfallenden Sandbucht besonders für Familien mit Kindern geeignet.

AAPIT, Via Savoia 74, Tel. 09 23 97 24 64, Fax 09 23 54 55 35.

Capo San Vito, Via Principe Tommaso 29, Tel. 09 23 97 21 22, Fax 09 23 97 25 59, moderat/teuer. Schöne Panoramalage, Privatstrand, 35 bequeme Zimmer.
Egitarso, Via Lungomare 54, Tel. 09 23 97 21 11, Fax 09 23 97 20 62, moderat. Gemütliches Haus am Meer, gutes Restaurant.
Miraspiaggia, Via Lungomare 44, Tel. 09 23 97 23 55, Fax 09 23 97 20 09, Apr.–Okt. geöffnet, günstig.
Am Meer gelegenes kleines Hotel in mediterranem Stil mit beliebtem Restaurant.
Riva del Sole, Via Generale Arimondi 11, Tel. 09 23 97 26 29, Fax 09 23 97 26 21, sehr preiswert.
Nettes 16-Betten-Familienhotel in Meernähe.

Camping:
El Bahira, Loc. Makari, Tel. 09 23 97 25 77, Fax 09 23 97 25 52, Apr.–Sept. geöffnet. Hervorragende Infrastruktur.
La Fata, Via Piersanti Mattarella, Tel./Fax 09 23 97 21 33, ganzjährig geöffnet.

Alfredo, Zona Valanga, Tel. 09 23 97 23 66, außerhalb der Saison Mo Ruhetag, moderat. Klassische sizilianische Küche, schöne Terrasse mit Blick aufs Meer.
Corallo, Via G. Amico 7, Tel. 09 23 97 21 54, Juni–Sept. ohne Ruhetag, nur abends geöffnet, moderat. Zauberhafter, begrünter Innenhof, Meeresspezialitäten.
Tha'am, Via Duca degli Abruzzi 32, Tel. 09 32 97 28 36, außerhalb der Saison Mi Ruhetag, moderat. Nordafrikanisch-sizilianische Küche, eine gelungene Mischung.

Santuario di San Vito, im 17. Jh. an der Stelle einer Festung aus dem 16. Jh. erbaut, von der die Wallfahrtskirche noch den ursprünglich viereckigen Grundriss bewahrt.
Museo del Mare, Via Savoia 57, Tel. 09 23 97 24 64, tägl. 9–13, Juni–Okt. auch 17–20 Uhr: archäologische Funde vom Meeresgrund.
Naturschutzgebiet Parco dello Zingaro (siehe unter Castellammare del Golfo).

Bootscharter (mit und ohne Skipper) und Segelschule, Via Faro, Handy 3 30 49 95 52, www.sailadventures.com
Tauchen: Diving Center Nautisub, Via Faro, Tel. 09 23 97 42 63.

Breiter Sandstrand, sanft ins Meer abfallend in der Bucht, ideal für Familien mit Kindern. Außerhalb des Ortes Fels- und Steilküste.

Bus: Mehrmals täglich Direktverbindungen ab Palermo, Piazza Marina (Busgesellschaft Russo, Tel. 0 92 43 13 64) sowie von und nach Trápani.

Sciacca (AG)

Lage: Vordere Umschlagkarte D4
60 m ü. d. M.
PLZ 92019
Einwohner: 38 000
Atmosphäre: freundlich, gepflegt, lebhaft

Siziliens bedeutendster Thermal-Kurort, der schon von den Römern genutzt wurde.

Ufficio Turistico Comunale, Corso Vittorio Emanuele 94, Tel. 0 92 52 04 78, Fax 0 92 52 25 49, www.comune.sciacca.ag.it
AAST Corso Vittorio Emanuele 84, Tel. 0 92 52 27 44, Fax 0 92 58 41 21.
Kurverwaltung Sciacca Terme, Via Agatocle 2, Tel. 0 92 52 75 77, Fax 0 92 58 30 11, www.termesciacca.it

Grand Hotel delle Terme, Via delle Nuove Terme, Tel. 0 92 52 31 33, Fax 0925 87 002, moderat. Kurhotel mit guter Infrastruktur.
Villa Palocla, Contrada Raganella, Tel./Fax 09 25 90 28 12, www.villapalocla.it, moderat. Komfortables kleines Hotel (8 Zimmer) in ruhiger Lage im Grünen, 3 km außerhalb der Stadt, anno 2000 in spätbarockem Landhaus neu eröffnet, ausgezeichnetes Restaurant.
Alicudi, Contrada Sovareto, Tel. 09 25 99 40 00, Fax 09 25 99 40 16, moderat.

Teil einer großen Hotelanlage mit mehreren Häusern unterschiedlicher Qualität.
Torre Macauda, Contrada Macauda, Tel. 09 25 99 71 26, Fax 09 25 99 71 11, günstig.
Großhotel (auch Clubanlage) am Meer.

Agriturismo:
Montalbano, Loc. Scunchipani, Via Montagna Ferraro 6, Tel./Fax 0 92 58 01 54, ganzjährig geöffnet.
Fünf schöne Apartments im Grünen, Pool, Kinderspielplatz.
Surriano, Contrada Surriano, Via Cappuccini 153, Tel. 0 92 52 68 09, ganzjährig geöffnet.
Einfache Zimmer, rustikale Küche.

Camping:
Baia Makauda (8 km), Contrada Tranchina, Tel. 09 25 99 70 01, geöffnet Juni-Sept., auch kleine Apartmenthäuschen.
Della Gioventù, Contrada Foggia 115, Tel. 09 25 99 11 67, geöffnet Juni–Sept., auch einfache Bungalows.

Le Gourmet, Via Monte Cronio 7 (4 km Richtung S. Calogero), Tel. 0 92 52 64 60; Di und im Nov. geschl., teuer/moderat.
Meeresspezialitäten genießt man auf einer eleganten Panorama-Terrasse.
Hostaria del Vicolo, Vicolo Sammaritano 10, Tel. 0 92 52 30 71, Mo und im Okt. geschl., teuer/moderat.
Gemütliches Lokal im Stadtzentrum, der geräucherte Schwertfisch ist ein Gedicht.

Arabische Stadtmauern.
Dom (12. Jh.).
Chiesa di Santa Margherita mit gotisch-katalanischem Portal (1342).
Mehrere prächtige **Paläste**. Burg der Grafen Luna aus dem späten 14. Jh.
Museo Scaglione mit bemerkenswerter Münz- und Bildersammlung, Piazza Don Minzoni 1, Tel. 0 92 58 30 89, tägl. 9–13 Uhr.
Monte S. Calogero (auch Monte Cronio genannt) mit Wallfahrtskirche, Grotten mit heißem Dampf, Thermalbad und Antiquarium di Monte Cronio (Tel. 0 92 52 89 89, tägl. 9–13.30 und 15–19 Uhr, So nachmittags geschl.).
Castello Incantato Filippo Bentivegna, Contrada Sovareto, Via E. Ghezzi, Tel. 09 25 99 30 40, tägl. außer Mo 10–12 und 16–20 Uhr (1.5.–30.9.), bzw. 9–13 und 15–17 Uhr (1.10.–30.4.): **Freilichtmuseum** als Gesamtkunstwerk mit einer **Sammlung von rund 3000 Kopf-Skulpturen**, die der zu seiner Zeit als »Spinner« verspottete und heute international hochgeschätzte Künstler Filippo Bentivegna (1888–1967) aus Lavagestein geformt hat.

Februar: Toller Karneval mit Maskenwagen und Kostümumzug.

Thermen: Heilbäder gegen Rheuma, Gelenksentzündungen, Magenerkrankungen und Frauenleiden. Infos über Behandlungsmöglichkeiten in der Kurverwaltung (s. oben).
Ausflüge: Caltabellotta (20 km nordöstlich): Malerisches Bergstädtchen (949 m) mit interessantem historischen Zentrum (s. S. 197f.)
Eraclea Minoa (40 km Richtung Agrigent, s. S. 193f.): **Archäologischer Park und Antiquarium** (Tel. 09 22 84 60 05, tägl. 9 Uhr bis eine Stunde vor Sonnenuntergang). **Schöner Sandstrand** (Strand-Restaurant Sabbia d'Oro, Tel. 09 22 84 60 66, ganzjährig geöffnet, moderat, frische Meeresfrüchte).
Sambuca di Sicilia (30 km nördlich): Gut erhaltener **Ortskern aus arabi-**

scher Zeit mit verwinkelten Gässchen und geschlossenen Höfen sowie schönen **Bauten aus dem 16. und 17. Jh.** (Kirche Maria SS. Assunta, Palazzo Panitteri).

Bus: Schnellverbindungen mit Palermo (ab Viale della Vittoria) sowie Agrigent, Marsala und Trápani (ab Via Agatocle).

Syrakus (Siracusa, SR)

Lage: Vordere Umschlagkarte J2
17 m ü. d. M. – Provinzhauptstadt
Stadtplan: S. 138/139
PLZ 96100
Einwohner: 120 000
Atmosphäre: friedlich

AAPIT, Via S. Sebastiano 43/45, Tel. 09 31 48 12 00, Fax 0 93 16 78 03. Fremdenführerin: Elisabeth Bruckmeier, Via Istria 3, Tel. 0 93 13 79 95.

Grand Hotel, Viale Mazzini 12, Tel. 09 31 46 46 00, Fax 09 31 46 46 11, teuer.
Hoher Standard, schöne Lage auf der Insel Ortygia am Hafen.
Roma, Via Minerva 10, Tel. 09 31 46 56 26, Fax 09 31 46 55 35, moderat/teuer.
Liebevoll restauriertes Traditionshotel hinter dem Dom im Herzen von Ortygia.
Villa Politi, Via M. Politi 2 , Tel. 09 31 41 21 21, Fax 0 93 13 60 61, teuer.
Zauberhaftes Jugendstilhaus, in dem schon Churchill gewohnt hat, jüngst renoviert, großer Garten.
Bellavista, Via D. Siculo 4, Tel. 09 31 41 13 55, Fax 09 31 37 927, günstig.
Nettes Haus der Mittelklasse.
Park Hotel, Via Filisto 80, Tel. 09 31 41 22 33, Fax 0 93 13 80 96, günstig.
Großhotel außerhalb des Zentrums.
Fontane Bianche, 15 km entfernt, 96010 Fontane Bianche, Via Mazzarò 1, Tel. 09 31 79 06 11, Fax 09 31 79 05 71, günstig.
Sympathisches Ferienhotel an schönem Sandstrand.
Archimede, Via F. Crispi 67, Tel. 09 31 46 24 58, sehr preiswert.
Kleines Hotel (10 Zimmer) im Zentrum.

Agriturismo:
Limoneto (9 km vom Zentrum entfernt), Via del Platano 3, Tel./Fax 09 31 71 73 52, ganzjährig (außer Nov.) geöffnet.
Komfortable Zimmer für 20 Gäste, gute Küche nach sizilianischer Tradition.
La Perciata (10 km vom Zentrum entfernt, Straße Richtung Canicattini Bagni, dann Abzweigung Richtung Floridia), Via Spina Gallo 77, Tel. 09 31 71 73 66, Fax 0 93 16 23 01, ganzjährig geöffnet, Buchungen auch nur für eine Nacht möglich.
Verträumtes Landgut inmitten eines Olivenhains; Schwimmbad, Reitstall, Tennisplatz, moderne Zimmer, rustikale Küche.
Villa Lucia (4 km vom Zentrum entfernt, SS 114), Contrada Isola Mondello, Tel. 09 31 72 10 07, Fax 09 31 72 15 87, ganzjährig geöffnet. Alter Adelssitz mit großem Garten, komfortable Apartments.

Jugendherberge:
Albergo per la Gioventù, Viale Epipoli 45, Tel. 09 31 71 11 18.

Camping:
Fontane Bianche, Loc. Fontane Bianche, Tel. 09 31 79 03 33, Mai–Okt. geöffnet.

Ionico ´a Rutta ´e Ciauli, Riviera Dionisio il Grande 194,

Tel. 0 93 16 55 40, Di Ruhetag, teuer. Elegantes Fischrestaurant am Meer.
L'Ancora, Via Perno 7, Tel. 09 31 46 23 69, Di abends geschl., moderat. Einfache Trattoria beim Fischmarkt von Ortygia, sizilianische Hausmannskost.
Archimede, Via Gemmellaro 8, Tel. 09 3 16 97 01, So geschlossen, moderat. Wenige Schritte vom Dom entfernt im Herzen der Altstadt, exzellente Vorspeisen, Pasta und Fischgerichte.
Arlecchino, Via dei Tolomei 5, Tel. 0 93 16 63 86, Mo Ruhetag, moderat. Alte Rezepte, neu interpretiert; elegantes Ambiente.
Minosse, Via Mirabella 6, Tel. 0 93 16 63 66, Mo abends und im Juli geschl., moderat. Kulinarische Meisterwerke von Küchenchef Antonio Visetti.

Altstadt auf der Insel Ortygia mit Dom (tägl. 8–12 und 16–19 Uhr) und **Quelle der Arethusa**.
Archäologischer Park der Neapolis, Tel. 0 93 16 62 06, tägl. 9 Uhr bis eine Stunde vor Sonnenuntergang.
Galleria Regionale di Palazzo Bellomo, Via Capodieci 14/16, Tel. 09 31 96 17, an Werktagen außer Mo 9–13.30, Mi auch 14.30–18.30, So und Feiertage 9–12.30 Uhr: Interessante Pinakothek mit Bildern des 14.–18. Jh.
Museo Archeologico Regionale P. Orsi, Villa Landolina, Viale Teocrito 66, 09 31 46 40 22, Mo 15.30–19.30, Di-Sa 9–14 und 15.30–19.30, So 9–14 Uhr.
Museo del Papiro, Viale Teocrito 66, Tel. 0 93 16 16 16, tägl. außer Mo 9–13.30 Uhr.
Katakomben des hl. Johannes, Via S. Giovanni, tägl. außer Di 9–13 und 14.30–17 Uhr.
Aquarium, Largo Arethusa, Tel. 09 31 48 33 75, tägl. 9–13 Uhr.

Buntes Treiben herrscht lediglich rund um die **Arethusa-Quelle** auf **Ortygia,** ehe das Städtchen schon bald nach Mitternacht in tiefen Schlaf fällt.

1. Sonntag im Mai und **13. Dezember:** Fest der Schutzheiligen S. Lucia.
Mai/Juni: Aufführungen antiker Komödien und Tragödien im Griechischen Theater.
Juli August: Opern- und Ballettaufführungen sowie Konzerte an verschiedenen Schauplätzen der Stadt.

Hafenrundfahrt: Rund eine Stunde mit dem Motorschiff Selene (Handy 03 68 66 67 21).
Ausflüge: Castello Eurialo (8 km), Fraz. Belvedere, Piazza Eurialo 1, tägl. 9 Uhr bis 90 Min. vor Sonnenuntergang.
Quelle der Ciane (7,5 km in Richtung Canicattini Bagni): Hier wächst Papyrus. Bootsfahrten auf dem Flüsschen Ciane veranstaltet die gleichnamige Firma Rosario Vella, Via dei Candelai 19, Tel. 0 93 16 90 76 oder Handy 36 83 16 81 99.
Pantálica / Valle dell'Anapo (40 km, im Gebiet von Sortino und Ferla): Mehr als 5000 Felsengräber.
Wandern: Der WWF organisiert geführte Wanderungen durch die **Naturschutzgebiete der Hybläischen Berge** und die **Vogelreservate an der Küste** (Giuseppe Silluzio, Tel. 09 31 95 42 14).

Bahn: Hauptstrecke nach Catania–Messina (Kurswagen nach Rom, Mailand), Nebenstrecke nach Noto, Ragusa und Gela (Bahnhof Via F. Crispi).
Bus: Lokalverkehr in die Umgebung und Schnellverbindungen nach Catania und Palermo (ab Piazza della Posta).

Autoverleih: Avis, Via Savoia 13, Tel. 0 93 16 11 25. Tirreno: Via Tisia 75, Tel. 09 31 44 20 87.

Taormina (ME)

Lage: Vordere Umschlagkarte J5
204 m ü. d. M.
Stadtplan: S. 100
PLZ 98039
Einwohner: 11 000
Atmosphäre: international, quirlig und manchmal noch elegant

AAST, Piazza S. Caterina, Palazzo Corvaia, Tel. 0 94 22 32 43, Fax 0 94 22 49 41, www.taormina-ol.it

Taormina verfügt über mehr als 80 Hotels aller Kategorien, hier eine kleine Auswahl:

In der Stadt:

San Domenico Palace, Piazza S. Domenico 5, Tel. 0 94 22 37 01, Fax 09 42 62 55 06, sehr teuer.
Das wohl berühmteste Hotel Siziliens, Luxus im ehemaligen Kloster, für Genießer mit großen Brieftaschen.

Timeo, Via Teatro Greco 59, Tel. 0 94 22 38 01, Fax 09 42 62 85 01, sehr teuer.
Taorminas ältestes Hotel in einem großen Park neben dem Antiken Theater, stilvoller Luxus und totaler Komfort.

Excelsior Palace, Via Toselli 8, Tel. 0 94 22 39 75, Fax 0 94 22 39 78, teuer.
Zentrumslage mit Traum-Panorama.

Villa Diodoro, Via Bagnoli Croci 75, Tel. 0 94 22 33 12, Fax 0 94 22 33 91, teuer.
Gepflegtes Großhotel in mit Blick auf Meer und Ätna.

Villa Ducale, Via Leonardo da Vinci 60, Tel. 0 94 22 81 53, Fax 0 94 22 87 10, teuer.
Entzückendes Romantik-Hotel über den Dächern von Taormina.

Villa Paradiso, Via Roma 2, Tel. 0 94 22 39 22, Fax 09 42 62 58 00, moderat/teuer.
Gehobenes Mittelklasse-Haus neben dem Stadtpark.

Vello d'Oro, Via Fazzello 2, Tel. 0 94 22 37 88, Fax 09 42 62 61 17, moderat.
Bequemes Hotel mit origineller künstlerischer Ausstattung, wenige Schritte vom Corso.

Villa Belvedere, Via Bagnoli Croci 79, Tel. 0 94 22 37 91, Fax 09 42 62 58 30, moderat.
Gute Mittelklasse, ruhige Lage nahe Stadtzentrum.

Villa Fiorita, Via Pirandello 39, Tel. 0 94 22 41 22, Fax 09 42 62 59 67, moderat/günstig.
Gediegener Komfort, Terrassengarten, Pool und Panoramablick.

Villa Schuler, Via Roma/Piazzetta Bastione 16, Tel. 0 94 22 34 81, Fax 0 94 22 35 22, günstig.
Sympathisches Frühstückshotel in einer Villa aus dem 19. Jh., Terrasse, Garten, Blick auf den Ätna.

Svizzera, Via Luigi Pirandello 26, Tel. 09 42 23 790, Fax 09 42 62 59 06, günstig.
Zentrales Hotel-Garni, guter Standard.

Villa Greta, Via Leonardo da Vinci 44, Tel. 0 94 22 82 86, Fax 0 94 22 43 60, sehr preiswert.
Kleiner Familienbetrieb, alle Zimmer mit Aussicht auf Meer und Ätna, gute Küche (Chef kocht selbst).

Villa Astoria, Via Luigi Pirandello 38, Tel./Fax 0 94 22 39 43, sehr preiswert.
Sehr einfaches Acht-Zimmer-Haus, wenige Schritte zum Corso.

Castelmola (4 km):

Villa Sonia, Via Porta Mola 9, Tel. 0 94 22 80 82, Fax 0 94 22 80 83, teuer/moderat.

Komfortables Haus der gehobenen Mittelklasse mit schönem Garten.

Am Meer (Bucht von Mazzarò):
Villa Sant'Andrea, Via Nazionale 137, Tel. 0 94 22 31 25, Fax 0 94 22 48 38, sehr teuer.
Spitzenhotel in ruhiger Lage direkt am Meer, Zimmer unterschiedlichen Standards.
Ipanema, Via Nazionale 242, Tel. 0 94 22 47 20, Fax 09 42 62 58 21, moderat.
Gediegene Eleganz an Taorminas Badebucht, gute Küche.
Villa Bianca, Piazzale Funivia, Tel. 0 94 22 44 88, Fax 0 94 22 48 32, moderat.
Gemütliches Haus in Panoramalage bei der Seilbahnstation.

Camping:
San Leo, Loc. San Leo – Capo Taormina, Tel. 0 94 22 46 58, ganzjährig geöffnet. Intimer Platz am Kap hoch über dem Meer.

Maffei's, Via S. Domenico De Guzman 1, Tel. 0 94 22 40 55, außerhalb der Saison Di Ruhetag, teuer.
Exquisite kleine Häppchen und große Menüs für Feinschmecker – ein Fest für alle Sinne!
Al Duomo, Piazza Duomo/Vico Ebrei 11, Tel. 09 42 62 56 56, außerhalb der Saison Mi Ruhetag, moderat.
Klassische sizilianische Küche mit Piff.
Il Pescatore, Mazzarò, Via Nazionale 107, Tel. 0 94 22 34 60, Mo Ruhetag, Nov.–Febr. nur an Wochenenden geöffnet, moderat.
Traumlage vor der Isola Bella, unbedingt probieren: Meeresfrüchte-Risotto!
Trattoria da Nino, Via Luigi Pirandello 37 A, Tel. 0 94 22 12 65, außerhalb der Saison Fr Ruhetag, moderat.
Exzellente Hausmannskost, Fisch oder Fleisch von gleich hoher Qualität.

Granduca, Corso Umberto 172, Tel. 0 94 22 49 83, im Winter So Ruhetag, günstig.
Nobel-Pizzeria, allein schon ihres Ambientes wegen – eleganter Salon oder exotischer Garten – einen Besuch wert.
Antonio, Via Crocifisso, Tel. 0 94 22 45 70, nur abends geöffnet, Mo Ruhetag, günstig.
Was hier aus dem Pizzaofen kommt, ist Extraklasse.

Teatro Greco Romano, Via Teatro Greco 40, Tel. 0 94 22 42 91, tägl. 9 Uhr bis eine Stunde vor Sonnenuntergang.
Palazzo Duca di Santo Stefano, Mo–Sa 9–13 und 15–17 Uhr, sonn- und feiertags 9–12.30 Uhr.
Volkskunst-Sammlung Panarello, **Palazzo Corvaia**, tägl. außer Mo 9–13 und 16–20 Uhr.
Castelmola (4 km), s. S. 108f.

Fremdenführer:
Linda Staudacker, Tel. 0 94 25 31 57, Handy 34 05 00 74 64.

Weine, Limoncello und andere **kulinarische Spezialitäten** aus Sizilien: »La Bottega di Laganà«, Via G. di Giovanni 47, Tel. 0 94 22 30 40, und »La Bottega di Mamma«, Via Bagnoli Croci 57, Tel. 09 42 62 62 63, Bestellungen auch via Internet www.mammamia.taormina.it
Marmor-Intarsien (Tische, Vasen, Bilder): Einer der letzten Meister dieser alten Kunst ist Gigi Sampieri, Via L. da Vinci 101, Tel. 0 94 22 87 80, der auch gut deutsch spricht.
Kunsthandwerk (Keramiken und Schmiedeeisen, sehr geschmackvoll) bei Teodoro Caso, Castelmola, Via Porta Mola 1, Tel. 0 94 22 82 12.

Markt (Textilien, Haushaltswaren, Lebensmittel) jeden Mi vormittags am Parkplatz »Von Gloeden«.

Septimo, Via S. Pancrazio 50, Tel. 09 42 62 55 22 (Disco).
Tiffany Club, Via S. Pancrazio 5, Tel. 09 42 62 54 30: Disco.
Tout Va, Via L. Pirandello 70, Tel. 0 94 22 38 24: Disco und Piano-Bar in einem exotischen Park.
Le Perroquet, Piazza S. Domenico, Tel. 0 94 22 44 62: Gay-Club.

Juni/Juli: Internationales Filmfestival.
Juli/August/September: Taormina Arte Festival (Info: Corso Umberto 19, Tel. 0 94 22 11 42, Fax 0 94 22 33 48, www. taormina-arte.com) mit Konzerten (Klassik und Pop), Opern-, Ballett- und Theateraufführungen auf hohem Niveau.

Mai: Fest der sizilianischen Karren.

(siehe auch Giardini-Naxos):
Tauchen: Lido Mendolia Club, Spiaggia Isolabella, Tel. 09 42 62 52 58.
Tennis-Club Taormina, Via Bagnoli Croci, Tel. 0 94 22 32 82.
Tauchen, Schnorcheln unter professioneller Anleitung, Juni–Sept. an Wochenenden.
Besichtigung des **WWF-Naturreservats Isola Bella**, ganzjährig jeweils Mo, Mi, Fr, So um 9.30 und 16 Uhr, Anmeldung Viale S. Pancrazio 25, Tel./Fax 09 42 62 83 88, riservaisolabella @tao.it
Städtisches Hallenbad (*Piscina Comunale*), Via Bongiovanni, Tel. 09 42 62 50 93, tägl. außer So 15–22 Uhr (Achtung: Für den Besuch eines Hallenbades schreiben die italienischen Gesetze ein ärztliches **Gesundheitsattest** vor, das jeder praktische Arzt oder Dermatologe nach kurzer Untersuchung ausstellt).
Windsurfen: Lido di Mazzarò, Tel. 09 42 62 51 67.

Lido Re del Sole, SS 114, Loc. Spisone, Tel. 09 42 62 53 85. Liegestühle, Sonnenschirme, Snackbar und sympathisches kleines Restaurant mit schmackhafter Hausmannskost.

Im Stadtzentrum herrscht für Nicht-Anwohner generelles Parkverbot. Besuchern stehen einige kleinere Kurzparkzonen (gebührenpflichtig) sowie die Garage Lumbi (Gratisbus ins Zentrum) rund um die Uhr zur Verfügung.
Auch der **Parkplatz** bei der Seilbahn in Mazzarò ist in der Saison **gebührenpflichtig**, die Betriebszeiten der Seilbahn (*funivia*) sind bei der Kasse zu erfahren. Ab Giardini-Naxos, Bahnhof, oder Letojanni verkehren tagsüber beinahe stündlich **Linienbusse** nach Taormina-Zentrum.
Bahn: Schnellzugsstation an der Hauptstrecke Messina–Catania (zahlreiche direkte Verbindungen mit vielen italienischen Städten wie Rom, Mailand, Turin, Genua, Bologna, Verona, Venedig, Triest). Wunderschöner Jugendstil-Bahnhof (gemeinsam mit Giardini Naxos) an der Via Nazionale (SS 114) an der Küste.
Bus: Ausgezeichnete Verbindungen in die nähere Umgebung, Schnellbusse via Autobahn von und nach **Catania-Flughafen** (Busbahnhof in der Via Pirandello, Haltestelle auch vor dem FS-Bahnhof).
Auto- und Motorroller-Verleih: Jet-Car, Via Nazionale 8 (beim Bahnhof), Tel. 0 94 25 61 90 und Handy 38 04 03 38 11 (man spricht deutsch).

Trápani (TP)

Lage: Vordere Umschlagkarte B5
3 m ü. d. M. – Provinzhauptstadt;
Stadtplan: S. 218/219
PLZ 91100
Einwohner: 72 000
Atmosphäre: lebhaft, von geschäftiger Freundlichkeit

AAPIT, Via San Francesco d' Assisi 27, Tel. 09 23 54 55 11, Fax 09 23 54 55 17, www.apt.trapani.it
Infostelle: Piazza Saturno, Tel. 0 92 32 90 00.

Crystall, Via S. Giovanni Bosco 17, Tel. 0 92 32 00 00, Fax 0 92 32 55 55, moderat.
Angenehmes Stadthotel in zentraler Lage.
Tonnara di Bonagia (13 km), Piazza Tonnara, 90010 Valderice Mare, Tel. 09 23 43 11 11, Fax 09 23 59 21 77, teuer/moderat.
Komfortables Urlaubshotel mit perfekter Infrastruktur am Meer.
Nuovo Albergo Russo, Via Tintori 4, Tel. 0 92 32 21 63, Fax 0 92 32 66 23, günstig.
Von Grund auf renoviertes kleines Haus im Zentrum.
Vittoria, Via Francesco Crispi 4, Tel. 09 23 87 30 44, Fax 0 92 32 98 70, günstig.
Mittelklassehotel in Meernähe.
Moderno, Via Ten. Genovese 20, Tel. 0 92 32 12 47, Fax 0 92 32 33 48, sehr preiswert.
Kleines Haus im Stadtzentrum, einfache Zimmer.

Agriturismo:
Duca di Castelmonte (5 km), Loc. Xitta, Via Salvatore Motisi 3, Tel. 09 23 52 61 39, Fax 09 23 88 31 40, agriduca@tin.it, ganzjährig geöffnet.
Bezauberndes Landgut, gepflegte Apartments, Pool, Sportmöglichkeiten, gute Küche.

Da Peppe, Via Spalti 50, Tel. 0 92 32 82 46, Mo Ruhetag, teuer/moderat.
Peppe Gianno hält schon seit Jahren seine hohe Qualität.
P.E.G., Via Spalti 1, Tel. 09 23 54 77 01, So Ruhetag, teuer/moderat.
Kleines Lokal beim Margherita-Park, fangfrische Meeresfrüchte – köstlich zubereitet.
Taverna Paradiso, Lungomare Dante Alighieri 22, Tel. 0 92 32 23 03, Di Ruhetag, moderat.
Gemütliches Ambiente, der richtige Platz zum Schlemmen von Meeresfrüchten.
Trattoria del Porto, Via Ammiraglio Staiti 45, Tel. 09 23 54 78 22, Mo Ruhetag, moderat.
Rustikales Lokal mit arabisch-sizilianischen Speisen, Spezialität Kuskus.

Santuario dell'Annunziata. Museo Pepoli, Via Conte Agostino Pepoli 200, Tel. 09 23 55 32 69, Mo–Sa 9–13.30, Di und Do auch 15–18.30, sonn- und feiertags 9–12.30 Uhr.

Juli: Konzerte klassischer Musik.

Karfreitag: Prozession der »Mysterien«, riesige Heiligenfiguren aus Holz.

Ausflüge: Custonaci, Museo Vivente (20 km): **Lebende Krippe** in der riesigen, in prähistorischer Zeit besiedelten **Grotte von Scurati** mit mehr als 300 Mitwirkenden (u. a. Darstellungen alten Handwerks), jeweils um Weihnachten sowie im April

und Mai (Termine und Infos unter Tel. 09 23 97 35 53).
Segesta (40 km): Tempel und Theater, tägl. 9 Uhr bis eine Stunde vor Sonnenuntergang. Posto di Ristoro (Snackbar, Restaurant, Souvenirs, Bücher) beim Parkplatz (Tel. 09 24 95 11 31).
Saline di Trapani e Paceco (8 km): Geführte Besichtigungen des Naturschutzgebietes (seltene Vögel und Pflanzen) veranstaltet der WWF, 91027 Paceco, Contrada Nubia, Via Garibaldi 138, Tel./Fax 09 23 86 77 00.

Bahn: Nebenlinie nach Palermo (entweder direkt über Alcamo oder über Marsala, Mazara del Vallo und Castelvetrano). Bahnhof: Piazza Stazione.
Bus: Schnellverbindungen mit Palermo und Agrigent (ab Piazza Garibaldi), lokaler Verkehr u.a. nach Marsala, Erice und San Vito Lo Capo (ab Piazza Malta).
Flughafen: Aeroporto Birgi Novo (15 km in Richtung Marsala), Info: Tel. 09 23 32 11 11: ein- bis zweimal täglich Verbindungen mit Rom, Mailand und Pantelleria.
Schiff: Mehrmals täglich Fähren und Tragflügelboote zu den Ägadischen Inseln und nach einmal pro Tat nach Pantelleria, Fähren zu den Pelagischen Inseln und nach Tunesien (Tunis, Kelibia). Detaillierte Informationen im Internet unter www.traghettionline.net (auch deutsch).
Autoverleih: Sicily by Car, Via Passo Enea 30, Tel./Fax 0 92 32 72 51, www.sbc.it

Ústica (PA)

Lage: Vordere Umschlagkarte D7
PLZ 90010
Einwohner: 1200

Höchste Erhebung ist mit 138 m der Monte Guardia dei Turchi. Einst Piratennest und Verbannungsort, heute Paradies für Unterwassersportler, alljährlich im Juli eine internationale Veranstaltung für Taucher; seit 1987 erstes Unterwasser-Naturschutzgebiet Italiens (15 736 ha).

Pro Loco, Via Roma 10, www. ustica.net. **Unterwasser-Naturschutzgebiet** (*Riserva Naturale Marina*), Comune di Ústica, Piazza Umberto, Tel. 09 18 44 94 56, Fax 09 18 44 91 94.

Grotta Azzurra, Loc. San Ferlicchio, Tel. 091 84 49 048, Fax 09 18 44 93 96, teuer.
Komfortables Ferienhotel der gehobenen Klasse mit bester Infrastruktur.
Punta Spalmatore, Loc. Spalmatore, Tel. 09 18 44 93 88, Fax 09 18 44 94 82, günstig.
400-Betten-Feriendorf in schöner Lage.
Diana, Contrada S. Paolo, Tel. 09 18 44 91 09, sehr preiswert.
Einfaches Urlaubsquartier mit Panoramablick.

Im Ortskern finden sich mehrere nette Lokale, deren Speisekarten vorwiegend auf Meeresfrüchte setzen, beispielsweise:
Da Mario (Piazza Umberto 21, Tel. 09 18 44 95 05),
Mamma Lia (Via S. Giacomo 1, Tel. 09 18 44 95 94)
Le Terrazze (Via C. Colombo 33, Tel. 09 18 44 90 13).

Tauchen: Barracuda, Contrada Spalmatore, Tel. 09 18 44 91 32, Profondo Blu, Via C. Colombo, Tel. 09 18 44 96 09, Scubaland, Via Petriera, Tel. 09 18 44 92 16.

Fährverbindung von Palermo: Autofähren (rund 3 Stunden) und Tragflügelboote (1 Stunde und 15 Minuten) im Sommer tägl., im Winter fünfmal wöchentlich.

Zafferana Etnea (CT)

Lage: Vordere Umschlagkarte H4
600 m ü. d.
PLZ 95019
Einwohner: 8200
Atmosphäre: bürgerlich-heiter

Pro Loco, Piazza Sturzo 3, Tel. 09 57 08 28 25 (organisiert auch Ätna-Wanderungen).

Airone, Via Cassone 67, Tel. 09 57 08 18 19, Fax 09 57 08 21 42, im Nov. geschl., günstig.
Jüngst liebevoll renoviertes Haus mit gutem Standard und anregender Küche.
Primavera dell'Etna, Via Cassone 86, Tel. 09 57 08 23 48, Fax 09 57 08 16 95, günstig.
Auch dieses Mittelklasse-Hotel in schöner Panoramalage wurde gründlich renoviert, gutes Restaurant.

Agriturismo:
La Cirasella, 95010 Sant'Alfio (8 km), Via Trisciala 13, Tel./Fax 0 95 96 80 00, ganzjährig geöffnet. Landgut in 900 m Höhe, 3 komfortable Zimmer, ausgezeichnete bäuerliche Küche.

Camping:
Mareneve, Milo, Via del Bosco 30/b, Tel. 09 57 08 21 63, Fax 7 08 34 17, ganzjährig geöffnet.

Parco dei Principi, Via delle Ginestre 1, Tel. 09 57 08 23 35, Di Ruhetag, teuer/moderat.
Elegantes Ausflugslokal mit verfeinerter rustikaler Küche.
Case Perrotta, Sant'Alfio (8 km), Loc. Perrotta, Via Andronico 2, Tel. 0 95 96 89 28, Mo Ruhetag, moderat.
Landgut mit populärem Restaurant, schmackhafte Küche (Pilze, Kaninchen).

Lavafluss von 1991/92, der knapp vor einem Wohnhaus zum Stillstand kam (Gedenktafel mit Madonnenstatue).
»Kastanienbaum der 100 Pferde« (Castagno dei Cento Cavalli) in **Sant' Alfio** (8 km), einer der ältesten und mächtigsten Bäume Siziliens, unter dem sich Königin Johanna von Anjou mit 100 Rittern ausgeruht haben soll.

Honig in verschiedenen Geschmacksrichtungen (in den Bars und Lebensmittelläden unterhalb der Pfarrkirche).
Wein: Casa Vinicola Barone di Villagrande, Milo, Via del Bosco 25, Tel. 09 57 89 43 39 (Degustation nach Voranmeldung).

1. Mai-Sonntag: Festa di S. Alfio (Sant'Alfio / 8 km).
September: Präsentation und Degustation der Ätna-Weine (Milo / 6 km).
Oktober: »Ottobrata Zafferanese«, Erntefest mit Präsentation von Trauben, Wein, Kastanien, Pilzen und Honig.

Reiseinformationen von A bis Z

Ein Nachschlagewerk – von A wie Anreise über N wie Notfälle bis Z wie Zugverbindungen – mit vielen nützlichen Hinweisen, Tipps und Antworten auf Fragen, die sich vor oder während der Reise stellen. Ein Ratgeber für die verschiedensten Reisesituationen.

Anreise

Mit dem Auto

Durchgehende Autobahnverbindung von der italienischen Nordgrenze über Rom, Neapel und Salerno (bis dahin gebührenpflichtig) bis Villa S. Giovanni. Die Autofähren über die Straße von Messina (Villa S. Giovanni–Messina: knapp 30 Minuten) sind rund um die Uhr je nach Bedarf in Betrieb, mindestens aber im Halbstundentakt. Im Hochsommer muss man mit längeren Wartezeiten rechnen.

Bequeme Autozüge (nur Schlaf- und Liegewagen) verkehren jede Nacht zwischen Bologna und Sizilien (Palermo oder Catania) in beiden Richtungen. Man erspart sich viel Zeit, wenn man nur bis bzw. ab Villa S. Giovanni (ca. 11 Stunden Fahrzeit) bucht, da die Verladung der Eisenbahnwaggons auf die riesigen Fähren ziemlich lange dauert. Reservierung unbedingt erforderlich (www.trenitalia.it, auch deutsch).

Autofähren gibt es zwischen Genua bzw. Livorno und Palermo (Gesellschaft Grandi Navi Veloci, www.forti.it/grandinavi, je nach Saison mehrmals wöchentlich, 20 bzw. 17 Stunden), zwischen Neapel und Palermo (Gesellschaft Tirrenia, www.tirrenia.com, täglich, 8–9 Stunden) sowie zwischen Neapel und Milazzo (über die Liparischen Inseln, Gesellschaft Siremar, www.siremar.it, je nach Saison 2–6 Mal wöchentlich, 16–17 Stunden). Info über alle Fähren des Mittelmeers unter www.traghettionline.net (auch deutsch).

Mit dem Flugzeug

Palermo Falcone-Borsellino und Catania Fontanarossa sind die internationalen Flughäfen Siziliens, die sich aufgrund der steigenden Passagierzahlen in ständigem Ausbau befinden. Beide Airports werden von Alitalia (www.alitalia.it), Alpi Eagles (www.alpieagles.com), Air Europe (www.aireurope.it), Air Sicilia (www.airsicilia.it) und Meridiana (www.meridiana.it) mehrmals täglich im Liniendienst von Rom, Mailand (Malpensa und Linate) und anderen italienischen Städten (u. a. Genua, Neapel, Pisa, Venedig, Verona) angeflogen. Über Rom und Mailand gibt es ausreichend internationale Verbindungen innerhalb Europas und nach Übersee. Lufthansa (www.lufthansa.de) und LTU (www.ltu.de) bedienen die Strecke München–Catania, bzw. Düsseldorf–Catania, Air Malta (www.airmalta.com) bietet preisgünstige Flüge zwischen Mitteleuropa und Sizilien via Malta an. Zwischen Ostern und Ende Oktober landen Chartermaschinen aus ganz Europa auf den beiden Airports. Nähere Informationen erteilen alle großen Reiseveranstalter. Auf beiden Flughäfen sind die Mietwagenfirmen Avis, Europcar, Hertz, Maggiore und Siciliy by Car vertreten.

Palermo Falcone-Borsellino (benannt nach den 1992 von der Mafia ermordeten Staatsanwälten) liegt 32 km außerhalb der Stadt und ist über die Autobahn A 19 zu erreichen. Ein Busdienst der Firma Prestia & Comande und der neue Trinacria-Express (beide von und bis Hauptbahnhof) verbinden das Stadtzentrum und den Airport, 30–40 Minuten. Flugauskünfte Tel. 8 48 86 56 43.

Catania Fontanarossa befindet sich nur 7 km vom Stadtzentrum entfernt, zwischen beiden verkehrt alle 20 Minuten ein Stadtbus der Linie 457 (Alibus). Flugauskünfte Tel. 0 95 34 05 05.

Mit der Bahn

Mehrmals täglich Schnellzüge von Mailand (13–16 Stunden) und Rom (11–13 Stunden), direkte Kurs- und Schlafwagen u.a. von Bologna, Genua, Turin und Venedig nach Palermo, Catania, Syrakus und Agrigent (Fahrplanauskunft www.trenitalia.it oder Tel. 8 48 88 80 88, nur von Italien aus).

Mit dem Bus

Ganzjährig mehrmals pro Woche direkte, sehr preiswerte Busverbindungen zwischen einer Reihe deutscher Städte (unter ihnen München, Stuttgart, Frankfurt, Köln, Düsseldorf, Hannover, Hamburg, Berlin) und Sizilien. Fahrzeit zwischen 26 und 40 Stunden. Informationen und Buchungen bei Deutsche Touring, Am Römerhof 17, 60486 Frankfurt/Main, Tel. 069/79 03 53, Fax 069/79 03 160, www.deutsche-touring.com bzw. auf Sizilien bei Segesta Internazionale, 90143 Palermo, Via Libertà 171, Tel. 0 91 34 25 25, Fax 0 91 34 36 98.

Aktivurlaub:

Angeln

Wer seine Angelschnur entweder vom Ufer oder von einem Boot aus ins Meer halten will, kann dies ohne weitere Genehmigung tun. Für Binnengewässer allerdings bedarf es eines Angelscheins, der nach Überwindung zahlreicher bürokratischer Hürden gegen saftige Gebühren von den lokalen Behörden ausgestellt wird. Infos bei den örtlichen Touristenbüros oder bei der Sportfischer-Vereinigung Federazione Italiana Pesca Sportive, 90141 Palermo, Via Terrasanta 93, Tel. 0 91 30 23 02.

Baden

Die Wasserqualität an den rund 1200 km langen Meeresküsten Siziliens hat sich seit Mitte der 90er Jahre dank der zunehmenden Zahl an Kläranlagen wesentlich gebessert, wenn auch die Abschnitte in der Nähe großer Städte wie Agrigent, Catania, Messina oder Palermo und von Industrieanlagen wie Augusta, Gela oder Termini Imerese weiträumig zum Baden ungeeignet sind.

Im übrigen kann man sich überall von den Sand- oder Kiesstränden, von flachen Klippen und steilen Felsen ins kühle Nass stürzen, sofern nicht lokale Kläranlagen wieder einmal wegen Überlastung überlaufen, was sogar im noblen Taormina-Mare zur Hauptsaison passiert sein soll.

Gokart

Die Gokart-Bahn Kartodromo befindet sich nahe Taormina und Giardini-Naxos, nämlich auf der SS 114 am Ortseingang von Fiumefreddo (Tel. 09 57 76 21 09). In der Saison täglich von 10–22 Uhr geöffnet.

Golf
Siziliens einziger Golfplatz befindet sich in schöner Lage am Fuße des Ätna. Die Länge des Kurses beträgt 5800 m. Der ganzjährig geöffneten 18-Loch-Anlage angeschlossen sind ein kleines Hotel und ein Restaurant (Il Picciolo Golf Club, 95012 Castiglione di Sicilia, Contrada Rovittello, Tel./Fax 0 95 98 62 52).

Jagen
Außer ein paar mickrigen Kaninchen gibt es nichts Jagdbares mehr auf Sizilien. Dafür sorgen schon die fanatischen Sonntagsjäger, die im Herbst alles, was sich in freier Natur bewegt, rücksichtslos abknallen.

Kur- und Heilbäder
Die bedeutendsten Kurorte der Insel waren schon den Römern bekannt: Acireale (Provinz Catania), Castroreale (Provinz Messina), Sciacca (Provinz Agrigent, seit 1983 im Vorort Sciaccamare das größte und modernste Kurzentrum Siziliens), Termini Imerese (Provinz Palermo) und Ali Terme (Provinz Messina). All diese Orte verfügen über mehr oder weniger gut geführte Hotels und Kureinrichtungen. In San Calogero auf Lipari wird seit vielen Jahren an einer Kuranstalt gebaut, ohne dass eine Fertigstellung abzusehen ist, sonst aber sind die Heilquellen auf den Äolischen Inseln frei zugänglich.

Radfahren
Frühjahr und Herbst sind ideale Jahreszeiten für Radsportler auf Sizilien, was auch die hier immer wieder abgehaltenen Trainingswochen für Mannschaften aus ganz Europa beweisen. Großer Beliebtheit erfreuen sich geführte Mountainbike-Touren, u.a. auch im Ätnagebiet, wie sie Dario Virga und seine Freunde für Touristen aus Taormina und Umgebung veranstalten (Tel. 0 94 22 87 82, Handy 34 70 03 96 06, virgadario@yahoo.it oder sudigiribike @ yahoo.it). In Agrigent hat sich das Hotel Tre Torri (90100 Agrigento, Contrada Angeli, Loc. Villaggio Mosè, Tel. 09 22 60 67 33, Fax 09 22 60 78 39, hotel3t @mediatel.it) auf Radtourismus spezialisiert (Broschüren anfordern, man spricht deutsch). Ein deutschsprachiger Führer »Sizilien per Rad« ist 2001 im Kettler-Verlag (Neuenhagen) erschienen.

Reiten:
Reitställe finden sich in der Umgebung aller großen Urlaubsorte, auch viele Betriebe des Agriturismo bieten ihren Gästen Stunden des Glücks auf dem Rücken von Pferden (s. Adressen und Tipps von Ort zu Ort).

Schöne Reitgebiete gibt es vor allem in den Madonien und im Nebrodi-Gebirge. Da man sich hier allerdings leicht verirren kann, sollte man längere Ausritte nur mit ortskundigen Begleitern unternehmen.

Segeln/Surfen/Tauchen
Alle Badeorte – von Cefalù über Giardini-Naxos bis San Vito Lo Capo – verfügen über Wassersport-Schulen, die auch die entsprechende Ausrüstung verleihen.

Alle Tauchbasen beitzen Geräte zum Abfüllen von Flaschen, meist kann man auch die Ausrüstung leihen. Besondere Taucherlebnisse bieten die Liparische, Ägadische und Pelagische Inselwelt, das Meer vor Cefalù, Capo Passero und Giardini-Naxos sowie die Unterwasser-Naturschutzgebiete der Insel Ústica und der Bucht bei der Isola Bella in Taormina.

Die schönsten Segel- und Surfreviere befinden sich bei den Liparischen

Inseln (die ja im Italienischen ihren Namen dem Windgott Aeolos verdanken), im äußersten Süden rund um Capo Passero sowie im Westen vor Marsala und Trápani bei den Ägadischen Inseln.

Skilaufen

Winter und Frühling an einem Tag – das kann man in Sizilien zwischen Dezember und April erleben! Während die Natur am Meer ihr erstes Blütenkleid anlegt, leuchten die Berggipfel in hellem – am Ätna manchmal auch durch Asche dunklerem – Schneeweiß. Das größte Skigebiet liegt am Ätna in Höhen ab 1800 m. Sowohl das Areal Ätna-Süd (Rifugio Sapienza) als auch die naturgemäß mehr schneesichere Seite Ätna Nord (Piano Provenzana) sind für alpine und nordische Skiläufer mit ausreichenden Aufstiegshilfen (Schlepplifte) und gut präparierten Pisten und Loipen ausgestattet. Außerdem stehen Skischulen und Ausrüstungs-Verleihstellen (Ski, Schuhe, etc.) zur Verfügung. Weitere Skizentren befinden sich in den Nebrodi-Bergen und in den Madonien, sie sind je nach Wetterlage allerdings meist nur im Januar und Februar in Betrieb.

Tennis

Auf Sand oder gar Rasen müssen die Spieler weitgehend verzichten, Hartplätze, vielfach mit Flutlichtanlagen, um der großen Hitze des Tages ausweichen zu können, stehen den Urlaubern aber in den meisten Ferienorten zur Verfügung.

Wandern

Das sizilianische Fremdenverkehrsamt hat Broschüren und Kartenmaterial über die schönsten Wanderwege der Insel – vor allem in den Naturschutzgebieten – veröffentlicht und informiert über geführte Trekking-Touren. Empfehlenswert ist auch der deutschsprachige Führer »Wandern auf Sizilien« von Caterina Mesina und Nikolaus Groß (DuMont aktiv).

Bergsteiger tummeln sich an den Hängen der Vulkane Stromboli und Ätna. Für beide Berge ist eine gute Ausrüstung erforderlich, Gipfelstürmer sollten sich unbedingt einem Bergführer (s. unter Nicolosi, Linguaglossa und Strómboli) anvertrauen.

Ärztliche Versorgung

Das italienische Gesundheitssystem garantiert jedem Touristen kostenlose Erste Hilfe in öffentlichen Krankenhäusern oder bei der Guardia Medica Turistica, die in der Saison in vielen Ferienorten rund um die Uhr in Bereitschaft steht. Urlaubskrankenscheine aus EU-Ländern und der Schweiz werden akzeptiert, müssen jedoch vor dem Arztbesuch bei der lokalen Krankenkassenstelle eingereicht werden. Dennoch empfiehlt sich der Abschluss einer privaten Auslands-Krankenversicherung. Die Apotheken sind gut sortiert, Medikamente haben allerdings häufig andere Namen (deutschen Beipackzettel mitnehmen, auf dem die Inhaltsstoffe angegeben sind!).

Auskunft

Das staatliche italienische Fremdenverkehrsamt ENIT informiert im Internet unter www.enit.it. Ein Callcenter der ENIT gibt – auch in deutscher Sprache – Auskunft über alle Italiens Tourismus betreffende Fragen (aus dem Ausland Tel. 0039/06 87 41 90 07, aus Italien zum Nulltarif Tel. 800 11 77 00). In Deutschland gibt es eine gebührenfreie Servicenummer für Anfragen: Tel. 00 800 00 48 25 42.

Detailinformationen erhält man auch direkt bei den jeweiligen lokalen Fremdenverkehrsämtern (siehe Adressen und Tipps von Ort zu Ort) und beim sizilianischen Fremdenverkehrsamt (Assessorato Regionale del Turismo), 90141 Palermo, Via Emanuele Notarbartolo 9, Tel. 09 16 96 82 43, Fax 09 16 96 81 35, oss_turistico@regione.sicilia.it bzw. www.regione.sicilia.it/turismo (auch in Englisch).

Weitere Infos im Internet:
www.dumontverlag.de:
wichtige Infos, kurz und bündig.
www.insicilia.it (auch in Englisch), www.primitaly.it, www.sicily.infcom.it, www.initaly.com/regions/sicily (Englisch) und www.retesicilia.it warten mit allgemeinen Sizilien-Infos auf.
www.agriturist.it (auch Deutsch), www.terranostra.it, www.turismoverde.it oder www.enexa.com/agriturismo informieren über Agriturismo (Urlaub auf einem Landgut).
www.italybus.it: Fahrpläne der wichtigsten Buslinien (nicht Lokalverkehr).
www.trenitalia.it: Eisenbahn, alles über Fahrpläne und Fahrpreise.
www.comuni.it: Auflistung der Websites aller Gemeinden Siziliens (mit vielen touristischen Infos, zuweilen auch in Englisch).
www.sicilyweb.com: touristische und historische Infos, u.a. über Feste.
www.itwg.com: italienischer Hotelführer.
www.museionline.it und www.beniculturali.it: alle Museen Italiens mit Kurzbeschreibung, Adressen und aktuellen Öffnungszeiten.
www.abc-natura.it: touristische Infos über Naturparks, insbesondere die Nebrodi-Berge.
www.movimentoturismovino.it: alles über Weine und Weinproduzenten.

Autofahren

Mietwagen ...

... kann man auf den beiden internationalen Flughäfen (Palermo, Catania), in den Städten sowie in den großen Touristenorten (Cefalù, Giardini-Naxos, Syrakus, Taormina und auf den Inseln Lipari, Salina, Ústica, Favignana, Pantelleria, Lampedusa) mieten. In der Hochsaison ist eine Vorbestellung empfehlenswert. Die Preise liegen im europäischen Durchschnitt, nur die Versicherungsgebühren sind etwas höher. Man beachte Sonderangebote!

Pannenhilfe ...

... des Automobilclubs ACI ist unter der Telefonnummer 80 31 16 (von ausländischen Handys aus unter: 8 00 11 68 00) zu erreichen und gebührenpflichtig, sofern man nicht den Schutzbrief eines Autoclubs besitzt. In fast jeder Ortschaft aber finden sich Autowerkstätten, deren Mechaniker wahre Meister im Improvisieren sind.

Straßen und Autobahnen

Sizilien verfügt über ein hervorragend ausgebautes, rund 20 000 km langes Straßennetz. Die fast 600 km Autobahn, zum Teil kühn angelegte und der Landschaft angepasste Bauwerke, sind mit Ausnahme der rund 200 km langen A 19 zwischen Palermo und Catania, die in den 70er Jahren von der italienischen Regierung als Beitrag zur Entwicklung des Südens gebaut wurde, und der A 29 (Palermo–Trápani bzw. Mazara del Vallo) gebührenpflichtig. Durch kilometerlange Tunnel und über hohe Brücken führt die A 18 (Messina–Catania), die Strecke Messina–Palermo (A 20) ist noch nicht ganz durchgehend fertig gestellt.

Tankstellen

... finden sich an der Küste in jedem größeren Ort, im Landesinneren eher seltener. Die Öffnungszeiten liegen zwischen 8 und 20 Uhr, mit einer langen Mittagspause zwischen 12.30 und 16 Uhr. Nur die Autobahntankstellen haben 24 Stunden geöffnet.

Tempolimit

Innerhalb geschlossener Ortschaften gilt im allgemeinen Tempo 50, auf Staats-, Regional- und Gemeindestraßen Tempo 90, auf Schnellstraßen Tempo 110. Auf Autobahnen darf maximal 130 km/h gefahren werden, ab 2003 auf gesondert gekennzeichneten Abschnitten (dreispurig mit Pannenstreifen) bis zu 150 km/h. Außerdem müssen ab 2003 alle Fahrzeuge auf Autobahnen auch bei Tag ihr Abblendlicht einschalten.

Achtung: In Italien besteht Gurtpflicht, für Motorrad- und Mopedfahrer Helmpflicht! Auch Alkoholkontrollen (Höchstgrenze 0,5 Promille) werden neuerdings ziemlich rigoros durchgeführt.

Behinderte

Hinweise auf behindertengerechte Einrichtungen finden sich im offiziellen Hotelverzeichnis des regionalen Fremdenverkehrsamtes und in Katalogen renommierter Reiseveranstalter. Bei Besichtigungstouren können sich Probleme in Bergstädtchen ergeben, in denen unzählige Gässchen vor Treppenabgängen ohne Rollstuhlrampen münden.

Diplomatische Vertretungen

Deutschland

Honorarkonsulate
90144 Palermo, Viale Francesco Scaduto 2/D
Tel. 09 16 25 46 60, Fax 0 91 34 70 34

95127 Catania, Via Milano 10/A
Tel. 0 95 38 69 28, Fax 0 95 44 18 87

98122 Messina, Via S. Sebastiano 13
Tel./Fax 0 90 67 17 80

Österreich

Honorarkonsulat
90145 Palermo
Via Leonardo da Vinci 145
Tel. 09 16 82 56 96, Fax 09 16 82 39 56

Schweiz

Honorarkonsulat
95128 Catania
Via G. D'Annunzio 28
Tel. 0 95 44 71 11, Fax 0 95 44 45 97

Essen und Trinken

Von halben Sachen – also von einer unter Zeitdruck stehenden Mahlzeit – halten Italiener wenig. Entweder man isst in der nächstbesten Bar im Stehen ein *panino* (Brötchen) bzw. eine *focaccia* (Fladen oder Täschchen aus Blätter- oder Hefeteig mit variablem, pikantem Belag bzw. Inhalt). Oder aber man geht speisen – und das mit all der Muße, die einem guten Essen gebührt. Egal, ob in einem Spitzenrestaurant oder einer einfachen *trattoria* (Gaststätte), nahezu ausnahmslos ist ein frisches Tischtuch ebenso selbstverständlich wie entsprechende Servietten. Dafür – und für Brot, so viel man will – wird ein Pauschalpreis, *coperto* (Gedeck) genannt, verlangt. Nur in Touristengebieten gibt es neuerdings auch Lokale, in denen man bloß Spaghetti, also ein *primo* (erster Gang, entsprechend einer Suppe, auch kurz *pasta* genannt) konsumieren kann, ohne scheel angesehen zu werden. Ansonsten hält man sich an die traditionelle Menü-Folge von ***antipasto*** (Vorspeise), ***primo*** (Pasta, Risotto, manchmal auch *brodo* = Suppe), ***secondo*** (Hauptgericht aus Fisch oder Fleisch), bei dem die Beilagen (*contorni*) (Salat, Gemüse) extra bestellt werden. Danach ist ***frutta*** (Obst) oder ***dolce*** (Süßigkeiten) üblich, Käse (*formaggio*) als Nachtisch wird im Süden Italiens selten gereicht. Zum Abschluss gibt es Kaffee (*caffé* = Espresso), aber bitte keinen Cappuccino, das ist nur ein Frühstücksgetränk, und dazu eventuell einen Amaro (wörtlich = bitter, Sammelbegriff für Kräuter-Digestive). Jede Region braut ihr eigenes Verdauungsgetränk, der sizilianische Amaro Averna gehört zu den besten!

Auf Märkten decke man sich als Tourist lediglich mit frischem Obst bzw. für ein Picknick ein, die Preisvorteile gegenüber den kleinen Lebensmittelläden (*alimentari*) oder Supermärkten sind allerdings gering.

Gesetzliche Feiertage

1. Januar/Neujahr: Capodanno
Ostermontag: Pasquetta
25. April: Giorno della Liberazione (Befreiungstag)
1. Mai: Festa del lavoro (Tag der Arbeit)
15. August: Ferragosto (Mariä Himmelfahrt)
1. November: Ognissanti (Allerheiligen)
8. Dezember: L'Immacolata (Mariä Empfängnis)
25. Dezember: Natale (Weihnachten)
26. Dezember: Santo Stefano (Tag des hl. Stefan)

Feste und Veranstaltungen

Jedes Dorf feiert das Fest seines oder seiner Heiligen mit großem Aufwand. Schon Tage zuvor werden die Straßen ähnlich wie zu Weihnachten mit elektrischen Lichtgirlanden geschmückt.

Am Festtag selbst gibt es Jahrmarktsbuden, Platzkonzerte und – sofern die Gemeindekasse es erlaubt – ein Feuerwerk. Hier nur eine Auswahl der spektakulärsten Festivitäten zu den wichtigsten Anlässen:

■ Januar

Jahreswechsel, im Prinzip ähnlich dem mitteleuropäischen Silvester/Neujahr mit vielen Feuerwerken und Festen in Hotels, Restaurants und in privatem Kreise. Dreikönigsfest, besonders eindrucksvoll in Piana degli Albanesi (nach orthodoxem Ritus).

■ Februar

Karneval in vielen Städten, sehr aufwändig und farbenprächtig in Acireale, Sciacca, Taormina und Termini Imerese. 3.–5.2. Fest der Stadtpatronin Sant' Agata in Catania. In der ersten Monatshälfte in Agrigent Fest der Mandelblüte (Sagra del mandorlo in fiori) mit internationaler Folklore.

■ März/April:

Am 19.3. Fest des hl. Josef (San Giuseppe) in Niscemi, Salemi und Ribera. In der Karwoche (Settimana Santa) finden in vielen Orten Prozessionen und Mysterienspiele statt (s. S. 57ff.). Am

23./24.4. feiern einige sizilianische Gemeinden (u.a. Castelmola) das Fest des hl. Georg (San Giorgio).

Mai

Aufführungen klassischer Theaterstücke im Griechischen Theater von Syrakus (in geraden Jahren, Mai/Juni). Am 1. Sonntag lässt man in Syrakus Wachteln zu Ehren der Stadtheiligen Lucia fliegen. 9./10.5. Fest des Sant' Alfio in Trecastagni am Ätna. Am 3. Mai-Sonntag Frühlingsfest in Noto, bei dem eine Straße mit Blumenbildern geschmückt wird.

Juni

In allen Fischerorten am 29.6. Fest des hl. Petrus, Patron der Fischer. Beginn der Veranstaltungsreihe Taormina Arte mit Filmfestival, Theater, Ballett- und Konzertaufführungen im Griechischen Theater (bis Ende August/Anfang September).

Juli

Opernsaison im Hof des Castello Lombardo in Enna, Festival alter Musik in Erice, Orestiade mit Theateraufführungen vor den Ruinen von Gibellina, Aufführungen internationaler Theaterstücke im Griechischen Theater von Segesta (in ungeraden Jahren, Juli / August). 1.7. Fest des San Calogero in Agrigent. 12.–15.7. Fest der hl. Rosalia in Palermo. Ebenfalls am 15.7. Erntedankfest in Santa Ninfa bei Trápani und in Agrigent. 24./25.7. La Luminaria (Kerzenzauber auf der Majolikatreppe S. Maria del Monte) in Caltagirone

August

13.–15.8. Passeggiata dei Giganti (Prozessionen der Giganti), bei der zwei je 9 m hohe Figuren durch die Straßen getragen werden, und Processione della Vara, bei dem ein 20 m hoher Wolkenwagen (Vara) mit der Jungfrau Maria durch Messina gezogen wird. Großes Marienfest auch in Trápani. 13./14.8. Palio dei Normanni (Normannenumzug) in Piazza Armerina.

September

Erntedankfest in vielen Städten. Am 3./4.9. Pilgerstrom zur Rosaliengrotte auf dem Monte Pellegrino bei Palermo. 8./ 9.9. Fest der Schwarzen Madonna von Tindari und Fest der Madonna von Gibilmanna.

November

Beginn der Opernsaison in Catania (Teatro Bellini), Messina (Teatro Vittorio Emanuele) und Palermo (Teatro Massimo); sie endet im Mai.

Dezember

Internationale Woche der Kirchenmusik in Monreale. 13.12. Fest der hl. Lucia in Syrakus. Allerorts Adventspiele, Weihnachtsveranstaltungen, Krippenausstellungen und lebende Krippen (z. B. in Custonaci).

Fotografieren und Filmen

Die einschlägigen Geschäfte in den Touristenzentren und den großen Städten sind gut sortiert; man wird problemlos das entsprechende Film- und Fotomaterial erhalten.

Das Filmen mit Videogeräten ist in staatlichen Ausgrabungsstätten – nicht allerdings in allen Museen – grundsätzlich gestattet, auf privatem Gelände (z. B. auf der Insel Mozia der Stiftung Whitaker) dagegen bisweilen verboten. Manchmal hängt eine »Drehgenehmigung« von der Lust und Laune der Aufseher ab, wobei Trinkgeld und freundliche Worte durchaus Wunder wirken können. Beim Fotografieren muss man in Museen auf die Verwendung von Blitzlicht und Stativ verzichten.

Frauen allein unterwegs

Kein Problem, das männliche Interesse hält sich durchaus in konventionellen Grenzen, wobei der Sizilianer als »Latin Lover« an höflichen Aufmerksamkeiten für das andere Geschlecht seinen nördlicher lebenden Landsleuten um nichts nachsteht. Im Gegenteil, lästige Pappagalli wie an der Adria sind im Süden eher die Ausnahme, hier hält man wenig von plumper Anmache.

Statt dessen gilt das Motto: »Wer nicht will, der hat schon«. Auch hinsichtlich der Sicherheit gibt es keine Probleme, Vergewaltigung rangiert in der sizilianischen Verbrechensstatistik weit hinter dem Norden Italiens. Gegen einen nächtlichen Bummel spricht nichts, die Handtasche sollte freilich besser im Quartier bleiben.

Geld und Banken

Auch in Italien ist der Euro – wie in Deutschland, Österreich und neun anderen EU-Ländern – seit 2002 offizielle Währung. Die aktuellen Umrechnungskurse zum Schweizer Franken – 1 € entspricht etwa 1,60 sFr – entnehmen Sie bitte den Ankündigungen von Banken und Wechselstuben oder den Tageszeitungen.

Banken sind im allgemeinen Mo–Fr von 8.30–13 Uhr geöffnet, meist auch nachmittags zwischen 15 und 16.30 Uhr, Sa, So und an Feiertagen geschlossen. Zum Geldabheben rund um die Uhr stehen überall zahlreiche Bankomaten zur Verfügung (Höchstbetrag pro Tag 250 €). Die gängigen Kreditkarten (Visa, Mastercard, Diners) werden in größeren Restaurants, in nahezu allen Hotels und in vielen Geschäften, auch großen Supermärkten, akzeptiert, ebenso immer häufiger auch entsprechende Karten.

Klima und Reisezeit

Typisch mediterranes Klima nur an den Küsten, im Berg- und Hügelland kann es auch im Sommer empfindlich kühl werden. Im Mai ist das Meer zum Baden oft noch nicht ideal – durchschnittliche Wassertemperaturen um 18° C. Dafür wird man vor allem an der Tyrrhenischen, aber auch an der Ionischen Küste bis in den November ein 20° C warmes Meer vorfinden. Im Hochsommer liegen die Lufttemperaturen zwischen 30 und 35, die Wassertemperaturen zwischen 25° und 28° C.

Die ideale Reisezeit ist im Frühjahr ab April und im Herbst ab Mitte September. Zum Jahreswechsel herrschen meist angenehme klimatische Verhältnisse, ungemütlich, feucht und kühl wird es in den Monaten Februar und März.

In Catania werden durchschnittlich 2528 Sonnenstunden pro Jahr gezählt, in Palermo 2200. Im Jahresdurchschnitt gibt es rund 6 Stunden Sonnenschein. Und in jedem Fall scheint die Sonne im Jahr 1000 Stunden mehr auf Sizilien als vergleichsweise auf London oder Turin.

Die folgenden Durchschnittstemperaturen sind jene von Catania, die – mit kleinen Abweichungen – für alle Küsten Siziliens gelten: Jan. 6–15° C, Febr. 6–17° C, März 9–18° C, April 10–20° C, Mai 14–25° C, Juni 16–28° C, Juli 19–32° C, Aug. 20–35° C, Sept. 19–30° C, Okt.

15–25° C, Nov. 13–20° C, Dez. 8–17° C. In den Bergregionen liegen die Temperaturen je nach Höhe naturgemäß niedriger, in der Gipfelregion des Ätna (um die 3000 m) ist es in der Regel zwischen 10 und 20 Grad kälter als in Catania.

Die durchschnittlichen Meerestemperaturen bei Taormina: April 17,6° C, Mai 18,5° C, Juni 22,8° C, Juli 23,7° C, Aug. 24,5° C, Sept. 23,6° C, Okt. 21,3° C.

Kriminalität

In den Großstädten muss man damit rechnen, dass innerhalb von Minuten alles aus dem Auto verschwindet, was man zurückgelassen hat (inklusive eingebautem Radio). Türen und vor allem Kofferraum bei Stadtdurchfahrten verschließen. Nichts auf dem Rücksitz verstauen, denn Scheiben sind schnell eingeschlagen und Gegenstände verschwinden selbst aus fahrenden Autos. Besonders beliebt für Diebstähle sind die Parkplätze vor Flughäfen.

Handtaschen- und Kameradiebstahl sind bei Sorglosigkeit fast obligat, doch braucht man selbst in den finstersten Hafenvierteln nicht um Leib und Leben bangen. Der Weg zur Polizei ist so gut wie immer sinnlos, sieht man von der für eine eventuelle Reiseversicherung erforderlichen Diebstahlsmeldung ab. Schmuck sollte man nach Sizilien überhaupt nicht mitnehmen. Sämtliche Wertsachen inklusive Pass und Reisedokumente sind in einem Hotelsafe am besten aufgehoben.

Lesetipps

Hier eine Auswahl der schier unerschöpflichen, im Buchhandel erhältlichen Sizilien-Literatur:

Basso, Gina: Der Mut zu reden (Frauen und die Mafia) (rororo)

Brancati, Vitaliano: Der schöne Antonio (Wagenbach)

Bufalino, Gesualdo: Die Lügen der Nacht und Das Pesthaus (beide Suhrkamp TB)

Camilleri, Andrea: Die sizilianische Oper, Jagdsaison (beide Serie Piper), Der unschickliche Antrag, Die Mühlen des Herrn (beide Fischer TB), Der vertauschte Sohn, Fliegenspiel (beide Wagenbach) sowie die köstlichen Kriminalromane um Commissario Montalbano (erschienen bei Lübbe): Der Hund aus Terracotta, Das Paradies der kleinen Sünder, Der Dieb der süßen Dinge, Das Spiel des Patriarchen, Die Stimme der Violine, Die Nacht des einsamen Träumers.

Chiara, Giovanni: Sizilianisches Spiel (BTB)

Cardella, Lara: Ich wollte Hosen (Fischer TB)

Carnabuci, Brigit: Kunstreiseführer Sizilien (DuMont)

Consolo, Vincenzo: Das Lächeln des unbekannten Matrosen (Suhrkamp TB)

Durrell, Lawrence: Blühender Mandelbaum (Rororo)

Eberhard, Horst: Friedrich der Staufer (Econ TB)

Falcone, Giovanni: Inside Mafia (Herbig)

Finley, M.J.: Geschichte Siziliens und der Sizilianer (Beck'sche Reihe)

Goethe, Johann Wolfgang: Italienische Reise (dtv TB)

Hausmann, Friederike: Garibaldi (Wagenbach TB)

Homer: Odyssee (rororo)

Lampedusa, Giuseppe Tomasi di: Der Leopard (Serie Piper)

Maggio, Teresa: Mattanza – ein sizilianisches Ritual (Diana)

Maraini, Dacia: Bagheria. Eine Kindheit auf Sizilien (Serie Piper)
Peterich, Eckard: Sizilien (Prestel)
Pirandello, Luigi: Meistererzählungen (Diogenes TB), Feuer aus Stroh und Das dritte Geschlecht – Sizilianische Novellen (beide Wagenbach TB)
Robb, Peter: Sizilianische Schatten (DuMont Literatur)
Sciascia, Leonardo: Mein Sizilien und Der Ritter und der Tod (beide Wagenbach), Das Gesetz des Schweigens (Zsolnay), Der Zusammenhang, Tote auf Bestellung und Tag der Eule (alle Aufbau TB)
Seume, Johann Gottfried: Spaziergang nach Syrakus im Jahre 1802 (dtv, Insel TB)
Stern, Horst: Mann aus Apulien (Friedrich II.) (Knaur TB)
Valentin, Thomas: Schnee vom Ätna – Sizilianische Geschichten (Igel)
Verga, Giovanni: Die Malavoglia (Insel TB), Sizilianische Novellen (Reclam)
Vittorini, Elio: Gespräch in Sizilien (Wagenbach)
Zoss, Roland: Die Insel hinterm Mond (Poetisches über Filicudi) (Licorne)

Naturparks

In Sachen Naturschutz hat Sizilien seit den 80er Jahren des vergangenen Jahrhunderts einen großen Sprung nach vorn gemacht (s. S. 18f.).

■ **Parco Regionale dell'Etna**
Verwaltung: 95030 Nicolosi, Via Etnea 107/A, Tel. 095 91 45 88, Fax 095 91 47 38, www.parcoetna.ct.it

■ **Parco Regionale delle Madonie**
90027 Petralia Sottana, Corso Agliata 16, Tel. 0921 68 40 11, Fax 09 21 68 04 78, www.parcodellemadonie.it

■ **Madonien** – weitgehend unberührte Landschaft mit vielfältiger Vegetation, höchste Erhebungen fast 2000 m.

■ **Parco Regionale dei Nebrodi**
98072 Caronia, Via Ruggero Orlando 123, Tel. 09 21 33 32 11, Fax 09 21 33 32 30, www.parconebrodi.it

■ **Riserva Naturale dello Zingaro** – beliebtes Wanderparadies
91014 Castellammare del Golfo, Tel. 0 92 43 51 08, Fax 0 92 43 57 52, www.riserva-zingaro.it

■ Scharen von Zugvögel nutzen die großen Feuchtgebiete: **Oasi di Vendicari** bei Noto (Tel. 09 31 57 37 79), **Riserva Naturale il Biviere** bei Gela (Tel. 09 33 92 60 51) und **Oasi Montallegro** zwischen Agrigent und Sciacca (Tel. 09 22 47 45 41), **Isola delle Femmine** bei Palermo (Tel. 09 18 61 61 67) sowie in den Lagunen und Salinen zwischen Marsala und Trápani: **Riserva Naturale Isole dello Stagnone**, Tel. 09 23 54 97 21 und **Riserva Naturale di Trápani e Paceco**, Tel. 09 23 86 77 00.

■ **Staatsforst Ficuzza bei Corleone** – besonderes Naturschutzreservat für Waldtiere am Boden und in der Luft, Tel. 09 18 46 01 07.

■ **Feuchtgebiet von Fiumefreddo** nahe Giardini-Naxos – exotische Pflanzen, allen voran das Papyrusgras, Tel. 0 95 38 82 27, www.provincia.ct.it

■ **Riserva Isola Bella** in Taormina (Tel. 09 42 62 83 88) und im **Meerespark der Insel Ústica** (Tel. 09 18 44 94 56) – die Wunderwelt unter Wasser.

■ **Naturreservat der Insel Lampedusa** (Tel. 09 22 97 18 12) – hier leben die äußerst seltenen Meeresschildkröten. Eine Auflistung aller Naturschutzgebiete Siziliens, zum Teil mit Links zu ausführlichen Informationen findet man unter: www. parks.it/regione.sicilia/index.html

Notfälle

Polizeinotruf (Carabinieri) 112
Allgemeiner Notruf 113
Feuerwehr 115
Pannendienst des Automobilclubs ACI 803 116
Ärztlicher Notruf / Unfallrettung 118
Infos über die Verkehrslage 1518

Öffnungszeiten

Die Öffnungszeiten der Museen gleichen einem Glücksspiel, da sie ständig geändert werden. Selbst die offizielle Website des Kulturministeriums (www.museionline.it) kann da nicht immer mit den aktuellen Daten aufwarten. Wer ganz sicher gehen will, sollte sich vor dem Museumsbesuch telefonisch nach den Öffnungszeiten erkundigen. Archäologische Stätten halten in der Regel von 9 Uhr bis eine Stunde vor Sonnenuntergang (ein äußerst dehnbarer Begriff!) offen, wobei es den Aufsehern aber durchaus einmal plötzlich einfallen kann, ein- oder mehrstündige Mittagspausen einzulegen. Kirchen, ausgenommen u.a. die Kathedrale von Palermo, bleiben meistens zwischen 12 und 16/17 Uhr geschlossen.

Geschäfte sind offiziell Montag bis Samstag von 9–13 und 16.30–19.30 Uhr geöffnet, im Sommer verschieben sich die Zeiten am Nachmittag um eine Stunde. Viele Läden bleiben am Montagvormittag geschlossen. Im Allgemeinen aber werden die Ladenschlusszeiten sehr individuell gehalten; in den Fremdenverkehrszentren wie Taormina kann man auch noch spät abends oder am Sonntag Textilien oder Souvenirs erstehen. Auch zahlreiche Lebensmittelgeschäfte und Supermärkte sind an Sonn- und Feiertagen zumindest am Vormittag offen. Nur die Mittagspause wird in der Regel ziemlich genau eingehalten.

Post

Postsendungen können bisweilen Wochen unterwegs sein. Wer auf schnellere Beförderung Wert legt, verschickt seine Karten und Briefe mit *Posta prioritaria* (mit 50 % Aufschlag auf die normale Gebühr). Die entsprechenden Briefmarken (zu 0,62 €) und Aufkleber sind nur auf Postämtern erhältlich. Normale Briefmarken (*francobolli*) erhält man auch in Tabak- und Zeitungsläden (für Sendungen innerhalb Europas 0,41 €). Am schnellsten und sichersten sind private Kurierdienste (z.B. EMS), die freilich ihren Preis haben. Wichtige Nachrichten übermittelt man am besten per Telefon, Fax oder E-Mail.

Souvenirs

Keramik
Besonders hübsch, aber meist nicht billig, Zentren sind Sciacca, Santo Stefano di Camastra und Caltagirone)

Stickereien, Spitzen, Gewebtes
Besonders in den Städten: Castiglione, Erice und Taormina

Korallenschmuck
In allen Großstädten bei guten Juwelieren; Papyrus, bemalt oder unbemalt (Syrakus).

Mitbringsel
Sehr beliebt sind auch kulinarische Spezialitäten wie Wein, Käse, getrock-

nete Tomaten (*pomodori secchi*), Marmelade, Olivenöl, Mandeln, Pistazien, Marzipan und Plätzchen, die in Konditoreien sowie in Spezialläden in den Urlaubszentren angeboten werden.

Typische Souvenirs

Marionetten (Massenware), Miniaturausgaben der bunten sizilianischen Karren, antiken Vorbildern nachempfundene Theatermasken etc. finden sich in Taormina, dem Dorado der Souvenirkäufer. Die Trinacria, das Symbol der Insel, gibt es als Anhänger in Gold oder Silber, aus Holz geschnitzt, aus Ton, Schmiedeeisen oder Plastik, auf Stein gemalt, in allen Größen und Ausführungen. In Taormina wird man außer den Allerweltserzeugnissen auch gute Antiquitäten finden.

Sprache

Offiziell Italienisch; zahlreiche sizilianische Dialekte, mit denen selbst Italiener ihre liebe Not haben. Deutsch sprechen relativ viele Sizilianer, die ihre Kenntnisse als Gastarbeiter im Norden erworben haben. Oft wird man sich mit einem Tankwart oder Straßenarbeiter besser auf Deutsch unterhalten können als mit einem Vertreter der Mittel- und Oberschicht, die eher Englisch beherrschen.

Italienisch-Sprachschulen für Ausländer gibt es in der Nähe von Palermo (Solemar, Via F. Perez 85a, 90010 Aspra/PA, Handy 33 87 37 28 33, Fax 0 91 95 55 61, www.solemar-sicilia.it) sowie in Taormina (Babilonia, Vico del Ginnasio 20, 98030 Taormina/ME, Tel./Fax 0 94 22 34 41).

Telefon

In Italien zählt die Ortsvorwahl inklusive der Null zum festen Bestandteil jeder Telefonnummer, ganz gleich ob man vom Ausland anruft oder innerhalb einer Ortszone wählt. Von der Regelung ausgenommen sind Notfall-, Service- und Handy-Vorwahlnummern, sie beginnen n i c h t mit einer Null. Die internationale Vorwahl für Verbindungen nach Italien lautet 0039.

Das Telefonieren von Italien ins Ausland bleibt unverändert, wie üblich entfällt die Null der Ortsvorwahl nach der Landeskennzahl (Deutschland 0049, Österreich 0043, Schweiz 0041).

Alle öffentlichen Fernsprecher sind fast ausschließlich für Telefonkarten (*scheda telefonica*) eingerichtet, die in Postämtern und manchen Tabakläden erhältlich sind. Die Versorgung im Mobilfunknetz ist an den Küsten flächendeckend, im Landesinneren muss man bisweilen mit Funklöchern rechnen.

Trinkgeld

In Restaurants sind etwa 10 % des Rechnungsbetrages üblich. Im Hotel dürfen der Oberkellner bei Halbpension und das Zimmermädchen pro Person und Woche 5 € erwarten, ein Kofferträger 0,50 € pro Gepäckstück. Nach Rundreisen sollten – sofern das Trinkgeld nicht ausdrücklich im Gesamtpreis inbegriffen ist – die Reiseleitung mit mindestens12–15 € und der Chauffeur mit 8–10 € pro Person und Woche belohnt werden. Beim Tanken gibt man für das Scheibenreinigen oder die Ölkontrolle etwa 0,50 €, für die bloße Bedienung des Zapfhahnes aber nichts.

Unterkunft

Agriturismo

Der Urlaub auf einem Landgut – Bauernhöfe im klassischen Sinn gibt es auf Sizilien aufgrund seiner ehemaligen Feudalstrukturen auch nach verschiedenen Landreformen kaum – erfreut sich steigender Beliebtheit, sowohl bei Gästen als auch bei Gastgebern. Letztere durften schließlich für den touristischen Ausbau ihrer Anwesen kräftig EU-Subventionen kassieren. Und die Fremden genießen die alternative Urlaubsform, die rustikale Küche und die frischen landwirtschaftlichen Produkte (Wein, Käse, Olivenöl, Obst, Gemüse etc.), die sie vor Ort erstehen können. Zimmer und Apartments sind mit einfachem Interieur sowie meist mit Bad und WC ausgestattet, entsprechen also durchaus gängigem Standard. Halb- oder Vollpension werden fast immer angeboten. Die Mindestaufenthaltsdauer liegt zwischen zwei bis drei Tagen und einer Woche.

Über die schönsten Agriturismo-Betriebe – vor allem in und am Rande von Naturschutzgebieten – informiert ein deutschsprachiges Büchlein, herausgegeben vom Verband Agriturist (90144 Palermo, Via Alessio Di Giovanni 14, Tel. 0 91 34 60 46, Fax 0 91 32 32 00, agriturist@mcsystem.it, www.agriturist.it). Weitere Infos siehe oben (Auskunft) sowie Adressen und »Tipps von Ort zu Ort«, S. 312–371.

Adelssitze

Zu Gast bei Siziliens Nobili. Hier einige der besten Adressen:

Barone Beneventano, Landsitz Case del Feudo bei Syrakus, Contrada Frescura (2 km von der Autobahnabfahrt Siracusa Richtung Floridia), Anmeldung und Info: 96100 Siracusa, Piazza Duomo 23, Tel./Fax 09 31 46 40 79 (Restaurant, Pool, Weinverkostung).

Baronessa La Rocca di San Silvestro, Landgut Casa dello Scirocco, 96013 Carlentini (SR), Contrada Piscitello, Tel. 0 95 44 77 09, Fax 095 71 39 257, www.enexa.com/casascirocco, dusty@ctonline.it (Restaurant, Pool, Sportmöglichkeiten, Öl, Honig, Obst und Gemüse).

Contessa Rosemarie Tasca d'Almerita (s. S. 82), Landhaus im Weingut Regaleali, 93010 Vallelunga Pratamento, Anmeldung schriftlich an folgende Adresse: 90139 Palermo, Via Michele Amari 22 oder rostascalm@hotmail.com; Tel./Fax 0 91 58 31 32, Handy 33 35 78 70 49.

Conte Alessandro Federico (s. S. 80), Stadtpalais, 90134 Palermo, Via dei Biscottari 4, Tel. 091 65 11 881, www.contefederico.com, contefederico@contefederico.com

Duca di Castelmonte, Landgut, 91020 Trápani, Loc. Xitta, Via Salvatore Motisi 3, Tel./Fax 09 23 52 61 39 (Restaurant, Sportplätze, landwirtschaftliche Produkte).

Hotels

Etwa die Hälfte der rund 90 000 Hotelbetten auf Sizilien befindet sich in den Kategorien moderat und teuer (drei und vier Sterne), dagegen beträgt die Zahl der Luxusherbergen (fünf Sterne) kaum ein Dutzend. Nicht immer lassen günstige oder sehr preiswerte Häuser auch jeglichen Komfort vermissen, mangelnde Sauberkeit und Lärm sind aber wiederum der häufigste Anlass für Beschwerden, abgesehen von manchmal lieblos zubereitetem Pensionsessen. Über Hotels, Privatzimmer, Jugendherbergen und Campingplätze informieren die jeweiligen Fremdenverkehrsbüros.

Einzelne Hoteltipps s. Adressen und die entsprechenden Einträge in »Tipps von Ort zu Ort«, S. 312–371.

■ Jugendherbergen

... gibt es nur in Catania, Syrakus, Érice und Nicolosi. Dazu kommen einige klösterliche Herbergen, für die man sich tunlichst eine Empfehlung des heimischen Pfarrers (katholisch!) besorgen sollte.

■ Ferienwohnungen und -häuser

... findet man über die Fremdenverkehrsbüros der jeweiligen Orte, der Provinz oder der Region (s. unter Auskunft und unter »Tipps von Ort zu Ort«, S. 312–371).

■ »Bed and Breakfast«

... über Angebote informiert Bed&Breakfast Italia, 00186 Roma, Corso Vittorio Emanuele II. 284, Tel. 0 66 87 86 18, Fax 0 66 87 86 19, www.bbitalia.it oder info@bbitalia.it

Unterwegs mit Kindern

Seltsam: So sehr die Italiener Kinder zu lieben scheinen und ihnen mehr Freiheiten gewähren, als man dies in Mitteleuropa gewohnt ist, so wenig kindergerechte Einrichtungen gibt es. Das gilt im besonderen auch für Sizilien, wo man offenbar glaubt, dass Meeresstrände allein genügend Unterhaltungsmöglichkeiten für die Kleinen bieten. Einige Badeorte wie z.B. Giardini-Naxos können zumindest mit Wasserrutschen aufwarten, organisierte Aktivitäten für Kinder finden lediglich in Ferienclubs statt. Eine rühmliche Ausnahme bildet der Safaripark Parco Zoo di Sicilia, der um einen Dinosaurierpark und andere Vergnügungsangebote erweitert wurde (15 km außerhalb von Catania auf der Autobahn Richtung Palermo, Ausfahrt Gerbini, im Sommer täglich außer mittwochs ab 9 Uhr geöffnet, im Winter auf Anfrage Tel. 09 57 91 33 33.

Verkehrsmittel

■ Zug

Wer Sizilien mit der Eisenbahn durchstreifen will, muss Zeit und Geduld aufbringen, wird jedoch für seine Mühe reichlich belohnt und reist äußerst preiswert. Da mit Ausnahme der beiden Hauptstrecken an der Nord- und Ostküste kaum Touristen mit der gemächlichen *Ferrovia* unterwegs sind, ist man meist mit unverfälschtem Lokalkolorit konfrontiert. Seit dem großzügigen Ausbau der Autobahnen und Überlandstraßen befindet sich die Bahn auf dem absteigenden Ast; viele Reisende ziehen die ebenso preiswerten, aber schnelleren Busverbindungen vor, die bis in das kleinste Gebirgsnest führen. Kein Wunder, wenn man bedenkt, dass man beispielsweise für die 180 km lange Strecke von Syrakus nach Gela an der Südküste mit dem Zug drei bis vier Stunden, mit dem Autobus dagegen keine zweieinhalb Stunden benötigt.

Auf schnelleren Betrieb eingerichtet sind nur die Hauptlinien Messina–Palermo und Messina–Catania–Syrakus. Rekorde werden aber auch dort nicht aufgestellt. Die Expresszüge bewältigen die 230 Bahnkilometer in die Hauptstadt in dreieinhalb Stunden, die meisten anderen Züge verbummeln auf dieser Strecke zwischen vier und fünf Stunden. Für Messina–Syrakus (182 km) muss man gute drei Stunden rechnen, für die Strecke Palermo–Caltanissetta–Catania (243 km) ebenso viel.

Gemütlich und langsam, aber durch die Streckenführung teilweise hochinteressant sind die Linien Syrakus–Ragusa–Gela–Licata (218 km – 5 Stunden), Agrigent–Palermo (200 km – 3 Stunden) und Palermo–Trápani (160 km – 3 Stunden). Es stimmt also, dass die Züge, wie der Baedeker noch in den dreißiger Jahren des 20. Jh. notierte, »im allgemeinen eher langsam« fahren; dass sie aber »häufig allzu überfüllt« wären, kann man nicht behaupten.

Gewarnt sei nur vor Wochenenden und Feiertagen sowie vor den nächtlichen Fernreisezügen auf den »Kontinent«, mit denen Legionen von inneritalienischen Gastarbeitern nach Rom, Mailand oder Turin unterwegs sind.

Häufige Verzögerungen im Fährverkehr über die Straße von Messina – für das Verladen der Waggons und die Überfahrt sind im Durchschnitt zwei Stunden angesetzt – machen auf Sizilien den Fahrplan für Fernzüge zu einem Lotteriespiel. Ein Zug aus Rom kann exakt auf die Minute eintreffen oder aber mit mehrstündiger Verspätung. Auch die Lokalzüge nehmen es mit der Pünktlichkeit nicht so genau. Die Preise für öffentliche Verkehrsmittel liegen in Sizilien weit unter jenen in Mittel- und Nordeuropa (Info über Strecken: www.fersicilia.3000.it, über Fahrpläne www.trenitalia.it).

Reizvoll ist eine Fahrt mit der privaten *Ferrovia Circumetnea* (FCE) von Catania rund um den Ätna bis Giarre/ Riposto (s. S. 119–125). Für Sonderfahrten wird auch eine alte Dampflok eingesetzt. Infos über Strecke und Fahrpläne unter Tel. 0 95 54 11 11 und www.circumetnea.it

Bus

Das äußerst dichte Busnetz wird von verschiedenen privaten Firmen betrieben und schließt auch das kleinste Bergdorf mit ein. Ausgezeichnet funktionieren die Schnellbusse auf den Linien zwischen den Städten Agrigent, Catania, Messina, Palermo und Syrakus. Abfahrt und Ankunft jeweils auf den Plätzen vor dem Bahnhof. Wenn es keine Schalter gibt, werden die Fahrkarten direkt beim Chauffeur gelöst. Fahrplaninfos (nur Überlandlinien) unter www.italybus.it

Fahrscheine für Stadtbusse in Catania und Palermo erhält man an Kiosken der jeweiligen Verkehrsbetriebe und in Tabak- und Zeitungsläden.

Flugverbindungen

... gibt es innerhalb Siziliens nur mit den Inseln Pantelleria und Lampedusa. Ein unvergessliches Erlebnis stellt ein Helikopterflug um und über den Ätna oder auf die Liparischen Inseln dar (Heliservice Comaer, Aeroporto Fontanarossa, Catania, Tel./Fax 0 95 28 14 04).

Abbildungsnachweis

AKG, Berlin 30, 34, 46
Michael Amme/laif, Köln 225, 226, 229
Manfred Braunger, Freiburg 8, 13, 105, 143, 166, 189, 256
Raffaele Celentano/laif, Köln 17, 20, 36, 58, 59, 65, 88, 128, 130, 156, 176, 192, 198, 202, 208, 214, 248, 275, 276, 278, 282, 285 und Umschlagrückseite, 292
Friedmar Damm, Köln 253, 298
dpa, Frankfurt 44, 239
defd–movies, Hamburg 175
Hedda Eid/laif, Köln 12, 271
Nikolaus Groß, Rom 125, 254
Rainer Hackenberg, Köln 84, 164, 269, 308
Matthias Jung/laif, Köln 306
Martin Kirchner/laif, Köln 280, 286
Knut Liese 110, 114, 194 und hintere Umschlagklappe)
Helmut Müller, Zdikov (Tschechien) 68, 73, 86, 300
Hubert Stadler, Fürstenfeldbruck 49, 63, 82, 102, 119, 141, 146, 149, 157, 172, 242, 265, 290 und vordere Umschlagabbildung
Martin Thomas, Aachen 76, 92, 144, 153, 158, 185, 221, 234, 236, 273, 293
Heinz Tomek, Giardini-Naxos (Sizilien) 9, 11, 26, 32, 41, 51, 53, 55, 56, 60, 70, 79, 80, 81, 91o, 91u, 95, 96, 106, 109, 112, 116, 122, 127, 128, 135, 151, 154, 160, 179, 184, 190, 197, 204, 210, 216, 223, 233, 250, 251, 259, 263, 266, 270, 288, 296, 298, 305

Karten und Pläne: G. Konopik, Puchheim

Register

Personen

Orte

Titelbild: Teatro Greco mit Blick auf Taormina
Umschlagklappe hinten: Fischer in Sciacca
Umschlagrückseite: Alltagsimpression auf Lípari

Über die Autoren: Eva Gründel, geboren 1948 in Wien, Promotion in Publizistik und Kunstgeschichte; Heinz Tomek, geboren 1939 in Wien, Studium der Rechts- und Staatswissenschaften. Die Autoren leben als freie Journalisten und Fotografen in Wien und auf Sizilien und publizierten im DuMont Reiseverlag außerdem die ›Richtig Reisen‹-Bände ›Golf von Neapel‹, ›Süditalien‹, ›Prag‹ und ›Tschechien‹ sowie die Reise-Taschenbücher ›Elba‹ und ›Liparische Inseln‹.

Bitte schreiben Sie uns, wenn sich etwas geändert hat!
Alle in diesem Buch enthaltenen Angaben wurden von den Autoren nach bestem Wissen erstellt und von ihnen und dem Verlag mit größtmöglicher Sorgfalt überprüft. Gleichwohl sind – wie wir im Sinne des Produkthaftungsrechts betonen müssen – inhaltliche Fehler nicht vollständig auszuschließen. Daher erfolgen die Angaben ohne jegliche Verpflichtung oder Garantie des Verlages oder der Autoren. Beide übernehmen keinerlei Verantwortung und Haftung für etwaige inhaltliche Unstimmigkeiten. Wir bitten daher um Verständnis und werden Korrekturhinweise gerne aufgreifen:

DuMont Reiseverlag, Postfach 10 10 45, 50450 Köln
E-Mail: reise@dumontverlag.de, Internet: www.dumontreise.de

Die deutsche Bibliothek – CIP-Einheitsaufnahme

Gründel, Eva; Tomek, Heinz
Sizilien / Eva Gründel und Heinz Tomek. – Köln : DuMont Reiseverlag, 2002
(Richtig Reisen)
ISBN 3-7701-5599-8

1. Auflage 2002

Satz und Druck: Rasch, Bramsche
Buchbinderische Verarbeitung: Bramscher Buchbinder Betriebe

Printed in Germany ISBN 3-7701-5599-8